W0217404

Psychiatrie de l'adulte

CHEZ LE MÊME ÉDITEUR

DSM III-R. Manuel diagnostique et statistique des troubles mentaux, par l'American Psychiatric Association. Traduction de l'anglais coordonnée par J.D. GUELFI, P. PICHOT et collaborateurs. 1989, 656 pages.

MINI DSM III-R. Critères diagnostiques, par l'American Psychiatric Association. Traduction française coordonnée par J.D. GUELFI et collaborateurs. 1989, 400 pages.

MANUEL DE PSYCHIATRIE, par H. EY, P. BERNARD et Ch. BRISSET. 1989, 6e édition, 1192 pages.

INITIATION A LA PSYCHIATRIE, par L. ISRAËL. Collection Médecine et Psychothérapie. 1985, 2e tirage, 288 pages.

PRÉCIS DES TOXICOMANIES, par J. BERGERET, J. LEBLANC et collaborateurs. Série Précis Médicaux. 1988, 2e édition revue et corrigée, 272 pages, 7 figures.

MANUEL DE PSYCHIATRIE BIOLOGIQUE, par J. MENDLEWICZ et collaborateurs. 1988, 2e tirage, 264 pages, 32 figures, 36 tableaux.

PSYCHOLOGIE DES MALADIES. Manuel alphabétique clinique, sous la direction de M. POROT. 1989, 312 pages.

ABRÉGÉS

Psychiatrie
de l'adulte

Th. Lemperière
et A. Féline

avec la collaboration de
A. Gutmann
J. Ades
C. Pilate

11e tirage

MASSON

Paris Milan Barcelone Bonn
1991

Paru en décembre 1979 en espagnol chez Masson Barcelone.
Paru en juin 1981 en italien chez Masson Italia.
Paru en avril 1985 en hollandais chez Heideland

Tous droits de traduction, d'adaptation et de reproduction par tous procédés, réservés pour tous pays.

Toute reproduction ou représentation intégrale ou partielle, par quelque procédé que ce soit, des pages publiées dans le présent ouvrage, faite sans l'autorisation de l'éditeur est illicite et constitue une contrefaçon. Seules sont autorisées, d'une part, les reproductions strictement réservées à l'usage privé du copiste et non destinées à une utilisation collective, et d'autre part, les courtes citations justifiées par le caractère scientifique ou d'information de l'œuvre dans laquelle elles sont incorporées (loi du 11 mars 1957, art. 40 et 41 et Code pénal, art. 425).

Des photocopies payantes peuvent être réalisées avec l'accord de l'éditeur. S'adresser au : Centre Français du Copyright, 6 bis, rue Gabriel-Laumain, 75010 Paris. Tél. : 48-24-98-30.

© *Masson, Paris, 1977*

ISBN : 2-225-46585-1

MASSON S.A.	120, bd Saint-Germain, 75280 Paris Cedex 06
MASSON ITALIA EDITORI S.p.A.	Via Statuto 2/4, 20121 Milano
MASSON S.A.	Balmes 151, 80008 Barcelona
MASSON EDITORES	Dakota 383, Colonia Napoles, 03810 Mexico D.F.

TABLE DES MATIÈRES

1

L'EXAMEN PSYCHIATRIQUE

La conduite d'un examen psychiatrique ne se déroule pas selon un programme précis, rigoureux, univoque parce que chaque praticien en marque le déroulement de sa subjectivité.

La singularité de l'approche du malade mental tient au fait que l'examinateur (médecin-généraliste, spécialiste d'une autre discipline ou psychiatre) se trouve engagé dans une relation interpersonnelle non médiatisée par les gestes médicaux habituels. Le vecteur est essentiellement verbal, ce qui fait obligation à l'examinateur de favoriser les conditions d'un entretien libre, non directif, permettant au malade d'exprimer spontanément ce qu'il pense, ce qu'il ressent, ce qu'il désire. Si cette dimension de *l'écoute* est tout particulièrement privilégiée, elle ne doit cependant jamais faire sacrifier celle de *l'observation* (de la mimique, des gestes, du comportement) non plus que celle de *l'examen médical* au sens classique du terme.

CONDITIONS PRATIQUES DU PREMIER ENTRETIEN

D'un premier entretien dépend souvent le devenir de la relation thérapeutique vis-à-vis du praticien qui l'engage et parfois même vis-à-vis de la discipline psychiatrique dans son ensemble.

Pour conduire un entretien psychiatrique, il n'est pas de recette : c'est une affaire de bon sens, de maturité, d'habitude.

■ ***Le cadre*** dans lequel se déroule l'entretien n'est pas indifférent :

– **en consultation hospitalière, en dispensaire,** la consultation a parfois été précédée de formalités administratives complexes, d'une attente quelquefois longue. Ces échéances ont pu majorer l'anxiété, favoriser l'agressivité.

- **au cabinet du praticien,** le cadre moins impersonnel, les heures de rendez-vous plus précises, l'absence de préalables administratifs pourront être des facteurs de moindre contrainte.

- **la visite au domicile du patient** pour un premier examen est en psychiatrie très exceptionnelle et spécifie, lorsqu'elle est demandée, une situation d'urgence. Il est indispensable que le malade soit alors averti de la qualification du médecin qui se présente : pour celui-ci il peut être utile, dans cette situation particulière, de recourir d'emblée à des gestes simples et banals (prise de pouls, de tension artérielle) qui, par la dimension médicale qu'ils introduisent, peuvent mettre en confiance un patient agité, agressif ou anxieux.

■ ***La demande*** de l'examen psychiatrique est importante à considérer :

- **elle peut émaner du patient lui-même** qui, désirant consulter, se dirige vers le spécialiste ou l'organisme de soins qui lui ont été recommandés ou dont dépend son secteur géographique. Si dans cette hypothèse la coopération du sujet est généralement acquise, elle n'exclut pas pour autant beaucoup d'appréhension. Remarquons que la maladie mentale perdant heureusement son caractère d'affection honteuse et stigmatisante du fait de l'efficacité des moyens thérapeutiques et de la libéralisation des conditions d'hospitalisation, les demandes spontanées de consultations sont actuellement fréquentes. Certains sujets attendent d'ailleurs de leurs proches ou de leur médecin-traitant qu'une telle suggestion leur soit faite pour acquiescer à l'orientation vers le psychiatre.

- **Dans d'autres cas,** que le sujet ne se reconnaisse pas malade, que la perspective d'une consultation psychiatrique lui paraisse déshonorante ou humiliante, ou que la demande soit seulement exprimée par un tiers (ce qui suppose que le conflit n'est plus du côté du seul malade mais qu'il atteint une dimension interpersonnelle), il deviendra encore plus important pour le psychiatre de se situer (par son attitude autant que par son discours) comme un interlocuteur neutre, indépendant, non comme un juge, un censeur moral ou un allié de l'entourage.

- **Enfin la demande peut être formulée par la Société,** soit que celle-ci se sente menacée après un acte médico-légal, soit qu'elle intervienne pour un patient considéré comme dangereux envers lui-même ou envers autrui. Le psychiatre alors requis pour pratiquer cet examen se heurtera à la réticence, à l'animosité, voire à l'agressivité du patient et devra se démarquer du rôle imposé par la Société pour conduire librement l'examen.

■ ***Le but*** d'un premier examen psychiatrique est d'abord d'assurer une bonne relation, ensuite de rassembler un recueil informatif aussi complet que possible. Pour cela, il faut que le couple médecin-malade soit placé dans les meilleures conditions réalisables :

- **le tête-à-tête** est toujours préféré à la présence, fut-elle très effacée, de tiers. Si le patient est accompagné de membres de sa famille, ils seront reçus et entendus séparément.
- **la prise de notes, la transcription des mots,** des phrases du patient sont souvent utiles mais introduisent une gêne dans la spontanéité du discours. C'est l'entretien terminé qu'ils seront notés de manière aussi fidèle que possible.

MODALITÉS DE L'ENTRETIEN

L'écoute bienveillante introduit un climat de confiance et témoigne de l'intérêt porté aux problèmes du malade. L'attitude peu interventioniste et peu directive de l'examinateur ne doit pas être confondue avec le silence du psychanalyste, dont la fonction dans la cure psychanalytique est différente. Elle prétend, au cours de l'examen psychiatrique, préserver l'authenticité du discours du malade au prix de la neutralité du psychiatre qui doit contrôler l'interférence de ses émotions, de ses sentiments, de ses jugements de valeur souvent remis en cause.

■ ***En préliminaire*** l'examinateur doit situer la signification et le but de l'entretien, ainsi que les moyens susceptibles d'y parvenir. Le patient est invité à parler librement de ce qui l'inquiète, de ce qui motive dans l'immédiat la consultation, mais aussi de son passé, des événements qui ont marqué sa biographie, de son enfance et, d'une manière plus générale, de ce qui se présente à son esprit.

■ ***Une première phase d'expression libre*** est alors laissée à l'initiative du patient. Lorsque son discours paraît s'épuiser, qu'un silence chargé d'angoisse s'installe, une relance doit être faite en reprenant telle phrase, tel mot du patient, en choisissant celle ou celui dont la charge émotionnelle indique l'importance pour le sujet.

■ ***Dans un deuxième temps,*** pour compléter l'investigation sémeiologique et l'enquête anamnestique, *les interventions de l'examinateur seront plus fréquentes,* tenant compte de la dynamique relationnelle déjà établie et évitant que cette enquête, par son caractère systématique, ne prenne l'aspect d'une investigation policière. Tout en suivant un plan d'examen relativement structuré, le développement de l'entretien doit rester suffisamment flexible pour s'adapter aux particularités du cas individuel.

■ ***D'un premier entretien,*** il est indispensable que se dégagent des données précises sur *l'histoire passée et actuelle du sujet,* sur *les situations conflictuelles* qu'il a pu rencontrer et la manière dont il a pu jusqu'à présent les résoudre, les aménager ou les concilier. Sur un autre plan, il est tout aussi important d'évaluer la qualité de la démarche réflexive et de l'introspection (*insight*), la capacité à traduire, par le langage, les différents désirs et leurs élaborations secondaires. Dans cette *activité de mentalisation* intervient l'aptitude à la figuration, à la généralisation et à l'abstraction.

Il faut tenir compte :

■ ***Des symptômes :***

- **ceux qui sont spontanément exprimés** (angoisse, dépression, fatigue, anorexie, insomnie, troubles sexuels) en considérant leur mode d'installation, leur ancienneté, la signification que le patient leur accorde, les causes qu'il invoque dans leur genèse ;
- **ceux qui sont constatés** au cours de l'examen (agitation, anomalies de la mimique, du maintien postural, réactions émotionnelles, troubles du langage, altérations du fonctionnement intellectuel) cf. chapitre Séméiologie.

■ ***Des antécédents familiaux*** importants à un double titre :

- celui de **l'hérédité** et de **la transmission génétique ;**
- celui du **conditionnement par le milieu.**

La composition de la famille, la dynamique de son fonctionnement (souvent difficile à appréhender lors d'une première approche), son origine socio-économique et culturelle, sont aussi importants à considérer que les antécédents pathologiques. Parmi eux, on recherchera les antécédents de suicides, de débilité, d'affection dégénérative du système nerveux, d'alcoolisme, la notion d'internements, de délits. On précisera toujours si l'hérédité est directe ou collatérale.

■ ***Des antécédents personnels*** du sujet ; ils comportent :

a) **Des données biographiques sur l'enfance :**

- grossesse désirée ou pas, normale ou pathologique ;
- traumatisme à la naissance (réanimation) ;
- principales étapes du développement psycho-moteur ;

- conditions affectives d'environnement, qualité de l'éducation morale, religieuse, sexuelle ;
- éventuels placements dans l'enfance (auprès de parents nourriciers, de grands-parents), leur durée, leur impact psychologique ;
- données ethniques, géographiques ou linguistiques sur le milieu d'origine (transplantation, déplacements).

b) **Le déroulement de la scolarité,** son terme, la qualité de l'adaptation (renvois – fugues).

c) **La formation professionnelle,** sa durée, le degré de qualification obtenu.

d) **Le statut socio-professionnel actuel :** le métier est-il l'occasion de satisfaction ou est-il passivement subi ? L'adaptation professionnelle a-t-elle été stable, y a-t-il eu des renvois, quels en ont été les motifs ? Les arrêts de travail pour maladie ou pour accidents ont-ils été nombreux ?

e) **Les étapes de la vie sentimentale et sexuelle,** reflet du développement psycho-affectif, seront abordées avec tact, en tenant compte de l'âge du patient, du statut marital, de la gêne que le fait d'aborder ces questions paraît susciter. Il est important de préciser l'éducation sexuelle reçue, les traumatismes subis, l'impact de la puberté, des masturbations, des premiers rapports sexuels, les insatisfactions sexuelles (impuissance, éjaculation précoce, frigidité, dyspareunie), les déviations de la sexualité, les grossesses et leur développement, les avortements, l'âge de la ménopause et ses répercussions somato-psychiques.

f) **Il est nécessaire d'obtenir des renseignements concernant :**

- le mariage, les séparations, les liaisons éventuelles, un divorce ;
- la vie familiale en appréciant le degré d'autonomie des conjoints, les réactions d'opposition et leurs motifs ;
- les relations avec les enfants (et/ou avec les parents) en considérant la qualité de l'affectivité engagée dans les liens familiaux ;
- les pôles d'intérêts : activités artistiques, engagements politiques, syndicaux, religieux ; lectures, sports, spectacles ;
- les relations amicales et professionnelles.

g) **La notion de traumatisme affectif** (deuil – abandon – rupture sentimentale – éloignement ou mariage d'un enfant) ou **de remaniement existentiel** (déménagement – émigration – licenciement – chômage – mise à la retraite) doit être systématiquement recherchée.

h) Le recueil des données constituant le profil psycho-social du sujet doit en passer par **la recherche d'antécédents psychiatriques** parfois anciens et qui ont pu ne pas justifier l'intervention d'un psychiatre (syndrome dépressif – manifestations anxieuses somatisées). Il faudra préciser **les antécédents**

somatiques personnels : traumatismes, alcoolisme, toxicomanie, affections endocriniennes, crises convulsives, maladie psychosomatique, allergie, interventions chirurgicales.

i) L'anamnèse sera complétée par **les renseignements fournis par la famille ;** ceci sera d'autant plus important que l'état du patient empêche l'obtention des données biographiques et des antécédents somatiques personnels (malade confus ou dément). Dans ces cas de confusion ou de démence, l'importance de l'atteinte des fonctions cognitives (intelligence, mémoire, orientation temporo-spatiale), parfois associée à une altération de l'état général, place rapidement l'examen sur un tout autre plan qui doit privilégier l'examen somatique.

EXAMEN PHYSIQUE ET EXAMENS COMPLÉMENTAIRES

Au cours d'un examen psychiatrique on ne doit ni négliger ni réduire la part qui revient à l'examen physique. Il faut impérativement s'assurer de l'absence d'affection somatique susceptible d'être à l'origine des troubles psychiques : de nombreuses affections endocriniennes, métaboliques, tumorales, infectieuses et surtout neurologiques peuvent initialement ou au cours de leur évolution emprunter pour s'exprimer le masque d'une symptomatologie psychiatrique.

Il ne faut par conséquent pas hésiter, *en fonction des renseignements fournis par l'interrogatoire et l'examen clinique,* à demander des examens complémentaires (dosages biologiques courants mais aussi dosage de la calcémie, bilan endocrinien, recherche de porphyrines dans les urines ; E.E.G., fond d'œil, P.L., etc.). Un tracé électro-encéphalographique sera systématiquement effectué dans tous les cas où les troubles psychiques paraissent un tant soit peu dissonants dans l'histoire du sujet et a fortiori si la symptomatologie évoque l'organicité. La constatation d'anomalies cliniques et/ou électriques peut nécessiter la pratique complémentaire d'examens neuro-radiologiques ou d'explorations isotopiques.

Il est des problèmes particuliers : l'institution d'un traitement par le Lithium qui doit être précédée d'un bilan préalable, la prescription d'une chimiothérapie anti-dépressive qui invite à rechercher l'absence de contre-indications.

Dans une autre perspective, dans les cas où le diagnostic reste hésitant ou lorsque paraît nécessaire une confirmation objective, le patient sera orienté vers un psychologue pour un *examen psychométrique* permettant d'évaluer le fonctionnement intellectuel et la structure de la personnalité (Cf. Examens Psychométriques, chap. 4).

■ ***Mettre un terme à un premier entretien psychiatrique*** n'est qu'une clause de style car, même si cet entretien doit rester unique, il débouche rarement sur des conclusions absolues et définitives. Ici se place une réelle difficulté : nombre de patients, à la fin d'une consultation psychiatrique à laquelle ils auront apporté une authentique collaboration, attendent du thérapeute la parole magique qui guérira, l'unique solution qui détendra les conflits ou la prescription du remède miraculeux. Certes, avoir été capable et souvent pour la première fois de s'exprimer librement, avoir été écouté, avoir énoncé des difficultés jusqu'alors retenues, avoir évoqué des désirs refoulés, peut désamorcer pour un temps une tension anxieuse, une culpabilité ancienne ou une situation dramatisée et permettre de considérer l'avenir d'un point de vue différent. Mais le caractère provisoire de cette détente ne doit pas être méconnu.

■ En synthétisant l'essentiel des données anamnestiques et sémiologiques recueillies avec les implications relationnelles qu'elles supposent, le praticien doit énoncer ***un projet thérapeutique :***

- **Dans certains cas,** les éléments d'orientation diagnostique sont insuffisants, l'examen s'est heurté à la réticence ou à la méfiance du patient, ou les problèmes paraissent particulièrement complexes ; plutôt que de prolonger inutilement l'investigation (au-delà de 45 minutes ou une heure), il faut proposer un nouvel entretien, quelques jours plus tard.

- **Dans d'autres cas,** l'examen a mis en relief des troubles importants des processus mentaux (confusion, démence) ou des comportements pathologiques (intention suicidaire, explosion passionnelle, conduite délirante) qui font décider une hospitalisation : ses modalités pratiques seront discutées avec le malade et sa famille. Lorsque cette proposition se heurte à l'opposition formelle du sujet (situation rare si l'on prend le temps d'expliquer cette décision), on sera exceptionnellement conduit à pratiquer un placement administratif.

- **Dans le plus grand nombre de cas,** le premier entretien inaugure une relation thérapeutique, que le choix de traitement s'oriente vers une perspective psychothérapique exclusive ou vers une prise en soins à la fois psychothérapique et chimiothérapique. Cette approche thérapeutique, délibérément laissée ouverte par le médecin, permet au patient lors des entretiens ultérieurs de verbaliser d'autres contenus de pensée, d'énoncer les modifications sémiologiques liées aux remaniements existentiels, au déplacement des conflits, aux bénéfices de la prise en charge.

2

SEMEIOLOGIE PSYCHIATRIQUE

L'examen psychiatrique permet un relevé des symptômes présentés par le patient. Ce relevé n'est pas seulement un bilan, un inventaire de signes dont l'association constituerait un ensemble syndromique ou une entité morbide. Les théories psychanalytiques, en introduisant une conception dynamique de la vie mentale, ont permis d'envisager les symptômes non plus isolément mais en fonction de l'histoire passée, des vicissitudes du développement psychologique et de leur réactualisation possible. Cette perspective psychodynamique permet d'envisager un contenu significatif pertinent aux symptômes considérés comme porteurs d'un désir refoulé, vecteurs d'un message, représentatifs d'un compromis, prenant alors place dans l'équilibre personnel et unique qu'est l'économie psychique globale du sujet. Une telle recherche de la signification psychogénétique particulière des symptômes est de valeur inégale (selon qu'il s'agit d'une phobie ou d'une conversion hystérique dont l'appartenance névrotique est certaine ou bien des séquelles d'un traumatisme crânien qui imposent de considérer la part respective de la lésion traumatique et de la personnalité qui l'a subie) ; elle ne doit pas exclure la prise en considération de troubles relationnels, situationnels ou réactionnels, non plus que d'autres perspectives de compréhension (perturbations immunologiques, désordres biochimiques, rôle joué par l'hérédité, conditionnement par le milieu, etc.). K. Jaspers, dans une perspective phénoménologique, souligne que l'interprétation des symptômes doit être considérée comme un moyen de comprendre plutôt que comme une explication causaliste. La démarche de la compréhension psychiatrique choisit, plutôt que d'isoler des symptômes, de les considérer dans leurs connexions, de les interpréter chaque fois que cela est possible dans une perspective fonctionnelle, économique et signifiante.

De nombreux modèles d'analyse séméiologique ont été proposés, allant de l'étude des comportements à l'étude des fonctions isolées, de l'étude de la dynamique relationnelle à la psychologie structuraliste, de la sociopsychologie à la psychanalyse. Nous choisissons d'exposer dans un but didactique et forcément arbitraire la séméiologie psychiatrique en envisageant successivement : I. Troubles de la présentation et de l'expression ; II. Troubles des conduites instinctuelles ; III. Troubles du comportement social ; IV. Troubles de la vigilance ; V. Troubles de la conscience du soi (de la personne) ; VI. Troubles de l'humeur ; VII. Troubles des perceptions ; VIII. Troubles de la mémoire ; IX Troubles de la pensée ; X. Troubles du jugement.

I. – LES TROUBLES DE LA PRÉSENTATION ET DE L'EXPRESSION

D'appréhension immédiate, ils fournissent souvent d'emblée des éléments d'orientation :

■ ***La tenue vestimentaire*** suit les impératifs autant que la fantaisie de la mode. Actuellement, il n'est plus aucun conformisme en ce domaine et les renseignements séméiologiques qui pourront être recueillis de la présentation générale (vêtements, coiffure, soins corporels même) ne le seront que lorsqu'ils traduiront, à l'évidence, *une inadaptation à l'âge* (excentricité des hystériques), *au sexe biologique* (travestissement des transsexualistes ou des travestis), *à des impératifs sociaux* (désordre vestimentaire, débraillé ou dénudé des maniaques, des états démentiels) ou à l'inverse *un maniérisme exagéré, désuet ou baroque* (chez certains schizophrènes).

■ ***La mimique*** traduit par l'expression du regard les jeux de physionomie et d'attitude, les états affectifs, émotionnels voire volitionnels qui viennent appuyer les paroles et les pensées. Dans l'appréciation de la mimique intervient bien évidemment le contexte racial et culturel.

a) **Les hypermimies** ou **mimiques exagérées :** Elles peuvent être généralisées, contemporaines d'un état d'exaltation ou être polarisées sur un sentiment dominant, une idée qui capte toute l'attention du malade.

- *les hypermimies généralisées* intéressent tous les muscles de la face : le regard – anormalement mobile – ne se fixe pas, distrait sans cesse ou aux aguets. Les contenus affectifs exprimés sont d'une mouvance extrême, dans un registre de jeu et d'euphorie chez le maniaque, de terreur pantophobique chez certains oniriques. Chez l'hystérique, l'histrionisme de la présentation et du discours prend souvent appui sur une mimique hyperexpressive, aguichante, outrancière.
- *Les hypermimies polarisées* expriment à l'inverse un état affectif *monothématique* (l'angoisse et la peur se traduisent par des crispations du visage et un regard tragique) ou *passionnel* (la revendication dédaigneuse du paranoïaque, la colère de l'idéaliste passionné, l'extase du délirant mystique).

b) **Les hypomimies** (paucimimies) et **les amimies** vont de la rareté du mouvement à l'immobilité complète. Le regard est fixe, retenu par un objet ou dans le vague sans que pour autant toute expressivité soit absente du visage. Bien au contraire, la physionomie exprime la souffrance, la douleur morale et l'inhibition (chez le mélancolique), la perplexité et l'égarement (chez le confus), le négativisme et l'oppositionisme avec refus de contact (chez le schizophrène). Des paucimimies inexpressives s'observent dans les détériorations des déments, participant de l'atteinte globale et profonde des fonctions psychiques ; il en est de même dans les arriérations profondes.

c) **Les dysmimies :** à l'état normal, il existe une relation compréhensible, « lisible » entre l'expression du visage et les contenus psycho-affectifs. Lorsqu'il existe un désaccord, on parle de :

- *paramimies ou mimiques discordantes* lorsque l'expression physionomique contredit l'expression verbale ou le vécu actuel. Chez les schizophrènes, ces mimiques paradoxales sont des sourires ou des rires immotivés, étranges, désaccordés ; il s'y ajoute parfois un trouble moteur parakinétique : parasitisme mimique.
- *mimiques d'emprunt,* factices (A. Porot) reproduisant parfois instantanément comme en miroir le clignement de paupières, les mouvements de la bouche de l'observateur (échomimie) : elles s'observent chez certains sujets frustes, arriérés, chez les hystériques, chez certains schizophrènes et plus souvent encore chez des simulateurs.

■ *Les troubles psychomoteurs*

Les troubles du comportement gestuel et moteur sont un mode privilégié d'expression pathologique.

a) **L'agitation** survient généralement par *crises* au cours desquelles l'implication psychologique et son corrélat moteur sont confondus dans des mouvements désordonnés qui expriment en actes agressifs, impulsifs, coléreux, menaçants ou spectaculaires des pulsions instinctuelles ou des désordres affectifs. Les aspects séméiologiques polymorphes des états d'agitation répondent à la fois des structures psychopathologiques de base et des diverses étiologies : l'agitation de l'ivresse alcoolique aiguë est brutale, volontiers agressive, celle du delirium tremens est impressionnante par l'importance de l'onirisme intensément vécu ; chez le dément sénile, l'agitation est parfois anxieuse, stéréotypée avec déambulations incessantes à majoration nocturne. Chez le maniaque, elle coexiste avec une exaltation euphorique de l'humeur. Chez le schizophrène, elle est imprévisible, discordante, parfois destructrice. L'agitation des crises névropathiques (hystérie – déséquilibre psychopathique) et de certains états anxieux est, en elle-même, caractéristique par son aspect théâtral, utilitaire parfois, l'appel à l'entourage étant souvent médiatisé par la crise d'agitation.

b) **L'impulsion** est le besoin impérieux d'accomplir soudainement un geste ou un acte à caractère brutal, dangereux ou incongru dont l'exécution échappe au contrôle volontaire du sujet. Il est *des impulsions spontanées,* brusques, traduisant l'irruption de pulsions internes ou répondant à des exigences délirantes : ces impulsions-réflexes, en « court-circuit » (Kretschmer) font passer immédiatement la tendance pathologique dans l'exécution d'actes généralement agressifs sans que ceux-ci aient été soumis à une élaboration intellectuelle ou volontaire. Certaines *impulsions par faiblesse de l'inhibition* (Guiraud) signalent une indigence des mécanismes de contention des pulsions émanant du Moi et interviennent en réponses rapides à des stimuli extérieurs souvent minimes (disproportion entre la cause et l'effet). *L'impulsivité* et le mauvais contrôle pulsionnel caractérisent certaines personnalités pathologiques (déséquilibrés, névroses de caractère, alcooliques).

- *Le raptus,* à la limite de l'activité volontaire et du réflexe, survient en réponse à l'instant dans l'instant, à une impérieuse nécessité instinctive (raptus agressif, raptus suicidaire).

c) **La stupeur** est un état de suspension de toute activité motrice : mimique, gestes, langage. Derrière le masque stuporeux peut persister un cours actif de la pensée. Il est en clinique des états de stupeur émotionnelle (après un traumatisme affectif subit qui sidère et fixe toute expressivité), de stupeur mélancolique, de stupeur confusionnelle, de stupeur catatonique. Le terme de « stupeur » est actuellement parfois dérivé de son sens originel ; il est souvent employé comme synonyme de *précoma.*

d) **La catalepsie** est caractérisée par la prise en masse du sujet avec perte de l'initiative motrice, la tendance à maintenir les attitudes spontanées et imposées. Elle témoigne de la discordance psychomotrice dans des formes catatoniques de schizophrénie. Dans la « grande hystérie » les attaques cataleptiques, les extases, alternaient parfois avec le somnambulisme ou les crises.

e) **Les parakinésies** sont des mouvements anormaux qui parasitent, caricaturent ou remplacent les mouvements normaux. Ce sont des gestes, des mouvements automatiques, itératifs, invariablement reproduits. Les stéréotypies de certains schizophrènes, de certains déments, d'oligophrènes profonds, sont représentatives de ces parakinésies (stéréotypies de grattage, de balancement, de rotation...).

Les parakinésies ne doivent pas être confondues avec les *dyskinésies* qui s'observent souvent en psychiatrie du fait de l'utilisation extensive des traitements *neuroleptiques.* Il peut s'agir de *crises dyskinétiques aiguës* (avec hyperextension du tronc, du cou, élévation des globes oculaires), *d'hyperkinésie* (à type de *tasikinésie :* besoin invincible de bouger, *d'akathisie :* impossibilité de rester assis) ou de manifestations à caractère chronique survenant après plusieurs mois ou années de neuroleptisation : *les dyskinésies tardives.* Ce sont des mouvements involontaires, incessants, de la sphère bucco-linguo-faciale (succion, mâchonnement, clappement) parfois accompagnés de dyskinésies des membres et de dandinements.

f) **les tics** sont « des mouvements involontaires, brusques et soudains, rapides et répétés. Ils atteignent des groupes de muscles en liaison fonctionnelle. Enfin, ils ont perdu toute utilité, s'ils pouvaient en avoir une à l'origine » (S. Lebovici).

Les variétés de tics sont très nombreuses : clignement des yeux, froncement des sourcils ou du nez, reniflements, bruits de gorge, haussement d'épaules, etc. Certains sont plus complexes, moins brefs, ayant un caractère répétitif, compulsionnel (onychophagie, trichotillomanie, rectification d'un vêtement, moues diverses). Chez un même sujet, le tic dominant est généralement toujours le même, s'amplifiant avec l'anxiété, les émotions, diminuant dans les situations de détente et susceptible de déplacements topographiques dans le temps. Les tics sont d'une grande fréquence chez l'enfant, apparaissant entre 6 et 8 ans ou à la puberté ; souvent multiples, successifs, témoins de conflits névrotiques, ils disparaissent spontanément. Leur persistance ou leur réapparition à l'âge adulte s'observent chez des psychasthéniques, des anxieux, des obsessionnels. Dans la « Maladie des tics compulsifs » de Gilles de La Tourette les tics sont multiples, progressivement associés à l'énoncé de kyrielles de mots grossiers (coprolalie) et à un mimétisme mimique, gestuel et verbal (échomimie, écholalie). De nature dégénérative probable, cette affection exceptionnelle est d'évolution parfois déficitaire.

■ ***Le langage*** (verbal, écrit, pictural)

Le vecteur de l'examen psychiatrique étant essentiellement verbal, toute altération de l'expression orale aura valeur séméiologique. Le langage est organisé sur une base neuro-anatomique cérébrale. L'articulation physiopsychologique du langage est constituée par *les mots* dont la fonction est de transmettre un sens, une signification. Il n'y a pas de pensée sans mise en mots, sans élaboration par des signes linguistiques (le signe linguistique étant la combinaison du concept, le signifié, et de l'image acoustique, le signifiant).

Le langage peut être perturbé .

a) **à un niveau central neurologique** constituant *l'aphasie,* entendue comme étant un trouble de l'expression et/ou de la compréhension du langage, provoquée par une atteinte cérébrale. L'aphasie, associée généralement à des troubles d'autres fonctions symboliques (agnosie – apraxie), est retrouvée précocément dans certains états démentiels (maladie d'Alzheimer, démences vasculaires).

b) **dans la dynamique du discours :**

– *La logorrhée,* comme son corollaire au niveau du langage écrit *la graphorrhée,* est un flot précipité, prolixe, surabondant de paroles organisées autour d'un thème dominant ou plus souvent dispersées. Dans beaucoup d'états d'excitation existe cette hyperactivité verbale, parfois émaillée de cris, de chants. La logorrhée du maniaque est tout à fait exemplaire.

- *La verbigération* est un dévidage automatique de suites de mots ou de phrases sans lien associatif sémantique, constituant parfois un galimatias incompréhensible. On l'observe chez des schizophrènes très régressés, certains confus, des déments séniles.
- *Le mutisme* est l'absence de langage, délibérée ou non, intentionnelle ou non, alors que n'existent ni mutilé, ni atteinte organique des centre cérébraux ou des organes de la phonation. Le mutisme peut être total ou partiel (semi-mutisme), global ou sélectif, permanent ou transitoire. Sa valeur séméiologique emprunte à l'expression mimique : le sujet émotif, inhibé, rétracté, fait effort pour vaincre son silence, alors que le mutisme du schizophrène a pour fonction de « couper le contact », de réaliser l'isolement, et que le silence du délirant traduit l'opposition, l'hostilité ou la peur de livrer le contenu de ses craintes.
- *Le mutacisme* est un silence volontaire, adopté au cours de situations critiques par des simulateurs (souvent associé alors à une pseudo-surdité) ; il peut être utilisé comme un jeu par le maniaque. On peut en rapprocher l'aphonie (ou l'aphémie), symptôme de conversion hystérique.
- *Le bégaiement :* désordre psychomoteur consistant en une incapacité transitoire à émettre certains sons, à enchaîner différents mouvements articulatoires (répétitions ou blocages lors de l'émission du langage). Le bégaiement apparaît dans l'enfance, s'exagère lors des émotions, diminue au cours des situations de détente.
- *La palilalie,* comme son équivalent dans l'écriture, la *paligraphie,* consiste en une répétition incoercible de syllabes, de mots ou de phrases ; elle s'observe chez certains déments, s'associant souvent à une écholalie, répétition des mots prononcés par l'interlocuteur. Elle est fréquente chez les parkinsoniens.
- Enfin la dynamique du discours peut être perturbée dans sa fonction de vecteur de l'information (soliloque-monologue) ou être soumise à des *impulsions verbales* (émaillée alors de jurons) ou parasitée par l'écoute d'interlocuteurs imaginaires *(dialogue hallucinatoire).*

c) **dans sa syntaxe :** *l'agrammatisme* consiste à supprimer les articles, prépositions, adjectifs, à adopter un style télégraphique ou monosyllabique, à n'employer les verbes qu'à l'infinitif, etc.

d) **dans sa fonction sémantique linguistique**

Il faut distinguer :

- *Les paralogismes :* les mots appartiennent au Code de la Langue mais leur sens est détourné de l'acception habituelle. Un délirant dit par exemple qu'il est « mis sous timbre », pour qualifier la surveillance permanente dont il se dit être l'objet. Un autre énonce qu'il est « endiablé », spécifiant par là que des forces démoniaques le soumettent à leurs maléfices.

- *les néologismes vrais* sont de véritables créations linguistiques (mots tronqués, phonèmes inversés) qui introduisent une distorsion, un hermétisme dans la communication verbale. Certains délirants persécutés, des schizophrènes dissociés ont souvent un mot privilégié pour désigner l'appareil qui les menace (le « térescope », le « trapon » qui emmêlent les idées, le « vérot » qui s'insinue partout) ou le persécuteur (« l'hysop » qui empoisonne, le « mégatos » tout-puissant). A l'extrême, se constitue chez certains schizophrènes un *paralangage,* une *glossolalie,* un « langage privé ».

e) rappelons la valeur attachée aux **lapsus,** révélant l'émergence de désirs ou de pulsions inconscients. (Cf. Freud : « Psychopathologie de la vie quotidienne »).

II. – LES TROUBLES DES CONDUITES INSTINCTUELLES

Ces troubles sont volontiers l'occasion et le motif d'une première consultation psychiatrique. Les renseignements seront recueillis auprès du patient, de son entourage, du personnel infirmier lorsqu'il y a hospitalisation.

■ ***Le contrôle sphinctérien de la miction et de la défécation*** est en général acquis avant l'âge de trois ans. Certaines énurésies persistent ou réapparaissent à l'âge adulte. La *perte* ou les *perturbations* des disciplines sphinctériennes (passagères ou durables, diurnes ou nocturnes) s'observent en Pathologie Mentale, dans des états de régression très prononcée (gâtisme schizophrénique ou démentiel) pouvant aller jusqu'à des conduites de barbouillage ou d'ingestion des excrétats (coprophagie).

Les fonctions excrémentielles peuvent être l'occasion de *rites* très complexes, ordonnés selon un protocole et un horaire précis chez certains obsédés ; le souci de vérifier la couleur et la consistance des selles prend chez l'hypocondriaque une importance bien connue.

■ ***Le sommeil*** est une interruption temporaire, périodique et réversible de la conscience éveillée ; il n'est pas considéré comme un stade passif de suspension de la vigilance mais comme une phase psychophysiologique active dont témoignent les enregistrements polygraphiques (E.E.G. – oculographie – électromyographie) et l'activité onirique ; le rêve « gardien du sommeil » est aussi le garant de la modulation de la vie inconsciente.

L'âge, les dispositions et les habitudes individuelles, les préoccupations actuelles, certains agents pharmacologiques font varier le besoin de sommeil et sa qualité. Des variations plus importantes du cycle « vigilance-sommeil » sont nettement pathologiques :

a) **L'insomnie** est d'une extrême fréquence en pathologie mentale. Elle peut intéresser l'endormissement, entraîner un réveil précoce, ou interrompre plusieurs fois le sommeil. Elle a valeur de « signal-symptôme » au cours des accès dysthymiques de la psychose maniaco-dépressive ; elle est très fréquente chez certains délirants, l'expérience onirique et/ou hallucinatoire venant enrichir le délire dans les phases intermédiaires entre la veille et le sommeil.

L'insomnie est également très fréquente chez de nombreux sujets névrosés, anxieux, psychasthéniques, hypocondriaques, chez lesquels s'observe souvent une véritable « angoisse du coucher ». Chez ces sujets l'abandon de soi-même à soi-même que constitue le sommeil réactive l'angoisse de mort. S'instituent alors de véritables « rites » préalables au coucher et s'instaurent fréquemment aussi des consommations abusives de médications hypnogènes.

b) **La somnolence diurne** et **l'hypersomnie** réalisent une augmentation notable du temps de sommeil, sans emprunter l'allure paroxystique de la narcolepsie. Le sommeil matinal prolongé (et ce d'autant plus qu'il n'a pu réparer la fatigue du jour précédent), le refuge diurne dans « les bras de Morphée » sont pour des psychasthéniques, des hystériques, le moyen d'éviter l'effort, l'affrontement avec des situations vitales toujours appréhendées.

c) **Les perturbations de l'activité onirique,** décrites par le névrotique en termes de cauchemars, sont assorties de sensations subjectives éprouvantes, épuisantes. « Les délires de rêves » (Régis) à contenu terrifiant sont d'observation courante en pathologie toxique et infectieuse (onirisme du delirium tremens, tuphos).

d) **Dans la chambre à coucher,** certains malades se réfugient régulièrement des journées entières *(claustromanie),* restant étendus sur leur lit *(clinophilie)* volets fermés ; d'autres y accumulent des objets insolites mais très investis symboliquement, y ordonnent un décor étrange, organisant un univers secret, impénétrable, ésotérique où s'inscrit leur vécu schizophrénique. (H. Faure : l'investissement délirant des objets).

■ *Les conduites alimentaires*

Boire et manger assurent la satisfaction des besoins nutritionnels mais réactualisent aussi, à un niveau symbolique, les premières relations objectales (stade oral). En outre toute une dimension culturelle et relationnelle est impliquée dans la notion de repas : lieu et moment de réunion familiale, symbole du partage, de la communion, mais aussi de la fête.

a) **Les restrictions alimentaires** sont rapportées, par le malade, à une diminution ou à une perte d'appétit *(hyporexie ou anorexie)* globale ou sélective, à un désir de maigrir (la préoccupation du poids parfois légitime est souvent déraisonnable) ou obéissent à des règles diététiques personnelles. On peut rapprocher de ces conduites de restriction les vomissements provoqués, post-prandiaux. La perte de l'appétit est un des symptômes majeurs de la dépression. *L'anorexie mentale de la jeune fille* réalise un syndrome (anorexie – amaigrissement – aménorrhée) de signification particulière. (v. p. 144).

b) **Les refus alimentaires** ont, en dehors de contextes particuliers (grèves de la faim à caractère idéologique), des motivations pathologiques et souvent délirantes *(sitiophobie)* :

- *chez des mélancoliques* pour lesquels renoncer à manger signifie se priver, se châtier, se laisser mourir d'inanition.
- *chez des délirants persécutés* qui pensent que la nourriture proposée est empoisonnée ou maléfique.
- *chez les schizophrènes* qui recherchent dans le jeûne une purification ou traduisent par cette conduite des attitudes d'opposition et de négativisme.

c) **Les excès alimentaires et les excès de boisson** peuvent être permanents ou paroxystiques :

- *la sitiomanie* (Magnan) a un caractère impulsif, obligeant le malade à absorber des quantités énormes de nourriture ;
- *la phagomanie* est l'habitude de manger entre les repas, sans que la faim impose cette manie ;
- *la voracité et la gloutonnerie* de certains déments ou débiles profonds peut être l'occasion d'accidents par fausses routes alimentaires ;
- *la boulimie* est une sensation très intense de faim, vécue dans l'angoisse, contraignant le patient à absorber rapidement et impulsivement une grande quantité d'aliments ; le désir de manger assouvi, il apparaît en retour une sensation de profonde culpabilité et de dégoût. Ces accès boulimiques s'observent dans des états névrotiques à dominante orale, des états-limites, des syndromes schizophréniques ;
- *les perversions alimentaires* (coprophagie – scatophagie) sont le fait d'hébéphrènes et de déments très régressés ;
- *le mérycisme* de l'adulte (rumination alimentaire avec ou sans régurgitation) ne se voit que chez l'arriéré profond ;
- *la dipsomanie* est le besoin irrésistible de boire de fortes quantités de boissons, généralement alcoolisées ; on insiste sur le caractère intermittent, paroxystique des accès dipsomaniaques observés lors d'accès maniaques ou survenant par périodes chez des déséquilibrés psychopathes (p. 152) ;
- *la potomanie* est le besoin habituel, permanent, d'ingérer de grandes quantités de liquides, de l'eau le plus souvent ; le diabète insipide vrai étant

éliminé, il faut savoir que certaines thérapeutiques psychotropes (les antidépresseurs à action atropinique – les sels de Lithium) provoquent souvent un besoin impérieux de boire. De grandes potomanies, ayant pu entraîner des syndromes d'intoxication à l'eau s'observent chez des schizophrènes ;

– *les tendances toxicophiles* peuvent être rapprochées de ces troubles des conduites alimentaires car elles témoignent de fixations orales importantes. Elles se retrouvent chez des sujets immatures, intolérants aux frustrations et aux maux physiques et chez lesquels la consommation exagérée de médications diverses devient habituelle (hypnotiques – stimulants – euphorisants-antalgiques – laxatifs – réducteurs de l'appétit – etc.).

■ ***Le comportement sexuel et les relations amoureuses*** sont actuellement plus facilement évoqués qu'ils ne l'étaient autrefois mais certains sujets n'abordent encore les problèmes relatifs à leur sexualité qu'avec une réserve et une pudeur qu'il faut respecter. Situer les conditions et les limites d'un comportement sexuel normal est d'autant plus difficile que la génitalité de l'adulte reste empreinte, plus directement que n'importe quel autre comportement, de l'évolution de sa sexualité infantile, elle-même marquée par des contraintes éducatives, morales et sociales qui subissent les inflexions du temps.

Les troubles des conduites sexuelles sont classiquement distingués en :

– **déviations de l'instinct sexuel de reproduction :** les perversions (v. chap. 17).
– **perturbations de la réalisation de l'acte sexuel** qui seront celles envisagées ici :

a) **la masturbation** ou **onanisme,** banale chez l'enfant, l'adolescent et l'adulte privé de partenaire, n'est pathologique que lorsqu'elle est préférée à toute autre conduite sexuelle ou lorsqu'elle est la seule possible du fait de l'inhibition.

b) **l'impuissance** est un terme très général qui recouvre des troubles du désir sexuel, de l'érection, de l'éjaculation ou de l'orgasme, toutes les nuances et les associations étant possibles. Il importe de prendre en compte la répercussion psychologique globale de l'impuissance, avec retentissement sur l'équilibre du couple et perturbations des relations sociales.

On distingue : *les impuissances primaires,* échecs au cours des premiers coïts, fréquents et souvent transitoires et aussi impuissances totales rares et durables ; *les impuissances secondaires,* occasionnelles ou prolongées, déterminées par des causes multiples : désintérêt pour la partenaire, infidélité conjugale, surmenage et fatigue, dépression, alcoolisme, ou s'intégrant à une problématique névrotique.

c) **la frigidité** a également des aspects très divers et souvent associés : absence de désir, voire répulsion à la perspective du rapport sexuel, insensibilité vaginale, inhibition de la motricité, absence de plaisir et d'orgasme (anorgastie), dyspareunie (frigidité douloureuse) ou vaginisme (spasme douloureux à la pénétration).

La frigidité peut être habituelle (passivement subie ou mal tolérée) ou occasionnelle (dépendant alors du partenaire, de la crainte d'une grossesse ou de multiples autres facteurs) ; son retentissement psychologique est très variable, tendant à être plus important avec l'évolution socio-culturelle actuelle.

III. – LES TROUBLES DES CONDUITES SOCIALES

Ils introduisent la notion de **passage à l'acte** (« acting-out »), terme employé pour désigner « les actions présentant le plus souvent un caractère impulsif *relativement en rupture* avec les systèmes de motivation habituels du sujet, relativement isolable dans le cours de ses activités, prenant souvent une forme auto ou hétéro-agressive » (Laplanche et Pontalis).

Dans le passage à l'acte, le psychanalyste (indépendamment de la signification sensiblement différente qu'il donne à ce terme dans la cure psychanalytique) perçoit le retour de pulsions refoulées alors que le psychiatre considère davantage que le sujet, jusqu'alors contrôlé, *passe* d'une tendance, d'une intention consciente ou inconsciente à la réalisation d'un acte généralement agressif, violent ou délictueux.

Si les conduites que nous allons évoquer acquièrent une signification pathologique et justifient une orientation psychiatrique, c'est essentiellement par les désordres mentaux auxquels elles s'associent, certaines de ces conduites pouvant être du registre médico-légal, pénal exclusif ou s'inscrire dans un contexte socio-culturel qui en modifie la signification.

■ ***Le suicide, la tentative de suicide, les équivalents suicidaires*** recouvrent toutes les conduites qui amènent un sujet à se donner la mort (v. chap. 19).

■ ***Les fugues*** sont caractérisées par un abandon du domicile, du lieu de travail, répondant pour le sujet à un besoin irrésistible de partir. En général inopinées, sans but précis, limitées dans le temps, les fugues surprennent l'entourage.

Il est de rares fugues *inconscientes* et amnésiques (automatismes épileptiques) ou semi-conscientes (états seconds et crépusculaires). Les fugues *conscientes* de l'adulte se manifestent dans des circonstances et en fonction de causes très variées : chez le psychopathe sont en cause l'instabilité de fond, le passage à l'acte impulsif ; chez le délirant, il s'agit d'échapper à une menace imaginaire. Il est des **errances** appelées à tort fugues qui sont observées au cours de déambulations avec désorientation temporo-spatiale chez le confus ou le dément sénile.

■ ***Les vols pathologiques*** sont rares. La perte de la notion de propriété peut s'observer chez les déments, chez des schizophrènes chroniques (vol à l'étalage). Les vols fréquemment commis par les toxicomanes en état de besoin, sont motivés par l'absolue nécessité de se procurer de la drogue. Les vols du névrosé compulsif (kleptomanie) et les vols amnésiques de l'épileptique posent des problèmes assez difficiles en expertise médico-légale.

■ ***Les attentats aux mœurs*** (exhibitionnisme – viols ; v. chap. 17).

■ ***L'homicide*** est, quoiqu'on ait pu dire, rare en pathologie mentale. Il répond à des motivations psychopathologiques variées. La dangerosité du délirant passionnel (jaloux, érotomane ou revendiquant) ne doit pas être sous-estimée et peut imposer des mesures de placement administratif. Parfois inaugural chez le schizophrène, le crime a chez lui un caractère immotivé d'étrangeté, de froideur, de soudaineté ; il s'agit souvent du meurtre d'un personnage parental ou de son substitut. Le meurtre de l'enfant par sa mère, aussitôt la naissance (infanticide) est souvent le fait de jeunes femmes célibataires moins pathologiques que frustes et socialement très isolées. Certains infanticides sont commis dans un contexte psychopathologique qui témoigne de bouleversements instinctuels majeurs : bouffées délirantes, psychoses puerpérales. Il faut citer encore l'homicide altruiste du déprimé mélancolique qui, avec lui, entraîne dans la mort des membres de son entourage: suicide collectif. Bien que l'Histoire en ait retenu des illustrations célèbres, les crimes sadiques de pervers (Jack l'Etrangleur, Gilles de Rais, etc.) sont des faits rares.

Beaucoup plus fréquemment que l'homicide, se rencontrent en psychiatrie *les coups et blessures, les violences :* ces conduites s'observent chez les caractéropathes, les schizophrènes, chez certains épileptiques (accès de fureur) ; on retiendra l'incidence élevée de tous les passages à l'acte agressifs chez l'alcoolique.

IV – LES TROUBLES DE LA VIGILANCE

En psychiatrie, les termes de « conscience » et de « vigilance » sont proches sans toutefois se superposer. Nous choisissons d'envisager ici la qualité de la présence de l'être au monde, ce qui revient à considérer les fonctions qui permettent à l'individu de se situer par rapport à ses semblables et au monde extérieur, de les appréhender avec lucidité, et de s'y adapter selon les changements qu'il perçoit.

■ ***La conscience,*** en tant que fonction vigile, comporte plusieurs niveaux hiérarchisés (J. Delay) :

- **L'inconscience,** réalisée par le sommeil ;
- **la subconscience** (P. Janet), compatible avec une activité automatique ;
- **la conscience claire, immédiate et spontanée** qui caractérise la rêverie ;
- **la conscience claire, immédiate et réfléchie** qui suppose une parfaite fluidité de la synthèse mentale et autorise la prise de conscience sous sa forme la plus complète.

Dans une perspective didactique mais atomistique ou associationniste, (qui tend à concevoir la pensée comme une série d'éléments relativement indépendants qui se combinent entre eux), nous envisagerons plusieurs fonctions distinctes contribuant au maintien de la vigilance (attention, orientation dans le temps et l'espace), avant de traiter de ses atteintes quantitatives et qualitatives.

A. – L'ATTENTION

C'est la disposition d'esprit qui polarise l'activité psychique sur un secteur précis. L'attention met en jeu les récepteurs sensori-moteurs, le tonus postural, les fonctions neuro-végétatives (respiratoires, cardiaques, sécrétoires, vasomotrices), humorales. On distingue : *l'attention volontaire* ou *réfléchie,* supposant un effort conscient de concentration et *l'attention spontanée,* supposant l'intention de ne se fixer à rien, de façon à ne se laisser capter que par un stimulus significatif (attention flottante). L'attention peut-être :

a) **augmentée (hyperprosexie)** et de manière sélective dans des états anxieux, dépressifs (polarisation idéique sur des thèmes pessimistes), hypocondriaques, délirants ;

b) **diminuée (hypoprosexie ou aprosexie).** La distractivité est extrême chez le maniaque, importante chez l'instable, alors que chez le schizophrène l'ataxie intra-psychique et le désintérêt conditionnent une faillite ou au moins une flexibilité extrême de l'attention.

B. – L'ORIENTATION TEMPORO-SPATIALE

Définie comme « le sens spécial qui nous permet de repérer notre situation dans le temps et dans l'espace », elle introduit la nécessité d'une organisation des schémas temporaux et spatiaux comme impératif d'adaptation au monde réel. Cette organisation s'ordonne autour du « ici et maintenant » qui fonde la situation de l'être vigilant, présent, capable de se situer.

La désorientation temporo-spatiale est le symptôme principal de la confusion mentale, associée parfois à une désorientation allopsychique (perturbation de l'identification des autres), beaucoup plus rarement à une désorientation autopsychique (perturbation de l'identification de soi-même).

C. – TROUBLES QUANTITATIFS DE LA VIGILANCE ET DE LA « CLARTÉ DU CHAMP DE CONSCIENCE »

■ ***Les hypovigilances*** caractérisent les états de *confusion mentale* dont il est classique de décrire plusieurs degrés (v. chap. 23), selon la profondeur de la dissolution :

- **l'obtusion ou parésie idéatoire et perceptive** est marquée par une difficulté de compréhension, un certain degré de désorientation, une lenteur de l'idéation ;
- **l'hébétude,** où domine la sidération de la vie psychique qui paraît comme en suspens, rend inaccessible nombre de stimuli extérieurs ;
- **l'obnubilation,** marquée par un engourdissement, un engluement psychique, une torpeur intellectuelle ;
- **la confusion,** état de dissolution profonde de la conscience avec désorientation temporo-spatiale, impossibilité d'intégration mnésique et appoint onirique possible ;
- **le coma :** terme ultime d'hypovigilance caractérisé par la perte totale (coma carus) ou partielle (coma vigil) de la réactivité aux stimulations.

■ ***Les hypervigilances*** s'expriment par une subexcitation psychique, généralement désordonnée et stérile, une attention dispersée, sollicitée par une appréhension parcellaire et mouvante du monde extérieur, des récurrences mnésiques ou ecmnésiques. L'hypervigilance camoufle une baisse des performances intellectuelles, s'accompagne de perturbations affectives et émotionnelles, comme en témoignent certains états oniroïdes, les syndromes d'excitation hypomaniaque, certaines pharmacopsychoses (après absorption de L.S.D., d'amphétamines à fortes doses).

D. – TROUBLES QUALITATIFS DE LA VIGILANCE

■ ***Le rétrécissement du champ de conscience*** a été décrit par P. Janet comme « un état paroxystique de fascination, d'aimantation restrictive des contenus de pensée, tout entiers orientés vers une seule préoccupation, un souvenir, une situation vécue, une *passion* ». Cette polarisation de la conscience, contemporaine d'une faiblesse de la synthèse psychologique, s'observe fréquemment chez les hystériques ; elle est secondaire à un traumatisme affectif et émotionnel, dans le cadre de la pathologie réactionnelle (réactions névrotiques aiguës, névroses traumatiques).

■ ***Les états crépusculaires*** ou ***états de « conscience altérée, modifiée »,*** proches des états hypnoïdes, comportent la poursuite d'activités coordonnées mais automatiques, en discontinuité avec celles qui étaient préalables à l'atteinte de la conscience ; ils sont subjectivement vécus dans un contexte de déréalisation plus que de dépersonnalisation. A un degré de plus, l'imaginaire pénètre le réel et « les événements délirants, insolites et fantastiques sont vécus par la conscience métamorphosée, comme une métamorphose de la réalité » (H. Ey).

■ ***Les états seconds,*** proches des précédents, comportent une dissociation entre le plan des activités automatiques qui restent coordonnées et celui de la personnalité à laquelle ces activités sont étrangères, insolites, paradoxales. Ce sont des états transitoires au cours desquels s'observe une « émancipation » des propos, des faits ou des gestes par rapport à la personnalité habituelle. Ils s'observent essentiellement chez les patients névrotiques : automatismes chez des hystériques, états somnambuliques, résurgences mnésiques post-émotionnelles. Dans la Littérature, se trouvent des observations de personnalités doubles, triples, alternantes.

■ ***Les états oniriques*** sont définis par l'introduction des constructions du rêve dans un état de conscience plus ou moins profondément destructuré. L'onirisme n'est pas ici vécu comme un spectacle, comme dans le rêve du dormeur passif, mais il est activement vécu comme un rêve éveillé auquel le sujet adhère intensément : des scènes animées, chaotiques, une riche fantasmagorie se succèdent, entraînant des réactions émotionnelles d'angoisse, de panique, de fuite, plus souvent que d'exaltation euphorique. Le delirium tremens est l'exemple même de la confusion mentale onirique et agitée.

■ ***Les états oniroïdes*** (Mayer Gross) sont des états aigus, caractérisés par l'irruption brutale d'idées délirantes polymorphes qui bouleversent les relations qui unissent le sujet à lui-même et au monde extérieur (v. chap. 20).

V. – LES TROUBLES DE LA CONSCIENCE DE SOI

Ils intéressent le vécu de la personne dans ce qu'il a d'intime et de subjectivement éprouvé. Une double dimension doit être appréhendée :

1°) Celle du corps dans sa matérialité biologique et ses organes ainsi que dans l'expérience à la fois statique et dynamique qui en découle : le schéma corporel.

2°) celle de l'expérience psychologique de la réalité de la personne, de l'existence intime de soi-même et de ses limites, de l'identification de soi et de l'autre.

A. – LES TROUBLES DU SCHÉMA ET DE « L'ÉPROUVÉ CORPOREL »

Sous le nom de *somatognosie,* on désigne l'image du corps (Lhermitte), l'image spatiale du corps (Pick), le schéma corporel (Head) qui ne s'acquièrent que progressivement au cours de l'ontogenèse (1), présupposant l'intégration de différentes données (maturation de la sensori-motricité, développement instinctivo-affectif, afférences proprioceptives, socialisation).

Les troubles de la somatognosie s'intégrent à :

■ ***des tableaux neurologiques*** liés à une atteinte du lobe pariétal dont la sémeiologie diffère selon qu'il s'agit d'une lésion :

- **de l'hémisphère majeur** (agnosie digitale isolée – syndrome de Gerstmann : indistinction droite-gauche, agnosie digitale, agraphie, acalculie et apraxie constructive – autotopoagnosie ou perte de la localisation des parties du corps) ;
- **de l'hémisphère mineur :** syndrome d'Anton-Babinski où le sujet ne reconnaît pas comme sien l'hémi-corps gauche paralysé (hemiasomatognosie) et refuse d'admettre l'existence du trouble (anosognosie) se comportant comme s'il n'était pas paralysé.

■ ***la sensation de « membre-fantôme »*** est bien connue des amputés, chez lesquels le membre absent est non seulement senti mais vécu. Cette illusion de la permanence du membre s'accompagne de la sensation que ce membre emprunte une posture déterminée par rapport au corps et dans l'espace entraîne l'impression du mouvement ou de l'appui.

Le membre-fantôme peut être le siège de manifestations douloureuses (algohallucinoses). Des observations de seins, de dents, d'utérus fantômes peuvent être observées après interventions chirurgicales.

■ ***Les cénestopathies*** désignaient pour Dupré « des altérations locales de la sensibilité commune » non hypocondriaques. Depuis lors ce terme qui a

(1) Pour appréhender les processus génétiques de la formation de l'image du corps, se reporter aux travaux de WALLON (« l'Évolution psychologique de l'enfant »), de AJURIAGUERRA, de J. LHERMITTE, de LACAN.

fait fortune a servi à désigner la tonalité fonctionnelle de la cénesthésie. Sans différences subjectives nettes avec les paresthésies (qui ont elles une base organique objectivable), les cénestopathies sont vécues comme étranges, pénibles plus que douloureuses : elles sont l'occasion de descriptions imagées (torsion, déchirure, rupture, vide, déformation) intéressant un organe, un territoire, une fonction. Ces troubles peuvent s'observer dans un registre névrotique (hystérie, psychasthénie) ; ils sont quasi-constants dans les états hypocondriaques et prennent un caractère hallucinatoire chez certains délirants.

B. – LA DÉPERSONNALISATION

C'est le sentiment éprouvé par certains sujets de n'être plus eux-mêmes, soit dans leur intégrité somatique et corporelle (*désincarnation :* le corps paraît étranger, différent, comme celui d'un pantin, d'un automate), soit dans la conscience du Moi psychique (*désanimation*), soit à la fois comme un trouble de la conscience et de la personnalité (*dépersonnalisation vraie*). Il s'associe parfois à une impression de changement dans le monde extérieur, de perte de familiarité avec l'ambiance (*déréalisation*). Il s'agit d'un trouble subjectif, partiel ou global, discret ou profond, procédant par crises vécues dans l'angoisse, comme une « altération des sentiments d'être et d'avoir un corps, d'être une personne ayant une identité, de percevoir un monde approprié familier, réel, milieu des actes où le sujet se réalise » (S. Follin). La dépersonnalisation réalise un syndrome clinique complexe : éprouvée par les patients comme une altération du Moi psychique, elle est souvent décrite de manière métaphorique : *« comme si »* la personnalité se dissolvait, se dédoublait, se transformait, sombrait dans le néant. La référence au milieu extérieur, à l'ambiance est elle-même perturbée : un décor familier devient insolite, étrange, irréel. La participation émotionnelle, affective est en général très grande, angoissante, provoquant la peur de l'aliénation ou de la mort prochaine.

La dépersonnalisation n'a pas de spécificité étiologique. Certaines crises surviennent chez des sujets « normaux », jeunes surtout, spontanément ou à l'occasion d'un conflit, d'un abandon, d'un éloignement ou simplement d'un dépaysement. Des états de dépersonnalisation induits sont observés dans des psychoses expérimentales : après absorption de L.S.D., de Psilocybine, de Mescaline ou au cours d'expériences d'isolement sensoriel.

En clinique psychiatrique, la dépersonnalisation est un épisode fréquent dans la vie de sujets névrosés (hystériques – obsessionnels – psychasthéniques), déprimés, border-line. Dans ce registre il s'agit de crises brutales, de durée limitée, dont la fonction économique (au sens psychanalytique du terme) a été étudiée par M. Bouvet. Les crises de dépersonnalisation s'inscrivent sur des personnalités immatures, narcissiques, en réponse à des situations réelles ou imaginaires d'abandon, d'éloignement ou à l'inverse de rapprochements excessifs par rapport à l'objet d'amour, situations réactualisant l'angoisse de séparation du jeune enfant. La crise de dépersonnalisation aurait ici valeur défensive contre le délire.

Fondamentalement différente est la dépersonnalisation du schizophrène : survenant aussi par crises ou constituant un état permanent, elle témoigne du délabrement catastrophique et morcelant du sujet qui se dissocie ; elle intéresse tout à la fois la cohésion corporelle (signe du miroir), l'identité, la conscience du Moi psychique et l'intimité de la personne.

VI. – LES TROUBLES DE L'HUMEUR

« L'humeur est cette disposition affective fondamentale, riche de toutes les instances émotionnelles et instinctives, qui donne à chacun de nos états d'âme une tonalité agréable ou désagréable, oscillant entre les deux pôles extrêmes du plaisir et de la douleur » (J. Delay).

Dans le langage populaire, on parle du « moral » (avoir bon, mauvais moral). Dans un langage plus scientifique, on parle de « thymie », de « fonction thymique », d'« affects » (états psychiques immédiats exprimant les nuances du désir, du plaisir, de la douleur).

Une humeur totalement neutre (*euthymie*) supposerait une indifférence totale aux aléas existentiels et ne s'observe qu'exceptionnellement dans des conditions psychologiques normales ; en effet, les fluctuations de l'humeur sont éminemment modulées par la satisfaction ou l'insatisfaction de divers *besoins instinctuels* (la faim, la soif, le sommeil, la sexualité), *relationnels* (vie conjugale, familiale, professionnelle) ou *culturels* (loisirs, vacances).

Les variations pathologiques de l'humeur peuvent se faire dans le sens négatif (la dépression), positif (l'expansivité) ou s'inscrire dans le sens d'une indifférence.

1° ***L'humeur dépressive***

Déprimer signifie *abaisser*. Les affects dépressifs expriment toutes les nuances de la morosité, de la langueur, de la nostalgie, du spleen, du « cafard », du découragement, jusqu'à la dépression la plus authentique et la plus profonde, état de tristesse pathologique et de douleur morale. Cette *dysphorie* s'accompagne d'un sentiment de dévalorisation de soi-même, de pessimisme, de fatigue et d'inhibition. Une anxiété vive peut s'y ajouter sans qu'il existe de corrélation rigoureuse entre les deux. Les aspects séméiologiques et cliniques des états dépressifs sont traités au chapitre 18.

2° ***L'humeur expansive***

Les affects expansifs expriment toutes les nuances de la satisfaction, du bien-être, du plaisir, de la joie, de l'euphorie jusqu'aux paroxysmes de l'exultation ou de l'extase. Ces états d'exaltation thymique sont de degrés très divers, allant de l'hypomanie habituelle de certains sujets hyperactifs, entreprenants, jusqu'à la grande excitation thymique, idéative et motrice de la manie aiguë. Certaines intoxications (alcool, éther, amphétamines) peuvent donner lieu à des exaltations thymiques passagères.

3° L'indifférence thymique

Certains état affectifs se caractérisent à l'inverse des précédents par une froideur, une neutralité, une atonie, par le caractère indifférencié et détaché de l'humeur qui paraît inaccessible à ses stimuli habituels. Chez les schizophrènes, s'observent les cas les plus patents d'émoussement thymique, d'indifférence apparente, alternant parfois avec des accès dépressifs ou euphoriques paradoxaux.

VII. – LES TROUBLES DES PERCEPTIONS

La fonction perceptive suppose une intégration harmonieuse entre des récepteurs périphériques sensoriels, des structures nerveuses centrales et un apprentissage qui est celui de la discrimination, de la reconnaissance et finalement de l'identification des objets (sons, odeurs, goûts, etc.) ayant un nom et une fonction définis par le groupe social. Ceci étant acquis, il existe deux modes de prise de conscience d'un objet :

- **La perception sensorielle** d'un objet, présent dans l'espace réel, « objectivé ».
- **La représentation mentale** qui peut être faite de l'objet, ici imaginé, subjectivé dans un espace imaginaire.

A. – DÉRÉALISATION

Il n'existe pas d'altération de la perception au niveau sensoriel, mais l'objet perçu est ressenti comme étrange, bizarre, insolite : phénomène de *déréalisation.*

B. – LES VARIATIONS QUANTITATIVES

Un bruit banal peut prendre une résonance très intense, la couleur d'un objet peut devenir très vive, aveuglante (syndromes confusionnels et toxiques surtout). Une décoloration, une fadeur, une atonie des perceptions peuvent s'observer dans des états dépressifs ; dans l'accès maniaque l'acuité des perceptions s'accompagne parfois d'une vive jouissance émotionnelle et esthétique. Les variations qualitatives rejoignent en partie les variations d'intensité.

C. – SYNESTHÉSIES

On parle de *synesthésies* lorsqu'une perception sensorielle dans un secteur déterminé se traduit par correspondance ou résonance, par une sensation dans d'autres domaines sensitivo-sensoriels («audition colorée »). Des synesthésies s'observent après absorption de Mescaline, de Psilocybine.

D. – LES FAUSSES PERCEPTIONS

Il s'agit d'un groupe hétérogène, d'importance sémeiologique majeure qui nécessite une subdivision en :

■ ***Les illusions*** qui consistent en la dénaturation ou la déformation d'un objet réel, incorrectement perçu. Nombre d'illusions sont tout à fait banales (illusions d'optique, non correction – à la lecture – d'une erreur typographique) et ce d'autant plus que l'anxiété est sollicitée (illusion d'entendre des bruits de pas dans l'obscurité, de voir une silhouette à la place d'un arbre dans la nuit, etc.). Les mirages sont un autre type d'illusions (paréidolies). Certaines déformations perceptives du registre illusionnel s'observent dans des crises d'angoisse, dans certains états oniroïdes, dans les syndromes confusionnels (le contour d'une pièce, d'un objet paraît se déformer, le pli d'une tenture paraît bouger, la couleur d'un objet paraît s'émanciper de sa forme, etc.).

■ ***Les hallucinations*** sont de fausses perceptions qui surviennent en l'absence de stimulus extérieur. Leur définition classique de « perception sans objet » (Ball) a récemment été complétée par H. Ey : « perception-sans-objet-à-percevoir ». Les hallucinations se différencient des interprétations qui supposent qu'à partir de perceptions exactes sont portés des jugements faux (qui sont généralement des jugements d'intentionnalité).

a) **les hallucinations psycho-sensorielles** sont des hallucinations *vraies,* caractérisées par leur *sensorialité* (encore appelée *esthésie*) c'est-à-dire indexées de la qualité sensorielle affectée à chaque sens, par leur *spatialité* (spécifiant la situation extérieure et distante de l'objet halluciné) enfin par la *conviction de la réalité objective* de l'hallucination. Il est des hallucinations simples, élémentaires (sons, éclairs, attouchements) ou complexes et élaborées (conversations, phrases musicales, visages, paysages).

Les hallucinations vraies peuvent intéresser tous les domaines perceptifs :

- HALLUCINATIONS AUDITIVES : perceptions de bruits, de bourdonnements, ou très souvent, de *voix* (hallucinations acoustico-verbales). Entendue près des oreilles comme chuchotée ou venant de loin, perçue par une seule oreille ou les deux, la voix qui parle est reconnue ou inconnue, caractérisée ou ineffable, vectorisant un message, des ordres, des commentaires ou des injures. Les hallucinations auditives conditionnent des attitudes d'écoute (tête tournée et attentive du côté d'où viennent les voix), des réponses (dialogues hallucinatoires), des conduites de défense pour ne plus les entendre (boules dans les oreilles, appareil radiophonique hurlant).

- HALLUCINATIONS VISUELLES : ce sont des visions, des « apparitions » de lueurs, de taches colorées (photopsies), de personnages ou de scènes plus ou moins animés. Les images sont de taille normale ou géantes (macropsies – hallucinations gullivériennes) ou réduites (micropsies – hallucinations lilliputiennes). La perception d'animaux terrifiants et menaçants (zoopsies) est assez caractéristique du délire alcoolique. Les apparitions divines, christiques ou mariales ont un contenu sensoriel (et souvent polysensoriel) intense et sont en général exaltantes, provoquant des contemplations extatiques.

- HALLUCINATIONS OLFACTIVES ET GUSTATIVES : elles ont un caractère spatial beaucoup moins net que les précédentes. Elles ont habituellement une tonalité désagréable, nauséabonde, âcre.

- HALLUCINATIONS TACTILES : plus intéressantes et fréquentes que les hallucinations du toucher actif (perturbant la reconnaissance de la matière, de la taille, du volume des objets), sont les hallucinations spontanées du tact passif. Elles sont tégumentaires ou plus profondes, hypodermiques : il s'agit de sensations de froid, de chaud, de piqûres, de fourmillements, de démangeaisons, de grouillements. Les hallucinés « touchent leurs hallucinations » pour essayer de s'en débarrasser (ceci est particulièrement net chez l'alcoolique qui tente d'écraser les parasites qui courent sur son corps, de se libérer des liens qui l'enserrent, etc.).

- HALLUCINATIONS CÉNESTHÉSIQUES : elles intéressent la sensibilité interne. Il s'agit d'impressions hallucinatoires de transformation totale du corps (métamorphose – évidement – éclatement – possession animale ou diabolique) ou de sensations localisées affectant telle partie du corps ou telle autre. Ces cénestopathies hallucinatoires sont éprouvées au niveau des organes sexuels (caresses – attouchements – orgasmes – pénétration anale), de la sphère digestive (intestins bouchés, distendus, pourris), thoracique (cœur comprimé, ne battant plus, transformé en caoutchouc).

b) **Les hallucinations psychiques :**

Il s'agit de fausses hallucinations puisqu'ici l'hallucination qui continue à se définir comme perception, perd ses indices de sensorialité et de spatialité.

Ce qui caractérise les hallucinations psychiques verbales, les « voix intérieures », c'est leur objectivation psychique exclusive, leur représentation mentale. H. Ey les individualise à partir de :

- *L'absence de sensorialité :* il s'agit d'un langage intérieur, d'une transmission de pensée, de « télépathie », d'idées imposées, d'informations reçues par le biais de communications ineffables où manque toujours le caractère esthésique des perceptions auditives.
- *L'absence de subjectivité :* le sujet ne fait pas sien le contenu de ce qu'il pense, ressent, éprouve. Cette dimension fondamentale des hallucinations psychiques est celle de l'extranéïté, de la « xénopathie » et de la projection (c'est-à-dire de l'attribution à l'Autre ou à l'extérieur de ce qui n'appartient plus au sujet).
- *L'intrusion de l'Autre* dans l'intimité même du sujet est une caractéristique supplémentaire de ces hallucinations psychiques. La perception de ces voix intérieures par le sujet qui les objective signifie qu'elles résultent de l'immixtion indiscrète d'un autre au plus secret de sa conscience.

  Les hallucinations psychiques prévalent dans des syndromes très fréquemment rencontrés en clinique psychiatrique.

- LE SYNDROME D'INFLUENCE est la résultante de multiples phénomènes parasites et imposés qui sont vécus par le sujet comme émanant d'une action extérieure. Le sujet est convaincu d'une entrave dans la dynamique de sa pensée puis bientôt il constate que ses idées, ses sentiments sont devancés, répétés en écho ou volés ; ses actes lui sont commandés ou commentés ; on lui impose des visions ; il se trouve forcé à prononcer des suites de mots, des séquences de phrases qu'il ne reconnaît pas comme siennes. Il s'ensuit une impression d'emprise, d'envoûtement (« on me force à sortir de chez moi, on m'oblige à penser des insanités, à proférer des mots orduriers ») qui conduit le sujet à se sentir exproprié de lui-même. Parfois il a l'impression que cela parle dans sa gorge, dans son estomac : quelquefois des mots, des cris sont proférés. Le syndrome d'influence aboutit à une mécanisation de la vie psychique dont H. Ey souligne toute l'ambiguïté : « le sujet se sent pour ainsi dire tout à la fois dédoublé et doublé par un Autre qui redouble par son action extérieure (influence) et son action intérieure (possession) le pouvoir qu'il exerce sur sa chose, cette chose qu'est devenu le sujet en devenant l'objet de cette contrainte ou de cet asservissement ».

- LE SYNDROME D'AUTOMATISME MENTAL de G. de Clérambault est caractérisé par le fonctionnement automatique, spontané et « dissident » de tout ou partie de la vie psychique du sujet :
  - *le petit automatisme mental* est le premier à apparaître constituant le socle sur lequel s'érigent éventuellement les autres éléments du syndrome. Il est fait de phénomènes étrangers et subtils à base d'intuitions abstraites,

de dévidage muet de souvenirs, d'oublis, d'arrêts de la pensée, de velléités inconséquentes. C'est de ce « syndrome de passivité » que vont ensuite émerger :

- *les phénomènes de dédoublement mécanique de la pensée (écho de la pensée, de la lecture et des actes)* et d'énonciation des gestes et des intentions : la répétition, le *commentaire des pensées et des actes,* la contradiction systématique peuvent être consécutifs, anticipés ou simultanés par rapport à l'actualisation en cours.
- *le triple automatisme moteur, idéique et idéo-verbal* est constitué de mouvements parasites, de tics, de sensations de déplacements imposés au sujet, de déroulement incoercible d'idées (mentisme, ecmnésie, idéorrhée), d'énonciation de kyrielles de mots, de jeux syllabiques, de scies verbales, de psittacisme. Peuvent s'y associer des automatismes sensitifs : *sensations parasites* intéressant la sensibilité générale, à types d'ondes, de courants électriques, de manifestations cénesthésiques profondes. Pour G. de Clérambault, le syndrome d'automatisme mental était autonome et primitif, *les hallucinations psychosensorielles* et la construction délirante s'édifiant sur sa base et ne constituant qu'un appoint à posteriori.

Les hallucinations psychiques et psycho-sensorielles sont de survenue aiguë et transitoire dans les accès confuso-oniriques, les bouffées délirantes polymorphes ; elles sont durables dans les psychoses hallucinatoires chroniques et dans certaines schizophrénies paranoïdes. Une place à part doit être faite à l'*hallucinose* (ou eidolie hallucinosique) qui est une hallucination reconnue et identifiée comme un phénomène anormal au moment même de sa survenue : le sujet critique le trouble et convient de la non-réalité de l'objet halluciné (ceci s'observe dans certaines ophtalmopathies, dans certaines lésions du tronc cérébral, dans des crises d'épilepsie partielle).

Les hallucinations n'ont pas toujours le caractère pathologique que nous venons de décrire : il en est ainsi des *hallucinations hypnagogiques* banales qui apparaissent dans l'état intermédiaire entre la veille et le sommeil, et des hallucinations qui surviennent chez des sujets soumis à des situations expérimentales (privation de sommeil, isolement sensoriel) ou très particulières.

VIII. – LES TROUBLES DE LA MÉMOIRE

La mémoire est définie par J. Barbizet comme « le fait de mémorer, de conserver et de remémorer des informations » ; pour J.-M. Sutter, « il y a fait de mémoire chaque fois que le comportement intellectuel d'un individu s'ordonne en fonction d'une expérience antérieurement vécue ». Ces définitions complémentaires spécifient que le processus de mémoire suppose l'inscription d'une acquisition, d'un apprentissage, d'une émotion préalables aux aménagements successifs du comportement en fonction de l'expérience passée.

Mémorer, c'est d'abord fixer l'information (processus d'intégration, d'engrammation), c'est ensuite la conserver (processus de stockage), c'est enfin la restituer (processus de remémoration).

Il est des formes très différentes de mémoire (verbale, auditive, visuelle, etc.) et chez un même sujet il existe souvent une prédilection pour un mode d'apprentissage plutôt qu'un autre.

■ ***Certains facteurs facilitent l'intégration mnésique*** : *l'âge* (les capacités d'acquisitions nouvelles sont maxima vers l'âge de 20 ans) – *la répétition de l'apprentissage – les motivations positives – un niveau d'attention et de vigilance élevé – la coloration émotionnelle de l'information* (sont mieux intégrés les souvenirs à tonalité agréable) – *l'organisation du matériel* en un ensemble logique et significatif – *certains agents pharmacodynamiques* (caféine – amphétamines).

■ ***L'oubli*** est un phénomène particulièrement complexe : il répond d'abord, à l'état normal, à la nécessité d'opérer un tri sélectif de ce qui doit être retenu. Le non-stockage ou l'effacement des souvenirs sont favorisés par des dispositions personnelles négatives, et aussi par l'âge avancé, la fatigue, le désintérêt, l'absence d'apprentissage.

En psychopathologie, la valeur économique de l'oubli est toute différente et acquiert un intérêt fondamental. L'oubli doit être considéré ici comme « fixation du souvenir dans l'inconscient à titre de virtualité » et envisagé comme *un processus dynamique* d'inhibition de la mémoire. Freud a introduit une conception psychogénétique de l'oubli qui apparaît déterminé par l'affectivité et subordonné à un processus actif de *refoulement* d'un désir ayant un rapport avec des pulsions interdites. Le retour du désir, refoulé en raison de règles éducatives, morales et sociales, se manifeste plus ou moins explicitement dans les rêves et à l'état vigile dans les lapsus, les actes manqués. Il peut réaliser certains compromis et se manifester de manière déguisée dans des symptômes névrotiques. La fonction d'oublier conserve donc une intentionnalité particulière.

A. – LES DÉFICITS MNÉSIQUES

■ ***L'amnésie de fixation,*** encore appelée « antérograde » ou continue, est en réalité une « amnésie de mémoration ou d'intégration » (J. Delay) ; l'incapacité à fixer des informations nouvelles contraste avec la conservation du capital mnésique ancien. Le terme « d'oubli à mesure » qualifiant cette amnésie est inadéquat puisque l'information, n'ayant pas été réellement intégrée, ne peut être oubliée. Les épreuves cliniques d'exploration de la mémoire montrent dans certains cas une dissociation entre une capacité de mémoire immédiate normale (conservation de l'empan de mémoire) et une mémoire différée impossible.

Une lacune amnésique recouvre la période où les souvenirs n'ont pas été fixés, pouvant la déborder avant ou après : un traumatisme crânien, un épisode confusionnel, une série d'électrochocs laissent de tels « trous de mémoire ».

- **Le syndrome de Korsakoff** associe à la fabulation, aux fausses reconnaissances, aux troubles de l'orientation temporo-spatiale, une amnésie antérograde avec conservation de la mémoire immédiate très caractéristique (p. 159).

- **L'ictus amnésique** encore appelé « suspension mnésique transitoire », « éclipse amnésique », « épisode amnésique », consiste en un trouble mnésique brutal, avec désorientation surtout temporelle, durant de quelques minutes à quelques heures, sans atteinte neurologique contemporaine et disparaissant sans laisser d'autre déficit qu'un scotome intéressant la durée de l'ictus.

■ ***L'amnésie d'évocation*** ou de remémoration ou amnésie rétrograde (« qui marche en arrière ») : c'est l'impossibilité de restituer un souvenir jusque-là bien conservé. Dans la vie quotidienne, ces balbutiements de la mémoire sont fréquents ; en clinique psychiatrique ils s'observent à leur maximum pendant les états confusionnels et à un moindre degré, au cours d'accès mélancoliques avec inhibition.

■ ***L'amnésie antéro-rétrograde*** (forme mixte ou forme globale) est la plus fréquemment rencontrée. L'impossibilité d'acquérir des souvenirs nouveaux s'associe à un effacement partiel ou global des souvenirs anciens. Cette amnésie s'observe essentiellement dans les syndromes démentiels.

■ ***Les amnésies psychogènes ou affectives***

a) **Les amnésies électives :** simples, elles concernent l'oubli d'un nom, d'une adresse, d'un titre et sont tout à fait banales.

Plus complexes, elles concernent tous les souvenirs liés à une période de la vie, à une situation traumatisante, à une personne déterminée. Le mécanisme dynamique et sélectif de refoulement déjà évoqué vise à neutraliser un ensemble thématique insupportable à la conscience du sujet. Ces amnésies systématiques, bien étudiées par P. Janet, se rencontrent chez les hystériques et chez certains délirants.

b) **Les amnésies périodiques**, exceptionnelles, se manifestent sous la forme d'états seconds, d'états crépusculaires, d'accès somnambuliques, *alternant* avec la personnalité vigile du sujet (hystérique le plus souvent) qui ne conserve pas à l'état normal le souvenir de ce qu'il a fait ou exprimé durant l'état second.

c) **Les amnésies post-émotionnelles** se rencontrent après un « stress », un choc émotionnel violent et subit d'ordre physique (accident, agression, cataclysme) ou psychique (abandon, deuil). Ces amnésies psychogènes s'observent dans *les névroses traumatiques* et les confusions post-émotionnelles.

B. – LES LIBÉRATIONS MNÉSIQUES

■ ***L'ecmnésie*** ou « hallucination du passé » (J. Delay) : l'émergence de souvenirs anciens est convertie en expérience vécue actuelle ; le passé est pris pour le présent. Cette perturbation de la réminiscence s'observe chez des confus, des hystériques, au cours de certaines crises d'épilepsie temporale, lors d'intoxication par des drogues hallucinogènes.

■ ***Les hypermnésies*** peuvent être :

a) **paroxystiques :** états de libération mnésique avec irruption de bouffées de souvenirs, réactualisation de situations anciennes. Les « visions panoramiques de l'existence » racontées par des sujet mourants ou ayant été victimes d'accidents sont un exemple de ces défilés en raccourci instantané d'événements marquants de l'existence. Ces hypermnésies appartiennent aussi à la crise uncinée décrite par Jackson.

b) **permanentes :** les capacités mnésiques prodigieuses de certains surdoués sont connues. Plus étrange apparaît l'hypermnésie d'un sujet par ailleurs peu doué ; généralement sélective, intéressant la mémoire du bottin ou du calendrier, elle s'observe chez des sujets dont le développement dysharmonique est parfois la conséquence d'une psychose infantile.

C. – LES PARAMNÉSIES OU ILLUSIONS DE LA MÉMOIRE

Ce sont « des productions imaginaires, plus ou moins riches, prises pour des souvenirs ». Elles peuvent concerner un objet, une situation, une personne (fausses reconnaissances). Il s'opère une substitution d'un souvenir réel par un souvenir inventé. Ces paramnésies alimentent généralement *la fabulation* : le malade (syndrome de Korsakoff, dément presbyophrène) pallie la carence mnésique par des souvenirs fictifs qui lorsqu'ils sont riches, luxuriants, créent de véritables « délires de mémoire ». Les sensations de « déjà vu, déjà vécu » sont paroxystiques dans certaines crises épileptiques et s'observent aussi dans des états oniroïdes d'étiologie diverse.

IX. – LES TROUBLES DE LA PENSÉE

La pensée est définie par Littré comme « ce que l'esprit combine ou imagine ». Pour L. Michaux, « la réunion de différentes idées, quels que soient les procédés utilisés (imagination, raisonnement, etc.) et la formation de nouvelles idées à partir des idées présentes constituent la fonction la plus organisée des intégrations psycho-biologiques : *la pensée* ». Dans les mécanismes de pensée sont sans cesse intégrés les affects, les attitudes émotionnelles et les souvenirs.

A. – LES TROUBLES DU COURS DE LA PENSÉE

En pathologie, le cours de la pensée (*son développement,* son déroulement) peut être altéré :

a) Dans son rythme :

■ ***Accéléré : tachypsychie.*** Il existe une précipitation du débit verbal, le patient passe d'une idée à une autre, incapable de se concentrer sur un thème précis. L'enchaînement des idées est extrêmement rapide, chaque image entraînant une kyrielle de réminiscences et d'évocations. Le discours, toujours jaillissant et rebondissant, extériorise la *fuite des idées.* Les associations se font par assonance, par contiguïté ; un son en évoque un autre, toutes les homonymies sont exploitées, sens propre et sens figuré sont confondus, les onomatopées se succèdent, il y a parfois aussi des « coq-à-l'âne ». Cette accélération du cours de la pensée est caractéristique de l'accès maniaque : elle s'observe aussi dans certaines intoxications (amphétamines – cannabis – caféine – nicotine), dans des états de mentisme épileptique.

■ ***Ralenti : bradypsychie*** témoignant d'une viscosité mentale, d'une inertie du développement des idées.

- **Chez le mélancolique** existe, à côté du ralentissement, un appauvrissement de la pensée qui reste centrée autour d'une idée prévalente : un seul thème le préoccupe, celui du malheur, de la perte, de la ruine, de la mort (monoidéisme). L'improductivité peut être totale (anidéation).
- **Chez le confus,** le ralentissement est en rapport direct avec la difficulté des processus de synthèse mentale. La pensée reste floue, embrumée. Les liens de causalité ne sont plus discernés, les hypothèses interfèrent avec les conclusions, les détails et les automatismes masquent l'idée générale. Le

mode de pensée paraît obscur, sans nuances, les idées stagnent car les maillons du raisonnement sont confondus, aboutissant à un mélange de fragmentation et de fusion des idées. Ces troubles sont variables dans le temps, soumis aux fluctuations de la vigilance.

b) **Dans sa continuité :**

La discontinuité dans la progression de la pensée caractérise essentiellement la pensée schizophrénique. Comme l'ataxique ne sait plus coordonner ses mouvements en l'absence même de toute paralysie, le schizophrène ne peut plus utiliser ses idées de manière cohérente car leur enchaînement a subi une atteinte dynamique qui perturbe la progression du raisonnement. Le *barrage* est pratiquement pathognomonique de la schizophrénie : au milieu d'une phrase, alors qu'est développée une idée, un raisonnement, le discours s'interrompt brusquement : il reprend ensuite sur le même thème (le rythme pouvant alors s'accélérer) ou se trouve dévié sur un autre thème sans que le patient en paraisse inquiété. On rapproche du barrage le « fading mental », au cours duquel on observe non plus une rupture dans l'expression verbale mais une stase, une inertie. Ces perturbations dynamiques rendent compte du relâchement dans le lien unissant les différents contenus de pensée et aussi de la contamination possible par une idée-parasite qui entrave l'enchaînement normal des pensées. La discontinuité du cours de la pensée est considérée comme l'expression verbale de la dissociation schizophrénique.

B. – LES TROUBLES DU CONTENU DE LA PENSÉE

Le contenu de la pensée est fait d'idées, de sensations, d'émotions, de souvenirs, d'images qui peuvent à tous moments être présentifiés, ordonnés, synthétisés, verbalisés. Des désordres affectifs ou cognitifs altèrent ou distordent les contenus idéiques.

■ ***La pensée déréelle*** à l'état normal est constituée par le rêve, la rêverie, l'inspiration créatrice et d'une manière générale par tout contenu de pensée infiltré ou saturé d'émergences instinctives et affectives, de fantasmes (productions imaginaires qui figurent plus ou moins explicitement la réalisation de désirs conscients ou inconscients). Chez le schizophrène *la pensée déréistique* peut constituer le seul mode d'agencement de la pensée, l'autisme se caractérisant par l'infléchissement permanent vers l'intérieur, les données subjectives et imaginaires prenant toujours le pas sur les données objectives et réelles.

■ ***Les idées fixes*** sont des idées qui s'imposent avec une constance et une intensité suffisantes pour parasiter le contenu de la pensée ; elles tendent à envahir tout le champ de l'intellect, à solliciter à leur profit toute l'attention constituant le *monoidéisme*. Elles sont en accord avec la tendance idéo-affective actuelle du sujet (ce qui les distingue des obsessions). L'idée fixe peut sous-tendre une activité créatrice, celle du chercheur, de l'inventeur. En psychopathologie sa tonalité affective est en général désagréable, pénible et douloureuse ; elle peut être réactionnelle à un traumatisme affectif (échec – deuil) ou être tout à fait pathologique (délire alcoolique – accès mélancolique). Au maximum, l'idée fixe envahit tout le système idéo-affectif, constituant *l'idée prévalente,* matricielle de réactions de quérulence et de revendication, d'états passionnels de jalousie.

■ ***Les obsessions*** (ou idées obsédantes ou anancasmes) sont caractérisées par « l'irruption dans la pensée, d'un sentiment, d'une idée, d'une tendance apparaissant au sujet comme un phénomène morbide, *en désaccord avec son Moi conscient,* qui émane pourtant de sa propre activité psychique et qui persiste malgré tous ses efforts pour s'en débarrasser » (Pichot).

Il faut insister sur le caractère contraignant, assiégeant de l'obsession contre laquelle le sujet lutte avec angoisse. Les idées obsédantes peuvent prendre divers aspects :

1. **Les obsessions idéatives** réalisent une intoxication par une idée, une litanie mentale de formules, de mots (onomatomanie) ou de chiffres (arithmomanie) ou bien consistent en des interrogations interminables, des doutes, des scrupules. Les thèmes moraux, religieux, métaphysiques sont les plus fréquents.

2. **Les obsessions phobiques** réalisent une crainte obsédante, liée à un objet ou à une situation reconnue comme absurde mais ne pouvant être chassée de l'esprit (v. Névrose phobique, chap. 7 ; Névrose obsessionnelle, chap. 9).

3. **Les obsessions impulsives** (phobies d'impulsion) consistent dans la crainte obsédante qu'a le sujet de commettre un acte absurde, scandaleux, dangereux : blesser son enfant, se jeter par la fenêtre, faire un sacrilège.

Les obsessions constituent le symptôme principal de la névrose obsessionnelle. On peut observer des idées obsédantes au cours de certains accès mélancoliques. Dans des formes pseudo-obsessionnelles de schizophrénie, il s'agit d'obsessions à thèmes abstraits et détachées de leur dimension de lutte contraignante. Chez le sujet normal, certaines obsessions sont tout à fait banales (air de chanson dans la tête pendant quelques heures ou quelques jours). A rapprocher des obsessions sont les états de *mentisme,* « rumination intellectuelle avec défilé idéique rapide et incoercible observés au début de la schizophrénie, chez des psychasthéniques, des anxieux. C'est comme un diminutif intérieur de l'excitation maniaque mais reconnu pathologique par le malade lui-même et soustrait à l'influence déviatrice de l'attention externe » (Chaslin).

■ ***Les phobies ;*** on appelle phobie « la crainte angoissante déclenchée par un objet ou une situation, n'ayant pas en eux-mêmes un caractère objectivement dangereux, l'angoisse disparaissant en l'absence de l'objet ou de la situation » (Pichot).

Dans une perspective fonctionnelle, la phobie a donc une valeur défensive contre l'angoisse dont elle permet le déplacement et la condensation sur des objets symboliques.

Les phobies, qui sont parfois assorties d'un caractère de dégoût et de répulsion sont extrêmement nombreuses. Parmi les plus fréquentes, citons les phobies des espaces, de la rue (agoraphobie), des endroits clos (claustrophobie), des moyens de transport, des animaux (v. chap. 7 : Névrose phobique).

■ ***Les idées délirantes*** sont de grande importance théorique et pratique en psychiatrie ; elles spécifient certains désordres de la pensée et caractérisent l'aliénation mentale. L'idée délirante n'est pas qu'une idée fausse soutenue en déniant l'évidence et la réalité ; elle procède de distorsions du jugement (interprétation), d'altérations des perceptions (illusions – hallucinations), de débordements imaginaires (fabulation) ou de subites intuitions qui vont constituer *les mécanismes générateurs* puis organisateurs du délire. Le délire, par l'adhésion totale du système de croyances qu'il entraîne, témoigne du bouleversement fondamental des rapports qui unissent le délirant à ses semblables et à la réalité extérieure. L'idée délirante est individuelle, en ce sens qu'elle n'est pas partagée par les sujets de même niveau socio-culturel, de même race, de même âge, de même époque, de même croyance. Les idées délirantes peuvent être passagères ou permanentes ; leur thématique peut être unique (délire de persécution) ou multiple (délire polymorphe).

Dans une perspective d'explication psychologique des idées délirantes, on admet qu'elles procèdent de *mécanisme dits projectifs :* la projection étant le phénomène par lequel un sujet se libère de situations affectives pénibles, de sentiments personnels agressifs ou amoureux, en projetant sur d'autres sujets les affects que, dès lors, il leur attribue. La projection vectorise un désir.

Les *thèmes délirants* les plus fréquents sont :

1. **Les idées de persécution :** le sujet se plaint de préjudices moraux, physiques, matériels qui portent atteinte à son honneur, à son statut socio-professionnel, à son intégrité, à ses biens. Les menaces et les exactions s'expriment à partir d'hallucinations ou d'interprétations erronées de certains faits ou de certaines perceptions.

2. **Les idées de grandeur,** d'énormité, de richesse, de filiation, de surestimation des capacités personnelles expriment toutes, par le biais d'une prolifération imaginaire, la mégalomanie et la survalorisation narcissique de la personnalité.

3. **Les idées d'influence :** le sujet se croit soumis à des forces extérieures qui orientent ou forcent sa pensée, conditionnent son jugement, commandent ses actes. Cette entrave de la vie psychique est mise sur le compte de forces occultes, d'expériences de télépathie. Dans le délire prophétique ou mystique

les thèmes d'influence sont particulièrement fréquents (inspiration divine, possession).

4. **Les idées de jalousie, l'érotomanie** (ou conviction délirante d'être aimé) sont caractéristiques des délires passionnels mais peuvent coexister avec d'autres thèmes.

5. **Les idées mystiques** (à distinguer du mysticisme qui est la recherche d'une plénitude de vie spirituelle) imprègnent les états morbides comportant des préoccupations religieuses. Dans ce cadre, les hallucinations psycho-sensorielles (voix – apparitions – odeurs célestes) et cénesthésiques sont fréquentes et selon leur contenu, elles seront attribuées à Dieu, à la Vierge, aux Saints ou au Diable (démonopathie).

6. **Les idées d'indignité,** de dépréciation, de dévalorisation, de ruine sont l'indice de la culpabilité mélancolique ou de la dépression délirante.

7. **Les idées de négation** concernent un organe (le cœur, l'estomac), une fonction somatique (la digestion, la respiration) et aussi l'existence d'objets extérieurs, d'événements passés, récents ou actuels.

X. – LES TROUBLES DU JUGEMENT

Le jugement permet de reconnaître les rapports existant entre diverses « croyances » élémentaires. Une « croyance » est une donnée que l'on tient pour véridique, exacte. Le raisonnement comporte une notion d'enchaînement permettant d'articuler un jugement à un autre. Le jugement permet au sujet de reconnaître vrai, authentique ou logique un fait, une pensée, une opinion et notamment la sienne (*l'autocritique* est une forme de jugement).

Le jugement est une manifestation très élaborée de l'intelligence, s'appliquant au concret et permettant la maîtrise d'idées abstraites, témoin de l'efficience synthétique de la pensée. Toutefois, il n'y a pas de corrélation stricte entre jugement et intelligence : certains sujets, au niveau intellectuel très supérieur, commettent des erreurs de jugement, alors que des sujets plus moyens sont capables d'un solide « bon-sens ».

Pour que les facultés de jugement puissent s'exercer, il est indispensable que le sujet jouisse d'une certaine liberté idéologique, de contacts sociaux, d'une information suffisante sans lesquels, à son insu, son jugement serait infléchi par des éléments extérieurs contraignants.

Le jugement peut être facilité, faussé, inhibé ou distordu dans certaines situations et états psychopathologiques :

■ ***La facilitation du jugement*** est plus apparente que réelle, plus subjective qu'objective. Au maniaque, au sujet qui vient d'absorber de l'alcool, ses capacités de raisonnement, d'enchaînement logique *semblent* rapides, fluides, pertinentes. En fait, l'hypervigilance, l'accélération des processus mentaux font illusion et camouflent un faible niveau de conceptualisation et de raisonnement.

■ ***Les carences du jugement*** sont fréquentes en clinique psychiatrique.

a) **Passagères et réversibles** dans la confusion mentale : la perturbation porte sur la possibilité de discrimination, de choix entre différentes données ; les synthèses mentales sont engourdies car raisonnement, réflexion et concentration sont insuffisants. La pensée conceptuelle est ralentie. Souvent le sujet conscient de l'incoordination de ses idées, de ses propos, de ses actes, fait effort pour les maîtriser, mais n'y parvient que par phases très courtes.

b) **Progressives, définitives et globales** dans les processus démentiels. Les troubles du jugement sont précoces, masqués parfois par la persistance d'automatismes. Les troubles du jugement dans les états démentiels avancés, dans la paralysie générale, sont massifs : incohérence, illogisme, absurdité.

■ ***Les distorsions du jugement*** se rencontrent essentiellement dans les états délirants, aigus ou chroniques. Tout délire est imprégné de croyances et de significations subjectives avec altération ou même disparition des significations objectives. « L'intériorité absorbe ou rejette, en tout ou partie, l'extériorité » (G. Deshaies).

a) **Le rationalisme morbide** (Minkowski) représente la rationalisation systématique, froide et pseudo-logique qui caractérise le raisonnement du schizophrène : le jugement conservé dans sa dynamique et ses possibilités discriminatives reste hermétique, flou et essentiellement abstrait.

b) **La fausseté du jugement** infléchit le raisonnement du paranoïaque dont le discours toujours démonstratif, ordonné dans la cohérence et la rigueur, est fondé sur des postulats inexacts, des prémisses fausses. L'autophilie, la méfiance caractérisent aussi ce type de personnalité, susceptible de développer un délire basé sur une conviction fondamentale, irrécusable qui subordonne tous ses sentiments et toutes ses conduites (délire de persécution, délire de revendication, délire de jalousie, érotomanie). Le trouble du jugement est ici non seulement un mode de pensée mais un mode d'être et d'agir.

c) **L'interprétation** est à l'état normal « l'opération d'un esprit curieux qui, en présence d'un phénomène ou d'une situation donnée, cherche à en pénétrer la signification et à en tirer les déductions qu'ils peuvent comporter ». En psychopathologie, l'interprétation est définie comme *« un jugement faux porté sur une perception exacte » :* dans de nombreux états délirants, on retrouve une tendance interprétative. Lorsque dans une organisation délirante les mécanismes interprétatifs sont prévalents, on parle de « délire d'interprétation ».

BIBLIOGRAPHIE

ANDERSON (E.-W.) et TRETHOWAN (W.-H.). — *Psychiatry.* Baillière Tindall London, 1973.

BARBIZET (J.) et DUIZABO (PH.). — *Abrégé de Neuropsychologie.* Masson, 1976.

BENOIT (G.) et DAUMEZON (G.). — Apport de la psychanalyse à la sémiologie psychiatrique. Rapport au *Congrès de psychiatrie et de neurologie de langue française*, Milan, 1970, Masson Ed.

EY (H.). — *Etudes psychiatriques.* Desclée de Brouwer. Paris. T. 1 et 2. 1952, T. 3. 1954.

EY (H.). — *Traité des Hallucinations.* 2 vol., Masson, Paris, 1973.

FAURE (H.). — *Bulletin de Psychologie.* Numéro spécial, 1967.

FISH (F.). — *Clinical psychopathology.* Wright-Bristol, Great Britain, 1974.

GUIRAUD (P.). — *Psychiatrie clinique.* 3e Edit., Le François, Paris, 1956.

JASPERS (K.). — *Psychopathologie générale.* Alcan, Paris, 1913.

LAGACHE (D.). — *Les hallucinations verbales et la parole.* Alcan, Paris, 1934.

MICHAUX (L.). — *Psychiatrie.* Flammarion, Paris, 1965.

PELICIER (Y.). — *Guide psychiatrique pour le praticien.* Masson.

POROT (A.). — *Manuel alphabétique de Psychiatrie.* 1 vol., P.U.F., Paris.

SCHNEIDER (K.). — *Psychopathologie clinique.* Béatrice Nauwelaerts, Paris, 1957.

STEVENSON (I.). — *The diagnostic interview.* Medical department, Harper and Row, New York, 1971.

3

ORGANISATION DE LA PERSONNALITÉ DE L'ADULTE

La personnalité résulte de l'organisation dynamique des aspects intellectuels, affectifs, volitionnels, physiologiques et morphologiques de l'individu. Pour Janet, elle est l'émanation « d'un travail vers l'unification et la distinction. C'est l'ensemble des opérations, des actes petits ou grands, qui servent à un individu pour construire, maintenir et perfectionner son unité et sa distinction d'avec le reste du monde ». Ceci spécifie que la personnalité s'élabore en un double mouvement : de construction sur le socle d'un capital neuro-biologique matriciel, de subordination adaptative aux exigences socio-culturelles de l'environnement. La finalité de cette intégration dynamique permet l'individualité et la singularité d'une personne par rapport à une autre.

Les « opérations » qui président dans l'enfance au développement de la personnalité renvoient à un grand nombre de théories qui, pour les plus intéressantes d'entre elles, se complètent sans s'exclure. Les lois générales de l'évolution diachronique de la personnalité doivent tenir compte des structures nerveuses et de leur maturation mais aussi de la multiplicité de facteurs externes (éducation – culture – société) qui viennent stimuler, vivifier, contraindre ou empêcher l'essor de cette évolution.

Malgré d'importantes divergences doctrinales tenant à l'objet de l'étude, aux méthodes d'observation et aux références théoriques, plusieurs axes peuvent être retenus pour l'étude de l'itinéraire qui mène l'enfant nouveau-né à l'adulte achevé :

■ ***Le développement intellectuel et cognitif :*** **Piaget** décrit 4 stades successifs (sensori-moteur – pré-opératoire – opératoire concret et stade des opérations formelles) pour l'acquisition chez l'enfant des notions de nombre, de quantité, de volume, de poids, de temps, de vitesse et pour la formation du raisonnement et du jugement. A partir d'une observation expérimentale et clinqiue vigoureuse, Piaget envisage les différents stades du développement cognitif comme des structures d'ensemble intégratives qui ne répondent pas à la seule chronologie mais réalisent une succession constante de fonctions. Dans l'ensemble de son œuvre, il est amené à accorder une valeur primordiale à *l'adaptation.* Pour Piaget toute conduite vise à établir (ou rétablir) un équilibre entre l'organisme et le milieu. Ce processus d'adaptation est la synthèse de deux mouvements opposés et complémentaires : *l'assimilation* ou intégration de ce qui est extérieur aux structures propres du sujet et *l'accommodation* ou transformation des structures propres en fonction des changements du milieu extérieur.

La théorie et les méthodes de la psychologie génétique de Piaget ont trouvé ces dernières années des champs d'intérêt nouveaux dans l'étude du vieillissement normal ou pathologique. Les capacités opératoires des sujets âgés reproduisent à partir d'un certain âge une involution hiérarchique (rétrogenèse) qui est l'inverse de l'évolution mentale observée chez l'enfant.

■ ***Le développement du comportement psychomoteur*** a été appréhendé de manière sensiblement différente par :

- **H. Wallon** qui intègre dans le développement psychologique de l'enfant les données biologiques de maturation du système nerveux et les facteurs sociaux de la vie de relation : stades d'investigation, d'imitation, de différenciation, scandés par la survenue de crises d'opposition, d'originalité, d'adolescence qui permettent à partir d'échanges dialectiques entre le sujet et le milieu une individualisation réciproque de l'un et de l'autre.
- **A. Gesell** qui considère que le concept de croissance met en liaison les facteurs neuro-biologiques de maturation et les comportements observables : cet auteur propose des « gradients de croissance » appréhendés à partir de situations standardisées et statistiquement évaluées (tests).

■ ***Le développement des conduites et des comportements psychologiques*** est appréhendé par le *néo-béhaviorisme* comme la résultante de l'intégration de trois théories : la réflexologie de Pavlov, le béhaviorisme de Watson et la théorie de l'apprentissage de Thorndike. Dans cette perspective qui se veut « objectiviste », à un stimulus donné correspond une réponse spécifique, le façonnement psychologique réagissant aux stimulations extérieures en fonction des lois du *conditionnement* et de *l'apprentissage.* La notion de *motivation* couplée à celle de *récompense* (positive ou négative) introduite par C.-L. Hull, apparaît comme étant le déterminant fondamental des comportements : ceux-ci s'élaborent à partir de tentatives successives orientées vers un *but* auquel parvenir. Or un certain nombre d'écueils jalonnent la poursuite intentionnelle de l'objectif à atteindre. Ce sont en particulier : *la frustration* qui est une situation au cours de laquelle l'individu se trouve privé de la satisfaction à laquelle il aspirait et donc obligé de s'adapter à la situation ainsi déterminée et le *conflit* qui est la situation créée par la rencontre de deux sentiments contraires s'opposant chez le même individu.

Dans la théorie néo-béhavioriste, qui accorde une place fondamentale à l'inconscient, la formation de la personnalité de l'adulte est tributaire de l'aptitude à assumer les frustrations et à négocier de manière adaptative avec les conflits. Il en résulte la notion d'*habitude* qui est en quelque sorte l'aménagement entre le stimulus et la réponse. « La personnalité individuelle est le résultat des habitudes acquises au cours du développement » (Pichot).

■ ***Le développement instinctivo-affectif*** se référant au devenir de la libido infantile a inspiré l'œuvre de Freud et de ses successeurs. Procédant par une démarche rétrospective à partir de cas cliniques, de son auto-analyse, de l'analyse d'enfants et de l'interprétation des rêves, Freud a élaboré par modèle analogique une théorie métapsychologique (« qui conduit de l'autre côté de la conscience ») qui propose un plan d'organisation de la personnalité de l'adulte en fonction de la dynamique des pulsions infantiles et de leur devenir.

Dans le cadre des affections psycho-pathologiques de l'adulte, l'occasion sera souvent donnée d'en référer aux modalités psycho-dynamiques qui ont contribué à l'édification de la personnalité et dont les avatars vont s'exprimer par des désordres psycho-affectifs. Seule la pathologie organique et spécialement la régression démentielle verront le retour à des conduites instinctuelles archaïques s'associer à la perte rétrogradiente des acquisitions noétiques.

Aussi nous nous limiterons à la théorie psychanalytique du développement instinctivo-affectif puisqu'elle propose un rythme d'évolution génétique en stades conflictuels qui seront souvent évoqués du fait de leur *réactualisation* dans des symptômes ou des conduites pathologiques.

LA THÉORIE PSYCHANALYTIQUE

La personnologie psychanalytique confère une importance primordiale aux premières années de la vie : la formation de la personnalité y est conçue comme une socialisation progressive à laquelle contribue la dimension décisive d'un *inconscient dynamique.* Dans cette perspective la personnalité dépend d'une part du fonctionnement de l'appareil psychique (d'après les trois coordonnées fondamentales de la métapsychologie freudienne : l'économique – la topique – la dynamique et d'autre part de l'épanouissement à la fois diachronique et synchronique de cette personnalité (point de vue génétique) (1).

(1) Les définitions des principaux concepts sont empruntés au Vocabulaire de la Psychanalyse de J. Laplanche et J.-B. Pontalis, P.U.F.

I. – LE FONCTIONNEMENT DE L'APPAREIL PSYCHIQUE

A. – DU POINT DE VUE ÉCONOMIQUE

- L'appareil psychique est capable d'une activité psychique qui n'est possible que grâce à l'existence d'une *énergie psychique.* Cette énergie provient des **pulsions**. La pulsion est la charge énergétique qui fait tendre l'appareil psychique vers un but. Concept à la limite du somatique et du psychique, une pulsion a trois composantes : sa *source* qui est une excitation interne prenant naissance dans le somatique, son *but* qui est d'éliminer la source de tension et d'amener le retour à l'état antérieur de quiétude, son *objet* qui est ce par quoi le but est atteint.
- Le propre de l'appareil psychique est de tendre toujours à éliminer la tension résultant de l'accumulation d'énergie pulsionnelle. C'est le principe de constance. Dans un ordre qualitatif l'appareil psychique fonctionne selon **le principe de plaisir**, c'est-à-dire que l'activité psychique a pour but de trouver le plaisir et d'éviter le déplaisir en déchargeant l'énergie pulsionnelle.

Ce principe de plaisir régit la vie du nourrisson dans la période néo-natale. En l'absence de l'objet qui peut le satisfaire (le sein maternel), il dispose par l'hallucination qui pallie l'absence de l'objet, de la *satisfaction hallucinatoire du désir.* Mais ce *processus primaire* est incapable de réduire définitivement une tension et l'enfant se heurte à l'épreuve de la réalité (c'est-à-dire à la frustration), épreuve capitale puisqu'elle oblige l'appareil psychique à distinguer entre les exigences du monde intérieur et celles du monde extérieur (réalité). On dit alors que l'appareil psychique obéit au **principe de réalité** et qu'il fonctionne selon le *processus secondaire :* le principe de réalité s'affronte constamment au principe de plaisir ce qui est la source des *conflits.*

- Il faut envisager dans la pulsion, la représentation et l'affect qui ne subissent pas le même sort dans l'appareil psychique. La **représentation** est définie comme « ce que l'on se représente, ce qui forme le contenu concret d'un acte de pensée, en particulier la reproduction d'une perception antérieure » (par exemple l'évocation d'un voyage). **L'affect** est « l'expression qualitative de la quantité d'énergie pulsionnelle et de ses variations » (par exemple le sentiment agréable de bonheur qui s'attache à ce voyage).
- Freud oppose dans sa première théorie des pulsions, les pulsions sexuelles à la pulsion d'autoconservation, tandis que dans sa seconde théorie il oppose pulsion de vie à pulsion de mort. L'origine première du conflit psychique peut dans une certaine mesure se ramener au conflit entre pulsions d'autoconservation (préservation de l'individu) et pulsions sexuelles

(préservation de l'espèce). **Le concept de pulsion sexuelle**, de sexualité recouvre un domaine beaucoup plus vaste et complexe que la génitalité de l'adulte. Ce terme désigne « toute une série d'excitations et d'activités, présentes dès l'enfance, qui procurent un plaisir irréductible à l'assouvissement d'un besoin physiologique fondamental (tel que faim, fonction d'excrétion) et qui se retrouvent à titre de composantes dans la forme dite normale de l'amour sexuel ». Freud parle de pulsions sexuelles au pluriel pour connoter les composantes pulsionnelles de la sexualité adulte, composantes qui sont séparées chez l'enfant : pulsions orale, anale, etc.

– Les pulsions sexuelles présentes dès la naissance fonctionnent au cours de l'ontogenèse de façon indépendante et anarchique. Elles sont dites **pulsions partielles.** L'une d'elles prédomine, en général, à une certaine période du développement. Au début de la vie c'est la pulsion orale qui prédomine : le nourrisson a plaisir à sucer son pouce. Ce plaisir oral se retrouve chez l'adulte sous la forme du baiser par exemple. Ce n'est qu'à partir de l'adolescence et au terme d'une évolution complexe que la sexualité s'organise sur un mode génital vrai. Les zones du revêtement cutanéo-muqueux susceptibles d'être le siège d'une excitation sexuelle sont appelées *zones érogènes*. Pour le nourrisson c'est la région buccale, pour l'enfant de deux ans c'est la zone anorectale. Ainsi peut-on décrire une évolution psycho-sexuelle dont les stades successifs marqués par la zone érogène (orale, anale, phallique) conditionnent les investissements libidinaux à ces divers stades et structurent la relation du sujet à l'objet de son désir.

La libido est « l'énergie postulée par Freud comme substrat de transformations de la pulsion sexuelle quant à l'objet (déplacement des investissements), quant au but (sublimation par exemple), quant à la source de l'excitation sexuelle (diversité des zones érogènes) ».

B. – DU POINT DE VUE TOPIQUE

Il amène à considérer une « différenciation de l'appareil psychique en un certain nombre de systèmes doués de caractères ou de fonctions différents et disposés dans un certain ordre les uns par rapport aux autres, ce qui permet de les considérer métaphoriquement comme des lieux psychiques dont on peut donner une représentation figurée spatialement ». Freud a élaboré deux modèles topiques de l'appareil psychique.

1° *La première topique*

Elle est centrée autour de l'opposition entre deux systèmes : le **conscient** (obéissant au principe de réalité) et l'**inconscient** (obéissant au principe de plaisir). Celui-ci est seul capable selon Freud de rendre compte de phénomènes tels que le rêve, les actes manqués, les symptômes névrotiques. Dans l'inconscient se trouve le *refoulé,* constitué particulièrement des désirs infantiles. Fortement investis d'énergie libidinale, les représentants de ces désirs cherchent à faire retour dans la conscience mais ne peuvent l'atteindre que dans des *formations de compromis* qui satisfont et le désir inconscient et la censure qui est à l'origine de la force refoulante.

2° La deuxième topique

A partir de 1920, Freud modifie le premier modèle topologique en décrivant trois systèmes : le Ça, le Moi, le Sur-Moi.

- **Le Ça** est le pôle pulsionnel de la personnalité. Réservoir de l'énergie psychique, il contient le refoulé et correspond à l'Inconscient de la première topique, sous la dépendance du principe de plaisir.
- **Le Moi** se développe au contact de la réalité extérieure, dépend des exigences du Ça et des interdits du Sur-Moi. C'est le pôle défensif de la personnalité. Il s'agit d'une instance médiatrice ayant pour rôle essentiel de préserver l'individu par l'adaptation à la réalité et la résolution des conflits intra-psychiques. Le Moi est un système beaucoup plus vaste que le système conscient de la première topique. Une grande partie des processus du Moi est inconsciente, en particulier ses mécanismes de défense.
- **Le Sur-Moi** a un rôle de censeur, de juge à l'égard du Moi. Il se constitue par intériorisation des exigences et des interdits parentaux. Le Moi se différencie à partir du Ça, tandis que le Surmoi est classiquement défini comme l'héritier du Complexe d'Œdipe.

C. – DU POINT DE VUE DYNAMIQUE

La psychanalyse est une psychologie dynamique qui privilégie la notion de **conflit psychique** : tout comportement est l'expression d'un conflit soit entre l'individu et le milieu extérieur, soit à l'intérieur de l'individu lui-même entre des forces antagonistes (conflit intrapsychique). Lorsqu'une poussée pulsionnelle risque de rencontrer un interdit, venu de la réalité sociale ou de l'instance morale intérieure qu'est le Sur-Moi, les interactions et oppositions de force vont déclencher la mise en route des mécanismes de défense qui aboutiront à des *formations de compromis* entre satisfaction du désir et respect de l'interdit.

II – LE POINT DE VUE GÉNÉTIQUE (1)

Il souligne la notion d'évolution dans le temps. L'ontogenèse de la psycho-affectivité comporte une chronologie moins rigoureuse que ne l'est celle de l'embryogenèse : surtout l'enchaînement des stades successifs laisse la possibilité de secondes chances pour des stades antérieurs mal résolus. Le point de vue génétique aborde les traits de personnalité et les conduites en terme de développement. Les histoires individuelles offrent des constantes dans la succession et l'enchaînement des étapes de l'évolution instinctivo-affective ; on peut ainsi constater que la libido qui suit une programmation théoriquement ordonnée pendant l'enfance et l'adolescence peut subir deux types d'avatars :

1) **la fixation :** elle « fait que la libido s'attache fortement à des personnes ou à des images, reproduit tel mode de satisfaction, reste organisée selon la structure caractéristique d'un de ses stades évolutifs » ;

2) **la régression :** elle « désigne le retour du sujet à des étapes dépassées de son développement (stades libidinaux, relations d'objet, identifications, etc.). »

■ ***L'évolution affective du nourrisson*** est caractérisée par une indifférenciation initiale : le nourrisson ne perçoit qu'imparfaitement les stimulations du monde extérieur alors que les stimuli internes cénesthésiques et proprioceptifs sont perçus et ont une influence prédominante. Le nourrisson reste totalement impuissant à maîtriser ses tensions et à agir sur le monde extérieur : celui-ci est uniquement apporté par la mère et la communication primitive est représentée par la communication mère-enfant.

Dans cette communication Spitz repère trois organisateurs successifs. Il décrit trois époques spécifiques et critiques (par analogie avec l'embryologie) correspondant à une intégration brusque de différents courants de développement les uns aux autres, et avec les processus de la maturation. Cette intégration est à l'origine d'une « structure psychique nouvelle » plus complexe. La mère joue un rôle essentiel dans les trois « organisateurs » décrits par R. Spitz.

- **Le premier** est représenté par la réponse sociale de sourire au visage humain de face et souriant vers la fin du troisième mois. C'est le premier signe de contact socialisé.
- **Le deuxième,** souvent appelé « angoisse du huitième mois » provoquée par l'absence de la mère, est la prise de conscience par l'enfant de l'apparition et de la disparition de sa mère. Il distingue maintenant d'une manière permanente le monde objectif, extérieur à lui. Il prend conscience de sa dépendance, de son besoin de l'objet privilégié dont le manque le fait souffrir.
- **Le troisième** organisateur apparaît entre douze et dix-huit mois : c'est l'acquisition de la négation, du *non* qui lui permet d'avoir à son tour un certain pouvoir sur le monde extérieur dont il n'est plus totalement dépendant.

(1) Le terme génétique, dans son sens psychanalytique, signifie l'évolution individuelle postérieure à la naissance.

Chaque étape de l'ontogenèse est à envisager en fonction d'une part du *développement psycho-sexuel* orienté par l'entrée en jeu successive des différentes zones érogènes, d'autre part de la *relation d'objet,* c'est-à-dire de la forme prise par la relation du sujet avec ses « objets » au cours des différents moments évolutifs. Nous suivrons en outre le devenir des différentes instances individualisées précédemment (la libido, le Moi, le Sur-Moi, les mécanismes de défense...).

A. – STADES PRÉGÉNITAUX

Ils ne sont pas nettement délimités les uns des autres mais se chevauchent. Ils conduisent à considérer que la sexualité infantile précoce a tendance à être plus auto-érotique que dirigée vers des objets (Narcissisme primaire).

a) **Le stade oral**

Il occupe la première année de la vie de l'enfant. La zone érogène est la région buccale. Téter, sucer sont les premières expressions de la pulsion sexuelle. Le sein maternel ou son substitut est le premier objet sexuel de l'enfant. L'enfant découvre rapidement que l'excitation de la bouche et des lèvres procure un plaisir en soi-même en l'absence de nourriture (succion du pouce). Tous les échanges se font par la bouche essentiellement par incorporation (qui peu à peu devient sur le plan psychique *l'introjection*) et rejet (origine de la *projection*).

- K. Abraham a subdivisé le stade oral en une période passive où la succion prédomine et une période active (sadique-orale) caractérisée par la possibilité de mordre l'objet et de le détruire. Il a parlé à ce propos de canibalisme qui s'accompagnerait du fantasme terrifiant d'être détruit, mangé par la mère.

La relation avec l'objet, c'est-à-dire la mère ou son substitut, est essentiellement ambivalente. La mère est à la fois un objet d'amour (lorsqu'elle gratifie) et un objet de haine (lorsqu'elle frustre). Théoriquement ce qui est bon est absorbé (introjection), ce qui est mauvais est rejeté (projection).

- M. Klein précisera que ce clivage (en bon et mauvais) ne porte que sur un objet encore partiel (le sein maternel) pendant les quatre premiers mois de la vie, ce qui correspond à ce qu'elle a appelé la « position paranoïde ». Ce clivage permet de réduire l'angoisse inhérente au sadisme oral. A partir du cinquième mois ce clivage s'atténue et la crainte fantasmatique de détruire cet objet total (lorsqu'il est introjecté) en raison de l'agressivité du sujet crée chez celui-ci une angoisse correspondant à la « position dépressive ».

Durant tout le stade oral, l'organisation structurale de la personnalité reste dominée par le Ça ; on note seulement l'émergence d'un « Moi » encore très faible et passif. Il se renforce grâce à une attitude adéquate de la mère et passe ainsi du processus primaire au processus secondaire, du principe de plaisir au principe de réalité.

b) **Le stade anal**

En raison de l'importance des pulsions agressives qui s'y font jour, il est souvent appelé *stade sadique-anal.* Il occupe les deux années suivantes de la vie de l'enfant (de un à trois ans). Lorsque s'installe la possibilité d'un contrôle sphinctérien, le plaisir lié à la défécation et les conflits spécifiques qui s'y attachent occupent une situation privilégiée. La zone érogène concerne toute la région anorecto-sigmoïdienne.

■ Ce stade est divisé par K. Abraham en deux ***phases successives :***

- **dans la première,** le plaisir est lié à l'expulsion des matières fécales, la pulsion sadique à leur destruction par l'acte excréteur. L'enfant a la possibilité de contrevenir au désir de ses parents qui le veulent « propre ».
- **dans la seconde,** le plaisir est lié à la rétention, la pulsion sadique au contrôle possessif. L'enfant découvre que ses parents accordent une grande valeur à ses matières fécales et il les assimile à un « cadeau » qu'il peut ou non faire. S. Freud a d'ailleurs montré que se constitue au stade anal une équivalence entre fèces, cadeaux et argent.

L'apprentissage de la propreté est conflictuel mais permet une maturation. En effet, le plaisir immédiat de la défécation doit être abandonné pour une satisfaction supérieure et socialisée : faire plaisir à la mère en acceptant les règles qu'elle impose pour l'expulsion fécale. Le conflit ne peut se résoudre que par une sublimation permettant d'accepter la discipline imposée.

■ ***La relation à l'objet continue à être dominée par l'ambivalence.*** Il y a à la fois amour et haine agressive vis-à-vis de la mère dans la mesure en particulier où elle commence à énoncer des interdits. L'ambivalence a aussi une autre base : en tant qu'organe excrétoire le rectum peut expulser *activement* quelque chose (pousser pour déféquer), en tant qu'organe creux il peut être stimulé par *pénétration* d'un corps étranger. Les tendances actives ou passives dans les relations sexuelles seront donc fortement marquées par le stade anal.

■ Durant ce stade, ***le Moi devient plus fort ;*** le processus secondaire et le principe de réalité se substituent de plus en plus complètement au processus primaire et au principe de plaisir. L'organisation structurale de la personnalité reste dépendante d'un Moi idéal dans une relation encore duelle avec la mère qui y trouve le support de ses propres désirs narcissiques pour l'avenir de son enfant.

B. – STADES GÉNITAUX

a) Stade phallique et Conflit Œdipien

Ce stade se situe entre trois et six ans. Certains ont individualisé un *stade urétral,* intermédiaire entre stade anal et stade phallique. L'urine y fait l'objet de la même problématique que les matières fécales et l'érotisme est lié au plaisir d'uriner, avec sa signification agressive mais aussi passive.

■ Lors du stade phallique, ***la zone érogène devient la zone génitale :*** pénis chez le garçon, clitoris chez la fille. Il y a un accroissement de l'intérêt porté aux organes génitaux et la curiosité sexuelle s'intensifiant l'enfant découvre la différence anatomique entre les sexes. Le garçon constate l'absence de pénis chez la fille. Pour se défendre de *l'angoisse de castration,* c'est-à-dire de la peur fantasmatique de perdre le phallus (puisque la fille n'en a pas), il nie le plus souvent cette constatation et il surinvestit son pénis à la fois sur le plan libidinal (satisfaction sexuelle recherchée par la masturbation) et sur le plan narcissique (tendances exhibitionnistes). La fille perçoit l'absence de pénis comme dévalorisante. Il s'agit d'une blessure narcissique qui entraîne un sentiment d'infériorité dont elle se défend par la « revendication phallique » ou « envie du pénis » ; la mère est tenue pour responsable de la « castration » et ressentie comme un modèle dévalorisé (puisque sans pénis) ce qui amène la fille à se détacher d'elle et en se rapprochant du père à « entrer dans l'Œdipe ».

– Le stade phallique est en effet caractérisé par l'instauration d'une **nouvelle relation d'objet** qui cesse d'être « duelle » pour devenir « triangulaire ». Ce que Freud nomme « Complexe d'Œdipe », en référence au mythe antique, est formé par l'ensemble des désirs amoureux pour le parent du sexe opposé et des sentiments hostiles pour le parent du même sexe (entre trois et cinq ans). Ce « complexe » joue un rôle fondamental dans la structuration de la personnalité et inaugure la véritable génitalisation de la libido.

■ ***Le complexe d'Œdipe*** prend chez le garçon la forme la plus simple. Il se présente comme un conflit entre ses tendances libidinales plus ou moins génitalisées à posséder sa mère pour lui tout seul et la culpabilité qu'il éprouve à souhaiter, pour y parvenir, la disparition de son rival. *La menace fantasmatique* de castration par le père provoque l'angoisse (angoisse de castration). Celle-ci est surmontée à la fois par l'identification au père qui est objet de haine mais aussi d'amour et par la renonciation à la mère, objet incestueux. L'enfant accepte en effet l'interdit de l'inceste dont Freud a souligné l'universalité.

Chez la fille, l'absence de pénis est ressentie comme « un préjudice subi qu'elle cherche à nier, compenser ou réparer ». Il la conduit au désir œdipien. En effet l'attirance pour le père est préfacée par les déceptions dans ses relations avec la mère. Dans le fantasme, l'idée de pénis est remplacée par celle de l'enfant. Le désir d'avoir un enfant du père va remplacer le désir d'avoir un pénis (refusé par la mère).

- Avec le **déclin du Complexe d'Œdipe** plus graduel et moins complet chez la fille que chez le garçon (car la peur de perdre l'amour de la mère est une force de dissuasion moins puissante que l'angoisse de castration), l'enfant renonce à son désir pour s'identifier. *L'identification* est un processus qui se déroule par intériorisation, par introjection des images parentales idéalisées. Dès lors, la partie du Moi qui contient l'identification au père idéalisé forme une instance distincte autonome. Ce n'est qu'à partir de ce moment qu'on peut parler de Sur-Moi « héritier du Complexe d'Œdipe ». Le Sur-Moi est une introjection des interdictions parentales et forme la base de la conscience morale.

b) **Phase de latence**

Entre et cinq et sept ans, l'enfant sort de la crise œdipienne et la poussée instinctuelle s'atténue jusqu'à la puberté. La sexualité est presque entièrement sublimée vers les activités intellectuelles et scolaires. Il n'apparaît pas de nouvelles zones érogènes mais les anciennes gardent de l'attrait pour l'enfant. Les relations d'objet vont s'étendre en dehors du couple parental et se diversifier. L'organisation de l'appareil psychique devient plus solide. Le Moi se renforce et contrôle de mieux en mieux les conflits. Le Sur-Moi se précise et s'enrichit de contacts extérieurs au couple parental. Des mécanismes de défense inconscients permettent au Moi de s'adapter aux exigences intérieures (le Ça et le Sur-Moi) et extérieures (milieu). Pendant la phase de latence, trois d'entre eux sont prévalents :

■ ***Le refoulement,*** mécanisme essentiel, consiste à repousser dans l'inconscient des représentations liées à une pulsion dont la satisfaction, susceptible de provoquer par elle-même du plaisir, risquerait de provoquer du déplaisir à l'égard d'autres exigences. Le Complexe d'Œdipe et nombre de représentations pré-œdipiennes qui s'y rattachent sont refoulés. Le refoulement des pulsions sexuelles ménage un terrain neutre, non conflictuel qui favorise les acquisitions éducatives et le développement des intérêts cognitifs.

■ ***L'identification*** consiste à éprouver comme nôtre ce qui appartient à autrui. Par ce processus, le sujet « assimile un aspect, une propriété, un attribut de l'autre, et se transforme totalement ou partiellement, sur le modèle de celui-ci ».

- **L'identification primaire narcissique** vise à assurer la constitution du Soi et du Je, c'est-à-dire l'identité du sujet en référence à l'autre (la mère essentiellement). Elle est à l'œuvre dans les stades prégénitaux.
- **L'identification secondaire œdipienne** amène l'enfant à vouloir ressembler au parent de même sexe que lui, pour obtenir l'amour du parent de l'autre sexe. Ici, « l'objet d'identification n'est plus objet du désir, mais celui qui s'y oppose dans le triangle œdipien » (Smirnoff). Il y a donc création d'une « distance » qui permet la sublimation de la réalité œdipienne.

■ ***La sublimation*** est un mécanisme inconscient par lequel les pulsions instinctives les plus primitives agressives et sexuelles se convertissent en conduites dirigées vers des buts et des objets représentant une valeur sociale positive (activités intellectuelles, professionnelles et créatrices).

Il est de nombreux autres mécanismes de défense du Moi visant également pendant la phase de latence à la résolution urgente des tensions internes et à la réalisation d'une redistribution des énergies pulsionnelles : la plupart d'entre-eux seront envisagés dans le chapitre « Généralités sur les Névroses ».

c) La puberté et l'adolescence

■ La puberté s'accompagne d'une ***poussée instinctuelle*** qui ramène en force les pulsions agressives et libidinales. Cette reviviscence pulsionnelle accompagne la maturation des organes génitaux. Avec celle-ci « apparaît la forme adulte de la sexualité qui subordonne les tendances partielles et les diverses zones érogènes au primat de la zone génitale » (Freud).

L'adolescent pubère est capable de rapports sexuels et cette période s'accompagne de masturbations avec fantasmes érotiques. La culpabilité et l'angoisse qui peuvent s'y attacher sont non seulement liées à la pression du milieu extérieur mais aussi et surtout à la reviviscence des conflits œdipiens non résolus et du complexe de castration.

■ ***Le Moi doit lutter contre les assauts pulsionnels,*** contre les anciens investissements, contre les objets d'amour parentaux afin de sortir de l'état de dépendance. Il substitue aux liens familiaux de nouveaux attachements ; de nouvelles identifications vont se produire, en dehors du cadre familial, souvent intenses et labiles.

■ ***Deux mécanismes de défense*** sont particulièrement caractéristiques de cette période :

- **l'ascétisme et l'intellectualisation.** Il y a dans ces procédés de défense contre l'angoisse une source de stimulation vers l'exaltation des valeurs intellectuelles et morales. Mais l'ascétisme correspond à une neutralisation et un refoulement de toutes les pulsions instinctives sans discrimination ;

dans l'intellectualisation, il n'y a plus refus et méconnaissance des processus pulsionnels mais ceux-ci sont liés à des contenus intellectuels ce qui leur permet de parvenir à la conscience sous une forme contrôlable.

d) **L'adulte**

Vers vingt ans, l'adolescent devient un adulte qui a une manière personnelle de se comporter, d'être, d'entrer en relation avec les autres. Ses caractéristiques peuvent se préciser, s'enrichir tant sur le plan affectif que social ou professionnel mais l'essentiel est acquis à la fin de l'adolescence et marqué par le cheminement instinctivo-affectif précédemment décrit. L'adulte a été précédé de l'enfant, le passé a laissé des traces, des cicatrices, des conflits non résolus, des « fixations ». « Par le rêve, c'est l'enfant qui continue à vivre dans l'homme, avec ses particularités et ses désirs, même ceux qui sont devenus inutiles. C'est d'un enfant, dont les facultés étaient bien différentes des aptitudes propres à l'homme normal, que celui-ci est sorti » (Freud).

BIBLIOGRAPHIE

BERGERET (J.). — *Abrégé de psychologie pathologique.* Masson et Cie. Paris, 1974.

BLUM (G.-S.). — *Les théories psychanalytiques de la personnalité.* P.U.F. Paris, 1955.

DELAY (J.) et PICHOT (P.). — *Abrégé de psychologie.* Masson et Cie. Paris.

ELLENBERGER (H.-F.). — *A la découverte de l'inconscient.* 1 vol. SIMEP. Ed. Villeurbane, 1974.

EYSENCK (H.-J.). — *Les dimensions de la personnalité.* P.U.F. Paris, 1950.

FREUD (A.). — *Le Moi et les mécanismes de défense.* P.U.F. Paris.

FREUD (S.). — *Introduction à la psychanalyse.* Payot. Paris.

FREUD (S.). — *Cinq leçons sur la psychanalyse.* Payot. Paris.

LAGACHE (D.). — *La psychanalyse.* « Que sais-je? » P.U.F. Paris, 1957.

LAPLANCHE (J.) et PONTALIS (J.-B.). — *Vocabulaire de la psychanalyse.* P.U.F. Paris, 1968.

LEBOVICI (S.) et SOULÉ (M.). — *La connaissance de l'enfant par la psychanalyse.* Collection « le fil rouge » P.U.F. Paris, 1970.

PIAGET (J.) et INHELDER (B.). — *La psychologie de l'enfant.* « Que sais-je? » P.U.F. Paris, 1967.

RUTTER (M.). — *Maternal deprivation reassessed.* C. Nicholls and Company Ltd. Great Britain, 1972.

SEGAL (H.). — *Introduction à l'œuvre de Mélanie Klein.* P.U.F. Paris, 1969.

SPITZ (R.-A.). — *De la naissance à la parole.* P.U.F. Paris, 1968.

WALLON (H.). — *Les origines du Caractère.* P.U.F. Paris, 1949.

4

LES EXAMENS PSYCHOMÉTRIQUES (1)

LES TESTS MENTAUX

« On appelle test mental une situation expérimentale standardisée, servant de stimulus à un comportement. Ce comportement est évalué par comparaison statistique avec celui d'autres individus placés dans la même situation, permettant ainsi de classer le sujet examiné, soit quantitativement, soit typologiquement » (Pichot). Ce qui différencie le test mental de l'examen clinique, c'est :

- **le caractère standardisé de la situation de test ;** les épreuves d'un test donné sont toujours les mêmes, les conditions de passation identiques (consignes, ordre et durée des épreuves).
- **l'enregistrement précis et objectif des réponses** qui peuvent être notées de manière univoque par des observateurs différents ; les épreuves ont été sélectionnées de manière à stimuler des comportements faciles à quantifier.
- **l'évaluation statistique du comportement** par rapport à des normes de référence ; le résultat d'un test permet de situer la position du sujet examiné par rapport aux individus du groupe d'étalonnage. Parmi les tests mentaux utilisés en psychiatrie, certains explorent des aspects du fonctionnement psychique (niveau de compréhension, langage, mémoire, tempo psychique) que la clinique permettait déjà d'apprécier mais ils donnent des informations plus objectives, plus discriminatives. D'autres tests explorent certains aspects qui échappent à l'examen clinique habituel (structuration perceptive, mémoire visuelle, aptitude à conceptualiser, apprentissage). Quant aux tests de personnalité, ils aident à la mise en évidence des éléments structuraux de la personnalité.

(1) avec la collaboration de Chantal Moreaux

Nous n'envisageons ici que les tests utilisés de façon courante en psychiatrie dans l'examen psychométrique de l'adulte.

I – LES TESTS D'EFFICIENCE

L'ÉVALUATION DU NIVEAU INTELLECTUEL

Les méthodes utilisées sont de deux types :

1° *Les échelles composites*

Il s'agit de batteries de plusieurs subtests mettant en jeu les divers aspects de l'activité mentale.

La plus utilisée est la *W.A.I.S.*, adaptation française de la Wechsler Adult Intelligence Scale. Elle se compose de :

- **six épreuves verbales** qui font appel au Vocabulaire, à l'Information (questions concernant des faits de connaissance courante), la Compréhension (questions faisant appel au bons sens), la Répétition de chiffres, le Raisonnement arithmétique, les Similitudes (capacités d'abstraction).

- **cinq épreuves de performance** qui mettent en jeu à partir de situations concrètes les qualités perceptives et les capacités d'analyse et de raisonnement : Arrangement d'images, Complètement d'images, Cubes de Kohs (reconstitution de dessins à l'aide de cubes colorés), Assemblage (Puzzles), Code (transcription de chiffres en signes) La W.A.I.S. permet de calculer, outre le Q.I. global, un quotient intellectuel verbal (Q.I.V.) et un quotient d'intelligence pratique ou performance (Q.I.P.). Elle peut éventuellement mettre en évidence une hétérogénéité des résultats aux différents subtests (dispersion par rapport à sa propre moyenne ou « scatter »).

2° *Le test unique hautement saturé en facteur général*

Selon la théorie factorielle de Spearman, interviennent dans toute tâche intellectuelle : un facteur général présent quel que soit le type d'épreuve et des facteurs spécifiques qui varient avec le type d'épreuve utilisée.

Les tests dits de « facteur g » sont hautement saturés en facteur général et faiblement saturés en facteur spécifique. Tests généralement non verbaux, destinés à mettre en jeu les capacités d'abstraction et de raisonnement logique, ils donnent une estimation de *l'intelligence générale* du sujet. Les plus utilisés sont :

- **Le D 48 ;** il comprend une série de problèmes, constitués chacun d'un groupe de dominos disposés suivant une certaine loi ; l'épreuve consiste à trouver la loi et à compléter la série.

- **Le « PROGRESSIVE MATRICES » (MATRIX)** qui comprend 5 séries de 12 problèmes. Le sujet doit choisir parmi les figures proposées celle qui complète une série de figures dont on a donné les premiers termes.

Certains tests de vocabulaire sont également des épreuves dont la saturation en facteur g est élevée. Le plus utilisé en France est le test de Vocabulaire de Binois et Pichot, test par synonymes avec réponses à choix multiple.

LA NOTION ACTUELLE DE QUOTIENT INTELLECTUEL

Les résultats aux tests d'intelligence sont généralement exprimés en Quotient Intellectuel situant la position du sujet par rapport à une distribution de notes caractérisée par une moyenne et un écart-type. Dans la population générale, 95 % des notes sont comprises dans l'intervalle déterminé par deux écarts-types de part et d'autre de la moyenne. A des épreuves comme la W.A.I.S., le Vocabulaire de Binois-Pichot, le D 48, dont l'étalonnage se caractérise par une moyenne de 100 et un écart-type de 15, 68,3 % de la population obtient des notes comprises entre 85 et 115. Un sujet obtenant un Q.I. de 130 se situe dans les 2,5 % supérieurs de la population.

LA NOTION DE DÉTÉRIORATION MENTALE

En psychométrie, le concept de détérioration mentale est un concept opérationnel, purement descriptif. « Lorsqu'un sujet, placé dans une situation définie, a une efficience inférieure à celle qu'il devrait avoir si l'on se réfère, soit à des individus analogues, soit à son comportement antérieur, on dit que ce sujet a une détérioration mentale » (Hunt et Cofer). La détérioration mentale ainsi définie ne peut être tenue pour synonyme de démence ou de déficit organique. Les tests d'intelligence mesurent l'efficience actuelle et cette efficience peut se trouver abaissée alors que le potentiel reste intact. Ceci apparaît à l'évidence lorsqu'une inhibition dépressive ou anxieuse vient ralentir passagèrement le fonctionnement psychique. On sait aussi que les chimiothérapies psychotropes à doses élevées ou les maladies somatiques sévères peuvent donner transitoirement une détérioration mentale, au sens psychométrique du terme bien entendu.

Étant donné la modification des mécanismes intellectuels liée à l'âge (détérioration physiologique affectant certains types d'épreuves), un sujet ne peut être comparé qu'à des sujets de même âge chronologique. Pour mettre en évidence une détérioration pathologique il faut rechercher s'il existe une différence statistiquement significative entre la performance actuelle d'un sujet et celle qu'il aurait dû réaliser en fonction de son âge et de son niveau antérieur. Pour apprécier les *capacités antérieures* on peut se rapporter au degré de réussite scolaire et socio-professionnelle ce qui permet de situer le sujet dans un groupe de référence (certaines épreuves sont étalonnées en fonction de l'âge et du niveau culturel). *L'efficience actuelle* est estimée à l'aide de plusieurs tests. Les résultats obtenus à chacun de ces tests sont comparés aux normes des étalonnages respectifs (groupe de référence) de manière à apprécier s'ils s'en écartent de façon significative. Les processus pathologiques ne touchent pas de façon uniforme les différentes épreuves d'efficience. Certaines épreuves résistent bien à la détérioration ce qui permet aussi d'estimer le niveau antérieur ; d'autres épreuves sont précocément touchées et les résultats qu'y obtient le sujet peuvent être comparés aux résultats présumés. En combinant les deux méthodes d'estimation de la détérioration on obtient des informations valides.

LA RECHERCHE DE SIGNES D'ATTEINTE CÉRÉBRALE ORGANIQUE

Certains tests se montrent très sensibles dans la détection d'une atteinte cérébrale organique, ce sont ceux qui mettent en jeu les facteurs perceptifs visuels. Les travaux de Goldstein, Cronholm, Teuber, ont mis en évidence que la présence de lésions cérébrales même légères peut entraîner des troubles significatifs de la perception visuelle. Les épreuves utilisées pour extérioriser le déficit font appel soit à la reconnaissance ou à la sélection rapide de stimuli, soit à la mémorisation immédiate de dessins ou de figures, soit à l'organisation et la structuration d'un matériel complexe ou inorganisé :

Les tests les plus utilisés sont **le test de rétention visuelle de Benton, la figure complexe de Rey, le test de Bender, le test de Rorschach utilisé comme test perceptif.**

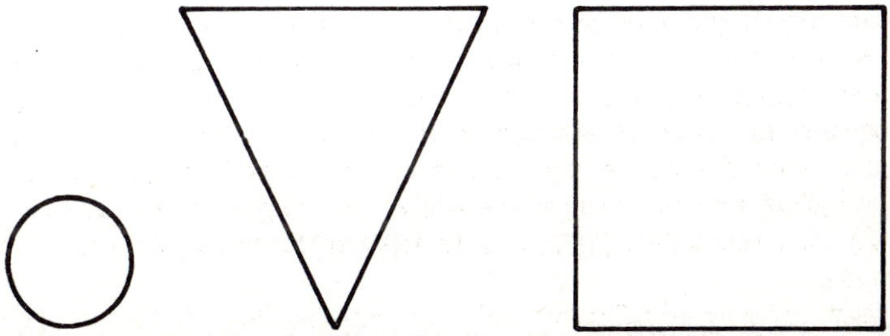

Fig. 1. – Exemple d'une figure du test de rétention visuelle de Benton ; elle est posée devant le sujet durant 10 secondes et doit être reproduite de mémoire immédiatement après. Chaque série comprend 10 planches.

Le test a une double cotation :

1) quantitative : nombre de figures correctement reproduites ;
2) qualitative : recherche du type d'erreurs dont certaines sont plus fréquemment rencontrées chez les cérébraux-organiques.

L'ÉTUDE DES DÉFICITS SPÉCIFIQUES : LANGAGE, MÉMOIRE

Il existe des batteries conçues spécialement pour les aphasiques : test de Head, test pour l'examen de l'aphasie de B. Ducarne de Ribeaucourt.

L'exploration de la mémoire doit faire appel à des épreuves multiples tenant compte de la variété et de l'indépendance des différents types de mémoire. Il faut savoir que les sujets intelligents compensent longtemps leurs difficultés mnésiques ; chez eux la rétention de chiffres peut être assez bonne malgré un affaiblissement important. Un bon moyen d'extérioriser les difficultés de mémoire est d'utiliser des tests de mémorisation de mots couplés ou d'objets groupés.

■ ***L'échelle de mémoire de Wechsler*** qui est une épreuve composite, bien étalonnée par âge, permet une appréciation rapide d'un déficit mnésique même isolé. Elle comprend 7 subtests :

1) renseignements personnels et information générale.
2) orientation temporo spatiale.
3) contrôle mental : compte à rebours, récitation de l'alphabet, comptage 3 par 3.
4) mémoire logique (nombre d'idées mémorisées dans un texte).
5) mémoire immédiate des chiffres.
6) mémoire des figures géométriques, testée par reproduction.
7) mémoire de mots couplés.

Un Quotient Mémoire (Q.M.) peut être calculé. On peut aussi déterminer la détérioration mnésique psychométrique en calculant la différence Q.M.-Q.I. (à la W.A.I.S.), les deux tests (W.A.I.S. et Wechsler Mémoire) ayant été étalonnés en France sur les mêmes sujets.

II – LES TESTS DE PERSONNALITÉ

A. – LES QUESTIONNAIRES DE PERSONNALITÉ

1° ***Le M.M.P.I. (Minnesota Multiphasic Personality Inventory)***

C'est le plus utilisé en psychiatrie. Sa validité n'est pas douteuse. Il se compose de 550 questions inscrites sur des fiches que l'on classe en « Vrai » ou « Faux ». Ces questions concernent des attitudes, des comportements, des façons de penser ; elles visent à inventorier les caractéristiques de la personnalité et les symptômes pathologiques. Ce questionnaire a été étalonné sur une population américaine comportant des malades groupés selon le diagnostic nosographique et des sujets normaux (Hattawy et Mac Kinley - 1943). Il a été réétalonné pour la population française.

- **Les résultats** se présentent sous la forme d'un profil constitué de 9 échelles cliniques et de 4 échelles de validité. Les échelles cliniques sont dans l'ordre : Hypocondrie (Hs), Dépression (D), Hystérie (Hy), Déséquilibre psychopathique (Pd), masculinité-féminité (Mf), Paranoïa (Pa), Psychasthénie (Pt), Schizophrénie (Sc), Manie (Ma). Chacune de ces échelles se caractérise par une note moyenne (calculée à partir des résultats obtenus par le groupe des normaux) et par un écart-type. Plus la note d'un sujet à une échelle s'élève au-dessus de la moyenne, plus ce sujet à des chances de présenter les traits pathologiques afférant à cette échelle. Les échelles de validité permettent d'apprécier si le profil est crédible ; elles détectent le truquage délibéré et aussi la tendance à vouloir se présenter systématiquement sous un jour favorable, et la tendance (inconsciente) à exagérer ou minimiser ses faiblesses psychologiques.
- **Dans l'interprétation** on tient moins compte de chaque déviation que de la configuration générale du profil : son élévation, sa pente, ses associations particulières. Les profils névrotiques ont une allure descendante, les échelles les plus élevées étant les 3 premières, Hs, D, Hy (triade névrotique). Dans certains syndromes schizophréniques, les profils sont d'allure ascendante avec élévation des échelles Pa, Pt, Sc et Ma (tétrade psychotique). Dans le déséquilibre psychique, l'échelle Déséquilibre psychopathique est élevée avec souvent une élévation des échelles Paranoïa et Manie.

2º ***Le test 16 P.F. de Cattell***

Il mesure 16 facteurs bipolaires de personnalité isolés par l'analyse factorielle.

3º ***Le Cornell Index*** (Forme N 2)

C'est essentiellement un questionnaire de « criblage ». De passation facile, il permet dans une collectivité de discriminer rapidement les sujets normaux des sujets présentant des troubles psychiques (surtout des troubles névrotiques) pour lesquels s'impose une investigation plus approfondie. A ce titre il est utilisé dans des consultations de médecine (dépistage des « psychosomatiques ») et en épidémiologie.

B. – LES TESTS PROJECTIFS

Les techniques projectives cherchent à explorer la personnalité globale. Elles confrontent le sujet à une situation faiblement structurée à laquelle il répond en fonction de ses tendances profondes et de l'organisation de sa personnalité. En structurant le matériel peu différencié fourni par le test, le sujet s'exprime tout entier, dans son originalité ; il se « projette » dans ses réponses. La configuration de ses résultats, analysés et classés, aboutit à une description de sa personnalité, un « portrait psychologique » et non un profil.

■ ***Les techniques projectives peuvent être classées en diverses catégories :***

- **techniques constitutives** (test de Rorschach et ses dérivés comme le Test Z et le test de Holtzman) ;
- **constructives** (test du Village, test mosaïque de Lowenfeld) ;
- **interprétatives** (T.A.T. où le sujet doit, à chacune des planches du test qui représentent des situations ambiguës, raconter une histoire intégrant la scène proposée ; test de frustration de Rosenzweig) ;
- **de complétement** de phrases, d'images ; d'histoires ou de fables chez l'enfant ;
- **de dessins à thème imposé** très utilisés en pédopsychiatrie : dessin de la famille, test de l'arbre de Koch.

■ ***L'utilisation des techniques projectives appelle des réserves.*** La multiplicité des réponses possibles rend difficile leur cotation. Les données ne sont que partiellement quantifiables. L'interprétation doit faire appel à un système théorique ou descriptif de la personnalité qui soit cohérent et adapté au problème posé (concepts psychanalytiques ou nosographie psychiatrique pour les tests utilisés en psychiatrie). Parmi la centaine de techniques projectives actuellement recensées, beaucoup n'ont pas démontré objectivement leur validité.

Le test de Rorschach

C'est le test projectif le plus connu ; c'est le plus utilisé en psychiatrie d'adultes.

- **Il est constitué** d'une série de 10 planches représentant chacune une tache informelle, noire ou polychrome, symétrique par rapport à un axe vertical. Les planches sont présentées dans un ordre déterminé au sujet invité à dire ce qu'il y voit, « de quoi cela a l'air ».

- **Chaque réponse est cotée sous 3 aspects :**
- *mode d'appréhension :* réponse globale, réponse portant sur un détail ;
- *contenu de l'interprétation* qui peut être animal, humain, anatomique, sexuel, géographique, etc. ;
- *déterminant de la réponse* qui peut être la forme de la tache, la couleur, la texture, l'impression de mouvement (kinesthésie).

D'autres notations interviennent : la qualité des formes perçues, l'originalité ou la banalité des réponses, la productivité (temps, nombre et qualité des réponses).

– **L'interprétation du psychogramme** se fait selon une double démarche :
– *recherche de constellations de signes* considérés comme caractéristiques d'un état pathologique : « patterns » névrotiques, schizophréniques, psychopathiques, validés à partir de protocoles provenant de malades groupés selon le diagnostic.
– *analyse qualitative* des résultats appréhendant la dynamique personnelle du sujet, son affectivité, ses conflits, ses modes de défense.

LES ÉCHELLES D'APPRÉCIATION DE LA SYMPTOMATOLOGIE CLINIQUE EN PSYCHIATRIE

Ces techniques se sont beaucoup développées depuis une vingtaine d'années en partie grâce à l'impulsion donnée par la recherche en psychopharmacologie clinique ; pour apprécier et comparer les effets des médicaments psychotropes il était nécessaire d'utiliser des instruments de mesure rendant possible l'évaluation quantitative des troubles présentés par les malades mentaux. De nombreuses échelles dont les qualités métrologiques ont été confirmées (validité, sensibilité, fidélité inter-correcteurs) sont actuellement d'usage courant ; leurs conditions de passation sont standardisées (définition précise des items, des graduations) ; leurs notations sont quantifiées.

■ ***On peut classer ces méthodes*** en :

1) **inventaires** *(check-lists)* comportant une liste préétablie d'items qui sont cotés en présent/absent ou en vrai/faux.

2) **échelles d'appréciation** *(rating scales)* dont les items ont des cotations graduées selon la fréquence ou l'intensité du symptôme.

■ ***Certaines échelles appréciant les manifestations extérieures,*** le comportement de malades hospitalisés, sont remplies par le personnel infirmier comme la NOSIE-30 *(Nurses Observation Scale for Inpatient Evaluation).* D'autres échelles basées sur **les données de l'examen psychiatrique** sont remplies par le psychiatre au terme d'un examen clinique normal ; les plus utilisées pour les malades psychotiques sont : l'I.M.P.S. de Lorr *(Inpatient Multidimensional Psychiatric Scale),* la *Psychiatric Rating Scale* de Wittenborn, et surtout la B.P.R.S. *(Brief Psychiatric Rating Scale)* d'Overall et Gorham. Ces deux dernières ont une adaptation française. Etant donné l'importance et la valeur de **l'autoévaluation** en psychiatrie, certaines échelles sont destinées au malade, qui cote lui-même les items : questionnaires d'anxiété ; échelles d'humeur dont certaines utilisent des listes d'adjectifs antonymes, le sujet devant répondre s'il se sent *en ce moment* « plutôt... », « plutôt... » ou « ni l'un ni l'autre ». Voici à titre d'exemple quelques paires d'adjectifs de l'échelle d'humeur BS' de Zerssen qui en comporte 28 : pessimiste-optimiste, exténué-dispos, aimé-mal aimé, attentif-distrait, bon-mauvais, calme-agité, sans initiative-entreprenant.

■ Les échelles d'appréciation ont des ***applications multiples.***

- Elles peuvent être utilisées en **clinique** pour le diagnostic et pour la mesure de la sévérité de l'état morbide actuel, par exemple l'intensité d'un état dépressif. Il faut remarquer que les échelles d'appréciation ne donnent une information que sur la symptomatologie à un moment donné et ne tiennent pas compte des antécédents souvent très importants pour le diagnostic et le pronostic. Aussi sont-elles parfois complétées par des items fixes portant sur ces données. Il existe en complément à la BPRS un B.H.P.F. (échelle abrégée d'antécédents psychiatriques) de 27 items appréciant les caractéristiques personnelles et familiales, médicales, sociales et culturelles (Overall et Pichot).
- Les échelles d'appréciation peuvent être utilisées en **thérapeutique ;** elles permettent dans une certaine mesure la prédiction de la réponse à un traitement donné et peuvent guider le choix thérapeutique.
- Leur application la plus courante est celle des **essais cliniques en psychopharmacologie** où elles permettent d'apprécier objectivement les modifications de la symptomatologie d'après les scores obtenus avant, au cours et après traitement. L'abord quantitatif permet la transmission d'informations objectives et leur mise en commun (essais coopératifs). L'échelle de Hamilton est couramment utilisée par les études des antidépresseurs, la B.P.R.S. pour l'étude des neuroleptiques.
- L'introduction de ces méthodes a également entraîné le développement de la **psychopathologie quantitative,** discipline en pleine expansion. Un de ses objectifs principaux est la recherche d'une systématisation objective de la nosologie psychiatrique.

BIBLIOGRAPHIE

ANZIEU (D.). — *Les méthodes projectives.* « Sup. ». P.U.F.

PERSE (J.). — Collaboration du psychologue au dépistage et au diagnostic des maladies mentales. In « *Traité de psychologie appliquée* ». Tome 8. p. 111-147.

PICHOT (P.). — *Les tests mentaux.* « Que sais-je? ». P.U.F.

PICHOT (P.) et OLIVIER-MARTIN (R.). — *Psychological measurements in psychopharmacology.* S. Karger, 1974.

5

ÉPIDÉMIOLOGIE PSYCHIATRIQUE

■ L'épidémiologie psychiatrique a pour ***objectifs :***

1) **l'estimation des besoins de la population** en matière de soins psychiatriques ainsi que des fluctuations de ces besoins au cours des années (planification des services hospitaliers et extra-hospitaliers).

2) **la recherche clinique :** apport des enquêtes de morbidité dans la population générale à la connaissance des formes mineures ou latentes de la pathologie mentale – étude des variations symptomatiques dans les différentes cultures-études longitudinales établissant les facteurs de pronostic et les résultats des programmes thérapeutiques.

3) **la recherche étiologique** utilisant la mise en évidence des taux de prévalence et d'incidence des diverses affections psychiatriques en fonction des facteurs démographiques, biologiques ou écologiques.

■ ***Le niveau de morbidité*** d'une population peut être apprécié par :

1) le taux d'entrée dans la maladie **(taux d'incidence)** qui est égal au nombre de cas nouveaux de la maladie pendant la période étudiée, divisé par l'effectif de la population exposée au risque de la maladie.

2) le taux de fréquence globale **(taux de prévalence)** qui est égal au nombre de sujets malades à un moment donné, divisé par l'effectif de la population exposé au risque de la maladie.

On appelle *risque de morbidité* la probabilité qu'a un individu d'un âge déterminé de présenter une maladie donnée, à la condition qu'il vive assez longtemps pour dépasser la période de manifestation de la maladie.

■ ***Les informations recueillies en épidémiologie psychiatrique*** sont de valeur très inégale. Les statistiques hospitalières donnent des renseignements très précis sur les données démographiques et les diagnostics mais le recrutement des malades est biaisé par la sélection inhérente à l'hospitalisation (les cas les plus sévères, les malades des classes sociales défavorisées). Les enquêtes de morbidité dans la population générale ont des résultats qui varient beaucoup selon les critères utilisés pour identifier les cas, selon les méthodes des enquêteurs (questionnaires, interviews structurés, tests), selon la coopération des enquêtés. Le grand nombre de variables qu'il est souvent difficile d'évaluer ou de contrôler doit rendre extrêmement prudent dans l'interprétation des résultats.

LES DONNÉES ÉPIDÉMIOLOGIQUES

I. – LES STATISTIQUES HOSPITALIÈRES

Les taux d'hospitalisation varient beaucoup d'un pays à l'autre en fonction de l'équipement hospitalier qui n'est pas toujours congruent avec les besoins, de la tolérance du milieu, du développement des soins extra-hospitaliers.

– **Les statistiques de l'INSERM concernant les établissements psychiatriques français pour l'année 1972 indiquent :**

- Un *effectif total* de malades présents à l'hôpital psychiatrique à un jour donné (31 décembre 1972) de 111 086 avec une répartition par sexe et âge indiquée dans les tableaux I et II. Parmi ces malades 34 % sont hospitalisés depuis moins d'un an, 25 % entre 1 et 5 ans, 13 % entre 5 et 10 ans, 28 % depuis plus de 10 ans. Le groupe de malades hospitalisés depuis plus de 10 ans est principalement constitué par des schizophrènes et délirants chroniques (46 % des hommes et 56 % des femmes) et par des arriérés mentaux (34 % des hommes et 24 % des femmes).
- Un *nombre total d'admissions* en 1972 de 159 114 dont environ la moitié sont des premières admissions. La répartition par sexe et par catégorie diagnostique (selon la classification française des troubles mentaux) est donnée dans le tableau III.
- Un *nombre total de sorties* de 153 428 dans l'année : 11 % des sorties se font après une durée de séjour inférieure à 8 jours, 54 % après une durée inférieure à 45 jours, 72 % après une durée inférieure à trois mois. Les sorties après séjour supérieur à 1 an représentent 10 % des sorties.
- Un *nombre total de patients hospitalisés* pour l'année 1972 de 272 243 comprenant les hospitalisés ayant donné lieu à un mouvement, c'est-à-dire admission et/ou sortie dans l'année (198 647) et les hospitalisés qui au 31 décembre 1972 séjournaient depuis un an et plus (73 596). La répartition par sexe et catégorie diagnostique est donnée dans le tableau IV.

La tendance générale de l'hospitalisation psychiatrique va vers une diminution du nombre de journées d'hospitalisation alors que le flux de malades

TABLEAU I. – **TAUX DES MALADES EXISTANTS AU 31-12-1972, PAR SEXE ET PAR AGE**

(Pour 100 000 habitants du groupe d'âge)

	15 à 19 ans	20 à 24 ans	25 à 34 ans	35 à 44 ans	45 à 54 ans	55 à 64 ans	65 à 74 ans	75 à 84 ans	85 ans et plus	Tous âges
Hommes .	99	205	259	378	417	385	323	285	290	302
Femmes .	73	126	157	235	278	348	419	544	589	265
Ensemble	86	167	210	308	346	365	378	460	513	283

TABLEAU II. – **TAUX DES MALADIES EXISTANTS AU 31-12-1972, PAR SEXE ET PAR AGE**

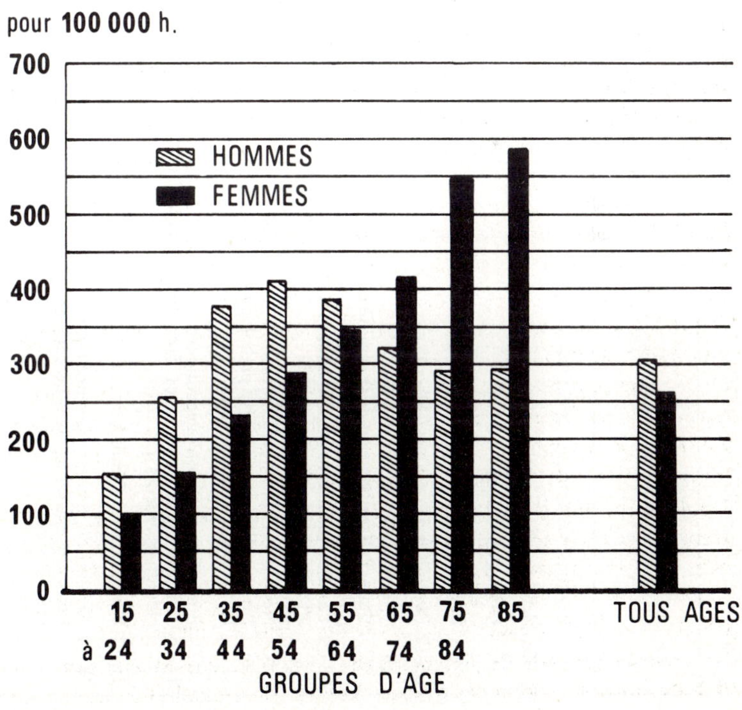

TABLEAU III. – **RÉPARTITION DES ADMISSIONS, PAR SEXE ET PAR CATÉGORIE DIAGNOSTIQUE. ANNÉE 1972**

	Catégories diagnostiques	*a) Effectifs*			*b) Pourcentages*		
		Hommes	Femmes	Ensemble	Hommes	Femmes	Ensemble
01	Psychoses maniaques et dépressives	5 745	11 487	17 232	7	16	11
02	Schizophrénies chroniques	9 756	7 934	17 690	11	11	11
03	Délires chroniques	3 891	5 561	9 452	5	7	6
04	Psychoses délirantes aiguës. Etats confusionnels	3 768	3 846	7 614	4	5	5
05-12	Psychoses alcooliques. Alcoolisme	29 122	5 429	34 551	34	7	22
06	Troubles mentaux de l'épilepsie	1 948	1 332	3 280	2	2	2
07	Etats d'affaiblissement de la sénilité et démences préséniles	4 699	9 754	14 453	6	13	9
08-09	Troubles mentaux symptomatiques d'une affection cérébrale ou générale	1 812	1 273	3 085	2	2	2
10	Névroses et états névrotiques	4 853	8 303	13 156	6	11	8
11	Personnalités et caractères pathologiques Perversions. Toxicomanies	7 756	4 493	12 249	9	6	8
13	Etats dépressifs non psychotiques	5 218	9 583	14 801	6	13	9
14-15	Troubles psychosomatiques. Troubles isolés non classables ailleurs	439	489	928	1	1	1
16-17	Niveau limite. Débilité mentale	2 707	2 155	4 862	3	3	3
18-19	Arriération mentale moyenne ou profonde	1 871	1 416	3 287	2	2	2
20	Etats non classables dans les catégories précédentes	1 492	982	2 474	2	1	1
	TOTAL	85 077	74 037	159 114	100	100	100

TABLEAU IV. – **RÉPARTITION, PAR SEXE ET PAR CATÉGORIE DIAGNOSTIQUE, DE L'ENSEMBLE DES HOSPITALISATIONS. ANNÉE 1972**

Catégories diagnostiques		*a) Effectifs*			*b) Pourcentages*		
		Hommes	Femmes	Ensemble	Hommes	Femmes	Ensemble
01	Psychoses maniaques et dépressives	8 664	16 888	25 552	6	13	9
02	Schizophrénies chroniques	23 823	20 602	44 425	17	16	16
03	Délires chroniques	8 946	13 240	22 186	6	10	8
04	Psychoses délirantes aiguës. Etats confusionnels	5 413	5 289	10 702	4	4	4
05-12	Psychoses alcooliques. Alcoolisme	37 711	7 993	45 704	26	6	17
06	Troubles mentaux de l'épilepsie	4 012	2 667	6 679	3	2	2
07	Etats d'affaiblissement de la sénilité et démences préséniles	7 875	18 092	25 967	6	14	10
08-09	Troubles mentaux symptomatiques d'une affection cérébrale ou générale	3 327	2 263	5 590	2	2	2
10	Névroses et états névrotiques	6 021	10 114	16 135	4	8	6
11	Personnalités et caractères pathologiques. Perversions. Toxicomanies	10 892	6 539	17 431	8	5	6
13	Etats dépressifs non psychotiques	6 257	11 263	17 520	4	9	6
14-15	Troubles psychosomatiques. Troubles isolés non classables ailleurs	616	631	1 247	1	–	1
16-17	Niveau limite. Débilité mentale	7 286	5 140	12 426	5	4	5
18-19	Arriération mentale moyenne ou profonde	10 429	7 286	17 715	7	6	7
20	Etats non classables dans les catégories précédentes	1 800	1 164	2 964	1	1	1
	TOTAL	143 072	129 171	272 243	100	100	100

soignés est de plus en plus important. En France, en 1960 : 90 600 admissions, 81 500 sorties, 41 460 000 journées d'hospitalisation ; en 1970, 140 000 admissions, 133 000 sorties, 40 215 000 journées d'hospitalisation (rapport annuel 1973 de l'Inspection Générale des Affaires Sociales). Aux Etats-Unis, le nombre total de patients hospitalisés à un jour donné (hôpitaux d'Etat) est passé de 553 922 en 1955 à 275 995 en 1972 alors que le nombre annuel d'admissions croissait de 178 003 en 1955 à 390 000 en 1972. L'augmentation du coefficient de rotation lié à la diminution de la durée des séjours est due à l'amélioration des techniques thérapeutiques et au développement des structures de soins extra-hospitaliers.

II. – LES REGISTRES DE CAS

Ils permettent d'évaluer la consommation psychiatrique d'une population pendant la période intéressée. Les données sont cumulatives et proviennent de tous les services hospitaliers et extra-hospitaliers de la zone d'enquête (hôpitaux, cliniques, dispensaires, consultations, etc.) ainsi que des services situés en dehors de cette zone où des sujets de la population étudiée ont été soignés pendant la période intéressée. Cette méthode qui est assez lourde sur le plan technique a été appliquée à l'étude épidémiologique de quelques villes d'Angleterre et des Etats-Unis où elle a donné des résultats assez voisins sur *la prévalence des cas déclarés,* hospitalisés ou ambulatoires : prévalence à un jour donné, environ 1 % de la population de plus de 15 ans ; prévalence pour une année, environ 2 % de la population de plus de 15 ans. Dans l'enquête menée par Baldwin pour la région d'Aberdeen, environ 2,3 % de la population entrait *pour la première fois* en contact avec les services psychiatriques (consultations ou hospitalisation) sur une période de 5 ans.

III. – LES AFFECTIONS PSYCHIQUES EN PRATIQUE MÉDICALE COURANTE

Toutes les enquêtes confirment la fréquence des troubles psychiques chez les malades consultant en médecine. Ceci correspond à diverses éventualités : des troubles psychiques et somatiques peuvent coexister au cours d'une même maladie ; des troubles émotionnels peuvent être la conséquence d'une maladie physique ; des perturbations émotionnelles peuvent induire des désordres somatiques ; certains névrotiques consultent fréquemment leur médecin indépendamment de leur morbidité objective. On estime qu'un quart des consultations du généraliste et un tiers des consultations hospitalières de médecine sont motivées par des troubles purement psychiques. Dans la grande majorité des cas il s'agit de troubles névrotiques ou réactionnels à des conflits d'ordre familial ou socio-professionnel. Le recours au psychiatre ne s'avère nécessaire que dans une faible proportion de cas.

IV. – LES ENQUÊTES DE MORBIDITÉ DANS LA POPULATION GÉNÉRALE

Nous donnons à titre indicatif les résultats de deux grandes enquêtes épidémiologiques menées avec des méthodologies très différentes.

■ ***L'étude d'Helgason*** est une étude longitudinale portant sur la population de l'Islande. La cohorte est constituée de *tous* les habitants nés dans l'île pendant les années 1895-1897 et encore vivants en 1910, soit 5 395 individus. La période d'observation s'arrête en 1957, l'âge moyen de la cohorte étant alors de 61 ans. 3 843 sujets étaient encore vivants (70 % de la cohorte). Des renseignements suffisants ont été obtenus pour 99,4 % des sujets vivants ou décédés (sources d'information : hôpitaux, hospices, praticiens, services sociaux, assurances-invalidité, familles, etc.). Dans cette cohorte 1 543 sujets avaient présenté ou présentaient des troubles psychiques, soit 27 % des hommes et 30 % des femmes. Les névroses étaient de beaucoup le diagnostic le plus fréquent (40 % des diagnostics) suivis par les psychoses (17,7 %) et l'alcoolisme (14,5 %). Le risque qu'un sujet de 14 ans a de présenter une maladie mentale s'il vit jusqu'à 61 ans a été évalué à 32 % pour les hommes, 35 % pour les femmes. Si l'on exclut les états névrotiques mineurs et les troubles psychiques d'origine cérébrale organique le risque est ramené à 18,8 % pour les hommes et 19,3 % pour les femmes. Ces résultats sont assez proches de ceux trouvés par Fremming sur la population de l'île danoise de Bornholm.

■ ***L'étude de Shepherd et coll.,*** publiée en 1966, étudie la prévalence et la nature des troubles psychiques observés pendant un an dans un échantillon représentatif de 46 clientèles de praticiens de la région de Londres. Pour « les affections psychiques caractérisées », le taux de prévalence durant l'année de l'enquête a été de 102 pour 1 000 individus de plus de 15 ans de la population étudiée (sujets inscrits dans le cadre du National Health Service sur les listes des praticiens). Il s'agissait surtout d'affections névrotiques (88,5 %), rarement de psychoses (5,9 %). Si l'on ajoutait les troubles psychiques associés à des affections somatiques, le taux global de prévalence était de 139,4 ‰. Il était plus élevé chez la femme (175 ‰) que chez l'homme (97,9 ‰).

LES FACTEURS DE RISQUE DE MORBIDITÉ PSYCHIATRIQUE

Si l'on met à part la pathologie cérébrale organique (états confusionnels ou démentiels), l'étiopathogénie des maladies mentales est encore très mal connue. Dans la majorité des cas une étiologie multifactorielle semble en cause.

Les enquêtes épidémiologiques mettent en évidence un certain nombre de facteurs de risque qui peuvent agir aux différentes périodes de l'existence. On groupe habituellement ces facteurs de risque sous trois rubriques : facteurs concomitants, facteurs précipitants, facteurs prédisposants.

A. – LES FACTEURS CONCOMITANTS

Il existe des variations concomitantes entre la distribution des maladies mentales (ou le statut des malades mentaux) et des facteurs tels que :

■ ***Le sexe :*** fréquence plus élevée dans le sexe féminin des névroses et des états dépressifs ; fréquence plus élevée dans le sexe masculin des conduites sociopathiques, de l'alcoolisme, du suicide. Dans ces différences interviennent des facteurs biologiques, des facteurs psychologiques et des facteurs socio-culturels (rôles sociaux).

■ ***Le statut marital :*** fréquence moindre des maladies mentales et surtout des hospitalisations chez les sujets mariés que chez les divorcés ou séparés et chez les célibataires.

■ ***Le lieu de résidence :*** le milieu rural est assez tolérant pour les malades mentaux et les arriérés. Dans les centres urbains la distribution écologique des maladies mentales n'est pas aléatoire ; on constate des aires où la densité de certaines affections, schizophrénie par exemple, est particulièrement élevée du fait de la dérive sociale due à la maladie.

■ ***La classe sociale :*** le taux d'hospitalisation est particulièrement élevé pour les classes sociales inférieures sans que cela corresponde à une différence de prévalence des maladies mentales entre les différentes classes sociales (exception faite de la débilité mentale et de la sociopathie).

B. – LES FACTEURS PRÉCIPITANTS

■ ***Les concepts de réaction*** et de ***pathologie réactionnelle*** ont joué et continuent de jouer un rôle central dans l'histoire de la pensée psychiatrique. A une nosographie fixiste inventoriant les maladies mentales comme des « espèces naturelles », des « entités morbides spécifiques », s'est opposée une psychiatrie dynamique assimilant les troubles mentaux à des « types de réaction » et mettant l'accent sur les expériences vécues actuelles ou passées (Adolf Meyer). On a aussi tenté d'individualiser à côté des grandes psychoses (schizophrénie et psychose maniaco-dépressive) des « psychoses psychogènes », des « réactions schizophréniques », des « mélancolies réactionnelles » dont la symptomatologie et l'évolution seraient différentes des formes typiques endogènes. Malgré les critères proposés par Jaspers pour définir *la réaction à l'événement vécu* (rapport temporel étroit entre une circonstance déclenchante et un état réactif ; relation compréhensible entre le contenu de l'état réactionnel et sa cause ; cessation de l'état réactionnel lorsque la cause disparaît), le concept de réaction anormale (en intensité, en durée ou en qualité) reste imprécis. Comme le remarque Starobinski :

« Si sincère que soit le désir de déterminer équitablement, dans chaque cas, la part du sujet et la part de la circonstance, l'on se défend mal de charger l'un ou l'autre, d'imputer à l'un ou à l'autre une « erreur fatale ». A l'un des extrêmes de l'interprétation, le sujet est mis en cause : il *fait* sa réaction morbide avec tout son être : on alléguera ses déficiences constitutionnelles ou occasionnelles. On dira qu'il n'a pas su dominer la circonstance, qu'il a réagi « en court-circuit », qu'il s'est engagé dans une « perlaboration » aberrante. (Et l'on ne se demandera pas si les circonstances comme la guerre ne comportent pas la plus forte charge d'anomalies). A l'autre extrême la notion de réaction conduit à incriminer le milieu, la société, voire le système économique : la réaction, dès lors, n'est plus interprétée comme une perte de maîtrise, mais comme la seule réponse possible à une situation intolérable. (Et l'on ne se demande pas pourquoi les réactions psychotiques sont malgré tout si rares, pourquoi la révolte elle-même peut rester compatible avec les critères de la normalité psychiatrique) ».

■ Le rôle des facteurs déclenchants a fait l'objet de ***deux types d'études épidémiologiques :***

1) Etude de populations ou de groupes soumis à des situations de stress aussi diverses que la guerre (troupes au combat), les migrations, certaines interventions chirurgicales (chirurgie à cœur ouvert, hystérectomie), certaines conditions de travail défectueuses, etc.

2) L'étude des événements vitaux survenus dans les semaines ou les mois ayant précédé le début d'une affection psychiatrique. Des travaux récents comme ceux de Paykel et ceux de Brown s'attachent à rechercher de façon systématique les changements survenus dans l'environnement, dans la période précédant la décompensation psychiatrique (changements favorables ou défavorables, changements fortuits ou non). La comparaison entre des groupes de patients et des groupes contrôles de sujets normaux appariés met en évidence que :

- *les patients hospitalisés pour schizophrénie* aiguë ont en moyenne subi un nombre « d'événements vitaux » très supérieur à ceux des sujets normaux, durant les 3 semaines précédant leur admission.
- *les déprimés* ont subi pendant les mois précédant la dépression un nombre d'événements défavorables (perte) supérieur au groupe des sujets normaux.

Quoique ces recherches mettent l'accent sur les facteurs proximaux de la maladie, ils mettent également et surtout en évidence l'importance de la prédisposition.

C. – LES FACTEURS PRÉDISPOSANTS

■ ***Les études génétiques*** ont fait l'objet de recherches nombreuses utilisant des techniques variées : recherche du risque de morbidité dans les familles des malades ; comparaison des jumeaux monozygotes et dizygotes dont l'un est malade mental ; étude des enfants à haut risque (enfants de mères schizophrènes par exemple) élevés dans des familles adoptives ; étude de cohortes. Ces recherches mettent en évidence l'importance des facteurs héréditaires dans la schizophrénie (v. p. 245) et la psychose maniaco-dépressive (v. p. 195). Elles permettent aussi de prendre la mesure de ce qui revient au facteur génétique et de ce qui revient à l'environnement ; par exemple chez les jumeaux monozygotes la concordance pour la schizophrénie est loin d'être absolue.

■ ***Les facteurs d'environnement dans l'enfance :*** il est difficile d'apprécier les conséquences à long terme des privations affectives subies dans l'enfance. Depuis les premiers travaux de Bowlby un nombre considérable de publications ont insisté sur les conséquences défavorables de la « déprivation » parentale. La plupart des travaux menés sur ce thème sont sujet à de sérieuses critiques, la « déprivation » n'étant pas un phénomène simple et la perte du ou des parents pouvant varier en significations pour l'enfant selon qu'il s'agit de séparation physique ou de rejet, selon qu'il y a ou non un adulte de bonne qualité pour remplacer l'absent. Néanmoins un certain nombre de recherches méthodologiquement correctes permettent d'affirmer les conséquences des mauvaises conditions éducatives (foyer désorganisé) sur la formation de désordres des conduites sociales en particulier la délinquance. On a de même démontré que le risque de suicide était plus élevé chez les sujets qui avaient perdu un de leurs parents dans l'enfance. Jusqu'à présent les multiples études menées sur l'étiologie de la dépression ne permettent pas de conclure que le fait d'avoir perdu jeune un de ses parents soit un facteur prédisposant à la dépression.

Les rôles respectifs des facteurs biologiques, écologiques et psychodynamiques dans les névroses sont traités plus loin (v. p. 79).

BIBLIOGRAPHIE

Brown (G.-W.). — Life-events and the onset of depressive and schizophrenic conditions - in « Gunderson (E.-K.) and Rahe (R.-H.). *Life stress and illness.* Charles C. Thomas publ. 1974. p. 164-188 ».

Cooper (B.) and Morgan (H.-G.). — *Epidemiological psychiatry.* Charles C. Thomas publ. Springfield Illinois. 1973.

DEBRAY (Q.). — *Génétique et psychiatrie.* Fayard. Paris. 1972.

HARE (E.-H.) and WING (J.-K.). — *Psychiatric epidemiology.* Oxford University Press. 1970.

HELGASON (T.). — *Epidemiology of mental disorders in Iceland. Acta Psychiat. Scand.* 1964. Suppl. n° *173.*

PAYKEL (E.-S.). — Recent life-events and clinical depression - in « GUNDERSON (E.-K.) and RAHE (R.-H.). *Life stress and illness.* Charles C. Thomas publ. 1974. p. 134-163.

SAINSBURY (P.) and KREITMAN (N.). — *Methods of psychiatric research.* London. Oxford University Press. 1975.

SHEPHERD (M.), COOPER (B.), BROWN (A.-C.) and KALTON (G.-W.). — *Psychiatric illness in general practice.* London. Oxford University Press. 1966.

TONKS (C.-M.). — Differential aspects of psychiatry in the female - in « GRANVILLE-GROSSMAN (K.). *Recent advances in clinical psychiatry.* n° 2. Churchill Livingstone. 1976. p. 147-168 ».

6

GÉNÉRALITÉS SUR LES NÉVROSES

Le concept de névrose a subi des vicissitudes historiques. Après avoir eu le sens de maladie neurologique sans lésion causale décelable, ce terme désigne aujourd'hui des *maladies de la personnalité à l'origine desquelles les facteurs psychologiques jouent un rôle majeur* et qui ont en commun certains caractères : elles n'altèrent pas le système de réalité ce qui les différencie des psychoses ; elles s'expriment par des symptômes reconnus par le patient comme pathologiques et motivant souvent une demande d'aide médicale même si leur signification psychologique n'est pas toujours appréhendée ; elles déterminent des troubles des conduites sociales qui restent en général mineurs.

Les névroses se manifestent par des symptômes « compréhensibles » : on peut les comprendre en fonction de *l'histoire* du sujet et des événements qui l'ont marquée ; ils représentent un mode de défense contre l'angoisse liée à des conflits inconscients et réalisent une sorte de compromis (signification *symbolique* des symptômes) tendant à neutraliser cette angoisse.

Les patients atteints de troubles névrotiques consultent volontiers les généralistes ou d'autres spécialistes que les psychiatres, pour des symptômes qui les font qualifier de « fonctionnels » ou « anorganiques ». Il faut cependant savoir qu'une affection organique, surtout cérébrale, peut initialement s'exprimer par des troubles psychiques d'allure névrotique ; qu'une authentique maladie somatique peut s'associer à un état névrotique et en majorer les symptômes.

La pathologie réactionnelle réalise souvent des tableaux névrotiques transitoires qui ne constituent pas de vraies névroses structurées ; il n'y a pas d'organisation névrotique de la personnalité.

I. – ÉTUDE CLINIQUE DES SYMPTOMES NÉVROTIQUES

LES ANOMALIES DE L'ACTIVITÉ SEXUELLE

Constantes, elles motivent souvent la consultation. Il s'agit d'une inhibition sexuelle plus ou moins importante se manifestant par la *diminution du désir sexuel* et les *difficultés de la réalisation de l'acte sexuel.*

■ ***L'impuissance :*** rarement totale, elle est le plus souvent incomplète et périodique ; même temporaire, elle est généralement mal tolérée et accentuée par la répétition des échecs. Elle peut traduire la culpabilité inconsciente liée au désir et à l'acte sexuel et aussi la peur de la castration. De signification voisine sont les troubles de l'éjaculation : essentiellement éjaculation précoce, l'éjaculation tardive ou l'anéjaculation étant plus rares.

■ ***La frigidité :*** plus fréquente que l'impuissance de l'homme, elle peut être totale ou partielle, permanente ou discontinue. Elle peut s'associer à une dyspareunie ou un vaginisme. Comme pour l'impuissance, les conflits œdipiens et les fantasmes de castration sont au centre de l'inhibition. La fréquence de la frigidité amène à souligner l'importance chez la femme de facteurs favorisants, d'ordre culturel (répression de la sexualité particulièrement importante, crainte de la grossesse et des douleurs de l'accouchement) et social (cumul d'exigences familiales et professionnelles).

■ ***La masturbation*** chez l'adulte n'est pas source de névrose comme le voudrait un préjugé encore répandu mais peut en être un symptôme lorsqu'elle est exclusive ou préférée aux relations sexuelles.

Les troubles sexuels sont parfois présentés par le patient comme la conséquence de maux divers (asthénie, lombalgies, etc.) ou comme l'expression d'un malaise psychologique plus général ; actuellement, il est fréquent qu'ils motivent à eux seuls et sans détours une demande de soins.

LES TROUBLES DU SOMMEIL

Fréquents, ils se traduisent surtout par des difficultés à s'endormir et à se réendormir après des réveils successifs. Le sommeil supposant abandon à la passivité, **l'insomnie** peut être liée chez le névrotique à la peur de mourir et à la peur de rêver, le rêve étant moins censuré que l'état de veille et exprimant plus directement des pulsions refoulées. **L'hypersomnie** peut être le refuge préférentiel contre l'angoisse.

L'ASTHÉNIE

Constante, elle résulte de la tension liée aux conflits et à la lutte inconsciente contre les instincts sexuels ou agressifs. Son caractère névrotique entraîne les particularités qui la distinguent des asthénies somatiques : son maximum matinal et sa tendance à l'amélioration dans la journée ; l'échec du repos pour la combattre alors que certaines activités la diminuent ; son intensité disproportionnée avec les causes alléguées ; son association à un vague sentiment d'ennui et d'anxiété ; l'inefficacité des fortifiants et reconstituants en dehors d'un effet placebo transitoire.

Cette asthénie doit être distinguée de celle d'un état dépressif qui implique la perte de l'estime de soi (v. Etats dépressifs). Il est fréquent cependant que l'asthénie névrotique s'accompagne d'un léger sentiment d'auto-dépréciation, d'une limitation des initiatives visant à éviter un risque d'échec et contribuant finalement à placer le sujet en situation d'échec. Le terme de *neurasthénie,* naguère très employé, était lié à cette composante dépressive de l'asthénie névrotique. Il est d'ailleurs important de reconnaître le début d'un état dépressif qui peut marquer la décompensation de tout état névrotique (dépression névrotique).

L'ANGOISSE

Permanente ou paroxystique, à expression psychologique et/ou somatique, elle occupe une place centrale dans la pathologie névrotique (v. États Anxieux, p. 85).

LES TROUBLES HYPOCONDRIAQUES

L'hypocondrie névrotique consiste en préoccupations excessives concernant la santé, le fonctionnement et l'intégrité du corps narcissiquement surinvesti. L'introspection anxieuse se fixe sur les moindres sensations cénesthésiques insolites, en grossit démesurément la signification et conduit à répéter les demandes d'avis et de soins. Parfois toute l'existence du patient (et de sa famille) s'organise sur un mode hypocondriaque : précautions, régimes, ritualisation des repas, du sommeil, des selles.

LES TROUBLES DES CONDUITES ALIMENTAIRES

Ils sont fréquents, survenant par périodes et se traduisent :

- **sur le plan quantitatif,** par des conduites anorexiques (v. Anorexie Mentale, p. 144) ou hyperphagiques ; ces dernières responsables d'obésité, ne doivent pas conduire à la prescription d'anorexigènes qui majoreraient l'angoisse. La boulimie est parfois un équivalent dépressif.

- **sur le plan qualitatif,** par des choix minutieux ou des refus sélectifs de manger tel ou tel type de nourriture ; ces conduites s'inscrivent alors dans un contexte hypocondriaque ou phobique.

L'AGRESSIVITÉ

Elle tient une place importante dans la problématique du névrotique. Patente, elle donne lieu à des manifestations d'opposition, d'irritabilité, d'intolérance. Plus souvent latente, elle peut s'exprimer par l'indifférence, l'ironie, la causticité.

II. LES MÉCANISMES DE DÉFENSE NÉVROTIQUE

Ils représentent les solutions de compromis et de régulation de l'appareil psychique aux prises avec un conflit générateur d'angoisse. Les mécanismes de défense du Moi contre l'angoisse sont destinés à adapter à la réalité les exigences pulsionnelles ; ils sont inconscients et existent chez tout individu. Chez le névrotique, ils deviennent pathologiques par la prépondérance figée de certains d'entre eux ou par leur intensité, ce qui entrave le fonctionnement mental dans sa souplesse et son adaptation. Le symptôme névrotique représente un compromis entre la pulsion et la défense. Les principaux mécanismes de défense dont nous donnons les définitions proposées par Laplanche et Pontalis, sont :

■ ***Le refoulement.*** – Il consiste « à repousser et à maintenir dans l'inconscient des représentations (pensées, images, souvenirs) liées à une pulsion » ; il s'adresse essentiellement à la pulsion sexuelle. Les contenus refoulés conservent un potentiel dynamique et tendent à resurgir sous des modes déguisés ; le « retour du refoulé habituel dans les fantasmes et les rêves » peut se traduire aussi par des lapsus, des actes manqués, des symptômes de conversion hystérique, des symptômes phobiques ou obsessionnels.

■ ***Le déplacement.*** – Il « fait que l'accent, l'intérêt, l'intensité d'une représentation est susceptible de se détacher d'elle pour passer à d'autres représentations originellement peu intenses, reliées à la première par une chaîne associative ». En d'autres termes, les affects (c'est-à-dire toute la gamme des émotions et des sentiments) liés à une représentation peuvent se détacher d'elle pour se lier à d'autres (moins pénibles). Le déplacement peut se faire sur un objet ou une situation (phobies), sur le corps (conversion), sur des contenus psychiques (obsessions).

■ ***L'identification.*** – C'est le « processus psychologique par lequel un sujet assimile un aspect, une propriété, un attribut de l'autre, et se transforme totalement ou partiellement, sur le modèle de celui-ci. La personnalité se constitue et se différencie par une série d'identifications ». L'identification se fait d'abord aux images parentales, puis aux maîtres, aux aînés, etc.

■ ***L'introjection,*** mécanisme dérivé de l'identification, fait passer « sur un mode fantasmatique, du « dehors » en « dedans » des objets et des qualités inhérentes à ces objets ». Engloutir l'objet angoissant en le faisant disparaître à l'intérieur de soi représente la tactique défensive du deuil mélancolique comme de bien des fantasmes névrotiques.

■ ***L'isolation*** consiste à « isoler une pensée ou un comportement de telle sorte que leurs connexions avec d'autres pensées ou avec le reste de l'existence du sujet se trouvent rompues ». Ce mécanisme constant chez l'obsédé, introduit des séparations entre les objets, les situations et les personnes pour se les rendre supportables.

■ ***L'annulation*** (ou annulation rétroactive) est un mécanisme psychologique par lequel « le sujet s'efforce de faire en sorte que des pensées, des paroles, des gestes, des actes passés ne soient pas advenus ; il utilise pour cela une pensée ou un comportement ayant une signification opposée ». L'affect inacceptable et désavoué est remplacé par son contraire (par exemple le dégoût remplace le désir). Ce mécanisme est prévalent chez les obsessionnels et les masochistes.

■ ***Les « formations réactionnelles »*** réalisent des « conduites manifestes inverses des affects latents » (Bouvet), c'est-à-dire des conduites qui vont dans le sens opposé à la satisfaction d'un désir refoulé (v. Personnalité obsessionnelle p. 126).

■ ***La projection.*** – C'est « une opération par laquelle le sujet expulse de soi et localise dans l'autre, personne ou chose, des qualités, des sentiments, des désirs, voire des « objets » qu'il méconnaît ou refuse en lui » ; désaveu de la tendance interne par l'attribution de cette tendance à autrui, ce mécanisme est fondamental et massif chez le paranoïaque et les délirants. Chez le névrotique, en particulier le phobique, la projection expulse le danger pulsionnel interne vers l'extérieur et secondairement le déplace sur un objet symbolique.

■ ***La sublimation*** est un procédé qui déborde largement les mécanismes névrotiques. Une pulsion « est dite sublimée dans la mesure où elle est dérivée vers un nouveau but non sexuel et où elle vise des objets socialement valorisés... » : activités artistique, intellectuelle ou professionnelle. La sublimation est un « refoulement réussi » (Freud) car elle autorise une véritable décharge pulsionnelle et permet l'ajustement social et le développement personnel. A ce titre, elle sort des mécanismes de défense névrotiques.

III. – ÉTIO-PATHOGÉNIE DES NÉVROSES

La causalité des névroses est multifactorielle. Différentes théories ont privilégié les rôles respectifs des facteurs biologiques, écologiques et psychodynamiques.

A. – FACTEURS BIOLOGIQUES : LE TERRAIN

L'hypothèse d'une biogenèse a été soulevée depuis longtemps. Pinel et ses successeurs rattachaient les névroses à une atteinte du système nerveux central sans fièvre ni lésion apparente. Charcot définissait la névrose comme un « état morbide ayant évidemment pour siège le système nerveux et qui ne laisse sur le cadavre aucune trace matérielle décelable ».

La présomption d'une lésion organique causale, étayée par les associations cliniques parfois observées entre maladie cérébrale organique et symptômes hystériques, entre hystérie et tétanie, a guidé des recherches électro-encéphalographiques, neuro-physiologiques et humorales qui montrent chez les névrotiques des désordres mineurs, non spécifiques et non significatifs d'une atteinte organique. Les nombreux travaux sur l'*hérédité* des névroses ne permettent pas actuellement d'aboutir à des conclusions indiscutables.

Néanmoins le rôle du terrain est admis par tous. Ainsi que le fait remarquer Lagache : « contrairement à une opinion répandue, la psychanalyse fait la part du facteur constitutionnel, mais elle ne se hâte pas d'y avoir recours, le considérant comme la limite des investigations psychanalytiques. C'est ainsi que tous les individus se montrent inégalement sensibles aux effets de la frustration ou de l'excitation excessives, que leur système nerveux organo-végétatif se montre inégalement excitable ou fragile, que les besoins génitaux ou les réponses agressives sont de force très variable ; tous ces facteurs corporels sont, d'autre part, influencés par les vicissitudes de l'histoire individuelle ».

B. – FACTEURS ÉCOLOGIQUES L'ENVIRONNEMENT

Les théories socio-génétiques rendent les pressions culturelles et sociales, économiques, politiques, familiales, responsables de la névrose en tant que trouble du développement.

■ ***Les névroses s'expriment différemment selon les conditions sociales et culturelles.*** Les grands symptômes hystériques de l'époque de Charcot ont fait place en France à une symptomatologie plus discrète alors qu'ils persistent dans les sociétés non industrialisées. D'une façon générale on observe dans les cultures occidentales moins de névroses structurées et davantage de troubles de la personnalité et de névroses de caractère, qu'au début du siècle. Les névroses peuvent prendre des aspects spécifiques dans certaines cultures : le vertige du Kayak (phobie d'une intensité particulière) chez l'esquimau ; le Koro (crise d'angoisse paroxystique avec crainte de voir le pénis se rétracter) en Extrême-Orient.

■ ***Les agressions sociales ont une grande importance dans le déclenchement des décompensations névrotiques.*** – En effet les nuisances de l'habitat (logements misérables, grands ensembles, bruit excessif, longs trajets nécessaires), les mauvaises conditions de travail, les conflits familiaux et professionnels, la transplantation, la désintégration sociale, paraissent correlés avec l'augmentation de la morbidité névrotique. La psychiatrie préventive et communautaire se donne pour but d'apprécier avec exactitude le rôle joué par l'environnement dans le déclenchement des décompensations névrotiques et de faire une « prophylaxie » au niveau des populations à haut risque. Mais l'étude de l'action immédiate sur la névrose des influences du milieu se heurte à des problèmes méthodologiques complexes et n'aboutit pas à des résultats concluants.

■ ***Le rôle exercé par l'environnement pendant l'enfance*** sur la personnalité en voie de développement paraît déterminant dans la genèse des névroses. Dans ce domaine l'apport fondamental de Freud a été complété et enrichi par les travaux de Spitz, de Bowlby, de Mélanie Klein, de Winnicott qui ont mis l'accent sur l'importance des premières relations de l'enfant avec sa mère, relations dont les viciations sont à l'origine de troubles du développement de la personnalité.

C. – LES THÉORIES BEHAVIOURISTES

Les comportementalistes proposent les névroses expérimentales provoquées chez l'animal comme modèles explicatifs des névroses humaines. L'expérimentation animale découle des travaux de Pavlov sur les réflexes conditionnés. L'accent est mis sur le conditionnement névrotique, c'est-à-dire sur les réponses d'anxiété et de comportements régressifs présentés par l'animal conditionné placé dans des situations expérimentales qui le déroutent. Tous les animaux ne développent pas dans des situations d'expérience identiques une névrose expérimentale ; ils ne sont pas égaux devant les situations pathogènes. C'est à partir de cette constatation que Pavlov et son école ont élaboré une typologie (types nerveux, faibles ou forts, chacun pouvant être « équilibré-calme », « équilibré-vif », ou « déséquilibré »).

Pour les comportementalistes le symptôme névrotique est un *comportement appris* (obéissant aux lois de l'apprentissage) et *mal adapté* (persistant malgré son effet défavorable). Les conditionnements pathologiques peuvent avoir leur origine dans l'enfance mais peuvent également se produire tout au long de l'existence à la faveur de circonstances parfois tout à fait fortuites. Les techniques de déconditionnement visent à supprimer ces comportements pathologiques.

Malgré des analogies possibles avec les névroses expérimentales (traumatismes affectifs graves, conditions de travail particulièrement pénibles), les névroses humaines sont loin d'être toujours déterminées par des situations extérieures traumatisantes. Si l'expérimentation peut éclairer la genèse de certains symptômes (phobies par exemple) elle néglige l'infrastructure, le rôle des conflits inconscients, le registre symbolique. Bien qu'on ne puisse considérer actuellement les doctrines behaviouristes comme apportant une théorie générale des états névrotiques, il faut souligner l'intérêt de la conception d'Eysenck qui dans le schéma général d'apprentissage tient compte des variations individuelles (dimensions de la personnalité) et distingue deux grandes variétés de troubles névrotiques : **les névroses dysthymiques** dont la polarité est l'*introversion* (réactions anxieuses, phobies, obsessions, dépressions réactionnelles) et **les névroses psychopathiques** dont la polarité est l'*extraversion* (hystérie, délinquance, réactions psychopathiques).

D. – LA THÉORIE DYNAMIQUE DE PIERRE JANET

S'appuyant sur un matériel clinique d'une exceptionnelle richesse, Pierre Janet a donné une interprétation des états névrotiques qui fait appel aux concepts de *force psychologique* (énergie psychique que l'on peut mobiliser en la faisant passer de la forme latente à la forme manifeste) et de *tension psychologique* (capacité d'utiliser son énergie psychique à un niveau plus ou moins élevé dans la hiérarchie des fonctions). Dans les névroses, les fonctions sont perturbées dans leurs aspects supérieurs, les plus socialisés, ceux qui permettent l'adaptation au réel et au présent. Les névroses marquent des arrêts ou des régressions dans l'évolution des fonctions et c'est aux diverses étapes de l'évolution de la personnalité (puberté, mariage, mort des parents) que les troubles s'aggravent ou se manifestent. A propos des deux grands types de névrose qu'il étudie, Janet montre comment le manque de force psychologique détermine dans *l'hystérie* un rétrécissement du champ de conscience avec idées fixes subconscientes (cause invisible des symptômes) et dans *la psychasthénie* une baisse de tension psychologique entraînant un sentiment d'incomplétude et dérivant l'énergie gaspillée en anxiété, obsessions, ruminations.

E. – LA THÉORIE PSYCHANALYTIQUE

On doit à Freud une contribution fondamentale pour la compréhension de la *signification fonctionnelle* des symptômes névrotiques. Bénéficiant des leçons de Charcot sur les états nerveux provoqués par l'hypnotisation des hystériques, des travaux de Berhneim et Liebault sur l'incidence thérapeutique de la suggestion hypnotique, puis de l'observation faite avec Breuer de la disparition des symptômes hystériques après l'évocation de souvenirs infantiles traumatisants (catharsis), Freud a proposé une explication psychogénétique des névroses qui, sans disqualifier l'importance de l'équipement biologique de l'individu, privilégie dans leur déterminisme l'impact, sur le nourrisson et l'enfant initialement dépendants du « milieu », des empreintes et contraintes qui en émanent.

La doctrine freudienne des névroses est centrée sur les notions *d'inconscient,* de *fantasme,* de *sexualité infantile,* de *conflit,* de *traumatisme,* de *fixation-régression* à partir desquels le symptôme peut être compris comme témoin de l'échec du maintien de l'équilibre psychique interne. « Le symptôme reproduit d'une manière ou d'une autre la satisfaction de la première enfance, satisfaction déformée par la censure qui naît du conflit, accompagnée généralement d'une sensation de souffrance et associée à des facteurs faisant partie de la prédisposition morbide » (Freud). En d'autres termes le névrotique reste attaché à certaines phases de son développement psycho-affectif, phases au cours desquelles il a reçu des satisfactions excessives ou subi des frustrations cumulatives qui l'ont contraint aux retour et recours à un stade antérieur où les exigences libidinales étaient satisfaites (*névrose infantile*). L'aspect clinique de l'organisation et de la symptomatologie névrotique ultérieures dépend du stade auquel s'est produit la fixation. A l'âge adulte les pulsions infantiles (sexuelles en particulier) devenues inacceptables par le Surmoi sont refoulées dans l'Inconscient et leur expression directe est empêchée ; les exigences contradictoires du principe de plaisir et du principe de réalité sont source de conflit, lui-même générateur d'angoisse. Les symptômes névrotiques par des conduites répétitives symboliques qui visent à neutraliser l'angoisse représentent une tentative d'ajustement entre la satisfaction pulsionnelle et la sécurité du Moi : ils spécifient une *élaboration psychologique* du conflit. Avec la réalisation manifeste du symptôme (le signifiant), le névrosé réussit à atteindre une certaine détente de la tension inconsciente latente (le signifié) : c'est le *bénéfice primaire* de la névrose. Dans un deuxième temps des *bénéfices secondaires* peuvent être obtenus (mobilisation de l'entourage, avantages sociaux) qui, s'ils se multiplient, vont contribuer à fixer les symptômes.

* * *

Telles sont brièvement exposées les différentes théories des névroses. On tend actuellement à retenir une étiologie multifactorielle : l'existence de *facteurs constitutionnels* détermine le mode particulier de réaction de l'organisme ; les *facteurs événementiels* constitués par les traumatismes qui déclenchent la manifestation pathologique actuelle jouent un rôle relativement accessoire ; ce sont les *facteurs institutionnels,* c'est-à-dire les traumatismes psychologiques de l'enfance, qui sont d'importance capitale et ce d'autant plus que le sujet est très jeune ou qu'ils surviennent à une période cruciale de son développement.

IV. – CLASSIFICATION DES NÉVROSES

La classification des névroses a évolué avec leur histoire. Dès 1910, Freud qui opposait déjà les « névroses actuelles » (névrose d'angoisse, neurasthénie et plus tard hypocondrie) aux « psycho-névroses », divise ces dernières en « psychonévroses de transfert » (hystérie, névrose obsessionnelle, phobies) et « psychonévroses narcissiques » (qui correspondent aux psychoses classiques). Freud appelait « névroses actuelles » celles dont l'origine était dans le présent et plus spécifiquement dans une non satisfaction sexuelle. Ce concept tend à s'effacer de la nosographie des auteurs psychanalytiques dans la mesure où ils pensent que, quelle que soit la valeur précipitante des facteurs actuels, leur force viendrait de ce qu'ils suscitent un écho, une résonance avec des conflits plus anciens.

Nous décrirons des aspects typiques :

- une forme basale, **la névrose d'angoisse** : l'angoisse y demeure libre, flottante (v. Etats Anxieux).
- **la névrose phobique :** l'angoisse y est déplacée sur un objet ou une situation (v. Etats Phobiques).
- **la névrose hystérique :** l'angoisse y est déplacée sur le corps : conversion somatique (v. Névrose Hystérique).
- **la névrose obsessionnelle :** l'angoisse y est déplacée sur les contenus psychiques (v. Névrose Obsessionnelle).

Mais les symptômes et les mécanismes de défense peuvent s'associer de façon variable et ne pas aboutir à une névrose structurée : le déplacement de l'angoisse est moins organisé, certains symptômes peuvent être prépondérants, ou parfois isolés et souvent transitoires ; ils peuvent aussi réaliser des *aspects névrotiques mixtes*, par exemple hystéro-phobiques ou phobo-obsessionnels.

BIBLIOGRAPHIE

ABRAHAM (K.). — *Œuvres complètes*, 2 vol. Payot.
COSNIER (J.). — *Les névroses expérimentales*. Seuil, 1966.
DONGIER (M.). — *Névroses et troubles psychosomatiques*. Ch. Dessart. Bruxelles.
EYSENCK (H.-J.). — *Conditionnement et névroses*. Gauthier-Villard, Paris.
FENICHEL (O.). — *La théorie psychanalytique des névroses*. 2 vol. P.U.F.
FREUD (A.). — *Le Moi et les mécanismes de défense*. P.U.F.
FREUD (S.). — *Névrose, psychose et perversion*. P.U.F.
FREUD (S.). — *Introduction à la psychanalyse*. Petite bibliothèque Payot.
FREUD (S.). — *Métapsychologie*. Gallimard.
FREUD (S.). — *Cinq psychanalyses*. P.U.F.
JANET (P.). — *Les névroses*. Flammarion, édit., Paris, 1909.
KLEIN (M.). — *Essais de psychanalyse*. Payot.
LAPLANCHE (J.) et PONTALIS (J.-B.). — *Vocabulaire de la psychanalyse*. P.U.F.
PAVLOV (I.-P.). — *Typologie et pathologie de l'activité nerveuse supérieure*. P.U.F.
PICHOT (P.). — Les Névroses - *Horizons médicaux* 1960-61. - n° 75 à 77 et 79 à 81.

7

LES ÉTATS ANXIEUX ET PHOBIQUES

L'anxiété est un état affectif pouvant se définir comme « un sentiment pénible d'attente », « une peur dans objet » (Janet) ou comme « le sentiment pénible d'un danger imprécis et mal définissable » (Guyotat). Les termes d'anxiété et d'angoisse sont souvent utilisés actuellement comme synonymes mais pendant longtemps ils ont été différenciés soit pour exprimer des degrés d'intensité d'un même phénomène (inquiétude, anxiété, angoisse) soit pour marquer une distinction entre le sentiment d'insécurité indéfinissable (anxiété) et les sensations physiques de constriction et d'oppression (angoisse).

Il est de tradition de distinguer l'anxiété de la peur. La peur est liée à un objet en fonction duquel le sujet peut organiser un comportement de défense (la fuite ou l'attaque), l'anxiété est sans attache. « On a peur de *quelque chose,* tandis que l'anxiété se rapporte *à soi* » (Binder). En fait, il est difficile d'établir une frontière entre les deux états. S'il y a des situations de stress où le danger réel est perçu par chacun, il y a des situations objectivement peu ou pas stressantes que certains perçoivent comme menaçantes pour leur intégrité physique ou psychologique ; l'appréhension de la situation comme dangereuse dépend des particularités de l'individu : aptitudes, dispositions de personnalité, expérience personnelle de situations similaires dans le passé. Que le danger soit objectif ou non, l'état anxieux suscité par la perception d'une situation vécue comme menaçante se traduira par un même état émotionnel et par une même réaction physiologique (activation du système nerveux autonome).

Une distinction doit être établie entre l'état anxieux et la personnalité anxieuse (anxiété-état et anxiété-trait).

L'état anxieux est transitoire ; son intensité et sa durée sont fonction du danger externe ou interne qui l'origine, que celui-ci soit lié à l'environnement (anxiété réactionnelle ou situationnelle), à un conflit d'ordre moral, à un conflit inconscient (crise anxieuse névrotique) ou à un processus pathologique (crise mélancolique, accès confuso-onirique).

L'anxiété-trait est une disposition quasi-permanente de la personnalité. L'anxieux a tendance à percevoir le monde comme menaçant ; vulnérable aux stress il présente des réactions anxieuses plus intenses et plus fréquentes que la moyenne. La plupart des névrotiques ont une disposition anxieuse de base : dans la névrose d'angoisse on observe nettement cette anxiété de fond qui s'exacerbe en crises d'angoisse à l'occasion de situations difficiles ; dans les névroses structurées la formation des symptômes empêche le libre développement de l'angoisse, parfois celle-ci n'apparaît pas au dehors parce qu'elle est totalement remplacée par les symptômes, généralement un certain degré d'anxiété accompagne la symptomatologie névrotique.

I. – LA NÉVROSE D'ANGOISSE

Affection fréquente, surtout chez la femme, elle se manifeste dès la fin de l'adolescence ou chez l'adulte jeune par des manifestations paroxystiques sur fond d'anxiété permanente. Les formes cliniques sont extrêmement variées selon que dominent les aspects psychologiques ou somatiques de l'angoisse. *Les équivalents somatiques constituent un des motifs les plus fréquents de consultation médicale.*

■ ***L'attente anxieuse*** est le symptôme le plus constant. C'est un état d'alerte et de tension, une inquiétude permanente sans objet défini mais qui peut se concrétiser pour n'importe quel prétexte. Les soucis quotidiens sont démesurément grossis dans leurs conséquences. L'anxieux, douteur et indécis, rumine interminablement, appréhende le pire pour lui et pour ses proches (maladie grave, accident). Très dépendant de son entourage, ayant sans cesse besoin d'être rassuré, il supporte mal les séparations et les abandons qui sont souvent l'occasion de réactivations dramatiques de l'angoisse.

■ ***L'attaque d'angoisse*** submerge brutalement le patient ; elle survient à n'importe quel moment, alors qu'il est seul ou en public, souvent elle le réveille la nuit en sursaut. L'angoisse est libre, flottante, sans objet précis : sentiment de danger imminent, impression de désorganisation, de déréalisation, d'impuissance et de détresse ; parfois peur de mourir ou de perdre la raison. Le patient est pâle, haletant, couvert de sueurs, tremblant, tachycardique, en proie à une agitation panique ou immobile, prostré dans l'attente de la catastrophe. Les symptômes physiques subjectifs sont très accusés : constriction thoracique, gêne respiratoire, palpitations, vertiges, nausées, brouillard visuel. La crise est de durée variable, quelques minutes à quelques heures ; elle cède en général assez brusquement avec parfois débâcle polyurique ou diarrhéique. Elle peut rester isolée ou se renouveler.

■ ***Les équivalents somatiques*** sont beaucoup plus courants que la grande crise d'angoisse. Leur séméiologie polymorphe et trompeuse est dominée par la fréquence des accidents cardio-respiratoires.

- **manifestations cardio-vasculaires :** crises de palpitations, accès de tachycardie, lipothymies, précordialgies, pseudo-angor. Elles ont été décrites sous des appellations variées : « cœur irritable », « syndrome d'effort », « asthénie neuro-circulatoire ».
- **manifestations respiratoires :** dyspnée asthmatiforme, syndrome d'hyperventilation aboutissant à une crise tétaniforme, accès de toux nerveuse.
- **manifestations digestives :** barre épigastrique, spasmes pharyngés (boule œsophagienne), spasmes gastriques ou intestinaux, colite spasmodique, spasmes ano-rectaux avec ténesme ou épreintes, crises de hoquet, faim ou soif paroxystiques.
- **manifestations génito-urinaires :** douleurs abdomino-pelviennes, cystalgies à urines claires, pollakiurie, crises polyuriques, troubles sexuels à type d'inhibition.
- **manifestations neurologiques, sensorielles ou musculaires :** céphalées, lombalgies, algies posturales, prurit, crises de tremblements, bourdonnements d'oreille, crises vertigineuses avec sensation de dérobement des jambes ou d'instabilité à la marche.
- **troubles du sommeil :** difficultés d'endormissement, réveils fréquents, cauchemars.
- **fatigue confinant parfois à l'épuisement.**

■ ***Le terrain anxieux*** se caractérise par un déséquilibre des régulations neuro-végétatives et humorales, une hyperesthésie sensorielle (intolérance aux bruits), une hyperéactivité (pleurs faciles, frissons, tremblements, crises vasomotrices et sudorales). L'étude des paramètres psycho-physiologiques de l'anxiété montre qu'il existe dans la névrose d'angoisse un haut niveau d'activation (arousal) avec une diminution de la vitesse d'habituation.

L'ÉVOLUTION

Elle est variable, irrégulière avec des phases de rémission et des périodes d'exacerbation plus ou moins fonction des circonstances de l'existence. Les stress, le surmenage, l'abus d'excitants (café, stimulants) et d'alcool sont des facteurs d'aggravation. Des enquêtes avec recul de 10 à 20 ans montrent dans 10 % des cas une disparition complète des symptômes, dans 20 % des cas la persistance de symptômes invalidants, les autres patients présentent encore des symptômes mineurs ou passagers sans handicap social.

La majorité des patients ne consultent jamais le psychiatre, celui-ci voyant surtout les formes compliquées : *décompensations dépressives* à type de dépression névrotique à l'occasion de séparations, de frustrations affectives ; *tentative de suicide* dans un raptus anxieux ; *toxicomanies* aux barbituriques ou aux sédatifs ; *alcoolisme chronique.*

Le passage à des organisations névrotiques est fréquent, en particulier à une *organisation phobique* plus ou moins stable, à une *névrose de conversion hystérique* ou même à une *névrose hypocondriaque.*

DIAGNOSTIC

■ ***Devant un tableau anxieux, savoir reconnaître une affection organique :*** crise d'angor, infarctus du myocarde, embolie pulmonaire, crise d'asthme, épilepsie temporale, hyperthyroïdie, vertige labyrinthique, hypoglycémie, porphyrie, tétanie, phéochromocytome, etc.

■ ***Devant un équivalent somatique, savoir reconnaître l'origine anxieuse des manifestations,*** ce qui suppose un examen clinique sérieux et si besoin des examens paracliniques qu'il ne faut cependant pas multiplier de façon abusive sous peine de fixer l'anxiété du patient sur une maladie physique inexistante.

■ ***Différencier la névrose d'angoisse des états anxieux observés au cours d'affections psychiatriques,*** en particulier :

- **des névroses structurées :** névrose phobique, hystérie, névrose obsessionnelle.
- **de l'angoisse schizophrénique :** angoisse de dépersonnalisation et de néantisation, affectivité discordante, sentiment d'hostilité de l'ambiance.
- **d'une mélancolie anxieuse :** c'est un diagnostic difficile et de grande importance pour le traitement. Les anxiolytiques n'améliorent pas l'humeur dépressive et le risque suicidaire persiste ; les antidépresseurs stimulants aggravent la névrose d'angoisse. On tiendra compte de l'âge (un début après 35 ans est en faveur de la mélancolie), des antécédents dépressifs personnels et familiaux, de la thymie franchement déprimée, des thèmes de dévalorisation et de culpabilité. En cas de doute, l'utilisation d'antidépresseurs anxiolytiques (*Laroxyl, Quitaxon*) est à conseiller.

ÉTIOPATHOGÉNIE

On s'accorde à reconnaître à la névrose d'angoisse des facteurs de prédisposition, qu'ils soient constitutionnels ou conséquences d'un environnement précoce défavorable (conditionnements anxiogènes de la première enfance). Des états anxieux similaires sont fréquemment observés dans la famille, en particulier chez la mère. Sur une personnalité vulnérable, des facteurs circonstanciels favorisent le déclenchement des manifestations : situations d'abandon et de frustrations affectives réactivant, chez un sujet dépendant et immature, des expériences anciennes de séparation (névrose d'abandon) ; situations d'insécurité après une maladie physique ; situations de compétition (agressivité culpabilisée) ; frustrations ou conflits d'ordre sexuel.

THÉRAPEUTIQUE

■ ***Dans la crise aiguë d'angoisse,*** l'attitude calme et compréhensive du médecin favorise l'apaisement et permet au patient de verbaliser son angoisse. La chimiothérapie est souvent utile ; on peut avoir recours à un anxiolytique injectable par voie I.M. pour obtenir une sédation rapide (*Valium, Tranxene, Equanil*). Le patient doit être rassuré sur l'absence de danger vital. Un traitement anxiolytique *per os* sera maintenu pendant quelques semaines.

■ ***Le traitement de fond*** vise à réduire l'angoisse dans l'intervalle des poussées et à prévenir le retour de celles-ci. On associe :

- **une chimiothérapie anxiolytique :** on donne la préférence aux tranquillisants du groupe des benzodiazépines (p.378) et en cas d'échec à des neuroleptiques sédatifs (*Nozinan, Melleril, Tercian*). Les antidépresseurs anxiolytiques sont utilisés dans les décompensations dépressives.
- **des méthodes psychothérapiques ;** avant tout *la psychothérapie de soutien* que tout praticien doit être à même d'assurer : écoute patiente permettant au malade de se confier, dédramatisation des manifestations anxieuses, compréhension rassurante évitant les attitudes trop directives. *La psychothérapie de type analytique,* la psychothérapie de groupe, la narco-analyse sont parfois indiquées. *Les méthodes de relaxation* donnent des résultats appréciables ; les cures en station climatique et l'hydrothérapie peuvent avoir un effet bénéfique sur l'anxiété de fond.

Il est difficile d'apprécier l'action réelle des méthodes utilisées car l'angoisse flottante de la névrose d'angoisse est très sensible à l'effet placébo et à toutes les formes de soutien psychologique. Dans cette perspective, on peut être amené à varier les thérapeutiques.

II. – LES ÉTATS PHOBIQUES

La phobie est une crainte angoissante spécifique 1) *déclenchée* par un objet ou une situation n'ayant pas en eux-mêmes un caractère dangereux 2) *disparaissant* en dehors de l'objet ou de la situation, ce qui entraîne des conduites d'*évitement* caractéristiques 3) *au-delà du contrôle volontaire* bien que le malade soit conscient du caractère absurde de sa crainte.

Cette définition permet de **distinguer les phobies** :

- des *pseudo-phobies* de la névrose d'angoisse, dues à la fixation transitoire de l'angoisse flottante par mécanismes associatifs ; elles sont mobiles et sans signification spécifique.
- *des obsessions phobiques* qui conservent un caractère contraignant malgré les manœuvres d'évitement et s'accompagnent de rituels compulsifs.

En tant que symptômes, les phobies sont extrêmement fréquentes et certaines sont proches d'expériences normales (vertige, trac). Dans nombre d'affections psychiatriques, une symptomatologie phobique peut s'observer généralement à titre transitoire et avec des caractères variables selon l'organisation morbide en cause. Il existe une organisation névrotique où la phobie représente le symptôme dominant ; dénommée par Freud *Hystérie d'angoisse,* la névrose phobique se présente en clinique sous des aspects variés dont l'agora-claustrophobie constitue un exemple-type.

ÉTUDE CLINIQUE DES ÉTATS PHOBIQUES

■ ***L'agoraphobie*** est la plus fréquente et la plus handicapante des névroses phobiques de l'adulte. Elle débute entre 18 et 35 ans, plus souvent chez la femme. Des facteurs précipitants ou aggravants sont fréquemment invoqués : maladie, grossesse, accident ; décès ou départ d'un proche.

Phobie liée à l'espace, l'agoraphobie (peur des espaces découverts et des lieux publics) s'associe à la peur de sortir (angoisse de la rue) et fréquemment aussi à la peur des espaces clos (claustrophobie) ou à d'autres phobies spécifiques. Lorsqu'elle est exposée à la situation phobogène (rue, magasins, foule) la malade atteinte d'agora-claustrophobie éprouve un malaise intense, une sensation de vertige et d'oppression, la peur de perdre son contrôle, de s'évanouir ou de mourir, quelquefois même un sentiment de déréalisation-dépersonnalisation. Sa panique anxieuse cède en quelques minutes lorsqu'elle a quitté le lieu angoissant.

- **La crainte phobique peut être conjurée par :**
  - *des conduites d'évitement ;* certains sujets renoncent à sortir ou à fréquenter les lieux phobogènes (rues passantes, métro) ;
  - *des aménagements* consistant à utiliser toujours le même trajet où des « abris » possibles ont été soigneusement repérés, à ne sortir que dans un territoire familier (son pâté de maisons, son quartier), à ne se déplacer qu'en voiture ;

- *des stratagèmes rassurants ;* se faire accompagner par un proche, tenir un chien en laisse, s'appuyer sur une canne. Certains phobiques recourent à l'alcool avant d'affronter la situation d'angoisse.

Une fois constituée, **l'agoraphobie évolue de façon variable.** Elle peut rétrocéder spontanément, en général en moins d'un an. Parfois elle se pérennise entraînant une réduction sévère de la vie sociale et professionnelle. Le plus souvent elle a un cours fluctuant avec des périodes d'amélioration incomplète et des phases d'exacerbation. Au cours des poussées, l'angoisse est souvent plus diffuse (peur de rester seule chez soi, peur de mourir), s'accompagne d'une sensation d'épuisement et parfois de symptômes dépressifs plus ou moins marqués. C'est au cours de ces poussées que consulte l'agoraphobe qui parvient longtemps à dissimuler ses troubles hors de l'entourage proche.

L'agoraphobe a souvent une personnalité timide, passive, dépendante d'un milieu hyperprotecteur. Parfois prévalent des traits exactement opposés : personnalité dynamique, combattive (comportement de défi), hyperoccupée (fuite en avant). On note fréquemment des signes névrotiques dans l'enfance, une tendance à l'introversion, des troubles sexuels à type d'inhibition préexistant aux symptômes phobiques.

■ ***Les phobies des situations sociales*** apparaissent chez des adolescents ou des adultes jeunes des deux sexes, de personnalité anxieuse et timide : peur de parler ou de paraître en public, peur de manger en public (peur de vomir), peur des examens, peur de trembler lorsqu'on est observé. Il s'agit de phobies localisées, assez stables, donnant lieu à des conduites d'évitement.

L'éreutophobie (crainte de rougir) banale à l'adolescence peut prendre un caractère invalidant. Le sujet cherche à se soustraire au regard d'autrui en portant des lunettes noires, en se dissimulant derrière un journal. La peur de rougir recouvre parfois la crainte qu'une faute, en général sexuelle, ne se lise sur le visage ; on est alors parfois proche des idées de référence de la schizophrénie.

■ ***Les phobies d'animaux*** (oiseaux, chiens, araignées) qui s'observent presque exclusivement chez la femme, sont des reliquats de phobies infantiles apparues avant l'âge de 8 ans. Il s'agit de phobies en général isolées, stables et peu gênantes.

■ ***D'autres phobies spécifiques*** peuvent apparaître à n'importe quel âge et dans les deux sexes :

- **phobies des hauteurs** (étage élevé, pont) où il y a peur et attirance du vide ;
- **phobies d'objets** (aiguilles, couteaux, tissu de velours, plume) ;
- **phobies des transports** (train, avion) centrées par la crainte d'une situation sur laquelle le sujet n'a pas de contrôle ;

- **la claustrophobie** s'observe souvent indépendamment de l'agoraphobie. Elle donne lieu à des conduites d'évitement et à des rationalisations (la pollution du métro, le risque de panne dans l'ascenseur) ainsi qu'à des aménagements (se placer près de la sortie dans une salle de cinéma).

LES SYMPTOMES PHOBIQUES EN DEHORS DES ÉTATS PHOBIQUES

Les malades consultant pour névrose phobique ne représentent que 2 à 3 % des malades consultant en psychiatrie. Par contre, des symptômes phobiques sont très fréquents au cours des diverses affections psychiatriques.

■ Il peut s'agir de ***phobies typiques*** liées à des stimuli externes (phobies de situations ou d'objets) survenant dans des névroses mixtes et réalisant par exemple une névrose hystérophobique ou une névrose phobo-obsessionnelle. Les phobies sont fréquentes chez les personnalités psychasthéniques (trac, éreutophobie, nosophobie) et les cas limites.

■ Assez souvent il s'agit de ***phobies qui diffèrent des phobies typiques :***

- **Les phobies d'impulsion** sont caractérisées par la crainte qu'éprouve le sujet lorsqu'il est en présence d'objets ou de situations pouvant être utilisés de façon agressive envers les autres ou envers soi-même : phobies d'impulsion suicidaire (peur de se défenestrer, de se jeter sous le métro), phobies d'impulsion homicide devant des instruments tranchants et pointus (fréquentes chez de jeunes mères qui redoutent de blesser leur enfant). Souvent ces phobies prennent une allure extensive et débordent largement la situation phobogène pour devenir des craintes obsédantes, permanentes, du *danger potentiel* d'avoir une impulsion irrésistible. De telles obsessions d'impulsion s'observent fréquemment dans la névrose obsessionnelle où il n'y a jamais passage à l'acte. Certains accès mélancoliques s'accompagnent de véritables phobies d'impulsion dans un contexte d'auto-accusation caractéristique (peur de faire du mal à ses proches, à un enfant) ; le risque de passage à l'acte suicidaire est ici très grand.
- **Les phobies des maladies (nosophobies)** recouvrent des faits disparates souvent très éloignés des véritables phobies : peur d'avoir une affection cardiaque ou un cancer chez un anxieux inquiété par une lecture sur ce thème ou par la survenue d'un cas dans son entourage et vite rassuré par une consultation médicale ; syphilophobie autrefois fréquente chez les adolescents névrotiques inhibés et culpabilisés sur le plan sexuel ; crainte de la contamination par les microbes dans une névrose obsessionnelle où les rituels de lavage deviennent extensifs et contraignants ; certitude délirante d'avoir une maladie incurable (le Cancer, la Leucémie) dans certains

accès mélancoliques. La nosophobie est au cœur de l'hypocondrie névrotique ou délirante.

- **Les phobies portant sur l'aspect du corps** sont plus souvent des idées prévalentes avec certitude inébranlable que de véritables phobies. Au début de la schizophrénie elles prennent l'allure de *dysmorphophobies* centrées sur le nez, le visage, les seins.

MÉCANISMES DE FORMATION DES PHOBIES

■ En interprétant le cas d'un jeune enfant atteint d'une phobie des chevaux, **Freud** apporta les données essentielles à la compréhension de l'organisation phobique. Chez le petit Hans, la peur d'être mordu par les chevaux exprimait, sur un mode régressif oral, la crainte de la castration, plus précisément la crainte d'être châtré par son père, le cheval étant ici substitut paternel. *Le déplacement* permettait de faire l'économie d'un conflit d'ambivalence (le père étant déplacé sur le cheval) et permettait aussi d'être délivré du danger en évitant les chevaux.

Dans l'organisation phobique, la situation redoutée a pour chaque patient une signification inconsciente spécifique ; d'une façon déguisée elle *symbolise* la tentation ou la punition d'une pulsion prohibée ou plutôt la combinaison des deux. « La rue » peut représenter l'éventualité d'une aventure sexuelle ; l'agoraphobie et la peur de la foule sont souvent des défenses contre l'exhibitionnisme et le voyeurisme mais peuvent aussi recouvrir des conflits plus anciens. La fonction défensive du déplacement est manifeste ; l'angoisse est localisée, circonscrite, n'apparaissant que dans des situations précises et évitables.

■ ***Les théories behavioristes,*** s'appuyant sur des études expérimentales du comportement chez l'enfant et chez les animaux, considèrent les phobies comme des *réactions de peur conditionnées :* « un stimulus neutre, simple ou complexe, qui parvient à avoir un impact sur un individu, au moment où une réaction de peur est provoquée, acquiert à son tour le pouvoir de provoquer ultérieurement la peur. Si la peur, dans la situation conditionnante originelle est de forte intensité ou bien si le conditionnement est répété un bon nombre de fois, la peur conditionnée montrera cette persistance dans le temps qui est la caractéristique des peurs névrotiques ; de plus il y aura généralisation des réactions de peur aux stimuli qui ressemblent au stimulus conditionnel » (Wolpe et Rachman). Une fois apprise, la peur qui anticipe la situation pénible motive aussi l'acquisition de comportements d'évitement qui vont persister pour plusieurs raisons. 1) L'évitement réduit la tension anxieuse, ce qui renforce la conduite de fuite. 2) Fuyant la situation phobogène, le phobique perd l'occasion de bénéficier du processus habituel d'extinction (une réponse conditionnée s'éteint lorsqu'elle n'est pas renforcée par la survenue du stimulus inconditionnel). 3) Le comportement phobique induit des bénéfices affectifs secondaires (action sur les proches qui doivent par exemple accompagner l'agoraphobe dans ses sorties).

TRAITEMENT

■ ***Dans le cas de phobies isolées et gênantes,*** les méthodes de déconditionnement sont à conseiller. On utilise le plus souvent la désensibilisation systématique suivant la technique de Wolpe ou ses variantes. Les résultats sont supérieurs à ceux d'autres méthodes comme l'hypnose, la relaxation ou la psychothérapie de soutien. La suppression du symptôme phobique n'entraîne pas l'apparition d'autres symptômes névrotiques.

■ ***Dans les formes plus sévères et plus diffuses*** on peut utiliser :

- une **chimiothérapie anxiolytique** qui permet la réduction de l'angoisse et favorise une psychothérapie de soutien visant à faire abandonner les attitudes contraphobiques invalidantes. Une décompensation dépressive requiert une chimiothérapie appropriée.
- une **psychothérapie d'inspiration analytique** ou une **cure analytique-type** qui trouvent, dans la névrose phobique, une bonne indication.
- « Il paraît souvent difficile de discerner dès le départ ce qui reste relié activement aux complexes affectifs inconscients et ce qui, l'ayant été ou non, persiste dans les modes de comportement, à la façon de « patterns » périmés, dépourvus de sens et d'utilité, mais non moins embarrassants pour l'adaptation du sujet. L'association entre les thérapeutiques de déconditionnement et d'autres formes de psychothérapie d'inspiration analytique semble trouver ici sa place, les premières attaquant le symptôme au niveau du *comment,* les secondes le prenant à *revers* au niveau du pourquoi et réalisant, dans certains cas, quand cela est nécessaire (et possible), une réorganisation de la personnalité » (Rognant).

BIBLIOGRAPHIE

FREUD (S.). — *Inhibition, symptôme et angoisse.* P.U.F.

FREUD (S.). — Le petit Hans. In « *Cinq Psychanalyses* ». P.U.F.

FRIEDMAN (P.) and GOLDSTEIN (J.). — Phobic reactions. In « *Arieti S. American Handbook* of *Psychiatry* : III, 110-140 ». Basic Book, New York, 1974.

HESNARD (A.). — *Les phobies et la névrose phobique.* Payot, 1961.

JANET (P.). — *Les obsessions et la psychasthénie.* Classics in Psychiatry. Arno Press, New York, 1976.

MARKS (I.-M.). — *Fears and phobias.* Heinemann medical. Londres, 2e édit. 1975.

SPIELBERGER (C.-D.). — *Anxiety*. Current trends in theory and research. *2* vol. Academic Press. London, 1972.

ROGNANT (J.). — *Les thérapeutiques de déconditionnement dans les névroses*. Rapport au Congrès de Psychiatrie et de Neurologie de Langue Française. 1970. Masson édit.

8

L'HYSTÉRIE

L'hystérie met en cause le corps. Défi aux lois de la médecine anatomo-clinique, difficile à saisir et à classer, elle sollicite plus qu'aucune autre maladie la subjectivité de celui qui l'aborde.

« La définition de l'hystérie, disait Lasègue (1878), n'a jamais été donnée et ne le sera jamais. Les symptômes ne sont, ni assez constants, ni assez conformes, ni assez égaux en durée et en intensité pour qu'un type même descriptif puisse les comprendre tous ». L'hystérie a suscité des recherches et des discussions passionnées qui témoignent de la difficulté à cerner ses limites, surtout lorsqu'il s'agit de manifestations mineures ou lorsque ses modalités expressives se font, comme c'est le cas actuellement, plus discrètes. Cependant on peut concevoir l'hystérie comme une affection à manifestations polymorphes dont l'originalité réside en ce que les conflits psychiques inconscients s'y expriment *symboliquement* en des symptômes corporels et/ou psychiques variés, paroxystiques ou durables.

I. – ÉTUDE CLINIQUE DES MANIFESTATIONS HYSTÉRIQUES

A. – ACCIDENTS DE CONVERSION SOMATIQUE

1° *Manifestations paroxystiques : les crises*

Elles s'observent chez plus de la moitié des malades, isolées ou associées à d'autres accidents de conversion ou alternant avec eux. Il s'agit actuellement de crises généralement tronquées, brèves, directement liées à une situation conflictuelle : banales « crises de nerfs », évanouissements, crises tétaniformes ou convulsives. Parfois les crises sont plus inquiétantes, se déroulant dans un état de demi conscience qui favorise les décharges agressives et orgastiques, les fantasmes s'y exprimant sous forme de scènes de terreur, de violence ou d'érotisme. Aujourd'hui, on ne rencontre plus qu'exceptionnellement la « grande attaque à la Charcot » : après l'inauguration de la crise par une ascension de la « boule hystérique » de la région ovarienne à l'épigastre puis à la gorge, se succèdent perte de conscience, convulsions désordonnées, contorsions et grands mouvements bizarres et clownesques, « attitudes passionnelles » avec immobilité extatique ou agitation frénétique, transes (autrefois qualifiées de démoniaques). C'est surtout lors *d'hystérie collective* que les attaques atteignaient leur paroxysme (épidémies de danse de Saint-Guy, sabbats de sorcières, scènes d'hystérie convulsive autour du baquet de Mesmer).

2º **Manifestations durables**

Les accidents somatiques durables surviennent surtout au niveau des *organes de relation* dont ils atteignent la fonction ; motricité, sensibilité, activité sensorielle, phonation peuvent être touchées de façon élective ou concomitante.

L'atteinte motrice

Elle se traduit par :

■ ***L'astasie-abasie,*** très fréquente chez la femme. Il s'agit d'une incapacité de la station debout et de la marche laissant la possibilité de mouvements actifs en dehors de celles-ci ; elle dure généralement de quelques semaines à quelques mois et a une nette tendance aux récidives ; elle est souvent précédée par des crises d'angoisse, des vertiges, des dérobements de jambes, un sentiment d'insécurité, voire une période d'agoraphobie.

■ ***Les paralysies et les contractures :*** elles ne s'accompagnent d'aucun signe objectif d'atteinte lésionnelle des voies ou centres nerveux ; elles ne respectent pas la systématisation anatomique mais prennent modèle sur les représentations populaires, exprimant l'idée que le malade se fait des maladies et du fonctionnement de son propre corps. D'où ces curieuses paralysies « en manche de veste, en gigot, en manchette » (Janet) mais tous les types peuvent s'observer (monoplégie, hémiplégie, quadriplégie, paralysie du pouce, etc.) ; elles siègent à gauche plus souvent qu'à droite, durent quelques semaines à quelques mois. Les contractures peuvent concerner un membre, un doigt, les muscles du cou (torticolis), les masseters, les muscles para-vertébraux (camptocormie), etc. ; elles reproduisent généralement une attitude expressive. Janet cite l'exemple d'une jeune fille qui garda pendant un an la main droite contracturée dans la position « d'une main qui tient une aiguille ».

■ ***Les mouvements anormaux :*** peu systématisables, ils réalisent des tremblements, des mouvements choréiques, des tics ; souvent peu gênants, il n'entravent pas toujours la vie professionnelle mais rechutent fréquemment et ont tendance à se chroniciser.

Les atteintes sensitives

Elles sont aussi fréquentes que les atteintes motrices auxquelles elles s'associent souvent.

■ Volontiers méconnues du malade, très variables dans leur localisation et influencées par les conditions de l'examen, ***les anesthésies*** peuvent intéresser en totalité ou en partie les sensibilités superficielles et profondes, être complètes ou non ; elles ne répondent pas à une distribution anatomo-physiologique et correspondent plutôt à la partie du corps qui, dans l'esprit du sujet, symbolise localement sa maladie. Ainsi en est-il de ces anesthésies en « gants », en « manches de veste », en « bottes », ou « au cordeau » intéressant la totalité d'un hémicorps.

■ A l'anesthésie cutanée et muqueuse (pharyngée, vaginale), peuvent se superposer des ***points hyperesthésiques :*** le « clou hystérique » de Sydenham au sommet du crâne, les « zones hystérogènes » de Charcot, en particulier les points ovariens dont la compression déclenchait invariablement une attaque.

■ ***Les algies*** sont très fréquentes (chez environ 70 % des patients), s'observent chez les hommes et les femmes à tous âges, mais leur fréquence et leur caractère rebelle augmentent avec l'âge ; qu'elles soient isolées ou qu'elles surviennent dans le sillage d'une atteinte sensitivo-motrice, qu'elles soient fixes ou erratiques, temporaires ou persistantes, elles entraînent une impotence fonctionnelle disproportionnée : les céphalées empêchent de lire ou de travailler, les cervicalgies bloquent la tête et rendent tout bruit intolérable, les rachialgies gênent la marche ou la station debout prolongée, les arthralgies condamnent au lit pour des mois. Ces algies expliquent en partie la fréquentation médicale excessive des hystériques, l'abondance des examens complémentaires, l'épaisseur des dossiers radiologiques, la multiplicité des thérapeutiques et les erreurs diagnostiques pouvant être à l'origine d'interventions chirurgicales abusives et mutilantes (hystérectomies pour douleurs abdomino-pelviennes sans lésions anatomiques par exemple).

Les atteintes sensorielles

■ ***Les troubles visuels*** sont très fréquents (brouillard visuel, diplopie), ils sont volontiers transitoires chez la femme, plus massifs et chroniques chez l'homme (cécité).

■ ***La surdité*** survient surtout après des chocs émotionnels, d'où sa fréquence en temps de guerre (commotion, explosion) ou après un traumatisme ; elle est également fréquente dans certaines professions (standardiste).

L'atteinte de la phonation

Elle est fréquente surtout chez la femme et se traduit pas une aphonie ou une dysphonie, c'est-à-dire une impossibilité à parler autrement qu'en chuchotant d'une voix à peine audible ; l'expression orale ou écrite reste correcte. D'autres troubles tels que des bégaiements, aboiements, mugissements se rencontrent parfois, ainsi que le mutisme total survenant souvent après un choc émotionnel.

Le système neuro-végétatif

Les symptômes somatiques durables concernent également le *système neuro-végétatif* dont la dysrégulation est habituelle chez l'hystérique.

■ ***Les spasmes*** des muscles lisses et des sphincters expriment comme les symptômes sensitivo-moteurs, les conflits inconscients ; on peut observer des spasmes pharyngés pouvant empêcher toute alimentation, une « boule œsophagienne », des vomissements parfois incoercibles, des spasmes respiratoires avec « toux nerveuse », des spasmes vésicaux avec rétention d'urines ou énurésie, un vaginisme.

■ Le tympanisme abdominal joint au spasme du diaphragme réalise le ***gros ventre hystérique*** (ou cathiémophrénose) fréquent dans la pathologie nord-africaine et dans l'hystérie de guerre ; il peut être le premier temps d'une *grossesse nerveuse* dont le tableau se complétera par l'arrêt des règles et le gonflement mammaire.

■ Des troubles ***vaso-moteurs et trophiques*** accompagnent exceptionnellement certaines paralysies (épaississement des téguments, refroidissement, cyanose, œdèmes sous-cutanés). Une prédisposition somatique (labilité neuro-végétative, tendances hémogéniques) peut les expliquer mais leur entretien volontaire ne peut toujours être exclu et une surveillance étroite entraîne souvent leur disparition. Il en est de même pour les fièvres inexplicables, les hémorragies localisées (sueurs de sang), les stigmates ; ces troubles sont l'objet de discussions et de controverses mais il semble que la quasi-totalité des faits observés appartienne au domaine de la pathomimie.

3° ***Caractères généraux des symptômes hystériques***

– **La fréquence respective** des différents types d'accidents de conversion est variable d'un pays à l'autre et d'une époque à l'autre. La plupart des malades présentent au cours de leur vie différents types d'accidents de conversion somatique, en association ou en alternance ; les symptômes le plus souvent rencontrés sont les crises, les paralysies, l'astasie-abasie, les troubles visuels, l'aphonie, les algies.

- **La date d'apparition des premières manifestations de conversion** se situe en général autour de 25 ans ; les formes à début tardif, après 45 ans, sont rares.

- **La durée des symptômes et les récidives** sont fonction de la personnalité du sujet, du sens des symptômes, des bénéfices secondaires (v. Evolution et Pronostic).

- **Choix et signification du symptôme**

  L'imitation peut jouer un rôle : en témoignent l'hystérie infantile et l'hystérie collective (épidémies d'hystérie). Babinski a souligné le rôle de la *suggestion* capable de créer « à la demande » un symptôme hystérique, mais il s'en faut que tous les hystériques soient suggestibles ou hypnotisables ; chez certains patients les symptômes sont très mobiles, chez d'autres ils peuvent se fixer pour longtemps.

LA LOCALISATION DU SYMPTOME dépend de facteurs multiples. Une zone de moindre résistance peut constituer un point d'appel ; une lésion traumatique ancienne parfois minime appellera à cet endroit une paralysie ; sur un astigmatisme se grefferont des troubles visuels.

Dans le choix inconscient du symptôme intervient parfois l'*identification* à un parent, à un « rival heureux », à un état personnel antérieur : certaines algies reproduisent des douleurs éprouvées lors de maladies infantiles et réactualisent les conflits de cette époque (gain d'amour parental, menace de castration, culpabilité masturbatoire) ; il faut aussi tenir compte de l'*investissement libidinal* de certaines fonctions (vision, langage) et de certaines zones corporelles, investissement établi durant les premiers stades de la sexualité infantile.

LE CHOIX DU SYMPTOME doit être compris en fonction de son aptitude à exprimer symboliquement un *conflit psychique inconscient.* Incarnation du *fantasme,* le symptôme somatique est une solution de compromis empêchant l'accès à la conscience du conflit refoulé tout en permettant une réalisation substitutive et déguisée du désir interdit. Lorsque, alimentés du dedans par les poussées instinctuelles ou réactivés du dehors par les situations et événements actuels, les éléments refoulés tendent à réapparaître au niveau conscient, le symptôme corporel se substitue à la représentation (image, idée, souvenir) et l'épreuve de la réalité est ainsi évitée. La « conversion somatique » entraîne comme *bénéfice primaire* la diminution de l'angoisse née des conflits internes, voire son annulation (la « belle indifférence » qu'affiche l'hystérique vis-à-vis de ses symptômes) lorsque la conversion est réussie ; c'est alors le plus efficace des mécanismes névrotiques de défense contre l'angoisse.

On a pu dire que l'hystérie était le domaine des intentionnalités inconscientes, des interdits et des transgressions, que son langage était le langage du corps déchiffrable à la manière de l'interprétation des rêves, en fonction des « syntaxes signifiantes de l'inconscient » (Freud).

Le symptôme hystérique est aussi un message qui structure la relation à autrui, parent, conjoint, médecin, etc. *Les bénéfices secondaires* qui en découlent sont souvent si importants qu'ils conditionnent largement l'évolution de l'affection. C'est en fonction de la réponse que l'hystérique modèle sa demande, se conformant au désir de l'autre ; ainsi s'explique l'adéquation des symptômes aux concepts et stéréotypes de la culture et de l'époque ainsi que l'étonnante fluctuation d'une séméiologie qui reste avant tout un langage.

4° Diagnostic

Il est peu de diagnostics qui demandent autant d'attention et de prudence que celui de conversion hystérique car les erreurs sont fréquentes et leurs conséquences parfois fort graves. Quelques règles fondamentales permettent d'éviter les écueils :

- **savoir reconnaître l'hystérie** sur l'allure bien particulière des symptômes, leur anorganicité, leur mobilité, leur théâtralisme – sur les circonstances de leur apparition – sur les antécédents et la personnalité de la malade.
- **ne pas se contenter du diagnostic d'hystérie** sans avoir pratiqué un examen somatique et neurologique complet. Certaines affections organiques peuvent donner lieu à des manifestations de style hystérique. Une hystérique peut, un jour, avoir une maladie organique.
- **s'aider d'examens complémentaires appropriés** (E.E.G., tests de personnalité, explorations pharmacodynamiques) sans se laisser entraîner dans un circuit interminable d'examens inutiles et coûteux.

Ceci dit, les deux types d'affection les plus fréquemment prises à tort pour de l'hystérie sont : *les affections organiques du système neurveux* (sclérose en plaques, tumeur cérébrale, épilepsie temporale) et *les maladies dysmétaboliques* (porphyrie, hypoglycémie, hypocalcémie, dyskaliémie).

B. – SYMPTOMES D'EXPRESSION PSYCHIQUE

1° Troubles de la mémoire

Ce qui est caractéristique chez l'hystérique, c'est la difficulté à évoquer certains souvenirs (amnésie psychogène) ; l'évocation biographique est imprécise et abonde en lacunes et oublis.

- **L'amnésie infantile** prolongée en est un aspect caractéristique (une de nos malades ne conservait aucun souvenir antérieur à l'âge de 14 ans) ;
- **Les amnésies électives** sont l'exagération et la localisation de l'amnésie biographique : oubli d'une expérience honteuse ou pénible, oubli d'une tranche de vie, méconnaissance systématique d'un événement douloureux. Lorsqu'il s'agit d'épisodes amnésiques aigus, c'est en pathologie de guerre ou post-traumatique qu'ils sont les plus nets.
- **Les illusions de la mémoire et la fabulation** masquent souvent des lacunes mnésiques en donnant au récit une apparence de vérité. Le plus caractéristique de ces faux souvenirs, par sa fréquence et sa signification, est l'évocation de scènes infantiles de séduction et de viol. Freud crut d'abord trouver dans ces expériences traumatisantes l'origine du refoulement dans la névrose hystérique puis il mit progressivement en doute la véracité de ces scènes en découvrant qu'elles étaient souvent le fait de reconstructions fantasmatiques.

2° *Inhibition intellectuelle*

Elle est fréquente et peut accompagner des manifestations déficitaires ou des troubles tels que les céphalées, la fatigue oculaire, l'anorexie. Elle est parfois un symptôme isolé, surtout en milieu scolaire ou étudiant. Tout effort psychique devient impossible et le patient reste passif et désœuvré. Il se plaint peu de cette inhibition mais toute tentative de mobilisation renforce le symptôme et peut faire apparaître l'angoisse. Lorsque l'inhibition n'est pas transitoire mais durable, l'hystérique peut être pris pour un débile alors que son intelligence appréciée par les tests s'avère tout à fait normale : on parle dans ces cas de pseudo-débilité névrotique.

3° *Troubles de la vigilance*

- L'un des plus fréquents est la **distractivité** permettant de scotomiser les perceptions extérieures vécues comme déplaisantes.
- Les **« attaques de sommeil »** ou les **états léthargiques progressifs** ne sont pas rares : ayant l'apparence d'un sommeil calme sans rythmes de sommeil à l'E.E.G., ils durent quelques jours ou plusieurs semaines, se terminant habituellement par une crise convulsive ou des manifestations déficitaires. Ils peuvent être confondus avec un coma et éventuellement donner lieu à des explorations neuro-chirurgicales.
- **Les états somnambuliques** représentent un aspect caractéristique et impressionnant des phénomènes de clivage de la conscience : en état de

demi-sommeil le malade joue une scène dramatique soit totalement imaginée, soit construite sur le thème d'un événement qui l'a frappé.

- **L'automatisme ambulatoire** associe état somnambulique et fugue : il représente l'exemple type de la réaction hystérique aiguë pouvant survenir lors d'une situation fortement traumatisante.
- **Les états seconds** sont des états de transes avec production oniroïde sous la forme habituelle du rêve (« médiums ») ; au maximum ils sont le fait de malades chez lesquels alternent deux, voire trois, personnalités différentes dont chacune ignore les projets, les actes, l'existence même des autres. Ces états pathologiques si étranges sont rarissimes.
- Les **états crépusculaires** peuvent aller de la simple obnubilation à la stupeur et consistent en une expérience demi-consciente de dépersonnalisation et d'étrangeté généralement centrée sur une « idée fixe » (Janet).

C. – FORMES CLINIQUES

1° *Selon le sexe*

L'hystérie est environ trois fois plus fréquente chez la femme que chez l'homme. Elle est volontiers mono ou pauci-symptomatique chez l'homme, les symptômes moteurs étant chez lui les plus fréquents ; chez la femme s'observent des tableaux plus riches, plus mobiles, plus polymorphes. Les circonstances étiologiques diffèrent : chez la femme, ce sont des conflits affectifs et sexuels ; chez l'homme, des conflits socio-professionnels, un traumatisme (accident de travail), des faits de guerre (hystérie de guerre).

2° *L'hystérie du sujet âgé*

Il est rare que les accidents hystériques apparaissent pour la première fois après la ménopause. C'est à l'occasion du décès d'un proche (mère, conjoint), du mariage d'un enfant, que peut apparaître une réaction de « deuil hystérique ».

D'une façon générale les accidents de conversion ont tendance à être moins fréquents et moins spectaculaires au fur et à mesure que l'hystérique vieillit. Chez l'hystérique âgée la dépression hypocondriaque et les algies s'observent plus souvent que les paralysies ou les crises.

II. – ASPECTS ÉVOLUTIFS ET PRONOSTIC

Les manifestations hystériques peuvent apparaître comme un accident occasionnel et transitoire ou s'inscrire dans l'évolution d'une névrose hystérique. Mais un tel schéma doit être nuancé.

A. – LES RÉACTIONS HYSTÉRIQUES

Ce sont des accidents isolés survenant à l'occasion d'un traumatisme émotionnel très violent ou d'une situation de tension prolongée, surtout chez des sujets frustes présentant des traits d'immaturité et de labilité émotionnelle. Les manifestations en sont spectaculaires : crises expresso-émotives, tremblements, mutisme ; généralement de courte durée, un symptôme peut persister lorsque le sujet se rend compte des éventuels bénéfices liés à la situation de malade (intérêt matériel, prestige, etc.). Ces réactions primitives sont fréquentes dans les populations peu évoluées sur le plan culturel ; elles sont souvent observées en milieu militaire et la pathologie de guerre en offre de nombreux exemples. A long terme, le pronostic de ces formes est favorable. (v. névrose traumatique).

B. – LA NÉVROSE HYSTÉRIQUE

■ Dès le jeune âge, les ***premières manifestations de la névrose*** sont souvent repérables : suggestibilité, exaltation imaginative, crises de nerfs, évanouissements, hyperémotivité.

■ ***Les troubles alimentaires,*** en particulier l'anorexie, commencent souvent dans l'enfance ou l'adolescence, s'accompagnent inconstamment d'amaigrissement et souvent d'une « boule œsophagienne », d'une dysphagie. Les périodes anorexiques alternent fréquemment avec la boulimie entraînant des variations pondérales. Les vomissements, parfois isolés, accompagnent souvent ces troubles.

■ ***Les troubles sexuels*** chez la femme hystérique sont constants et vont de la frigidité à une véritable répugnance de la sexualité avec absence complète de désir sexuel ou même refoulement massif de la sexualité ; la dyspareunie est souvent invoquée avec la fatigue, pour éviter les rapports sexuels. Les troubles des règles sont également fréquents (dysménorrhée, aménorrhée) et motivent des consultations gynécologiques répétées.

Chez l'homme, les troubles sexuels sont moins constants, moins permanents : éjaculation précoce, plus rarement impuissance.

■ ***Le fond d'anxiété, la fatigue plus ou moins permanente, les algies,*** sont à l'origine de surconsommation médicale et chirurgicale ainsi que d'abus de médications de toutes sortes ; tous ces recours cachent mal la misère psychologique de l'hystérique. Chez cette personnalité égocentrique, histrionique, hyperémotive, dépendante, allant de médecin en médecin, tolérant aussi mal les médicaments que les frustrations, les grands accidents hystériques apparaissent par périodes en relation avec des situations vitales que la patiente ne peut assumer : mariage, naissance d'un enfant, épisodes conflictuels de la vie conjugale ou familiale, frustrations affectives, situation d'abandon ou de rejet pourront être l'occasion de décompensations dépressives ou d'accidents de conversion plus ou moins durables. Le refuge dans la maladie constitue pour l'hystérique une solution à laquelle elle recourt lorsque ses autres moyens de défense sont insuffisants pour lui procurer la sécurité et la valorisation indispensables.

■ ***La durée des accidents hystériques*** est très variable et tout peut s'observer, depuis l'aphonie de quelques jours jusqu'à la paraplégie qui cloue la malade au lit pendant des années. Les statistiques portant sur des malades hospitalisées montrent que, pour un tiers au moins d'entre elles, la durée de l'accident dépasse un an, que pour un quart elle se prolonge au-delà de cinq ans. Parfois il s'agit de manifestations répétitives, de courte durée, constituées chaque fois par le même symptôme préférentiel ou par un symptôme d'un autre registre.

■ ***L'évolution de l'hystérie*** est étroitement conditionnée par le milieu. Le jeu des relations inter-personnelles (avec les parents, le conjoint, les enfants, etc.) en modèle la physionomie, détermine les ruptures et les crises, permet les phases de relatif équilibre. Certaines familles hyperprotectrices, certains conjoints masochistes entretiennent chez l'hystérique des comportements de dépendance régressive dont ils se satisfont. Le médecin peut aussi, en octroyant aux symptômes un cachet d'organicité, contribuer à « fixer » les troubles et à les chroniciser, le malade organisant son existence de chronique dans un style de vie parasitaire aux dépens de sa famille, d'une communauté, de la Sécurité sociale dispensatrice des pensions d'invalidité. En revanche, lorsque le symptôme a perdu sa raison d'être, lorsque les bénéfices secondaires sont devenus négligeables et si la situation de malade s'avère inconfortable, on peut assister à une guérison « en coup de foudre » ou tout au moins très rapide.

III. – ÉVOLUTION DES IDÉES SUR L'HYSTÉRIE

Considérée dans l'Antiquité comme une maladie en relation avec la migration de l'utérus à travers le corps (Hippocrate), puis comme une maladie organique utérine en relation avec la continence sexuelle (Galien), elle fut, au Moyen Age et à la Renaissance (époques des grandes épidémies d'hystérie) tenue pour possession démoniaque, ceci sous l'influence des conceptions augustiniennes liant plaisir sexuel et péché. Alors que l'opinion publique tenait les hystériques pour sorcières et que le bras séculier les faisait exécuter, l'opinion médicale affirmait la nature morbide de l'hystérie. Au XVIIe siècle le siège « cérébral » de l'affection est reconnu ; Sydenham donne de la maladie une description clinique extrêmement précise.

Tandis que s'opposent, dans les deux premiers tiers du XIXe siècle, tenants de l'organogenèse de l'hystérie et partisans de sa psychogenèse, va se développer un autre courant de recherches et d'idées, issu de la théorie du Magnétisme. Là aussi s'affrontent un courant organiciste (qui soutient la théorie fluidique de Mesmer et qui aura son plein essor avec Charcot et l'école de la Salpêtrière) et un courant animiste, issu des travaux de l'abbé Faria, faisant de l'hypnose un « état psychologique particulier, produit exclusivement par la suggestion », théorie défendue avec véhémence par l'école de Nancy (Bernheim).

- **Charcot** eut le mérite de redonner à l'hystérie son statut de maladie comme les autres. En appliquant la méthode anatomo-clinique à l'étude de ses manifestations, il en fournit une description clinique précise et détaillée destinée à démontrer l'origine organique de l'affection par l'existence de stigmates spécifiques. Une « lésion dynamique » conditionnait pour lui la suggestibilité hystérique.

- **Babinski,** son élève, « dynamita » l'œuvre de son maître en donnant le coup de grâce à la conception somatique. Il s'attacha à délimiter le domaine de la pathologie neurologique lésionnelle (localisée, définie sur un plan anatomo-clinique, objectivable par une accumulation de signes irréductibles par persuasion), de celui de l'hystérie, qu'il rapprocha de la suggestion hypnotique. Pour lui, l'essence de l'hystérie est l'autosuggestion. Les phénomènes hystériques sont l'effet du *pithiatisme,* c'est-à-dire de la persuasion. En réduisant l'hystérie aux manifestations régies par la suggestion qui implique que « la volonté est maîtresse des troubles qu'elle a produits », c'est-à-dire en niant l'hystérie en dehors du pithiatisme, Babinski ouvrait la voie à ceux qui, abusivement, assimilent l'hystérie à la simulation, à une supercherie consciente.

- **Janet** approfondit la structure spécifique de l'hystérie réduite jusqu'alors à « ce qui n'existe pas pour la neurologie ». Elle est pour lui caractérisée par « un affaiblissement de la faculté de synthèse psychologique... un rétrécissement du champ de conscience », d'où la distractivité, la « tendance à la division permanente et complète de la personnalité ». L'hystérique, comme l'hypnotisé, a une aptitude à vivre intensément les images, à les réaliser plastiquement, à « agir ses idées fixes », idées qui sont la manifestation de l'automatisme psychologique libéré à la faveur de la faiblesse de la conscience, de la baisse de la tension psychologique.

– **Freud,** en étudiant les hystériques avec Breuer, comprit que la force de suggestion était une force interne (l'Inconscient) et non l'effet d'une force externe. La mise à jour de la causalité psychique de l'hystérie a été de pair avec les découvertes principales de la psychanalyse (inconscient, conflit, fantasme, refoulement, transfert, identification) et *l'étude de l'hystérie tient une place centrale dans l'histoire de la psychanalyse* (« Les psychonévroses de défense », 1894 ; « Etudes sur l'Hystérie », 1895 ; publication du cas Dora, 1905).

C'est d'abord la découverte du *refoulement* (l'idée intolérable est maintenue hors de la conscience), le déchiffrage du sens de la *« conversion »* grâce à laquelle l'idée inconciliable se trouve neutralisée par transmutation de l'excitation qui lui est attachée en une forme signifiante d'expression corporelle, la mise en évidence du *transfert* et de son importance primordiale dans le déroulement de la cure. A la théorie traumatique initiale (rôle d'un traumatisme sexuel vécu passivement dans l'enfance) est substituée progressivement la théorie des instincts. Freud reconnaît au conflit psychique inconscient une importance majeure dans l'étiologie de l'hystérie et des autres psychonévroses de défense. Le symptôme hystérique est défini comme le produit d'un *compromis* entre deux groupes de représentations agissant comme deux forces de sens contraire (le désir et l'interdit, le principe de plaisir et le principe de réalité). Parallèlement, Freud poursuit son auto-analyse et le déchiffrage des symptômes de ses malades s'enrichit des observations qu'il tire de l'analyse de ses propres rêves. Comme le rêve, le symptôme de conversion est un mode de réalisation du désir ; il subit les mêmes transformations que l'imagerie onirique (condensation, déplacement, interversion, identifications multiples). La découverte de la sexualité infantile permet enfin à Freud de repérer le conflit nucléaire de la névrose hystérique, c'est-à-dire l'impossibilité rencontrée par le sujet de liquider le *complexe d'Œdipe* et d'éviter *l'angoisse de castration.* Ainsi se met en place une théorie cohérente de la conversion hystérique, qui fait du symptôme une réalisation déguisée du désir, explique pourquoi cette réalisation substitutive est souvent représentée par la mise « hors service » de la partie du corps qui justement aurait pu servir à la satisfaction du désir, et rend compte de la tolérance au symptôme et de l'absence d'angoisse. Symbole de castration, le symptôme de conversion est de ce fait même le représentant du phallus perdu, son existence équivaut à la possession de cet objet qui seul permet d'être aimé.

Freud ne fut jamais entièrement satisfait de son élaboration théorique de l'hystérie, et bien des points lui semblaient obscurs dans le phénomène de conversion. Pour expliquer « ce saut du psychique dans l'innervation somatique », il invoquait « la complicité du corps », la conversion ne pouvant se produire que s'il y a conjonction entre dispositions corporelles et conflit psychique.

Les particularités neuro-biologiques dans l'organisation hystérique ont été l'objet de recherches inspirées généralement des théories pavloviennes et utilisant les techniques de conditionnement. Les résultats en sont encore fragmentaires mais laissent entrevoir un apport de la Psychologie expérimentale et de la Neurophysiologie au problème de l'hystérie.

IV. – FRONTIÈRES DE L'HYSTÉRIE

A. – HYSTÉRIE ET SIMULATION

La similitude apparente entre la symptomatologie hystérique et la simulation est grande. Mais le simulateur veut tromper alors que l'hystérique se trompe lui-même en même temps qu'il nous trompe. Son absence d'insight, son manque de pénétration psychologique vis-à-vis des autres rendent compte de la puérilité de ses subterfuges, de son étonnement enfantin lorsqu'il est démasqué. Cependant, lorsque les symptômes sont installés depuis longtemps, des facteurs utilitaires conscients peuvent contribuer à les entretenir (sur/simulation). Le problème est encore plus ardu lorsqu'un traumatisme (voie publique ou travail) a précédé l'apparition des manifestations d'ordre hystérique ; il est souvent difficile de situer sans ambiguïté certains cas à ce carrefour où l'hystérie interfère avec la sinistrose, avec l'hypocondrie, voire avec la simulation. Mais en pratique, comme le soulignent Sutter et coll., on ne peut manquer de constater combien l'évolution et le pronostic sont étroitement liés à la solution des problèmes de mise en invalidité et d'indemnisation.

B. – HYSTÉRIE ET PATHOLOGIE CÉRÉBRALE ORGANIQUE

Certaines affections cérébrales ont avec l'hystérie une évidente parenté d'expression et peuvent donner lieu à des manifestations d'allure hystérique. Une épilepsie psycho-motrice peut être prise à tort pour une crise d'hystérie ; un épileptique peut utiliser sa maladie à des fins névrotiques et joindre à ses crises comitiales des manifestations hystériques.

Les atteintes de la région basale du cerveau, d'origine infectieuse (séquelles d'encéphalite épidémique) ou plus souvent aujourd'hui d'origine toxique (crises dyskinétiques des neuroleptiques), entraînent des manifestations excito-motrices très proches de l'expressivité hystérique et accessibles à la suggestion. Cependant l'analogie est superficielle, ces symptômes n'ont ni finalité inconsciente, ni utilisation secondaire.

C. – HYSTÉRIE ET EXPRESSION PSYCHO-SOMATIQUE

Alexander séparait radicalement le domaine de l'hystérie de celui de la névrose d'organes. Il semble préférable d'y voir une différence plus quantitative que qualitative. L'expression somatique de l'affect est dans l'hystérie facilement déchiffrable quoique symbolique, ce qui n'est pas le cas dans la pathologie psycho-somatique. L'atteinte psycho-somatique est beaucoup plus profonde que la conversion hystérique : elle comporte une lésion au niveau tissulaire (par exemple un ulcère d'estomac, un infarctus du myocarde) alors que le symptôme hystérique est souvent mobile, toujours reversible, jamais authentifié. Cependant certains faits psycho-somatiques sont bien proches des réactions hystériques et il existe une grande similitude entre la personnalité hystérique et celle de certains psycho-somatiques comme les grands allergiques.

D. – HYSTÉRIE ET HYSTÉRIE D'ANGOISSE

Sous ce terme, Freud isola une variété particulière de névrose dont le symptôme central est la phobie ; il en souligna la similitude structurale avec l'hystérie de conversion, mais dans l'hystérie d'angoisse la libido n'est pas convertie, elle est libérée sous forme d'angoisse qui est déplacée sur un objet (v. Névrose phobique).

V. – INDICATIONS THÉRAPEUTIQUES

La plasticité caractéristique de l'hystérique contribue souvent à l'efficacité de l'intervention médicale au niveau des symptômes ; mais la « faiblesse du moi », son corollaire, compromet habituellement les résultats de la cure psychanalytique qui, visant à modifier la structure de la personnalité, serait théoriquement seule capable de guérir la névrose hystérique.

En pratique, certaines méthodes thérapeutiques visent à amener le patient à abandonner ses symptômes. **L'isolement** (simple éloignement de l'entourage ou hospitalisation) permet de rompre les afférences socio-familiales et, en privant l'hystérique de son public, peut faire céder un symptôme récemment apparu ; de plus, le milieu hospitalier dévalorise les bénéfices secondaires liés à l'utilisation du symptôme qui se trouve pénalisée par l'isolement. Les **procédés de suggestion** utilisent la *persuasion* qui suffit généralement à faire disparaître un accident paroxystique ; par contre, elle est souvent inefficace devant un accident durable. Diverses techniques permettent d'accroître la portée thérapeutique de la suggestion. La plus ancienne, l'**hypnose,** connaît actuellement un regain d'intérêt. La suggestion « armée » se fonde sur l'utilisation de procédés physiques ou chimiques, en particulier l'application de **courant faradique,** tendant par la douleur qu'il entraîne à annuler les bénéfices secondaires créés par les symptômes et à faire éprouver la situation pathologique comme inconfortable. Ce « torpillage », méthode douloureuse et brutale où se donnait parfois libre cours le sadisme du médecin, n'est plus guère utilisé. Le **choc amphétaminique** dont la meilleure indication est fournie par les manifestations motrices provoque une « explosion » émotionnelle pouvant être suivie de la disparition spectaculaire du symptôme. La **subnarcose** ou **narco-analyse** particulièrement active en pathologie émotionnelle, hystérie de guerre ou post-traumatique notamment, permet la reviviscence de la situation pathogène et du traumatisme émotionnel qui lui ont donné naissance. Une fois la « catharsis » obtenue, l'entretien doit être prolongé jusqu'au réveil complet pour revenir sur les faits mis à jour, pour approfondir la prise de conscience. Une psychothérapie assez directive peut parfaire les résultats obtenus, surtout lorsque les accidents cliniques sont apparus en l'absence d'une organisation hystérique de la personnalité. Ces méthodes ont en commun de viser à une amélioration rapide des symptômes. Cet objectif ne doit pas être négligé car une meilleure adaptation familiale et socio-professionnelle peut être ainsi préservée et il ne faut pas sous-estimer le risque de chronicisation d'un symptôme hystérique qui se fixe. Cependant les méthodes qui s'adressent au seul symptôme ont souvent des effets transitoires. Un symptôme « guéri » peut être remplacé par un autre et parfois la disparition d'un symptôme de somatisation peut entraîner une décompensation anxieuse ou dépressive.

Il importe en effet, même si l'on utilise les méthodes qui s'appuient sur la suggestion, d'apprécier avec soin la signification et la fonction du symptôme dans l'économie psychique du patient compte tenu de la situation actuelle (intensité et ancienneté des conflits, réaction de l'entourage, bénéfices secondaires). Aussi faut-il autant qu'on le peut favoriser les conditions qui permettent au patient de « désinvestir » son symptôme, c'est-à-dire de se passer de lui : les **médicaments** sont à cet égard souvent très utiles, qu'il s'agisse des anxiolytiques visant à diminuer la charge anxieuse née d'une situation conflictuelle ou des thymo-analeptiques améliorant une thymie dépressive. Il faut souligner le faible effet placebo chez l'hystérique, ses réactions paradoxales aux médicaments, le danger possible d'une assuétude. Une **relation psychothérapique** peut permettre d'explorer et d'analyser les conflits et les conduites du patient, de l'éclairer progressivement sur l'utilisation qu'il fait de ses symptômes névrotiques. Cette démarche doit être prudente et l'abandon du symptôme se négocie souvent progressivement dans une relation suivie dont la qualité aura un rôle décisif dans l'évolution.

La modification de la personnalité hystérique est le but du traitement de fond de l'hystérie. L'organisation de la vie et des relations affectives autour de la névrose, l'intensité des bénéfices secondaires, la faiblesse du moi sont souvent des obstacles à une **cure analytique** : interruption par « fuite devant l'inconscient », transfert pouvant prendre l'allure d'une dépendance affective très intense, réapparition facile de nouveaux symptômes. Une **psychothérapie d'inspiration analytique** permet, lorsqu'on redoute une régression affective trop intense, l'analyse des mécanismes du transfert et des éléments de la névrose infantile dans une relation face-à-face qui entraîne des implications affectives moins profondes.

*
* *

Pour conclure, il importe de rappeler que :

1. Le traitement de l'hystérie commence dès le premier contact avec le patient : le médecin doit se garder par son attitude, ses remarques ou allusions, de renforcer ou d'induire des symptômes, d'aggraver des situations conflictuelles.

2. Le terme d'hystérique reste pour beaucoup synonyme d'hypersexuelle ou de « comédienne » ; il est à ce titre injurieux.

3. Si le médecin affirme l'inorganicité des troubles, il importe que la patiente sache que cela n'est pas synonyme d'absence de troubles, donc de simulation.

4. Bien des manifestations hystériques peuvent être traitées par le généraliste auquel l'hystérique s'adresse beaucoup plus facilement qu'au psychiatre. Cependant le praticien doit savoir assez tôt, si nécessaire, orienter le patient vers ce spécialiste pour éviter la multiplication d'examens et de traitements médicaux et le risque de tentatives chirurgicales malencontreuses ; les erreurs thérapeutiques fixent définitivement les symptômes et figent le patient dans une invalidité irrémédiable.

BIBLIOGRAPHIE

ABRAHAM (K.). — *Œuvres complètes.* 2 tomes, Payot. 1966.

CHARCOT (J.-M.). — *L'Hystérie.* Textes choisis et présentés par E. TRILLAT. Privat édit., Toulouse, 1971.

FREUD (S.) et BREUER (J.). — *Etudes sur l'hystérie.* P.U.F.

FREUD (S.). — Fragments d'une analyse d'hystérie : Dora. In « *Cinq Psychanalyses* ». P.U.F.

FREUD (S.). — *Nouvelles Conférences sur la psychanalyse.* Gallimard.

FREUD (S.). — *Trois essais sur la théorie de la sexualité.* Gallimard.

FREUD (S.). — *La Vie Sexuelle.* P.U.F.

JANET (P.). — *L'état mental des hystériques.* Alcan édit., Paris, 1894.

LEMPERIERE (T.), PERSE (J.) et ENRIQUEZ (M.). — Symptômes hystériques et personnalité hystérique. Rapport au *Congrès de Psychiatrie et de Neurologie de Langue Française.* Lausanne. 1965. Masson.

VEITH (I.). — *Histoire de l'hystérie.* Seghers, Paris, 1973.

9

LA NÉVROSE OBSESSIONNELLE

La névrose obsessionnelle est la forme la plus organisée et alors la plus grave de la pathologie névrotique. Du fait de sa relative rareté et des difficultés de sa thérapeutique, le généraliste est assez peu confronté aux problèmes qu'elle pose. Aussi nous bornerons-nous à exposer schématiquement ses contours cliniques, les mécanismes qui les sous-tendent et les indications thérapeutiques.

I. – DÉFINITION

La névrose obsessionnelle est définie par la survenue d'obsessions et de compulsions sur une organisation de personnalité habituellement psychasthénique ou obsessionnelle, en l'absence de toute autre affection psychiatrique permanente.

II. – ASPECTS CLINIQUES

■ ***Les obsessions*** sont caractérisées par « l'irruption dans la pensée d'un sentiment, d'une idée, d'une tendance, apparaissant au malade comme un phénomène morbide en désaccord avec sa pensée consciente, qui émane pourtant de sa propre activité psychique et persiste malgré ses efforts pour s'en débarrasser » (Pichot). Ces contenus psychiques qui « assiègent » l'esprit (obsidere : assiéger) surviennent à n'importe quel moment, indépendamment des circonstances extérieures et de manière incoercible malgré la lutte anxieuse mise en œuvre pour tenter en vain de les chasser. Ainsi un patient peut se sentir envahi par une idée sacrilège ou obscène qui s'impose à lui dans une répétition incessante ; il ne peut l'accepter comme sienne dans la mesure où elle est en contradiction absolue avec ses convictions éthiques ; il s'épuise à expulser de sa conscience l'idée obsédante par des procédés tactiques apparentés à un rituel magique conjuratoire. Les contenus de pensée pouvant donner lieu à obsession sont innombrables, mais en pratique on distingue les obsessions idéatives, phobiques et impulsives.

1) **Les obsessions phobiques** se rapprochent des phobies ; ce qui assiège l'esprit est une crainte spécifique mais cette crainte existe en dehors de l'objet, ce qui la différencie de la crainte phobique. Il suffit que le patient pense à l'objet ou à la situation pour que l'angoisse apparaisse. Les formes les plus communes sont l'obsession phobique des maladies, des microbes, des toxiques, de la saleté ; la crainte de la contamination ou de la souillure conduit à des rituels de vérification et lavage extrêmement contraignants (*folie du toucher*).

2) **Les obsessions idéatives** aussi appelées obsessions de caractère interrogatif avaient jadis été décrites sous le terme de «*folie du doute*». Il s'agit de ruminations obsédantes. L'objet de l'obsession peut être une idée concrète (mots, objets, chiffres) ou une idée plus abstraite concernant des sujets métaphysiques (la vie et la mort, les fins dernières, l'existence de Dieu) ou le propre comportement du sujet : a-t-il eu raison de faire ceci ? N'a-t-il pas oublié de faire celà ? Dans l'obsession scrupuleuse particulièrement fréquente, le doute obsédant s'applique aux faits de la vie morale, entraînant ainsi des débats de conscience interminables ; par exemple la crainte de la nullité ou de l'invalidité de l'absolution fait répéter les confessions ; la crainte d'une omission, d'une erreur, d'une distraction entraîne des vérifications interminables dans le cadre des responsabilités professionnelles ou de la vie quotidienne (crainte d'avoir mis le feu par mégarde, crainte d'être responsable d'un accident ou d'un empoisonnement).

3) **Les obsessions impulsives :** le patient est assiégé par l'idée et la crainte angoissantes d'être amené de façon irrésistible à commettre un acte absurde, ridicule, immoral, nuisible voire criminel. Dans ces «*phobies d'impulsion*» l'acte redouté n'est jamais commis (« crime d'intention »).

Cet acte, de nature très variable, est généralement caractérisé par un effet de contraste (obsession impulsive de prononcer des phrases sacrilèges dans une église, de tenir des propos scatologiques au milieu d'une conversation de salon, de commettre un acte sexuel pervers ou un homicide sur son propre enfant).

■ ***Les compulsions et les rites*** sont constants dans la névrose obsessionnelle. La compulsion est un acte auquel le sujet se sent contraint, dont il reconnaît le caractère absurde, ridicule et gênant, mais qu'il ne peut s'empêcher d'accomplir de façon répétitive avec le formalisme d'un rite. Les actes conjuratoires sont habituellement liés aux obsessions et leur accomplissement entraîne une sédation de l'angoisse tandis que celle-ci est augmentée par la tentative de résister à l'accomplissement des rites.

Les plus fréquentes des compulsions sont : les **rites de lavage** accompagnant les obsessions phobiques de contamination et de souillure ; les **rites de vérification ;** les **manies du retour en arrière** qui avec les gestes et formules conjuratoires accompagnent les obsessions idéatives.

Parfois les rites compulsifs sont détachés de l'obsession : **l'onomatomanie** qui comporte à la fois des obsessions idéatives (recherche obsédante de la signification d'un mot), des obsessions phobiques (crainte de prononcer des mots tabou) et des compulsions à réciter mentalement de façon rituelle des mots conjuratoires ; **l'arithmomanie** contraignant le patient à opérer des séries de calculs mentaux avant toute action, calculs de plus en plus compliqués et nécessitant sans cesse à la moindre hésitation le recommencement de toute la série.

Enfin certains **rites concernant l'habillement et la toilette** sont particulièrement fréquents et envahissants allant jusqu'à occuper plusieurs heures de chaque journée. L'entourage doit souvent participer à ces rites comme garant de leur exécution.

Tous les gestes et formules de l'obsédé ont un sens conjuratoire destiné à lutter contre les pensées maléfiques investies d'une toute puissance symbolique et magique ; ils ont un aspect auto-punitif évident.

■ Ces symptômes de gravité variable ne suffisent pas à faire porter le diagnostic de névrose obsessionnelle. Dans cette affection, ils surviennent chez des sujets ayant une ***organisation particulière de la personnalité :*** personnalité obsessionnelle ou caractère anal, personnalité psychasthénique, souvent des traits combinés de ces deux types de personnalités : (v. Personnalités pathologiques p. 126 et 127).

Dans la névrose obsessionnelle se développant sur personnalité psychasthénique, les obsessions idéatives, le doute obsédant, l'inhibition prédominent et les obsessions sont souvent intellectualisées ; dans la névrose obsessionnelle sur fond de caractère anal les phénomènes compulsifs sont au premier plan ainsi que les troubles du caractère ; d'un point de vue pronostique et thérapeutique, il importe de préciser la part des tendances asthéniques et dépressives, le degré de lutte anxieuse, l'importance de la rigidité caractérielle et la qualité de l'insertion socio-professionnelle lorsqu'elle a pu être conservée.

III. – FORMES CLINIQUES

*1° **Suivant l'intensité***

Le comportement est affecté de façon variable selon l'intensité et l'extension des symptômes. Beaucoup de patients masquent leurs « superstitions », les actes conjuratoires et les « manies » qui les accompagnent et ne consultent jamais le médecin pour ces symptômes. Certains patients, à l'occasion d'une situation conflictuelle mais parfois aussi d'une promotion sociale, ont une « crise » d'obsessions, caractérisée par sa survenue à un âge relativement tardif, sa durée généralement brève. Dans certains cas la névrose obsessionnelle est une affection extrêmement sévère qui fait du patient un invalide chronique malgré la persistance de capacités intellectuelles souvent remarquables et la conservation d'une lucidité douloureuse.

2° ***Suivant l'évolution***

L'évolution est habituellement chronique, soit sans rémissions dans les formes graves débutant à l'adolescence, soit avec des variations importantes dans l'intensité des symptômes pouvant donner une allure presque périodique à la maladie. Des crises dépressives sévères d'allure mélancolique peuvent survenir nécessitant alors un traitement thymo-analeptique en milieu hospitalier.

IV. – DIAGNOSTIC

Les obsessions et les compulsions peuvent, à titre transitoire, s'observer chez des personnalités pathologiques (personnalité anxieuse, border-line, déséquilibrée) ou dans d'autres névroses que la névrose obsessionnelle (névrose d'angoisse, névrose phobique). La forme obsessionnelle de la mélancolie ne doit pas être méconnue car le danger suicidaire n'est pas absent et exige des décisions thérapeutiques rapides.

Les formes pseudo-obsessionnelles de schizophrénies sont envisagées p. 265.

V. – THÉORIES PATHOGÉNIQUES

■ Pour ***Pierre Janet*** les phénomènes obsessionnels sont des manifestations libérées chez le psychasthénique par la baisse de la tension psychologique qui altère la fonction du réel.

■ Pour ***Freud***, l'obsédé comme tout névrosé est aux prises avec les sollicitations libidinales du complexe d'Œdipe mais l'organisation génitale de la libido est faible, si bien que le Moi se défend en régressant à la phase sadique-anale. Cette régression libidinale aboutit à une transformation des intentions érotiques en intentions agressives et destructrices, mais l'organisation du plan défensif demeurant inconscient, le Moi reste abusé et méconnaît le sens érotique des pulsions qu'il combat. Le Sur-Moi subit la même régression que la libido et devient plus rigide et plus sadique vis-à-vis de pulsions sexuelles devenues plus odieuses. Contrairement au phobique qui parvient à projeter en dehors le danger instinctuel et donc à échapper à l'angoisse par évitement de l'objet phobogène, l'obsédé a intériorisé la situation dangereuse. Le Moi est entièrement à découvert devant les attaques d'un Sur-Moi particulièrement sadique et se défend par l'annulation, l'isolation et les formations réactionnelles qui instaurent des attitudes de sens opposé à celui des tendances réprimées. Ainsi le Moi essaie-t-il par cette tactique défensive d'entraver le processus de décharge instinctuelle mais il n'y parvient qu'incomplètement. (Cf. Généralités sur les Névroses, Personnalité obsessionnelle).

VI. – INDICATIONS THÉRAPEUTIQUES

On s'efforcera dans la mesure du possible de maintenir une insertion socio-professionnelle. Cependant les crises obsessionnelles et/ou les décompensations dépressives doivent souvent être traitées en milieu hospitalier où peut être prescrit à doses progressivement croissantes et sous surveillance la Clomipramine (*Anafranil*) seule ou en association avec du *Neuleptil.* On obtient parfois des résultats de bonne qualité. Les anxiolytiques, les neuroleptiques sédatifs peuvent diminuer l'angoisse qui accompagne la lutte obsédante et lui confère son caractère contraignant.

Le traitement de fond de la névrose obsessionnelle, visant à obtenir la modification de la personnalité, est particulièrement difficile. La cure psychanalytique théoriquement indiquée est chez l'obsédé longue et décevante. Dans les meilleurs cas, elle permet un assouplissement du Sur-Moi et une meilleure intégration des pulsions par le Moi. Les psychothérapies d'inspiration analytique, moins rigoureuses dans leur technique, peuvent être indiquées lorsque la névrose est trop grave, lorsque le patient est trop âgé, lorsque ses possibilités de conceptualisation sont insuffisantes ou pour des raisons d'ordre socio-économique. Leurs résultats sont souvent limités.

BIBLIOGRAPHIE

BEECH (H.-R.). — *Obsessional states.* Methuen and C° Ltd. London, 1975.

FREUD (S.). — L'homme aux rats, in « *Cinq psychanalyses* ». P.U.F. Paris.

FREUD (S.). — *La vie sexuelle.* P.U.F. Paris.

JANET (P.). — *Les obsessions et la psychasthénie.* 2 vol. Classics in psychiatry. Arno press. New York, 1976.

PUJOL (R.) et SAVY (A.). — Le devenir de l'obsédé. Rapport au *Congrès de psychiatrie et de neurologie de la langue française.* Clermont-Ferrand, 1968, Masson édit.

10

LA NÉVROSE TRAUMATIQUE

Occasionnée par une expérience traumatisante d'une exceptionnelle intensité, elle s'observe surtout en temps de guerre et lors des grandes catastrophes. En pratique civile, on peut la voir se développer à la suite d'une agression ou d'un accident que ceux-ci aient comporté ou non un traumatisme corporel. La névrose traumatique est une affection qui peut être durable et invalidante ; elle soulève de difficiles problèmes de thérapeutique et d'indemnisation.

SÉMEIOLOGIE

Le tableau de la névrose traumatique comporte :

■ ***Des symptômes post-traumatiques spécifiques*** centrés par l'effroi :

- **un débordement émotionnel :** accès de tremblements, crises de larmes, parfois agitation motrice désordonnée ou décharges agressives. L'hypersensibilité aux stimuli visuels, cutanés et surtout auditifs est constante (*réaction de sursaut*).
- **un blocage des fonctions du Moi** qui peut aller jusqu'à la prostration et la stupeur (sidération) ; plus souvent il s'agit d'une apathie avec asthénie, désintérêt affectif et sexuel.
- **des phénomènes de répétition :**

1) *à l'état de veille* dans des ruminations conscientes, des crises de colère, des gestes de défense ou d'attaque ayant l'allure de tics.

2) *dans les rêves,* sous forme de cauchemars où le sujet revit sur un mode dramatique l'évènement traumatisant. Ces tentatives répétées pour contrôler la représentation imaginaire et onirique du traumatisme demeurent vaines et le sujet est constamment ramené à l'expérience pathogène qu'il ne peut intégrer et abréagir.

■ ***Des symptômes non spécifiques*** qui s'installent plus ou moins rapidement. Ils sont fonction des circonstances du stress, des réactions de l'entourage (imitation, bénéfices secondaires), de la personnalité du patient. Alors que les symptômes traumatiques s'atténuent sans disparaître (cauchemars et décharges émotionnelles pouvant persister des mois voire des années), des manifestations polymorphes se développent et s'organisent sur des modes variés, parfois associés entre eux :

- **troubles fonctionnels :** fatigue, algies, oppression, dystonie neuro-végétative, symptômes gastro-intestinaux, sur lesquels se polarise l'inquiétude du patient.
- **accidents de conversion hystérique** remarquablement tolérés (belle indifférence), parfois spectaculaires (crises, camptocormie, astasie-abasie, cécité), souvent plus discrets (parésie, tremblements).
- **dépression** fréquente mais masquée par des symptômes plus expressifs ; elle se traduit par l'adynamie, le repli, le sentiment de dévalorisation, la culpabilité, l'anorexie, l'insomnie.
- **phobies** investissant les objets ou les circonstances liés au traumatisme ; phobies de lieux, phobies de transports.

■ ***Une réorganisation de la personnalité*** mettant en jeu des mécanismes de régression, de somatisation et de projection. Fixé à son traumatisme par ses symptômes (phénomènes de répétition), désorganisé dans son comportement, bloqué dans ses perspectives, le patient régresse vers une attitude de dépendance passive et infantile généralement mêlée de revendication. Il recherche la sécurité et les gratifications affectives auprès de l'entourage médical et familial en même temps qu'il exige une réparation du préjudice subi. Si la revendication financière est parfois au premier plan, elle ne résume pas la demande du patient qui est aussi désir que son cas soit pris au sérieux, besoin d'estime et d'intérêt pour se revaloriser à ses propres yeux, exigence d'une réhabilitation professionnelle et sociale.

FORMES CLINIQUES ET ÉVOLUTIVES

Alors que les réactions traumatiques aiguës (névrose d'effroi, onirisme des batailles) n'ont qu'une durée limitée à quelques jours ou quelques semaines, la névrose traumatique se caractérise par l'installation d'un état pathologique durable où le traumatisme centre l'existence.

■ ***Les organisations secondaires*** se fixent avec pour aspects les plus fréquents :

- **la neurasthénie post-traumatique :** fatigue et plaintes hypocondriaques ;

- **l'hystérie post-traumatique** dont les symptômes déficitaires sont permanents et invalidants ;
- **l'enkystement caractériel** dans une attitude régressive et revendicante.

■ ***Le pronostic*** augmente de gravité avec l'âge et au-delà de 40 ans l'invalidité définitive n'est pas rare. La guérison sociale n'est pas synonyme de guérison médicale et, chez ceux qui ont repris leur travail antérieur ou ont été reclassés professionnellement, beaucoup continuent à souffrir de symptômes fonctionnels ou à présenter des troubles caractériels.

■ La préoccupation légitime d'une ***compensation financière*** colore plus ou moins toutes les névroses traumatiques consécutives à un accident indemnisable. Assez souvent, le patient surestime de bonne foi le dommage subi et la poursuite d'une revendication pécuniaire d'importance exagérée cristallise toutes ses aspirations au détriment de ses intérêts réels **(névrose de rente, névrose de compensation).** Plus qu'une exploitation consciente de la situation, il faut voir dans ce syndrome d'allure utilitaire où la surcharge symptomatique est habituelle, l'actualisation de conflits socio-psychologiques que favorisent les frustrations chroniques d'ordre professionnel et économique et que réactive l'attitude incompréhensive et culpabilisante de ceux qui traitent la victime en simulateur.

Chez certains sujets prédisposés (paranoïaque, passionnel), l'idée prévalente de revendication et d'injustice subie peut aller jusqu'à constituer une sorte de délire raisonnant qui persiste après le règlement du litige et peut entraîner des réactions agressives vis-à-vis des « responsables », médecins en particulier. Le terme de **sinistrose** qui, à l'origine, était réservé à ces délires de revendication (Brissaud), est actuellement utilisé de façon plus extensive pour tous les cas de revendication pathologique.

ÉTIOPATHOGÉNIE

■ ***L'expérience traumatique*** ; on peut schématiquement distinguer trois éventualités :

- **un traumatisme psychique** unique, intense, imprévisible, faisant effraction dans l'organisation psychologique du patient et débordant ses possibilités de défense. Le choc émotionnel est lié à la situation menaçante pour l'existence ou l'intégrité corporelle : cataclysme, combat, agression, accident dans lequel le sujet n'a pas perdu conscience et a vécu intensément l'imminence de sa mort.
- **des stress physiques et psychiques répétés** finissant par dépasser le seuil de tolérance de l'individu (opérations militaires, guérilla) ; **des situations extrêmes** (déportation, tortures). Il peut exister une phase de latence de

plusieurs mois entre la fin de la période de stress et l'installation apparente des symptômes.

- **un traumatisme corporel** peut donner lieu à un développement névrotique (*névrose post-traumatique*). En général bénin, le traumatisme intéresse une région fortement investie sur le plan symbolique : tête, lombes, main. Lors de traumatismes crâniens, l'intrication organo-névrotique est particulièrement fréquente.

■ ***La personnalité du patient.***

- **La fragilité de l'équilibre psychique** et la précarité de l'adaptation antérieure expliquent la profondeur et la durée de certaines décompensations. Il ne faut cependant pas minimiser le rôle du traumatisme et y voir le simple révélateur d'une « névrose latente ». Certaines situations hautement pathogènes peuvent occasionner des névroses traumatiques chez des sujets stables et bien intégrés ; à l'inverse, des sujets névrosés peuvent ne pas être perturbés par un événement apparemment traumatique.
- Il importe surtout de **situer l'événement dans l'histoire personnelle du sujet** afin de comprendre le sens de sa réaction à un traumatisme dont la résonance affective variera selon sa personnalité, ses disponibilités de défense du moment, sa vulnérabilité due aux expériences traumatiques et aux conflits antérieurs. Ainsi apparaît le rôle organisateur de l'événement dans la personnalité. « En vertu de son intensité émotionnelle actuelle, de son sens « là et maintenant », il détermine un choix dans les souvenirs conscients et inconscients du sujet, faisant accéder certains événements du passé à une nouvelle existence et laissant d'autres dans l'ombre ; qui plus est, il dote ces événements rappelés d'une tension émotionnelle qu'ils ne possédaient pas et il en fait, sur le plan de la signification, des prémisses de la névrose actuelle » (Crocq).
- **Parmi les facteurs de vulnérabilité** peuvent agir, dans les névroses de guerre, l'épuisement physique, le manque de cohésion du groupe, les conflits moraux, les sentiments de culpabilité liés au décès d'un camarade (« névrose du survivant »). Dans les névroses qui se développent après un accident de travail, c'est souvent le travail lui-même qui est source de conflits, investi négativement car dangereux, mal payé ou peu valorisant.

■ ***Les réactions de l'entourage et de la société*** peuvent favoriser l'organisation névrotique post-traumatique.

- **Le rôle de l'épouse** est parfois déterminant ; par son maternage, elle facilite la régression du patient et son installation dans la maladie, tirant elle-même des bénéfices affectifs de cette situation.
- **L'attitude du médecin** peut infléchir l'évolution : soit qu'il dramatise la situation et ancre le patient dans une position de grand malade dont l'avenir

est compromis ; soit qu'il s'en tienne au bilan objectif des troubles et méconnaisse leur signification psychologique, induisant alors chez le patient qui se sent rejeté une surcharge des symptômes pour obtenir plus de compréhension et d'intérêt.

- **Lors des expertises** il y a souvent réactivation des troubles dans une perspective plus ou moins consciente d'indemnisation. L'intérêt financier est cependant loin d'être le seul facteur de perennisation des symptômes et l'on peut voir des névroses durables s'installer après un accident non indemnisable.

TRAITEMENT

Le pronostic est d'autant meilleur que le traitement est plus précoce. Dans les névroses de guerre on a utilisé avec de bons résultats la narco-analyse, la subnarcose amphétaminée, l'hypnose. Dans la prévention des névroses post-traumatiques, le rôle du médecin est essentiel. Il faut obtenir la confiance du patient, le rassurer en lui fournissant des explications suffisantes sur les examens et traitements entrepris, calmer ses symptômes (anxiété, insomnie, dépression) par une chimiothérapie appropriée. On doit éviter les hospitalisations inutilement prolongées, facteur de régression. Il est important que le malade se sente aidé et compris mais il ne faut pas trop faciliter les attitudes de dépendance et les bénéfices secondaires. La prise en charge doit être cohérente et suivie. L'expertise ne devrait pas intervenir seulement comme un arbitrage judiciaire ; elle devrait s'insérer dans une prise en charge collective du patient axée sur sa réadaptation.

BIBLIOGRAPHIE

CROCQ (L.). — Stress et névrose traumatique - in BUGARD (P.). « *Stress fatigue dépression* » tome 2, p. 17-48 - Doin Edit. 1974.

FENICHEL (O.). — *La théorie psychanalytique des névroses.* Tome I. P.U.F.

FREUD (S.). — *Essais de psychanalyse.* 1 vol. petite bibliothèque Payot, p. 7-81. « Au-delà du principe du plaisir ».

JUILLET (P.) et MOUTIN (P.). — *Psychiatrie Militaire.* Masson. 1967.

LAUGHLIN (H.-P.). — *The neuroses.* 1 vol. Butterworths : London. 1967.

TITCHENER (J.-L.) and ROSS (W.-D.). — Acute or chronic stress as determinants of behavior, character and neurosis - in « ARIETI (S.) - *American Handbook of psychiatry.* III. p. 39-60. Basic Books. New York. 1974.

11

LES PERSONNALITÉS PATHOLOGIQUES

On entend habituellement par personnalités pathologiques des états permanents constitués par des déviations quantitatives par rapport à la personnalité dite normale. Ces états ne sont pas marqués, comme le sont les états névrotiques ou psychotiques, par la présence de symptômes psychiques. Ils se caractérisent par des modes de comportement, des styles de conduite considérés comme pathologiques. Les symptômes psychiques, s'ils existent, sont épisodiques ou au deuxième plan.

Certaines personnalités pathologiques (hystériques, psychasthéniques, anxieuses) consultent beaucoup le médecin généraliste. Celui-ci doit connaître leurs particularités psychologiques afin d'avoir une juste appréciation des symptômes somatiques présentés et d'éviter les écueils voire les erreurs dans la relation thérapeutique.

PERSONNALITÉ ; CARACTÈRE ; TEMPÉRAMENT

■ ***La personnalité*** est habituellement définie comme l'organisation dynamique des aspects intellectuels, affectifs, volitionnels, physiologiques et morphologiques de l'individu.

La notion de **structure de la personnalité** se réfère à l'organisation psychique profonde, stable et définitive du sujet. La structure psychique a été comparée par Freud à celle d'un cristal minéral. Lorsque le sujet est soumis à de fortes épreuves intérieures ou extérieures (traumatismes affectifs, frustrations, conflits trop intenses), le « cristal psychologique » ne se briserait que selon les lignes de force et de rupture originelles, pré-établies dans le jeune âge voire dans l'adolescence et ne pouvant plus varier par la suite. Comme le souligne Bergeret, le sujet de structure psychotique ne pourrait développer qu'une psychose, le sujet de structure névrotique qu'une névrose ; la stabilité des structures impliquerait une impossibilité foncière de passer de la structure névrotique à la structure psychotique ou inversement, à partir du moment ou un Moi spécifique est organisé dans un sens ou dans l'autre. Il y a lieu de distinguer la « *structure* » des « *aménagements* » encore mobiles et malléables constitués par le groupe des « Etats-Limites » que nous étudierons plus loin.

■ ***Le caractère*** désigne « l'ensemble des **traits** gravés observables qui, chez un individu ou dans un groupe, définissent une manière habituelle de se comporter dans un certain type de situation ou vis-à-vis de certains objets » (Widlocher - Basquin). Il a donc valeur différentielle car il marque ce qui permet d'identifier l'individu, de le reconnaître. Bien qu'il corresponde à l'aspect extérieur de la personnalité (affectivité et comportement), il est l'émanation dans la vie relationnelle de la structure de base de cette personnalité.

■ ***Le tempérament*** connote les facteurs biologiques de la personnalité. Depuis Gallien et sa doctrine des 4 tempéraments (sanguin, cholérique, mélancolique, lymphatique), bien des typologies ont pris en compte l'aspect morphologique (Kretschmer, Sheldon) ou physiologique (Pavlov) des différences individuelles.

CRITÈRES ET LIMITES DE LA NORMALITÉ

La notion de normalité s'est souvent référée à un pourcentage majoritaire de comportements, les « déviants » par rapport à une moyenne statistique étant considérés comme pathologiques ; mais comment échapper au choix arbitraire d'une limite précise ? La référence à un **idéal collectif** conduirait à considérer comme « normaux » les individus obéissant aux règles éthiques ou aux institutions, les non-conformes étant considérés comme « pathologiques ». On voit le danger qu'il y aurait à assimiler l'équilibre psychologique et le conformisme social.

Plutôt que d'envisager la normalité seulement par rapport aux autres, à l'idéal ou à la règle, on tend actuellement à cerner la notion de normalité en se référant à un **critère fonctionnel,** c'est-à-dire au « bon fonctionnement intérieur d'un individu », à son fonctionnement optimal compte tenu de ses caractéristiques psychologiques particulières. Une décompensation pathologique correspondrait à une rupture d'équilibre sans que change la structure de base. Ces critères de la normalité sont ceux auxquels se réfère Kurt Schneider quand il considère que *les anomalies quantitatives de la personnalité ne deviennent pathologiques que lorsqu'elles entraînent une souffrance soit de l'individu lui-même, soit de la société.*

LES DIFFÉRENTES APPROCHES DES PERSONNALITÉS PATHOLOGIQUES

■ Prolongeant les théories du XIXe siècle (folie morale de Prichard, dégénérescence de Morel, déséquilibre de Magnan) on a proposé en France la doctrine des constitutions (Dupré) alors qu'en Allemagne à la suite de Kraepelin se développaient des ***typologies*** dont les plus connues sont la typologie clinique de Kurt Schneider (1923) et la typologie morpho-physio-psychologique de Kretschmer (1921). Ce dernier établit une correspondance entre la morphologie du corps et la structure psychologique (au schizothyme leptosome asthénique s'oppose le cyclothyme pycnique) et défend l'idée qu'il n'existe entre la normalité et la psychose que des transitions quantitatives selon la séquence : personnalité normale, personnalité pathologique, personnalité psychotique (schizothyme-schizoïde-schizophrène ; cyclothyme, cycloïde, cyclique maniaco-dépressif).

■ ***La typologie psychanalytique*** propose un modèle exclusivement psychologique. Elle se réfère aux stades de développement ayant fait l'objet de fixations excessives, aux mécanismes de défense utilisés de façon préférentielle contre l'angoisse, au type de la relation d'objet établie au cours du développement psychologique. Des modalités de cette relation dépendent en effet les investissements individuels et les conduites manifestes.

■ De ces différents modèles théoriques et de ces systèmes typologiques découle ***une nomenclature*** caractérisée par sa complexité et l'abondance de synonymes.

L'origine du terme qualifiant la personnalité pathologique est empruntée soit à l'affection dont elle est censée constituer le terrain (personnalités hystérique, schizoïde, cycloïde, paranoïaque), soit à une affection dont les symptômes sont reproduits à minima par la personnalité pathologique (personnalité obsessionnelle ou phobique), soit aux stades de développement ayant fait l'objet de fixations (personnalités orale, anale, phallique). Il est important en pratique de savoir quand on parle d'une « hystérique » ou d'un « obsessionnel », s'il s'agit d'une personnalité hystérique ou obsessionnelle, ou d'une névrose hystérique ou obsessionnelle, c'est-à-dire s'il s'agit d'un patient qui souffre de troubles isolés du caractère (personnalité pathologique) ou de symptômes (névrose).

ÉTUDE CLINIQUE DES PERSONNALITÉS PATHOLOGIQUES

PERSONNALITÉ HYSTÉRIQUE

Ce type de personnalité que l'on observe surtout chez la femme, se caractérise par : l'histrionisme, l'égocentrisme, la labilité émotionnelle, la facticité des affects, la dépendance affective, l'érotisation des rapports sociaux et la frigidité.

L'histrionisme frappe d'emblée ; l'hystérique cherche à attirer l'attention, plaire et séduire. Son allure est théâtrale, ses récits imagés dramatisent ou embellissent la réalité, parfois même la falsifient (mythomanie). Comédienne, toujours en représentation, elle évite les relations affectives authentiques avec autrui ; plastique et suggestible, elle peut changer de rôle en fonction de l'auditoire ce qui lui permet de camoufler l'inconsistance de sa propre personne et l'amène, au gré de ses engouements passagers et par le jeu d'identifications successives, à vivre par substitution l'existence des autres. Son **comportement de séduction** fait considérer à tort l'hystérique comme une nymphomane ; en fait, bien qu'elle affiche une hyperféminité, sa coquetterie aguicheuse masque ses inhibitions sexuelles, sa **frigidité,** son refus profond d'être une femme. L'hystérique a constamment besoin des autres pour se valoriser, pour se faire prendre en charge. Son **avidité affective** très egocentrique s'accompagne d'une extrême intolérance aux frustrations qui va s'extérioriser en **décharges émotionnelles** spectaculaires (larmes, colères, crises de nerfs) et peut donner lieu à des comportements manipulatoires (scènes, chantage). L'hystérique n'a pas toujours une conscience nette du jeu qu'elle mène ; les possibilités d'introspection lui font défaut (absence d'insight) de même que lui manquent le recul et le contrôle vis-à-vis de ses affects.

L'adaptation des hystériques est variable. Certaines utilisent admirablement les particularités de leur personnalité pour se faire entourer et choyer. Il y a des milieux, des cultures qui valorisent ce type de personnalité. D'autres, constamment rejetées, vivent dans l'insatisfaction et l'échec. D'une façon générale, les difficultés s'accroissent avec l'âge car la distance s'accentue entre la réalité et les désirs névrotiques infantiles.

Les décompensations psychopathologiques présentées par ces patientes sont essentiellement de deux ordres :

■ ***La somatisation ;*** toutes les personnalités hystériques ont tendance à somatiser leurs problèmes et leur appétence médicale et chirurgicale en témoigne. La somatisation peut être modérée ou transitoire, les troubles du caractère et de la sexualité étant au premier plan. Chez d'autres malades, la somatisation est la seule solution aux conflits : fatigue, algies, crises névropathiques ou manifestations typiques de conversion hystérique.

■ ***La dépression*** asthénique et anxieuse, survenant en réaction aux frustrations et aux abandons. Souvent passagères dans un contexte de chantage affectif (tentative de suicide) chez la jeune hystérique, les décompensations dépressives tendent à devenir avec l'âge plus sévères et plus traînantes. Chez l'hystérique âgée elles prennent parfois l'allure d'une hypocondrie chronique et invalidante.

■ ***La tendance à la somatisation fait du médecin l'interlocuteur privilégié de l'hystérique*** mais cette relation ne va pas sans difficultés.

Tour à tour sauveur ou impuissant, le médecin ne doit guère escompter de succès thérapeutiques durables. La docilité initiale aux avis et aux prescriptions peut rapidement faire place aux revendications exprimées ouvertement ou déguisées sous forme de plaintes somatiques qu'aucun traitement ne soulage. L'irritation et la lassitude du thérapeute poussent l'hystérique à se lancer dans une nouvelle relation thérapeutique où elle espère retrouver intérêt et soutien. Dans la relation avec l'hystérique le médecin devrait ne céder ni à l'antipathie ni au charme ; il ne devrait pas se laisser aller à l'escalade sans fin des gratifications et bénéfices secondaires que représente la multiplicité d'examens et de consultations diverses. Un moyen terme entre frustration et gratification peut être recherché dans une écoute attentive et patiente dont la neutralité ne doit pas être entachée d'indifférence. On doit se rappeler que l'hystérique n'est pas une simulatrice et que même s'il existe une relative complicité avec les troubles, ceux-ci trouvent leur origine dans des conflits inconscients.

■ La personnalité hystérique traduit en effet la ***résolution pathologique d'une sexualité conflictuelle*** où les pulsions agressives et sexuelles sont refoulées. La fixation orale faciliterait l'échec de la résolution du *conflit œdipien* et expliquerait la bipolarité clinique de cette structure (histrionisme et dépendance affective). De fait, chez certaines personnalités, la problématique *orale* domine ; il s'agit de sujets immatures, inhibés, passifs-dépendants, ne pouvant vivre que soutenus par un entourage maternel et protecteur et réagissant aux abandons et frustrations sur un mode dépressif et anxieux (Cf. Personnalités anaclitiques ; Etats Limites p. 140) et aussi par des manifestations de conversion typique.

■ ***Chez l'homme,*** le caractère hystérique est plus rare, mal toléré socialement. L'histrionisme se traduit par la vantardise, les fanfaronnades, le récit enjolivé d'aventures avantageuses où l'hystérique cherche à masquer sa faiblesse et son absence de virilité. Le caractère hystérique s'associe souvent chez l'homme à des traits de déséquilibre (instabilité, impulsivité, fugues, délinquence mineure).

PERSONNALITÉ OBSESSIONNELLE (CARACTÈRE ANAL)

■ Ce ***caractère bien structuré*** se repère facilement ; il associe :

- un souci constant de **l'ordre** et de la **propreté,** s'accompagnant d'une grande méticulosité, d'une ponctualité rigoureuse et de perfectionnisme ; il en découle dans le domaine moral la fidélité aux engagements, l'attitude scrupuleuse dans les obligations, le sens du devoir.

- **le sens de l'économie** qui peut aller jusqu'à la mesquinerie voire l'avarice ; la difficulté à partager et à donner va de pair avec le goût de la possession et conduit souvent à amasser (provisions, collections).
- **l'entêtement obstiné** qui rend compte de la ténacité, de la persévérance de ces sujets peu influençables ; il s'accompagne volontiers d'autoritarisme.

Ces sujets s'expriment avec une concision qui va jusqu'au pédantisme dans la recherche du mot exact. Froids, secs, impassibles, ils ont tendance à intellectualiser et ne laissent pas affleurer les associations affectives qui pourraient les faire souffrir. Leur vie psychique paraît ainsi compartimentée en une juxtaposition de souvenirs, de sentiments, de représentations actuelles, sans aucun lien entre eux (mécanisme d'isolation). A ce prix, ces personnalités peuvent être remarquablement adaptées et fonctionner sans angoisse ni crise psychologique.

Le développement d'une névrose obsessionnelle sur cette personnalité de base est relativement rare. Ce qu'il est plus fréquent d'observer, surtout chez la femme, c'est la survenue dans la deuxième moitié de la vie d'**accès dépressifs** isolés ou à rechutes. Il faut aussi signaler que ce type de personnalité est retrouvé fréquemment chez les colopathes et les sujets atteints d'infarctus du myocarde.

■ Les traits de la personnalité obsessionnelle reflètent les mécanismes inconscients de résolution de l'érotisme anal et de l'agressivité sadique du stade sadique-anal. Il s'agit avant tout de ***formations réactionnelles,*** c'est-à-dire d'habitudes psychologiques de sens opposé aux désirs refoulés et constituées en réaction contre ceux-ci. La propreté excessive est une formation réactionnelle contre le goût de la saleté de même que la soumission et la politesse exagérées se sont substituées à l'agressivité inconsciente intense. Parfois cependant des attitudes tyranniques, des propos scatologiques, un laisser-aller vestimentaire témoignent chez l'obsessionnel de l'émergence directe de pulsions sadique-anales. Certaines pulsions ont aussi été déplacées, sublimées ; l'intérêt pour l'argent, pour la manipulation des objets (rangement, collections) remplace pour l'obsessionnel l'intérêt qu'il avait enfant pour jouer avec ses fèces. Quant aux tendances caractérielles, elles persistent sans changement depuis l'enfance ; l'obstination prolonge l'entêtement du jeune âge.

PERSONNALITÉ PSYCHASTHÉNIQUE

Sa description est due à Pierre Janet. Elle se caractérise par un **sentiment d'incomplétude,** une tendance aux **scrupules,** au doute, aux crises de conscience, aux ruminations mentales ; par des préoccupations introspectives lucides, douloureuses, tristes, coupables, avec inhibition entraînant une impuissance à agir et une hyposexualité. La **fatigue** permanente, particulièrement importante le matin au « démarrage », tend à s'atténuer dans la journée ; toute décision, toute activité concrète nécessite un effort péniblement ressenti. Le psychasthénique tente de se rassurer par la minutie, la précision, le **perfectionnisme** et par un moralisme souvent rigide. Il se dégage des réalités quotidiennes par une tendance à la spéculation intellectuelle, à la rêverie contemplative. Pour lutter contre son aboulie, le psychasthénique utilise parfois des stimulants (tabac, café, alcool, amphétamines) sans que se réalisent en général des toxicomanies majeures.

Répondant pour Janet à une « baisse de la tension psychologique », la personnalité psychasthénique est actuellement interprétée comme une défense contre des tendances agressives intenses. La pensée se substituant à l'action, le risque serait moindre de voir se traduire en actes le potentiel agressif.

L'introspection anxieuse du psychasthénique donne souvent lieu à des préoccupations hypocondriaques, des craintes nosophobiques. Une névrose obsessionnelle peut se développer sur ce terrain inquiet et scrupuleux. L'hypersensibilité du psychasthénique aux stress physiques et psychologiques est également source de fréquentes décompensations dépressives avec recrudescence de l'asthénie anxieuse (maladies, échecs, promotions).

CARACTÈRE PHOBIQUE

Il se caractérise avant tout par **l'inhibition** dont témoignent la timidité, l'effacement réservé, l'adynamisme ; le phobique tente de passer inaperçu, refuse de s'engager ; évitant certaines situations, il échappe à l'angoisse pulsionnelle en la projetant hors de lui-même dans la peur de dangers extérieurs. Mais cette inhibition cache mal **l'hyperémotivité** et **l'état permanent d'alerte** que le phobique maintient vis-à-vis de toute sa vie affective et instinctuelle inconsciente. **L'évitement** peut revêtir l'aspect d'une fuite manifeste (évitement de moyens de transports, de voyages, des hôpitaux, etc.) ou se traduire par une fuite en avant responsable de **conduites contra-phobiques** paradoxales telles que des attitudes de défi, d'affrontement des situations redoutées, de suroccupation ; cette fuite en avant est liée à des mécanismes de surcompensation et de déplacement : par exemple la crainte de la sexualité peut être surcompensée par des conduites téméraires dans des domaines variés, ceci dans la mesure où ils sont dénués de toute référence sexuelle directe.

L'individualité de la personnalité phobique est discutée. Il est difficile d'en distinguer ce qui peut être attribué à des symptômes névrotiques à minima (névrose phobique). Janet a souligné le rapprochement entre structure phobique et psychasthénique ; on doit retenir l'association fréquente de traits de personnalité hystérique et de comportements phobiques : on parle alors de *« caractère hystéro-phobique »*.

PERSONNALITÉS PARANOIAQUE ET SENSITIVE

La personnalité paranoïaque

Elle se caractérise par :

- **la surestimation de soi** se manifestant par la suffisance et l'orgueil ; juge sévère pour autrui, méprisant, redresseur de torts, le paranoïaque n'a lui-même jamais tort ; infaillible il ne peut remettre ses opinions en question, se trouve incompris et méjugé, s'obstine à faire triompher envers et contre tous sa manière de voir. Parfois une modestie feinte et une affectation masquent l'autophilie.
- **l'absence d'autocritique et la fausseté du jugement ;** elles peuvent être considérées comme une conséquence de cette hypertrophie du moi de même que la *psychorigidité* des actes et des jugements, l'*autoritarisme* et l'*intolérance* envers les autres. La pensée fonctionne sur un mode rigide et systématisé.
- la **méfiance** et la **susceptibilité** marquant les relations entretenues avec autrui ; des faits anodins prennent une signification personnelle et intentionnelle.
- ces traits expliquent **les difficultés de l'insertion sociale** et l'existence conflictuelle du paranoïaque. On évite plus souvent qu'on ne recherche la compagnie de ce personnage ombrageux, égocentrique, agressif, jaloux. Pour sa famille et ses subordonnés, le paranoïaque est d'une intransigeance tyrannique.

■ Ces traits sont toujours présents chez une personnalité paranoïaque mais ***la sthénie est variable.*** Souvent la méfiance vis-à-vis de situations banales ressenties comme une persécution potentielle ou affirmée entraîne des réactions de revendication sthénique et agressive, avec plaintes, procédures, révoltes : ce sont les personnalités paranoïaques dites de combat (Kretschmer) ou *quérulentes* (Kraepelin). Parfois le sujet réagit par le repli, élabore le bonheur du monde selon un « système » théorique pseudologique ; ces idéalistes rêveurs sont les personnalités paranoïaques dites de souhait (Kretschmer).

■ La majorité des personnalités paranoïaques ***ne se décompensent jamais*** et peuvent même, du fait de la constante intégrité de leurs capacités intellectuelles, acquérir des positions sociales enviables (professionnelle, politique, religieuse). Leur entourage (conjoint, enfants, subordonnés) souffre bien plus qu'eux-mêmes de leur caractère.

■ ***Des manifestations psychopathologiques*** peuvent cependant marquer leur existence :

- *des plaintes hypocondriaques :* le médecin se heurte souvent à l'accusation de négligence ou d'incompétence et à la revendication parfois procédurière du malade ; une extrême prudence s'impose avec un paranoïaque lors des décisions thérapeutiques.

- *des réactions passionnelles* à l'occasion de frustrations : jalousie morbide, querelle d'héritage.
- enfin *le délire paranoïaque* est une possibilité évolutive qui pose des problèmes spécifiques en particulier celui de ses rapports avec la personnalité paranoïaque (v. Délires chroniques p. 276).

La personnalité sensitive

Décrite par Kretschmer, elle participe à la fois de la personnalité paranoïaque et de la personnalité psychasthénique. Les sensitifs sont des sujets hyperémotifs, scrupuleux, tourmentés, insatisfaits d'eux-mêmes. L'orgueil et la méfiance se cachent sous ces traits. L'asthénie remplace l'hypersthénie du paranoïaque type. Hypersensibles, susceptibles, les sensitifs sont très vulnérables mais incapables d'extérioriser leurs sentiments profonds, ils ont tendance à se replier sur eux-mêmes en d'interminables débats de conscience. Ils sont sujets aux dépressions, aux revendications hypocondriaques et peuvent développer lors de situations vitales traumatisantes un **délire de relation** (v. p. 279).

PERSONNALITÉ SCHIZOÏDE

Le repli sur soi, l'incapacité à exprimer directement ses sentiments et à nouer des relations étroites avec autrui, l'absence de chaleur affective sont les traits de cette personnalité. Le schizoïde est un sujet solitaire, distant, détaché, rêveur, introverti. Derrière la froideur se cache cependant une vie imaginaire intense. La plupart des schizoïdes ne se décompensent jamais mais leur existence est souvent marginale avec des bizarreries de comportement.

PERSONNALITÉS CYCLOÏDES

Variantes pathologiques du tempérament cyclothymique normal, les personnalités cycloïdes, chaleureuses et extraverties, peuvent avoir l'aspect d'une hyperthymie permanente (personnalité hypomaniaque) ou se marquer par des oscillations entre hypomanie et dépression. S'il peut être déprimé, le cycloïde reste néanmoins syntone.

PERSONNALITÉ ANXIEUSE

Elle est caractérisée par un état permanent de tension anxieuse pénible et fatigant sur un fond de labilité émotionnelle, d'irritabilité, d'hyperréactivité aux stimuli de l'environnement. Le sommeil est léger, agité, peu reposant, entrecoupé de cauchemars. La crainte du pire, le sentiment d'insécurité font rechercher la présence rassurante d'un entourage protecteur. La personnalité anxieuse est le terrain d'élection de la névrose d'angoisse et des névroses phobiques (p. 85).

PERSONNALITÉ SOCIOPATHIQUE

Cette variété de personnalité pathologique, du fait de sa fréquence et des conséquences de son comportement antisocial, est traitée dans un chapitre spécial. (V. Déséquilibre psychique p. 134).

DIAGNOSTIC DIFFÉRENTIEL

A. – AVEC LES PSYCHOSES

Les limites entre les personnalités « schizoïdes » ou « cycloïdes » et les psychoses schizophréniques ou maniaco-dépressives sont parfois difficiles à établir. Dans la théorie de Kretschmer il n'existait entre la normalité et la psychose que des transitions quantitatives selon la séquence : personnalité normale, personnalité pathologique, personnalité psychotique (schizothyme, schizoïde, schizophrène ; cyclothyme, cycloïde, cyclique ou maniaco-dépressif). Les personnalités pathologiques cycloïdes ou schizoïdes sont-elles des formes mineures, abortives, des deux grandes psychoses ? Constituent-elles seulement un terrain favorisant leur apparition ? Personnalités et psychoses ont-elles une relative indépendance ? Il n'existe actuellement aucun argument décisif pour trancher mais on peut rappeler qu'en clinique il est souvent difficile de différencier une personnalité schizoïde et une schizophrénie évoluant à bas bruit, une personnalité cycloïde et une psychose maniaco-dépressive à accès mineurs.

B. – AVEC LES NÉVROSES

On a longtemps admis que les personnalités pathologiques étaient pour la plupart « innées », liées au tempérament et au biotype, alors que les névroses avaient surtout une origine psychologique. La genèse des anomalies de la personnalité, qu'elles soient caractérielles ou névrotiques, est en fait complexe, multifactorielle et c'est surtout sur le plan clinique qu'apparaît une différence manifeste entre les **névroses** où les pulsions s'expriment sous forme de *symptômes* (obsessions, phobies, conversion) et les **personnalités pathologiques** (caractères hystériques, obsessionnels, phobiques) opposant aux pulsions indésirables non pas des symptômes mais des « *défenses du caractère* » se traduisant par des *comportements déviants ;* ici les traits de caractère remplacent les symptômes ; une personnalité obsessionnelle sera entêtée, méticuleuse, mais n'aura pas les obsesssions et les rites qui sont caractéristiques de la névrose obsessionnelle. La distinction n'est cependant pas toujours simple ; on observe en effet assez souvent l'association de symptômes et d'anomalies du caractère, c'est-à-dire d'une névrose sur un caractère névrotique ce qui souligne le lien structural les unissant. Au total, tantôt la structure caractérielle pathologique est un mode d'organisation et de défense qui suffit à maintenir l'équilibre du champ relationnel, tantôt c'est la toile de fond d'une névrose ou le terrain d'une dépression névrotique.

C. – AVEC LES TROUBLES DU CARACTÈRE D'ORIGINE ORGANIQUE

Si l'on met à part les organisations caractérielles permanentes qui peuvent s'observer chez certains épileptiques ou certains post-encéphalitiques dont la maladie remonte à l'enfance, ce qui caractérise les troubles caractériels secondaires à une atteinte cérébrale organique (tumeur, troubles vasculaires, sénilité) c'est leur apparition tardive, en rupture avec la personnalité antérieure ou exagérant grossièrement des traits préexistants. Il en est de même chez les intoxiqués chroniques (alcooliques, toxicomanes).

L'ÉVALUATION DE LA PERSONNALITÉ

C'est un temps important de tout examen médical et particulièrement de l'examen psychiatrique. Cette évaluation demande de la prudence ; les jugements hâtifs sont souvent erronés. Les *tests de personnalité* (questionnaires, tests projectifs) peuvent contribuer à apprécier les caractéristiques de la personnalité et les symptômes pathologiques. On se rappellera qu'en période de « crise » les traits de caractère peuvent être grossièrement exagérés voire distordus, (crise dépressive, conflit conjugal aigu).

BIBLIOGRAPHIE

ABRAHAM (K.). — *Œuvres complètes.* Payot.

BERGERET (J.). — *La personnalité normale et pathologique.* Les structures mentales, le caractère, les symptômes. Dunod, Paris, 1974.

DEUTSCH (H.). — *Névroses et types de caractères.* Payot.

FREUD (S.). — *Métapsychologie.* Gallimard.

FREUD (S.). — *Trois essais sur la théorie de la sexualité.* Gallimard.

KRETSCHMER (E.). — *Manuel théorique et pratique de psychologie médicale.* Payot.

KRETSCHMER (E.). — *Paranoïa et sensibilité.* P.U.F.

NACHT (S.) et SAUGUET (H.). — La théorie psychanalytique de la formation du caractère, in « *La Théorie Psychanalytique* ». P.U.F., 1969.

PICHOT (P.). — Les Personnalité pathologiques. *Bulletin de psychologie.* T. 18.

REICH (W.). — *L'analyse caractérielle.* Payot.

SCHNEIDER (K.). — *Les personnalités psychopathiques.* P.U.F.

12

LE DÉSÉQUILIBRE PSYCHIQUE

Chez le déséquilibré, l'anomalie de la personnalité se traduit essentiellement par les difficultés de l'adaptation ou l'inadaptation permanente aux normes et aux lois de la vie en société. Les termes de « déséquilibre psychopathique », de « sociopathie », de « personnalité antisociale » sont communément utilisés pour désigner cette forme de déviance sociale qui s'observe surtout dans le sexe masculin et dans les milieux socio-familiaux désorganisés.

Par son instabilité et son incapacité à s'intégrer à un groupe, le déséquilibré se différencie du « dyssocial » adapté à un groupe dont il observe les lois (le Milieu, la Mafia).

SÉMEIOLOGIE

■ ***Une biographie mouvementée*** caractérise un style d'existence marqué par l'*instabilité*, l'*impulsivité* et l'*inadaptation*. Pour la reconstituer on s'aidera de renseignements extérieurs car le patient, souvent séduisant et beau parleur, en donne une version incomplète ou tronquée par suite de lacunes mnésiques, de dissimulation volontaire ou de mythomanie.

- **L'enfance** a presque toujours été perturbée : alternatives d'apathie et de surexcitation, irrégularités du travail scolaire et indiscipline, colères violentes, « crises de nerfs », chapardages, école buissonnière, parfois déjà des fugues.
- **A l'adolescence** les troubles s'accentuent : conflits répétés avec l'autorité (parents, professeurs), instabilité scolaire entraînant après des échecs et des renvois successifs l'arrêt des études ou de l'apprentissage ; fréquentation de groupes marginaux ou délinquants ; premiers délits (vols de voiture, cambriolages, agressions) ; fréquence des fugues et du nomadisme, des tentatives

de suicide, des excès éthyliques, des expériences toxicomaniaques, de la prostitution homo et hétéro-sexuelle. La contrainte du service militaire est mal supportée (crises excitomotrices, insubordination, désertion).

- **A l'âge adulte,** l'instabilité persiste, compromettant l'insertion socio-professionnelle (changements de métiers, changements de patron, emplois temporaires ou marginaux), précipitant le déséquilibré dans des entreprises hasardeuses qui tournent rapidement court. Vivant d'expédients et de combines, il peut recourir occasionnellement à la délinquance à moins qu'il ne mène une existence parasitaire aux dépens d'un partenaire ou d'une famille tolérants. L'égocentrisme et l'instabilité affective sont habituels : séparations, divorce, abandon de famille, liaisons éphémères. Rien n'attache ce sujet qui fuit devant les conflits et les responsabilités ou part à l'aventure « pour voir du pays ».

■ ***Des caractéristiques psychologiques conditionnent le comportement :*** L'instabilité s'accompagne d'une impulsivité qui est en grande partie à l'origine des avatars du déséquilibré.

Le passage à l'acte constitue pour lui la voie habituelle de décharge pulsionnelle. Intolérant aux frustrations, il réagit de façon immédiate, incontrôlée, disproportionnée aux conflits ou aux situations vécues comme contraignantes : crises d'agitation clastique, fugues, délits, gestes suicidaires. Il n'y a ni élaboration psychique du conflit ni anticipation des conséquences possibles pour lui-même (perte d'emploi, sanction pénale) ni prise en compte des conséquences pour autrui envers qui ne l'attache aucun lien authentique. Le déséquilibré n'exprime ni honte, ni remords, bien au contraire il a tendance à incriminer la malchance, à se poser en victime de la société et surtout à rejeter la culpabilité sur l'entourage qui a pu faire obstacle à la réalisation immédiate de ses désirs (le proche qui a refusé de l'argent, le supérieur qui a refusé une permission). Il est incapable de se projeter dans un avenir à long terme tout comme de tirer la leçon du passé pour éviter la répétition des échecs ; on est même frappé, chez certains psychopathes intelligents, du caractère stéréotypé des récidives malheureuses.

Derrière l'insensibilité apparente, il existe un malaise intérieur profond, peu ou pas exprimé : dysphorie, **ennui** que le psychopathe cherche à rompre par ses perpétuels changements de milieu et d'occupations, par l'évasion dans l'alcool ou la drogue ou par la recherche d'une excitation stimulante que lui procurent la prise de risques (les situations dangereuses, le jeu, les activités illégales) ou le mirage d'une nouvelle aventure.

Des traits hystériques s'associent fréquemment au déséquilibre surtout chez la femme : crises névropathiques, suggestibilité, accidents transitoires de conversion somatique à fins utilitaires évidentes. Fuyant la réalité lorsqu'elle contrecarre ses désirs, le psychopathe se nourrit d'illusions, se dupant lui-même autant qu'il dupe les autres ; **la mythomanie** infiltre parfois tout son comportement et, dans la confusion du fantasme avec la réalité, il exploite à son avantage les rôles valorisants où se satisfait son narcissisme (usurpation de titres ou d'identités facilitant les emprunts, les escroqueries, le parasitisme). Il est plus amoral que pervers et chez lui la pratique de perversions sexuelles reste en général épisodique : homosexualité de circonstances où la dimension de chantage fait souvent du partenaire une victime. Une **dimension perverse** de malignité est cependant manifeste chez quelques déséquilibrés tirant leur plaisir du scandale qu'ils provoquent ou qu'ils forgent de toutes pièces (dénonciations calomnieuses).

■ ***Des accidents psychiatriques compliquent souvent le déséquilibre :***

1) **Les crises d'agitation clastique** avec auto ou hétéro-agressivité. Déclenchées par une frustration réelle ou un motif minime, elles ont un caractère explosif, bruyant, hyperexpressif, qui mobilise l'entourage brutalement mis en cause. Elles peuvent induire des réactions en chaîne d'irritation ou d'exaspération agressive (épidémies de suicides, d'automutilations) bien connues dans les collectivités accueillant des psychopathes.

2) **La dépression** est fréquente, exagération de l'ennui habituel à beaucoup de psychopathes ou réaction à un abandon, à un échec. Ce qu'exprime ce déprimé aboulique et apragmatique ce n'est pas la culpabilité, c'est le vide de son existence, la revendication affective, le ressentiment, les plaintes hypocondriaques (algies, insomnie, asthénie). Ces états sont accessibles à une chimiothérapie antidépressive.

3) **Les gestes suicidaires** qui s'observent avec une extrême fréquence, répondent à des motivations multiples et plus ou moins intriquées : « coup de cafard », réaction de panique et de fuite devant une impasse sociale, geste de provocation, appel à l'aide, jeu dangereux avec la mort. Le passage à l'acte est brutal, irréfléchi, souvent favorisé par une imprégnation alcoolique. Dépressif ou impulsif, un suicide termine assez souvent l'existence du psychopathe, parfois après plusieurs tentatives qui paraissent de l'ordre du chantage.

4) **L'alcoolisme et les toxicomanies** trouvent un terrain d'élection chez le déséquilibré. Sa conduite alcoolique est souvent compulsive, génératrice d'ivresses pathologiques où sa dangerosité se trouve singulièrement aggravée. La toxicophilie jointe à l'attrait de l'interdit peut le conduire aux « drogues dures » dont il sera usager autant que pourvoyeur. L'automédication abusive (hypnotiques, analgésiques) est également fréquente.

5) **Une bouffée délirante** polymorphe dans son thème et son mécanisme, à forte charge affective, de durée assez brève, peut survenir surtout dans une situation traumatisante (psychose carcérale).

■ ***La délinquance***

Bien que tous les déséquilibrés ne soient pas délinquants ou tout au moins ne se fassent pas prendre, le déséquilibré est un délinquant en puissance de par les anomalies de sa personnalité qui facilitent ou entraînent des conduites de transgression sociale. Incapable de s'intégrer à un groupe, fut-il « dyssocial », le déséquilibré ne se rencontre guère dans « le milieu » des criminels organisés où l'on se méfie de sa déloyauté et de son impulsivité. Dans leur immense majorité, les délits qu'il commet sont des *délits mineurs* mais l'asocialité se manifeste par la fréquence des *récidives ;* dans la population des prisons les déséquilibrés constituent un pourcentage élevé des multirécidivistes.

Le vol est l'infraction la plus fréquente chez ces sujets toujours à court d'argent (vol simple, cambriolage) que tentent aussi par leur facilité *l'abus de confiance, les chèques sans provision.* Certaines conduites délictueuses sont plus spécifiques du déséquilibré : *le vagabondage* avec ses conséquences habituelles (chapardage, prostitution, mendicité), *l'usurpation de titres et de fonctions* favorisant les escroqueries et le parasitisme, *l'usage et la détention de drogues.* Les réactions explosives de certains déséquilibrés souvent sous l'influence de l'alcool peuvent entraîner coups et blessures, viols, sévices à enfants.

L'appréciation de la responsabilité pénale du déséquilibré délinquant constitue un des problèmes les plus difficiles de l'expertise psychiatrique. Les cas les plus sévères peuvent être assimilés à l'état de démence au sens de l'article 64 du Code Pénal.

ÉVOLUTION

Elle tient à la gravité plus ou moins grande du déséquilibre, aux ressources de la personnalité, au poids des circonstances, à l'attitude de la société. Sans qu'il soit possible d'apporter des données chiffrées car beaucoup de cas échappent à l'observation, il faut signaler :

- **La surmortalité** due aux accidents, aux suicides, aux règlements de compte, aux complications de l'alcoolisme et des toxicomanies. La fréquence des traumatismes crâniens, des maladies vénériennes est aussi à noter.
- **Les évolutions graves** où la vie du déséquilibré se déroule entre la prison et/ou l'hôpital psychiatrique. Un niveau intellectuel médiocre, des tendances perverses, une réactivité explosive, sont des éléments péjoratifs du pronostic. Lorsque domine la passivité, la dérive sociale aboutit à la clochardisation et au parasitisme (œuvres de bienfaisance, services hospitaliers).
- **Une amélioration au cours des années** s'observe fréquemment par suite de la maturation due à l'âge, parfois après passage durable dans un « milieu d'accueil » (autrefois la Légion Etrangère, maintenant certaines communautés marginales). Différentes voies s'offrent au déséquilibré : stabilisation relative au sein de milieux permissifs ou de professions non sédentaires

compatibles avec une certaine instabilité ; adaptation dans un groupe fortement structuré où la discipline et l'idéal collectif mettent un frein au déséquilibre ; expression du malaise intérieur dans une activité artistique ou culturelle.

DIAGNOSTIC

C'est un diagnostic qui pose peu de difficultés chez le déséquilibré adulte dont la biographie est à elle seule éloquente. C'est un diagnostic à porter avec réserves chez l'adolescent car on sait qu'à cet âge les comportements impulsifs et protestataires qui marquent *« la crise d'identité juvénile »* peuvent prendre une allure antisociale (délinquance juvénile) sans être forcément l'indice d'un trouble permanent des conduites sociales. *L'héboïdophrénie,* forme pseudo-psychopathique de la schizophrénie, imite certains aspects du déséquilibre comme l'inadaptation, l'impulsivité et la toxicophilie ; elle s'en distingue par la froideur du contact et la bizarrerie inquiétante du comportement dont la dangerosité culmine lors de passages à l'acte agressif (crimes immotivés).

L'examen psychométrique peut apporter une contribution au diagnostic : structure dysharmonique aux tests d'efficence ; élévation de l'échelle de « déviation psychopathique » au M.M.P.I.

ÉTIOPATHOGÉNIE

Bien que l'on puisse observer des cas de déséquilibre dans des familles en apparence stables et harmonieuses, la plupart des déséquilibrés sont issus de milieux où l'instabilité et les carences éducatives ont été manifestes : abandons, familles dissociées, rejet affectif, sévices, placements successifs. Dans la genèse de la psychopathie que caractérise la faiblesse du Surmoi et la persistance de réponses archaïques aux pulsions (passage à l'acte), il est certain que le processus de socialisation, impliquant des identifications stables et une intériorisation structurante des interdits parentaux, a pu se trouver compromis par la carence paternelle (père faible ou absent), la défectuosité des expériences affectives précoces de l'enfant avec sa mère, les incohérences éducatives (père sévère, mère excessivement indulgente « quasi-complice »). Encore faut-il une vulnérabilité du sujet élevé dans de telles conditions ce qui soulève la question d'une prédisposition.

L'étude des familles des déséquilibrés a montré parmi leurs parents proches une proportion importante d'alcooliques et de sociopathes chez les hommes, d'hystériques chez les femmes. L'étude de jumeaux dont l'un est délinquant, l'étude d'enfants de mères délinquantes adoptés tôt et comparés à d'autres groupes d'enfants adoptés, semblent confirmer la prédisposition génétique. La mauvaise organisation des tracés E.E.G., fréquente chez le psychopathe adulte, atteste peut-être de l'immaturité de ses structures biologiques.

On sait que certaines altérations caryotypiques ont été retrouvées chez les psychopathes antisociaux avec une fréquence supérieure à celle trouvée dans la population générale. La formule XYY associe à une grande taille et une débilité mentale (inconstante), une impulsivité et une explosivité qui favorisent un comportement anti-social dont l'apparition peut être précoce mais n'a rien d'inéluctable ; tous les sujets XYY ne sont pas délinquants.

TRAITEMENT

Mis à part les moments dépressifs, le déséquilibré est rarement demandeur de soins. Lorsqu'on l'examine, c'est à la demande de l'entourage, famille ou éducateurs, ou à l'occasion d'une expertise médico-légale. S'il vient spontanément, c'est qu'après une « bêtise » il cherche à se dédouaner auprès de ses proches ou des autorités. L'attitude du médecin pour être réellement utile doit rester objective, sans laxisme ni agressivité, ce qui ne va pas sans difficultés, ces sujets suscitant de violentes réactions contre-transférentielles.

Aucun programme thérapeutique n'a fait la preuve de sa réelle efficacité. La répression simple (prison) ou l'internement en milieu psychiatrique ne sont pas des mesures constructives ainsi que l'atteste la fréquence des récidives. Elles devraient s'assortir de mesures socio-éducatives avec prise en charge inspirée des thérapies de groupe. Certains pays essaient des formules nouvelles (services spécialisés pour psychopathes, communautés thérapeutiques).

Le devenir du déséquilibré est si aléatoire qu'il faut insister sur la nécessité de développer les mesures de prévention en aidant les jeunes « à haut risque » à s'insérer socialement (pédagogie spécialisée, prise en charge des parents, équipes éducatives en milieu ouvert).

BIBLIOGRAPHIE

Borel (J.). — *Le déséquilibre psychique, ses psychoses, sa morale*. P.U.F. 1947.

Cleckley (H.-M.). — *The mask of sanity*. London. Kimpton.

Juillet (P.) et Moutin (P.). — *Psychiatrie militaire*. Masson. 1969.

Mac Cord (W. and J.). — *Psychopathy and delinquency*. Grune and Stratton. New York. 1956.

Robins (L.-N.). — *Deviant children grown up*. Williams and Wilkins. Baltimore. 1966.

Schneider (K.). — *Les personnalités psychopathiques*. P.U.F.

13

LES ÉTATS-LIMITES

Peu utilisé dans la littérature psychiatrique française jusqu'à ces dernières années, le terme d'état-limite (cas-limite, border-line) a cessé d'être le « fourre-tout » nosologique traduisant l'incertitude diagnostique et l'indécision du psychiatre en face de patients qui n'entraient ni dans le groupe des névrotiques ni dans celui des psychotiques, qui n'étaient pas des déséquilibrés et qui posaient des problèmes thérapeutiques particuliers. On a vu se créer une série de termes destinés à définir des situations marginales soit près des névroses, soit plus souvent près des psychoses, parfois aussi proches des maladies du caractère ou des comportements pervers. Schizophrénie « latente » de Bleuler, « incipiens » ou « ambulatoire » (Zilboorg), « schizo-névrose » de Ey, préspychose, troubles chroniques graves de la personnalité, troubles psychopathiques graves, troubles caractériels narcissiques, sont autant de dénominations montrant bien l'embarras pour cerner les troubles de certains patients. Comme le souligne Timsit, au gré des circonstances, au gré des principes et méthodes qui fondaient la pratique psychiatrique du moment, ils ont été considérés soit comme des schizophrènes mais atypiques (schizophrénies pseudo-névrotiques de Hoch et Polatin), soit comme des déséquilibrés graves, soit comme des névrosés « marginaux » peu ou pas accessibles à la cure analytique. Cette imprécision des concepts explique la grande difficulté dans laquelle on se trouve pour rendre compte de la littérature concernant ce sujet. Néanmoins, par-delà les appellations différentes, les descriptions cliniques brossent des tableaux d'une ressemblance telle qu'on retient, pour les regrouper, plus qu'une simple parenté entre eux.

Les « états-limites » ont toujours existé même s'ils n'ont pas toujours été reconnus en tant que tels. Une clinique non plus seulement descriptive mais fondée sur une approche phénoménologique, psychodynamique ou behaviouriste, permet aujourd'hui à la majorité des auteurs de considérer les états-limites comme une véritable entité clinique. Elle se définit par exclusion : ni normalité, ni névrose, ni psychose (et les schizophrénies « pseudo-névrotiques »,

« ambulatoires » ou « incipiens » restent des formes particulières de la schizophrénie) ; elle se définit aussi par l'existence d'un tableau clinique particulier dont aucun symptôme n'est pathognomonique mais où le groupement de certains symptômes est évocateur et renvoie à un diagnostic de structure essentiellement marqué par l'arrêt du développement des fonctions du Moi.

ÉTUDE CLINIQUE

Les travaux de Kernberg (1967) précisant les différences existant entre les états-limites et les névroses, ceux de Grinker, Werble et Drye (1968) traitant de l'étude comportementale des fonctions du Moi et constituant l'étude la plus rigoureuse et systématique réalisée jusqu'ici sur les états-limites, les travaux de Bergeret (1970) se plaçant essentiellement dans une perspective structurale et économique, représentent les synthèses les plus achevées concernant le problème des états-limites ; ils nous amènent à envisager successivement leur description clinique et très schématiquement les mécanismes psycho-dynamiques qui les sous-tendent.

A. – DESCRIPTION

Les patients border-line sont souvent *très bien adaptés* socialement voire hyperadaptés et sont capables de maintenir les apparences ; ils peuvent avoir une réussite professionnelle tout à fait satisfaisante s'appuyant sur le besoin constant d'être appréciés et admirés, sur des relations d'exploitation d'autrui où s'engage une bonne part de leur agressivité. Cependant, Hélène Deutsch décrivant les *personnalités « as if »* (1934) souligne combien leur comportement extérieur est « mimique », « plastique », c'est-à-dire caractérisé par des changements quasi kaléidoscopiques qui reflètent les personnalités de leurs interlocuteurs successifs. Apparemment ces sujets mènent leur vie *comme s'ils possédaient* une maturité et une expressivité émotionnelle bien modulée. Pourtant l'inadéquation de leurs conduites se fait jour lorsqu'ils sont engagés dans des relations affectives plus étroites ; le caractère superficiel, mouvant et instable de leurs relations interpersonnelles contraste de façon frappante et caractéristique avec l'hyper-adaptation de surface. Non moins typique est le paradoxe entre cette instabilité vis-à-vis de l'objet et l'exigence de relations affectives « *anaclitiques* » (« se coucher contre ») de dépendance et d'étayage à la fois. Dans cette relation le patient s'appuie entièrement sur l'autre aussi bien dans une attente passive de satisfactions positives que dans une manipulation agressive.

Le danger permanent contre lequel se défend l'état-limité est la *dépression*. Celle-ci est en fait liée à un sentiment de solitude, d'abandon, à une peur de perte d'Objet ; remords, auto-accusation, sentiments de culpabilité en sont absents et cette dépression abandonnique est généralement mêlée d'espérance et d'appel dans la relation de dépendance à l'autre.

L'agressivité est très marquée et se traduit par les colères, l'hostilité, la violence ; le besoin constant de valorisation narcissique de ces patients, leur hyperesthésie aux remarques et au comportement d'autrui, leur angoisse d'être abandonnés et leur insatisfaction permanente s'accompagnent souvent de passages à l'acte (crises clastiques, tentatives de suicide). Leur *impulsivité* est parfois engagée de façon répétitive dans des conduites de boulimie, d'alcoolisme, de toxicomanie, liées à des besoins de gratifications instinctuelles intenses.

Certains patients ont des tendances sexuelles perverses mais celles-ci sont chaotiques, multiples et l'instabilité des relations d'objet qui s'y associe les distingue des actes et fantasmes observés chez les pervers installés dans une déviation sexuelle stable.

Beaucoup d'auteurs et particulièrement Grinker ont souligné que l'état-limite était un syndrome spécifique ayant un degré considérable de stabilité et de consistance interne et une résistance particulière à la dissociation schizophrénique. Il existe en effet une capacité relative d'appréhension de la réalité. Pourtant chez certains patients on observe des *émergences psychotiques* sans expression délirante permanente. Généralement, celles-ci surviennent dans des situations de stress ou dans des situations destructurantes et les états-limites sont particulièrement vulnérables à l'agression pharmacologique (LSD, Mescaline) ; les épisodes psychotiques sont habituellement transitoires, non systématisés, peu hallucinatoires et ne s'accompagnent pas de troubles du cours de la pensée. Beaucoup plus souvent ces patients présentent lors de situations particulièrement tendues des crises aiguës d'angoisse au cours desquelles peuvent s'observer des *symptômes de dépersonnalisation* ou de déréalisation.

Certains patients enfin ont des comportements d'allure hystérique mais où l'on note l'absence d'érotisation des investissements corporels et une manipulation plus agressive que génitale ; certaines phobies d'impulsion, certaines éreutophobies, des cas d'agoraphobie et de claustrophobie « où le niveau génital n'est visiblement pas atteint et où la menace dépressive perce distinctement derrière le symptôme » (Bergeret), certains états obsessionnels caractérisés par une souplesse inhabituelle et un besoin d'estime plutôt qu'un besoin de punition, certains états psycho-somatiques graves peuvent aussi être le fait de patients border-lines.

Au total, le tableau clinique de l'état-limite est caractérisé : par une adaptation sociale souvent satisfaisante malgré les relations affectives à la fois instables et anaclitiques, malgré une agressivité et une impulsivité parfois importantes ; par la menace d'une dépression d'abandon ou de crises de dépersonnalisation ; par la survenue possible de symptômes variés tant dans le registre psychotique, névrotique, que caractériel, pervers ou psychosomatique. Aussi le diagnostic d'état-limite ne repose-t-il pas seulement sur une association symptomatique, mais sur la compréhension des mécanismes psychodynamiques qui la sous-tendent.

B. – MÉCANISMES PSYCHODYNAMIQUES

Dans les états-limites prévalent des exigences émanant de fixations narcissiques pathologiques. L'essentiel des mécanismes de défense utilisés est représenté par une intensification et une fixation pathologique des processus de clivage : clivage de l'objet partiel (« bon » objet gratifiant lié aux introjections et projections positives – « mauvais » objet frustrant lié aux introjections et projections négatives) et corrélativement clivage du Moi en « bon » Moi et « mauvais » Moi. Le trouble majeur réside ici dans l'incapacité de réaliser une synthèse des introjections et des identifications positives (liées aux pulsions libidinales) et négatives (liées aux pulsions agressives). Le clivage vise en effet à prévenir la généralisation de l'angoisse intense qui résulte de l'introjection du mauvais objet (risque interne de destruction) et à protéger le noyau du Moi construit autour des introjections positives du bon objet.

D'après Kernberg, à l'état d'équilibre les états contradictoires du Moi sont activés de façon alternante et aussi longtemps qu'ils seront ainsi séparés les uns des autres l'anxiété sera prévenue. Si survient une décompensation spontanée ou plus souvent provoquée par des événements déclenchants (séparation, deuil, accident, traumatisme narcissique), l'état d'aménagement précaire du Moi se trouve compromis par l'inflation pulsionnelle et les mécanismes de défense jusqu'alors utilisés s'avèrent insuffisants à contenir l'angoisse prédépressive qui avait été provisoirement neutralisée : la régression du border-line lors de la faillite de ses mécanismes de défense conduit à la dépression qui met à découvert la béance laissée par la perte fantasmatique de l'objet.

BIBLIOGRAPHIE

Bergeret (J.). — *La dépression et les états limites.* Payot, 1974.

Bouvet (M.). — *Œuvres psychanalytiques.* 2 vol. Payot, 1967.

Freud (A.). — *Le Moi et les mécanismes de défense.* P.U.F.

Freud (S.). — *Névrose, psychose et perversion.* P.U.F.

Freud (S.). — Pour introduire le narcissisme. In « *La vie Sexuelle* ». P.U.F.

Grinker (R.-B.), Werble (B.) and Drye (R.-C.). — *The borderline syndrome, a behavioral study of ego-functions.* Basic Books, New York, 1968.

Guex (G.). — *La névrose d'abandon.* P.U.F.

Timsit (M.). — Les « états limites », évolution des concepts - *Evolution psychiatrique.* 1971. *36.* n° 4. p. 679-724.

Wolberg (A.-R.). — *The Borderline patient.* Intercontinental Medical Book Corporation. New York, 1973.

14

L'ANOREXIE MENTALE

Le tableau pathologique est centré par une conduite de restriction alimentaire dont la persistance et la sévérité contrastent avec l'absence apparente de troubles psychiatriques majeurs. Cette affection identifiée depuis longtemps (Morton 1689) a été rapprochée de l'hystérie à la fin du siècle dernier où Gull, Lasègue, Huchard en ont donné de remarquables descriptions. Ultérieurement à la suite de l'étude par Simmonds de la cachexie hypophysaire (1914), on a voulu assigner à l'anorexie mentale une origine endocrinienne que les faits cliniques, biologiques et thérapeutiques n'ont pas confirmé. Si tous reconnaissent aujourd'hui l'origine mentale de l'affection, l'accord n'est pas fait entre ceux qui voient dans la conduite anorexique *un symptôme* que l'on peut rencontrer dans nombre d'affections psychiatriques et ceux qui tentent d'individualiser *une entité clinique et psychodynamique spécifique.*

L'ANOREXIE MENTALE DES JEUNES FILLES

C'est la forme de beaucoup la plus fréquente. Elle débute généralement entre 13 et 20 ans, sans raison apparente ou après un traumatisme affectif, chez une adolescente jusque-là « sans histoires ». Elle est parfois précédée d'une période de boulimie ou de gastralgies, de perturbation des règles. En quelques mois de façon insidieuse se constitue *la triade clinique caractéristique :*

■ ***La restriction alimentaire*** est délibérée, sous-tendue par le désir effréné de maigrir ; c'est une véritable lutte contre la faim ou une impossibilité de manger (dégoût, inappétence). La restriction est à la fois quantitative et qualitative aboutissant à un régime dérisoire composé d'aliments soigneusement triés, absorbés en quantités minimes. La carence protidique reste cependant relativement limitée. D'abord masquée par des ruses ingénieuses, minimisée auprès de l'entourage qui s'inquiète, la conduite anorexique s'organise progressivement avec :

- *au moment des repas,* dont les horaires sont irréguliers et dont la durée se prolonge interminablement, des conflits quotidiens où l'affrontement avec la famille est source de satisfactions narcissiques et agressives ;
- *en dehors des repas,* dissimulation des détritus alimentaires, vomissements provoqués, abus de laxatifs et de lavements, parfois usage de diurétiques. Des accès de *boulimie* suivis de vomissements ne sont pas rares.

■ ***L'amaigrissement*** est considérable, atteignant 15 à 20 kg en quelques mois, donnant à l'adolescente un aspect cachectique et vieillot très impressionnant : les yeux sont excavés, les os saillent sous la peau sèche et rugueuse ; la tension artérielle est basse, le pouls ralenti, la constipation opiniâtre. On note également une acrocyanose, une hypertrichose au niveau de la lèvre supérieure et des membres, des troubles des phanères. Contrastant avec l'extrême maigreur, *l'activité persiste :* études, sorties, sports. On constate même une véritable frénésie d'activités chez certaines anorexiques qui semblent ne ressentir ni la fatigue, ni le froid, ni le besoin de sommeil.

■ ***L'aménorrhée*** est constante. Elle peut précéder les autres symptômes (20 % des cas) ou s'installer dans les premiers mois d'évolution. Elle disparaît tardivement, plusieurs mois après le retour d'un poids normal.

Les examens biologiques montrent des altérations secondaires au dérèglement central hypothalamique fonctionnel et à la dénutrition. Le métabolisme de base est très abaissé, le cholestérol élevé. L'inactivité ovarienne est manifeste ; les taux de prégnandiol et d'œstrogènes urinaires sont voisins de zéro. L'activité L.H. est diminuée, les F.S.H. sont voisines de la normale.

La courbe d'hyperglycémie provoquée est plate, la sensibilité à l'insuline augmentée. L'anémie est modérée. Au stade de grande inanition, on constate une hypoglycémie, une hypoprotéinémie, des perturbations électrolytiques. Ces dernières, en particulier l'hypokaliémie, peuvent être plus précoces du fait de l'abus de laxatifs.

Les significations de la conduite anorexique

A travers le rejet du corps et de ses besoins s'expriment l'incapacité d'intégrer les transformations physiques et affectives de la période pubertaire et le refus de la sexualité génitale. L'ascétisme et l'intellectualisation, banals à l'adolescence, sont ici poussés à l'extrême. Le corps souhaité, fantasmé, est un corps mince, séducteur et toujours érigé « dont la connotation phallique reste cependant constamment refoulée » (E. et J. Kestemberg et S. Decobert). Le corps réel vécu comme insatisfaisant n'est pas appréhendé dans son apparence objective ; l'anorexique dénie sa maigreur et, cachectique, se trouve encore trop grosse, trop lourde ; le risque vital est totalement méconnu. En luttant contre la faim, en faisant échec à ses pulsions, l'anorexique éprouve un sentiment de puissance à la fois domination sur soi-même et manipulation de ses proches dont elle répudie les intérêts qu'elle juge matériels et grossiers. La satisfaction intense qu'elle en tire est de l'ordre de la jouissance perverse et cet auto-érotisme destructeur sera un obstacle majeur au traitement.

Les images parentales demeurant chez l'anorexique imprécises et indifférenciées avec prévalence d'une image maternelle omnipotente et asexuée, c'est la réactivation de l'angoisse de castration à l'adolescence qui entraîne, dans un mouvement régressif massif, le retrait des investissements objectaux (dessèchement libidinal et surinvestissement des activités intellectuelles et motrices vécues comme désincarnées) et le retour à des positions archaïques où tout est vécu en termes de dépendance ou de non-dépendance au sein d'une inflation narcissique mégalomaniaque. Pouvoir refuser de se nourrir c'est se sentir autonome, c'est s'assurer que l'on peut fonctionner sans apport extérieur (fantasme d'incorporation intolérable) conformément à une vision idéale de soi où le corps, nié dans sa réalité honteuse, fantasmé en corps désincarné immortel, est constamment maîtrisé ; de même à travers la conduite anorexique l'entourage est constamment contrôlé, défié, la mère en particulier. Cependant, si la réalité du corps propre est rejetée, le clivage du Moi permet le maintien de la réalité extérieure ; il n'y a pas de délire.

■ A côté de cette organisation anorexique typique, il existe ***d'autres formes d'anorexie*** survenant chez des sujets de structures psychologiques variées et comportant des mouvements régressifs de gravité inégale au cours desquels la désorganisation oro-alimentaire se spécifie différemment :

- **anorexie réactionnelle** après un deuil ou un échec ; l'inappétence y est primaire (et non la lutte contre la faim) dans un contexte dépressif plus ou moins manifeste ;
- **anorexie hystérique ;** la fantasmatisation œdipienne est active, la maigreur est exhibée, utilisée dans une relation captative à l'entourage médecin y compris dont ces malades se jouent avec une extraordinaire habileté (ruses, mythomanie) ;
- **anorexie obsessionnalisée** avec rituels alimentaires et bilans caloriques, très défendue contre l'intrusion d'autrui et la relation thérapeutique ;
- **anorexie du border-line** ou d'une **schizophrénie débutante.**

CHEZ LA FEMME ADULTE

La conduite anorexique est souvent la réactivation ou la pérennisation d'une anorexie de l'adolescence. Lorsqu'elle s'installe seulement à l'âge adulte, c'est généralement sur une structure hystérique et dans un contexte conflictuel ; parfois il s'agit d'un équivalent dépressif. Le diagnostic avec un syndrome de Sheehan (cachexie hypophysaire du post-partum) peut se poser (p. 340).

L'ANOREXIE MENTALE MASCULINE

Beaucoup plus rare que chez la femme (1 cas sur 10 environ) elle survient généralement à l'adolescence et s'accompagne d'un retard de développement statural et pubertaire. Assez souvent elle fait suite à une obésité. La proportion de formes précoces, apparaissant entre 10 et 14 ans est relativement importante. Les parents sont plus souvent pathologiques que dans l'anorexie mentale féminine. La conduite anorexique masculine s'inscrit dans des structures psychologiques très diverses. A côté de formes typiques dont les mécanismes et l'évolution s'apparentent à ceux de l'anorexie de l'adolescente, on observe une proportion importante d'évolutions vers la dissociation schizophrénique. A la conduite anorexique succèdent parfois d'autres conduites pathologiques (boulimie, alcoolisme, toxicomanie, délinquance).

TRAITEMENT ET ÉVOLUTION

L'évolution s'étale sur des années. La régression spontanée n'est pas habituelle, bien au contraire la conduite anorexique tend à se fixer. Le traitement est souvent tardif, la patiente refusant obstinément de se reconnaître malade, la famille tardant à accepter les mesures appropriées. La prise en charge qui doit être somatique et psychologique est longue, difficile. S'en tenir à un abord partiel, centré exclusivement sur le poids, est insuffisant ; la fréquence des rechutes en témoigne. Néanmoins *le risque vital* existe (5 à 10 % de décès selon les enquêtes catamnestiques) du fait de l'inanition, des désordres métaboliques aggravés par la prise désordonnée de laxatifs et de diurétiques, d'un collapsus brutal au cours d'une période d'hyperactivité, d'une infection intercurrente. Une prise en charge psychothérapique ambulatoire ne peut se concevoir sans qu'il y ait par ailleurs une surveillance vigilante de l'état somatique.

TRAITEMENT

■ ***L'hospitalisation*** s'impose d'urgence devant les états cachectiques, les troubles métaboliques graves nécessitant une réanimation (malades fragiles, risque de collapsus). Dans les autres cas, elle est presque toujours nécessaire pour réaliser un *isolement* considéré depuis Charcot et Déjerine comme une mesure indispensable. La séparation d'avec la famille sera absolue (ni visites, ni correspondance) et ira de pair avec une rééducation alimentaire progressive, contrôlée par des pesées quotidiennes. Sans entrer dans le jeu de l'anorexique (pesées truquées, aliments dissimulés) il faut, par une attitude ferme et compréhensive, limiter la régression, valoriser les progrès. L'isolement sera maintenu jusqu'à la reprise d'un poids satisfaisant, fixé à l'avance. L'emploi d'antidépresseurs peut être utile étant donné la fréquence des moments dépressifs avec inhibition observés au cours de l'évolution.

■ ***La psychothérapie*** est une dimension fondamentale du traitement. Adaptée à chaque cas, parfois difficile à instaurer (absence de demande), elle utilise des techniques variées (psychothérapie directive, psychothérapie de type analytique, psychodrame analytique, relaxation). *Une intervention psychothérapique au niveau des parents* est indispensable pour éviter les décisions intempestives (sortie prématurée de l'hôpital) et pour modifier une dynamique familiale propre à pérenniser le symptôme.

ÉVOLUTION

■ ***L'évolution à long terme*** peut se schématiser ainsi :

- **Un tiers d'évolutions favorables,** surtout des formes réactionnelles ou dépressives. La guérison est stable avec normalisation des conduites alimentaires, insertion sociale de type conformiste ; adaptation conjugale et familiale ultérieure satisfaisante.
- **Un tiers d'améliorations incomplètes :** fluctuations pondérales avec périodes de boulimie et d'anorexie ; constipation permanente ; aménagements caractériels de la vie relationnelle ; difficultés sexuelles majeures ; préoccupations hypocondriaques ;
- **Un tiers d'évolutions graves :** soit chronicisation des troubles avec le risque léthal afférent ; soit évolution vers la dissociation schizophrénique.

BIBLIOGRAPHIE

BRUCH (H.). — *Les Yeux et le Ventre.* Payot. 1975.

KESTEMBERG (E.) et (J.) et DECOBERT (S.). — *La faim et le corps.* P.U.F. 1972.

LASEGUE (C.). — De l'anorexie hystérique - in « *Ecrits psychiatriques.* Textes choisis et présentés par J. CORRAZE. 135-150 ». Privat. Toulouse. 1971.

THEANDER (S.). — Anorexia nervosa. A psychiatric investigation of 94 female patients. *Acta Psychiatrica Scandinavica.* 1970. Suppl. *214.*

15

L'ALCOOLISME

DÉFINITION

« Les alcooliques sont des buveurs excessifs dont la dépendance à l'égard de l'alcool est telle qu'ils présentent soit un trouble mental décelable, soit des manifestations affectant leur santé physique et mentale, leurs relations avec autrui et leur comportement social et économique, soit des prodromes de troubles de ce genre. Ils doivent être soumis à un traitement ». Cette définition proposée par le comité d'experts de l'O.M.S. en 1952 met l'acent sur *la dépendance pathologique* qui lie le malade à l'alcool. C'est le critère essentiel, commun à toutes les formes d'alcoolisme, indépendant de ses modes d'expression et de son contexte sociologique. « Il y a alcoolisme lorsqu'un individu a, en fait, perdu la liberté de s'abstenir d'alcool » (Fouquet).

L'alcoolisation est un phénomène social quasi-universel, qu'il s'agisse de consommation quotidienne (cas fréquent dans les pays producteurs de vin ou de bière) ou occasionnelle limitée aux « sorties », aux fins de semaine ou même exceptionnelle lors de cérémonies sociales. La majorité des consommateurs sont des *buveurs modérés* qui limitent sans difficulté leur absorption d'alcool à des quantités raisonnables. Les *alcooliques* (au sens strict de la dépendance à l'alcool) ne représentent qu'une faible minorité estimée à 6 % de la masse des consommateurs. *Les buveurs excessifs* sont ceux qui consomment des quantités exagérées mais ne sont pas dépendants ; cependant, la dépendance peut s'installer après des années de consommation excessive (alcoolisme secondaire) et ces sujets ne sont pas à l'abri des complications somatiques dues à l'alcool.

TOLÉRANCE ET DÉPENDANCE A L'ALCOOL

La tolérance à l'alcool est variable d'un sujet à l'autre ; elle dépend de l'âge, du sexe, des prédispositions héréditaires, des habitudes alimentaires, de l'état somatique et psychique, de l'ancienneté de l'intoxication. Il faut un minimum de tolérance pour qu'un sujet trouve satisfaction à boire et s'y accoutume.

Avec les habitudes d'alcoolisation, une véritable dépendance peut s'installer. Précoce, contemporaine des premières expériences d'alcoolisation dans certains alcoolismes névrotiques, la dépendance est en règle générale tardive, apparaissant après un long passé d'intoxication au cours duquel les doses sont augmentées (tolérance accrue) jusqu'à un palier assez stable pendant longtemps. A un stade avancé de l'alcoolisme la tolérance peut diminuer notablement ; en réduisant ses doses, le sujet n'améliore pas ses troubles.

■ ***La perte de liberté vis-à-vis de l'alcool*** (dépendance) se manifeste sous deux aspects principaux :

1) **La perte de contrôle** caractérisant le buveur compulsif (variété gamma de Jellinek) ; une fois qu'il a commencé à boire il est incapable de s'arrêter et continue jusqu'à l'inconscience ou l'épuisement de sa provision d'alcool. Entre les beuveries il peut rester abstinent mais les périodes intervallaires tendent à se raccourcir. Il y a progression de la dépendance psychologique vers la dépendance physique.

2) **L'impossibilité de s'abstenir** (variété delta de Jellinek) ; le patient peut contrôler sa consommation et boit rarement jusqu'à l'ivresse mais s'il cesse de boire un seul jour, des signes de manque apparaissent : tremblements, anxiété, irritabilité, nausées.

La fréquence respective de ces conduites alcooliques varie en fonction de facteurs socio-culturels : la première variété s'observe fréquemment aux U.S.A., Canada, Australie, pays nordiques ; la deuxième s'observe surtout dans les pays vinicoles, la France en particulier.

■ On a longtemps insisté sur les ***différences entre alcoolisme et toxicomanie ;*** elles portent sur l'usage (consommation libre de l'alcool, interdite ou réglementée des toxiques), la voie d'introduction, la dépendance (rapide et impérieuse dans les toxicomanies, d'installation lente dans l'alcoolisme), les doses (vite augmentées avec les toxiques, assez stables avec l'alcool dont la consommation se réduit tardivement à la phase d'intolérance), le surcroît acquis de tolérance (considérable pour les toxiques, variable et souvent faible pour l'alcool), la psychologie de départ (troubles graves de la personnalité chez le toxicomane, troubles plus discrets voire absents chez l'alcoolique), l'attitude de la société (permissive pour l'alcoolisme, intolérante pour la toxicomanie), le problème social, économique et sanitaire (considérable pour l'alcoolisme, plus limité pour les toxicomanies). Actuellement on met l'accent sur des *similitudes importantes dans l'étiologie et le traitement de ces deux états.* « Il semble que les personnes et les groupes psychologiquement faibles s'adonnent souvent à l'alcool ou aux autres drogues afin de satisfaire des besoins individuels ou collectifs. C'est alors l'influence du milieu (par exemple, la facilité de se procurer les drogues, les coutumes locales, les lois, la religion, l'attitude de l'opinion publique) qui détermine le ou les agents dont l'individu abuse » (O.M.S. rapport technique 363 ; 1967). L'abus combiné d'alcool et de drogues est fréquent.

ÉTIOLOGIE

Aucune synthèse explicative n'est satisfaisante ; l'alcoolisme est un phénomène hétérogène où le poids respectif des facteurs écologiques, humains et pharmacologiques varie d'un sujet à l'autre.

■ ***Des facteurs socio-culturels*** favorisent les habitudes d'alcoolisation ; leur rôle est considérable, évident si l'on considère la prévalence élevée de l'alcoolisme dans certaines professions (cafetiers, voyageurs de commerce, travailleurs de force), dans les groupes sociaux défavorisés sur le plan économique ou désorganisés sur le plan culturel, dans les pays où l'incitation est forte (publicité, modicité du prix de l'alcool, nombre élevé des débits de boissons, attitude tolérante de l'opinion, énormes intérêts économiques en jeu). En 1970, en France, 9 % de la population âgée de plus de 15 ans atteignait un niveau de consommation excessive (consommation quotidienne moyenne dépassant 150 ml d'alcool pur) ; en Italie 7,3 % ; en Espagne 5,3 % ; en Allemagne Fédérale, Portugal, Suisse, U.R.S.S. entre 4 et 5 % ; aux U.S.A. 2,6 % ; en Suède 1,9 %.

■ ***Des mécanismes psychologiques*** conditionnent les conduites alcooliques : imitation, compensation, dérivation, auto-agressivité, impulsivité morbide (Deshaies). Des traits de personnalité se retrouvent avec fréquence comme l'immaturité, l'insécurité, la dépendance et l'intolérance aux frustrations mais il n'existe pas *une* personnalité préalcoolique spécifique ; d'autres facteurs interviennent et s'associent comme l'influence du milieu et probablement une *prédisposition somatique.* Chez les enfants d'alcooliques le risque est plus élevé que dans la population générale : rôle de l'exemple ? de l'initiation précoce ? des mauvaises conditions éducatives ? des facteurs génétiques ? Pour expliquer les particularités de l'alcoolisme féminin, plus rare, plus tardif, plus culpabilisé et plus vite décompensé sur le plan somatique que l'alcoolisme masculin, il faut prendre en compte les données culturelles (réprobation sociale), biologiques (moindre tolérance) et psychopathologiques ; l'alcoolisme féminin est très souvent un alcoolisme névrotique ou dépressif.

LES PRINCIPALES FORMES CLINIQUES DE L'ALCOOLISME

Nous reprendrons la classification proposée par Fouquet en 1951 ; elle tient compte de différents facteurs : la tolérance, le facteur toxique, le facteur psychologique et éventuellement le facteur social.

■ ***Les alcoolites*** représentent en France 45 à 50 % des cas masculins, 5 % des cas féminins : personnalité antérieure normale ou paranormale ; intoxication essentiellement par le vin ou la bière ; quantités élevées ; consommation quotidienne et continue, souvent en compagnie ; ivresses exceptionnelles ; goût pour les boissons alcoolisées ; aucun sentiment de culpabilité chez ce sujet qui a toujours vu boire dans sa famille ou sa profession. Tendance à la dépendance conjugale et à la jalousie ; sexualité longtemps normale.

Début à la fin de l'adolescence ; tolérance élevée ; facteur toxique important ; durée : 20 à 40 ans ; évolution : soit réduction spontanée au début de la sénescence ; soit apparition de complications : 1) atteintes hépato-digestives ou polynévritiques ; 2) accidents de sevrage ; 3) évolution vers l'alcoolose.

■ ***Les alcooloses ou névroses alcooliques*** constituent en France 40 à 45 % des cas masculins, 80 à 85 % des cas féminins ; préférence pour les apéritifs, les liqueurs fortes ; consommation discontinue, souvent solitaire et dissimulée ; ivresses fréquentes et atypiques ; peu d'attrait et parfois dégoût pour l'alcool ; sentiment de culpabilité avec essai de lutte contre la propension à boire.

Début plus tardif et décompensation plus rapide que dans l'alcoolite ; troubles graves et précoces du comportement sexuel et social ; intervalles libres de plus en plus rares et de plus en plus brefs ; complications psychiatriques fréquentes.

■ ***Les somalcooloses (dipsomanie) :*** 5 % des cas masculins ; 15 % des cas féminins : consommation exclusivement intermittente par crises brèves de quelques heures à quelques jours où le sujet absorbe clandestinement, sans aucun choix, tout ce qu'il peut trouver comme boisoon alcoolisée (parfois même alcool à brûler, eau de Cologne) ; ivresse comateuse terminant l'accès ; répulsion pour l'alcool en dehors des crises ; culpabilité très forte.

Début après 30 ans ; durée variable ; évolution possible vers l'alcoolose.

■ ***L'alcoolisme symptomatique*** doit être envisagé séparément. La dépendance est ici purement psychologique, l'alcool apaisant la souffrance psychique et somatique. L'affection psychiatrique sous-jacente (état anxieux ou phobique, schizophrénie, psychose maniaco-dépressive, atteinte cérébrale organique) peut être longtemps masquée par la conduite alcoolique. L'amélioration des troubles psychiques peut aller de pair avec une disparition de l'intoxication mais, dans certains cas, la conduite alcoolique persiste pour elle-même évoluant vers l'alcoolose.

Tableau d'imprégnation alcoolique chronique

Toutes ces formes finissent par aboutir au tableau d'imprégnation alcoolique chronique :

- **habitus caractéristique** : faciès enluminé, odeur de l'haleine, sueurs, tremblements ;

- **symptômes somatiques :** hépatiques, neurologiques, cardiovasculaires à apprécier par un bilan clinique et biologique complet.
- **modifications psychiques constantes :** troubles du caractère (irritabilité, colères, labilité de l'humeur), troubles de l'affectivité (égocentrisme, attitude irresponsable, baisse du sens moral), troubles intellectuels, en particulier « trous de mémoire » (palimpsestes). Toute l'existence est organisée autour de la boisson avec un système d'alibis et de rationalisations, des alternatives d'agressivité et de culpabilité, des efforts infructueux pour s'en sortir seul.

LES CONSÉQUENCES DE L'ALCOOLISME

Elles sont extrêmement sévères : répercussions au niveau familial et professionnel aboutissant dans les cas les plus graves à une désorganisation familiale et à une véritable *désinsertion sociale ; surmortalité considérable* du fait des complications viscérales et aussi des *suicides,* des *accidents ; complications psychiques* aiguës et chroniques qui en France pour la seule année 1972 étaient responsables de 34 551 entrées en hôpital psychiatrique, soit 34 % de la totalité des admissions masculines et 7 % des admissions féminines ; *criminalité* (coups et blessures, sévices à enfants, viols, homicides).

La nocivité médico-sociale de l'alcool ne se limite pas à l'alcoolisme chronique ; elle concerne aussi le buveur dont la consommation excessive même passagère entraîne des conséquences dommageables (violences, accidents de travail ou de la voie publique).

Législation : v. p. 420.

I. – LES MANIFESTATIONS DE L'INTOXICATION ALCOOLIQUE AIGUE

■ ***L'ivresse simple*** entraîne une *modification de l'humeur* qui devient expansive (euphorie, loquacité, insouciance) ou plus rarement dépressive, une *baisse de la vigilance, une modification du comportement* avec levée des inhibitions (propos et gestes inconsidérés), *une incoordination motrice* (dysarthrie, démarche ébrieuse, maladresse des gestes).

Jusqu'à un certain degré d'alcoolémie, de l'ordre de 0,80 g/l mais variable avec la tolérance individuelle, l'intoxication reste *infraclinique.* Des épreuves psychotechniques objectivent cependant à ce stade une atteinte des fonctions sensorielles et une réduction des performances sensori-motrices.

■ ***Le coma alcoolique*** s'observe avec des alcoolémies dépassant 3 g/l. Il peut s'agir d'un coma sévère avec hypothermie, dépression respiratoire et tendance au collapsus, nécessitant une réanimation d'urgence. La dose letale se situe entre 4 et 5 g/l. L'exposition au froid, le jeûne avant l'absorption d'alcool sont des facteurs aggravants. Il faut toujours chez ces sujets vérifier la glycémie (risque d'hypoglycémie induite par l'alcool).

■ ***L'ivresse pathologique*** survient chez certains sujets connus pour leur appétence alcoolique ; chez eux l'ivresse tend à prendre une forme anormale, le plus souvent *excito-motrice :* sans motif ou pour un motif futile le sujet devient furieux, cogne, hurle, brise. Cette ivresse clastique peut durer plusieurs heures et se terminer par un coma ; elle est souvent amnésique. On peut aussi observer des ivresses hallucinatoires (hallucinations terrifiantes) et des ivresses délirantes (jalousie, persécution, auto-dénonciation d'un crime défrayant la chronique) dont la gravité tient au risque de raptus agressifs ou suicidaires. Ces états sont justiciables d'un traitement par tranquillisants en I.M. (*Valium* ou *Equanil*) et d'une surveillance sans contention en chambre d'isolement.

II. – LES COMPLICATIONS NEURO-PSYCHIQUES DE L'ALCOOLISME CHRONIQUE

A. – LES ACCIDENTS DE SEVRAGE

Ils apparaissent dans les jours qui suivent l'interruption ou une réduction importante de la consommation habituelle. Ces accidents, de gravité variable, peuvent être isolés, s'associer entre eux ou se succéder suivant la séquence : tremblements, crises convulsives, hallucinoses, delirium tremens. Le type d'accidents est lié au degré de dépendance physique à l'alcool, lui-même lié à la durée et la sévérité de l'intoxication. Les tremblements matinaux surviennent bien plus précocement dans le cours d'un alcoolisme que les accès confuso-oniriques. Le delirium tremens ne s'observe que dans les intoxications anciennes, en général supérieures à dix ans, et quantitativement importantes.

Le rôle du sevrage dans la survenue de ces accidents a été controversé. Il semble confirmé par l'expérimentation (Isbell, Mendelson) mais il n'est probablement pas exclusif, des facteurs infectieux ou traumatiques pouvant favoriser la survenue d'un delirium. Il faut rappeler que le sevrage brutal chez les intoxiqués chroniques par les barbituriques ou sédatifs (méprobamate, chloral) entraîne les mêmes accidents que le sevrage alcoolique : tremblements, vomissements, insomnie, convulsions, états confuso-oniriques.

Ces accidents peuvent être prévenus par un traitement systématique lors du sevrage chez tout alcoolique. La prescription de tranquillisants (*Equanil,*

Valium) lors des manifestations initiales du sevrage prévient l'apparition d'accidents majeurs dont la survenue est de ce fait actuellement en régression.

a) Les tremblements matinaux ; le « syndrome hyperesthésique-hyperémotif »

Les symptômes neuro-musculaires (*tremblements,* crampes, paresthésies), digestifs (anorexie, *nausées,* vomissements, diarrhée) et neuro-végétatifs (*sueurs,* tachycardie) s'associent à des troubles psychiques : *inquiétude diffuse, hyperémotivité, irritabilité,* lacunes mnésiques éphémères. Ces symptômes, les plus fréquents du syndrome de sevrage, apparaissent après une courte période d'abstinence qui peut ne pas dépasser une nuit. Ils sont calmés par l'ingestion d'alcool mais réapparaissent les matins suivants avec une gravité croissante. Ils sont maxima 24 à 36 heures après le sevrage total et persistent quelques jours ; l'anxiété, l'insomnie et les cauchemars peuvent se prolonger 8 à 15 jours. Le risque de recours à l'alcool est très grand pendant cette période où l'hospitalisation est souhaitable, permettant à la fois surveillance et traitement.

b) Des crises convulsives généralisées

Par crise unique ou succession de crises en quelques heures, elles peuvent survenir en période de sevrage, en général dans les 48 premières heures. Elles annoncent parfois d'autres accidents ; 20 % des delirium tremens sont précédés de crises. A proximité des crises l'E.E.G. est très sensible à la S.L.I., alors qu'à distance des crises il est normal ou montre des anomalies non spécifiques. L'épilepsie alcoolique ne requiert pas de traitement anti-comitial continu ; son véritable traitement est la suppression définitive de l'intoxication.

La survenue des crises en période de sevrage et les caractéristiques de l'E.E.G. permettent de différencier l'épilepsie alcoolique d'une épilepsie essentielle ou post-traumatique dont les crises peuvent se multiplier au décours d'excès éthyliques.

c) L'hallucinose des buveurs

Cette dénomination consacrée par l'usage depuis la description de Wernicke ne doit pas faire oublier qu'il s'agit d'un véritable état hallucinatoire non critiqué survenant sans trouble de la conscience et sans désorientation : hallucinations acoustico-verbales (voix connues ou inconnues proférant menaces et accusations ou conversant à propos du sujet) souvent associées à des perceptions auditives non structurées (cliquetis, ronflements) et parfois à des illusions ou hallucinations visuelles (ombres inquiétantes, petits animaux en mouvement). Une vive anxiété accompagne cet état dont la durée est assez courte, en général moins d'une semaine. On utilise les neuroleptiques pour traiter ces expériences délirantes très sensorialisées, à recrudescence nocturne, au cours desquelles les réactions de panique ou de défense devant les menaces hallucinatoires ne sont pas rares. On observe quelquefois des formes qui se prolongent pendant des mois et même se chronicisent (P.H.C. des alcooliques).

d) Le delirium tremens

Il s'observe chez des sujets massivement intoxiqués dont l'alcoolisme est ancien, en général plus de dix ans. Le maximum de fréquence se situe entre 35 et 55 ans. Des facteurs déclenchants sont fréquemment retrouvés : pneumonie, affection digestive, fracture, intervention chirurgicale ; ils interviennent au moins en partie par l'intermédiaire du sevrage brutal qu'ils occasionnent. Le delirium peut s'installer brusquement, parfois après une crise convulsive. Plus souvent il est précédé de prodromes pendant 2 à 4 jours : tremblements, anorexie, soif intense, anxiété croissante, insomnie avec onirisme et agitation nocturnes.

■ ***La sémeiologie*** comporte :

- **un état confuso-onirique avec grande agitation.** Obnubilé et désorienté, le malade est en proie à un onirisme intense. Les *hallucinations* polysensorielles à prédominance visuelle s'organisent en scénarios terrifiants ou en scènes de la vie professionnelle qui se succèdent et s'enchevêtrent dans une atmosphère pénible de cauchemar. Des visions agréables ou cocasses peuvent apparaître par moments mais la tonalité générale de l'imagerie onirique est inquiétante, saturée d'angoisse. Des illusions perceptives servent souvent de support au délire de rêve : les zones d'ombre s'animent, le papier mural se tapisse de visages grimaçants. Des manifestations auditives en orchestrent les péripéties : bruits amplifiés ou transformés en clameurs, menaces de mort. L'onirisme s'objective aussi en sensations tactiles hallucinatoires : toiles d'araignée, grouillements de petits animaux que l'alcoolique voit et sent sur son corps et qu'il cherche à attraper. L'atteinte de la conscience de même que l'onirisme varient d'intensité d'un moment à l'autre en fonction des sollicitations extérieures. L'obscurité les favorise et les troubles s'intensifient la nuit où *l'insomnie* est totale. En invigorant le patient on peut l'extraire un moment de son rêve, le faire répondre à quelques questions. On peut aussi lui induire par suggestion une activité illusionnelle, par exemple lui faire manipuler un outil imaginaire.
  L'agitation est intense, épuisant le malade : tout occupé à son délire, il participe activement à ses péripéties, crie, court, « travaille » fébrilement, repousse ses assaillants (délire de rêve et d'action). Des gestes agressifs sont à craindre ainsi qu'une réaction de fuite liée à la panique anxieuse (défenestration).

- **Un syndrome neurologique :** *tremblement* intense, permanent, irrégulier, généralisé à tout le corps ; *dysarthrie, incoordination motrice* avec maladresse des gestes, démarche vacillante, chutes fréquentes. Dans les formes très sévères on observe des troubles de la déglutition, une hypertonie oppositionelle.
- **Les signes généraux** reflètent la gravité de l'accès : fièvre constante modérée ou élevée, tachycardie, déshydratation : langue rôtie, soif intense, sueurs abondantes d'odeur forte ; parfois diarrhée et vomissements.
- **Les examens biologiques** montrent des modifications hydro-électrolytiques variables et non spécifiques dont on suit l'évolution par des bilans répétés. Les épreuves fonctionnelles hépatiques sont habituellement perturbées.

■ ***L'évolution*** sous traitement se fait en général en 2 à 4 jours vers la guérison marquée par la réapparition du sommeil, le retour au calme et à la lucidité. Une évolution fatale s'observe dans moins de 5 % des cas (15 % des cas jusqu'en 1960) : collapsus, coma hépatique, hémorragie digestive, pneumonie. L'examen neuro-pathologique pratiqué dans ces cas montre des lésions cérébrales congestives, diffuses et non spécifiques.

■ ***Les formes atténuées ou délires alcooliques subaigus*** sont beaucoup plus fréquentes que le delirium tremens typique. Si l'onirisme peut être riche, l'agitation et les signes neurologiques sont moins intenses, les signes généraux de gravité manquent. Quoique l'évolution soit en règle régressive, ces états ne doivent pas être négligés car le passage au delirium typique est possible (prédelirium).

■ ***Le traitement*** du delirium tremens et des délires alcooliques subaigus est bien codifié :

1) **Correction des désordres hydroélectrolytiques :** réhydratation massive par voie buccale (assez facile car le malade boit avec avidité) au moins 3 litres par jour sous forme d'eau, jus de fruits, bouillons, auxquels on adjoint bicarbonate, Na, K, Mg, en fonction des bilans ; des perfusions peuvent être nécessaires dans les formes très graves.

2) **Traitement de l'agitation :** isolement du malade, sans contention, en chambre éclairée en permanence ; prescription de tranquillisants : soit Méprobamate (*Equanil*) 2 ampoules à 400 mg I.M. toutes les 4 heures le premier jour avec réduction progressive des doses les jours suivants en fonction de l'état du malade ; soit Diazépam *(Valium)* 2 ampoules à 10 mg en I.M. toutes les 4 heures.

3) **Vitaminothérapie** B1 B6 B12 PP, indispensable pour prévenir ou traiter une éventuelle encéphalopathie carentielle associée.

4) **Analeptiques cardio-vasculaires.**

5) **Dépistage et traitement des complications** infectieuses, hépatiques ou neurologiques (hématome intra-crânien).

L'utilisation de l'alcool I.V. (*Curethyl*) préconisée par certains dans le traitement du D.T. est controversée. Dans les formes très agitées, on peut associer l'*Haldol*, 5 mg en I.M. deux fois par jour ; on évitera les neuroleptiques hypotenseurs (*Largactil*, *Réserpine*) qui peuvent favoriser un collapsus.

B. – LES TROUBLES NEURO-PSYCHIQUES LIÉS AUX CONSÉQUENCES NUTRITIONNELLES DE L'ALCOOLISME

a) L'encéphalopathie de Gayet-Wernicke

C'est une affection assez fréquente d'origine carentielle où l'avitaminose B1 joue un rôle déterminant. Sa cause majeure est l'alcoolisme chronique responsable du déficit en thiamine, soit par carence d'apport (anorexie, régime déséquilibré riche en hydrates de carbones pauvre en protéines), soit par carence d'absorption (gastrite, troubles du transit intestinal, suites de gastrectomie).

Des troubles nutritionnels sévères d'étiologies diverses peuvent également entraîner une encéphalopathie de Wernicke : vomissements gravidiques, sténoses œsophagiennes ou pyloriques, dénutritions post-opératoires mal contrôlées, états d'inanition (grève de la faim, refus d'aliments chez un malade mental).

Les lésions anatomiques ont une topographie caractéristique ; bilatérales et symétriques, elles siègent dans les formations entourant le 3ᵉ ventricule, l'Aqueduc de Sylvius, le 4ᵉ ventricule. L'atteinte des corps mamillaires est constante. Les lésions constatées (altérations neuronales, prolifération gliale et vasculaire) sont d'aspect variable selon qu'il s'agit de formes aiguës ou prolongées ; les suffusions hémorragiques sont fréquentes dans les formes aiguës.

■ ***Le tableau clinique*** se constitue progressivement chez un alcoolique dénutri par une recrudescence des troubles digestifs (anorexie, vomissements), un amaigrissement, une tendance à la somnolence et à l'apathie, parfois une ataxie. Une décompensation brutale est possible à l'occasion d'une infection intercurrente ou d'une surcharge glucidique massive. La sémeiologie comporte :

- **des troubles de la conscience de profondeur variable :** obtusion, torpeur ; état d'agitation confuso-onirique dont le diagnostic avec un delirium tremens est difficile d'autant que les deux types de manifestations peuvent s'associer et qu'une encéphalopathie de Wernicke peut s'installer au décours d'un D.T. ; état confuso-amnésique d'allure Korsakovienne avec fabulation importante.

- **des troubles oculo-moteurs :** nystagmus horizontal ou vertical, parésie bilatérale des VI, atteinte dissociée du III, paralysies de fonction. On constate parfois au fond d'œil des hémorragies rétiniennes.
- **une hypertonie oppositionnelle ; une incoordination motrice et des troubles de l'équilibre** pouvant rendre la marche et même la station debout impossibles.
- **des troubles végétatifs :** tachycardie, hypotension ; risque de collapsus.
- **des signes de polynévrite** d'intensité très variable s'observant dans 70 % des cas.

■ ***Le diagnostic*** est difficile devant un tableau atypique pseudo-méningé ou pseudo D.T. ; les paralysies oculaires sont parfois discrètes ou transitoires. La survenue de troubles neuropsychiques chez un alcoolique ou un malade dénutri doit systématiquement faire penser à une encéphalopathie carentielle et entreprendre immédiatement la vitaminothérapie, seul moyen d'éviter des séquelles graves et définitives. L'absence de résultats rapides sur les signes oculaires et confusionnels doit faire réviser le diagnostic, évoquer une autre affection (hémorragie méningée, hématome sous-dural) fréquente chez l'alcoolique et parfois même associée à l'encéphalopathie carentielle. *L'élévation de la pyruvicémie* est quasi-constante dans le Wernicke avant vitaminothérapie mais n'est pas spécifique de la carence en thiamine (causes d'erreur : diabète, cirrhose, anémie).

■ ***Le traitement*** est essentiellement la vitamine B1 administrée par voie intramusculaire à des doses de 500 mg à 1 g par jour. Il est nécessaire d'associer chez ces sujets polycarencés des vitamines B6, PP et acide folique. Un traitement correct et suffisamment précoce peut amener une guérison complète. *Les séquelles sont cependant très fréquentes,* sous forme de syndrome de Korsakoff, surtout si le traitement a été tardif. En l'absence de traitement, l'évolution fatale était habituelle dans les formes aiguës : coma hypertonique avec signes neurovégétatifs intenses.

b) Le syndrome de Korsakoff

Il se manifeste généralement au décours d'une encéphalopathie de Wernicke ; au fur et à mesure que l'état confusionnel se dissipe, le trouble spécifique de la mémoire se précise. Parfois la période subaiguë passe inaperçue et le syndrome de Korsakoff est découvert d'emblée.

■ ***Le tableau clinique*** comporte :

1) **Une atteinte de la mémoire d'allure très caractéristique :**

a) AMNÉSIE ANTÉROGRADE : oubli des faits écoulés depuis le début de la maladie ; oubli à mesure, d'une minute à l'autre ou d'une heure à l'autre, des lectures, des conversations, des consignes, des visites reçues.

- *Débord rétrograde de l'amnésie* qui recouvre les années précédant la maladie : évocation cahotique des souvenirs personnels ou des faits historiques de cette période ; télescopage des événements dont l'ordonnancement chronologique est très perturbé.
- *Conservation de la mémoire des faits anciens,* des souvenirs d'enfance, des connaissances scolaires, des techniques acquises, des gestes professionnels.
- *Conservation de la mémoire à très court terme :* l'empan de mémoire est normal ; le malade peut percevoir l'essentiel d'une question et y répondre d'une façon adéquate. Si l'appréhension immédiate est conservée, l'intégration secondaire ou mémoration est touchée avec rétention nulle pour le stimuli complexes, rétention encore possible pour des stimuli simples.

b) DÉSORIENTATION : sans références au passé récent, le malade est désorienté dans le temps. Il ignore la durée de sa maladie, se trompe grossièrement sur la date du jour, sur son âge. Souvent il se croit à une époque plus ancienne de son existence et donne des renseignements sur les gens et les événements de cette période comme si c'était actuel. L'orientation spatiale est moins troublée ; il se perd cependant dans les endroits qu'il connaît depuis peu, il a tendance à mélanger les lieux, à se croire chez lui alors qu'il est à l'hôpital.

c) FABULATION : spontanément ou en réponse à des questions inductrices, le malade donne un récit fabulatoire plus ou moins circonstancié mais plausible de ses activités de la veille (promenade, achats). Des fausses reconnaissances sont fréquentes, spontanées ou suggérées, parfois intégrées à une fabulation de remémoration, véritable « délire de mémoire » où le patient revit en les actualisant des tranches de son passé. Assez souvent la fabulation est discrète, il faut la suggérer par des questions pour la faire apparaître.

d) ANOSOGNOSIE HABITUELLE : inconscient du trouble mnésique, le malade donne avec assurance des réponses invraisemblables. Le plus souvent euphorique, parfois irritable, le Korsakovien vit dans l'instant, apathique et insouciant ; son cercle d'idées est restreint, sa pensée est assez stéréotypée.

Contrastant avec l'énorme déficit mnésique, il n'y a ni confusion mentale (une fois passée la période aiguë) ni démence. Le jugement et le raisonnement sont corrects lorsqu'ils ne font pas appel aux souvenirs récents. Alors que les scores à l'échelle Mémoire de Wechsler sont effondrés excepté la répétition immédiate des chiffres, les subtests de l'échelle d'intelligence (W A I S) sont relativement préservés à l'exclusion du « Code » et des « Cubes », toujours atteints. Ceci ne vaut que pour les Korsakoff purs. Assez fréquemment l'alcoolisme entraîne, outre l'encéphalopathie carentielle, des lésions cérébrales de mécanismes divers et pouvant aboutir à une démence. Le syndrome Korsakovien disparaît alors progressivement derrière le tableau démentiel.

2) **Une polynévrite sensitivo-motrice,** également d'origine carentielle, qui s'associe souvent mais non constamment au syndrome de Korsakoff, réalisant le tableau de la psycho-polynévrite. Il n'y a pas parallélisme entre la gravité des troubles psychiques et des troubles neurologiques qui peuvent être frustes (fatigabilité à la marche, crampes nocturnes, achilléens abolis) ou typiques (déficit moteur bilatéral et distal prédominant sur la loge antéro-externe de la jambe avec steppage ; troubles trophiques cutanés ; anesthésie en botte contrastant avec la douleur à la pression des masses musculaires ; perte du sens de position des orteils). Des formes ataxiques, des formes pseudo-myopathiques, des évolutions aiguës rapidement extensives sont parfois observées.

■ ***Traitement et évolution :*** la vitaminothérapie B1 doit être utilisée par voie parentérale à fortes doses, 1 gramme par jour, pendant longtemps, associée aux autres vitamines du groupe B. Une fois le syndrome de Korsakoff constitué, le traitement amène dans 25 % des cas seulement une récupération satisfaisante avec toutefois persistance d'une lacune mnésique d'importance variable. Dans les autres cas le défaut de mémorisation persiste. Si une récupération partielle parfois très lente rend possible une certaine autonomie voire un travail aménagé, les déficits sévères entraînent une invalidité complète et nécessitent une assistance permanente, le plus souvent en milieu hospitalier. La polynévrite peut laisser des séquelles : rétractions tendineuses, troubles trophiques. Le pronostic vital est médiocre du fait des atteintes associées (cirrhose, troubles cardio-vasculaires) et de la reprise fréquente de l'intoxication.

■ ***Diagnostic :*** Toutes les lésions intéressant de façon bilatérale le circuit hippocampo-mamillo-thalamique peuvent entraîner un syndrome de Korsakoff.

- **La carence en vitamine B1** en est l'étiologie la plus fréquente, qu'elle soit due à l'alcoolisme chronique ou aux désordres nutritionnels susceptibles d'entraîner une encéphalopathie de Wernicke. L'atteinte bilatérale et symétrique des corps mamillaires est constante dans ces Korsakoff carentiels ; les noyaux thalamiques dorso-médians seraient fréquemment touchés. La *psycho-polynévrite* de Korsakoff est toujours d'origine nutritionnelle.
- **Divers processus pathologiques réalisant une atteinte bilatérale mais non forcément symétrique du circuit hippocampo-mamillo-thalamique** peuvent entraîner une amnésie de Korsakoff pure ou associée à des troubles variables selon l'étiologie en cause :
- PARFOIS LES COMMÉMORATIFS RENDENT L'ÉTIOLOGIE ÉVIDENTE : *Kor-*

sakoff après trauma crânien ; il s'extériorise lorsque le blessé sort de la confusion post-commotionnelle. La fabulation y est très riche, très imaginative. L'évolution est favorable, régressive en quelques mois, laissant une amnésie lacunaire. *Korsakoff d'origine anoxique,* probablement par lésion ammonienne bilatérale, après état de mal épileptique, après tentative de pendaison, après arrêt cardique. *Korsakoff post-chirurgical,* après intervention pour anévrysme de la communicante antérieure, après exérèse bilatérale de la corne d'Ammon dans la chirurgie de l'épilepsie. *Korsakoff après encéphalite nécrosante subaiguë,* d'étiologie herpétique par exemple, où les destructions prédominent sur les régions bi-hippocampiques. L'amnésie antérograde est massive, les connaissances didactiques sont souvent atteintes. L'évolution est sévère avec récupération très faible.

UN PROCESSUS TUMORAL DE LA RÉGION MÉSODIENCÉPHALIQUE peut réaliser un syndrome de Korsakoff : craniopharyngiome, tumeur du 3e ventricule, tumeur du trigone. *Les Korsakoff d'origine vasculaire* par atteinte bilatérale, symétrique ou non, du circuit limbique sont très rares.

C. – LES DÉMENCES ALCOOLIQUES

L'affaiblissement intellectuel est fréquent chez l'alcoolique après une longue période d'intoxication. Il touche d'abord l'attention et la mémoire ; il s'accompagne d'apathie, de passivité, d'indifférence, de troubles caractériels, de réduction du jugement et de l'autocritique. Il est à l'origine de la désinsertion sociale progressive et peut favoriser l'apparition de comportements délictueux en particulier dans le domaine sexuel (exhibitionnisme, inceste). *Il est très longtemps reversible par suppression de l'intoxication.*

Chez certains alcooliques on observe une évolution démentielle irréversible d'installation subaiguë ou progressive. Ces démences alcooliques répondent à des tableaux anatomo-cliniques d'étiologie variable dont quelques formes seulement sont individualisées :

■ ***La maladie de Marchiafava-Bignami,*** qui survient au cours d'un alcoolisme ancien et sévère, est rare, de pathogénie mal connue. Anatomiquement, elle se caractérise par des lésions symétriques de la région axiale du corps calleux (véritable nécrose cavitaire ou simple démyélinisation aboutissant à une atrophie calleuse) qui s'étendent souvent à la substance blanche hémisphérique et à la commissure blanche antérieure. Une sclérose laminaire corticale de Morel y est parfois associée.

Le tableau clinique est variable, depuis la forme aiguë évoluant en quelques mois dans un tableau de stupeur profonde avec hypertonie diffuse et crises convulsives jusqu'aux formes chroniques évoluant pendant des années par poussées (épisodes confusionnels et signes neurologiques) plus ou moins régressives, souvent contemporaines de périodes d'intempérance et aboutissant progressivement à un tableau démentiel avec tremblements, dysarthrie intense, hypertonie, troubles de la marche, crises convulsives.

■ ***L'encéphalopathie hépatique chronique*** s'observe surtout chez les sujets ayant subi une anastomose porto-cave, qu'ils présentent ou non des épisodes encéphalopathiques aigus à répétition. La détérioration intellectuelle progressive (bradypsychie, désintérêt) s'accompagne d'une atteinte neurologique (ataxie, mouvements choréoathétosiques, tremblements, dysarthrie) ; elle peut évoluer vers une démence profonde. Anatomiquement, les lésions sont proches de celles de la maladie de Wilson : hyperplasie astrocytaire et lésions neuronales dégénératives dans le cortex cérébral et cérébelleux, les noyaux de la base et les noyaux dentelés.

■ ***Le syndrome de Korsakoff*** associé à un état démentiel. (V. p. 159).

D. – LES DÉLIRES CHRONIQUES DES ALCOOLIQUES

On peut observer des délires interprétatifs de jalousie mais l'aspect le plus fréquent est celui d'une psychose hallucinatoire chronique. Elle succède en général à une bouffée confuso-onirique ou à une expérience hallucinatoire aiguë ; dans certains cas elle apparaît progressivement : ambiance d'hostilité, bruits insolites, idées d'influence. Des thèmes de persécution et de jalousie se développent, plus ou moins organisés et extensifs, sous-tendus par un automatisme mental avec activité hallucinatoire auditive ou polysensorielle. Le traitement neuroleptique a amélioré le pronostic de ces délires ; cependant chez ces malades souvent réticents et peu coopérants, la reprise de l'intoxication est à craindre avec un enrichissement de l'activité délirante et un risque réel de passage à l'acte agressif.

On a beaucoup discuté du rôle joué par l'alcoolisme dans la survenue d'un délire chronique. Il est probable que dans certains cas les facteurs de personnalité sont au premier plan, par exemple dans le développement d'une jalousie passionnelle chez un paranoïaque alcoolique, mais l'intoxication intervient aussi par ses effets secondaires (baisse de la puissance sexuelle, attitude de l'épouse). Il y a des alcoolismes qui sont la conséquence et non la cause d'un processus schizophrénique ; le malade boit pour calmer son angoisse et lever ses inhibitions. Si on ne peut guère incriminer l'alcoolisme dans la survenue d'un processus dissociatif du sujet jeune, il faut par contre signaler que les démences alcooliques s'accompagnent fréquemment d'idées délirantes.

III. – LE TRAITEMENT DE L'ALCOOLISME

Il ne se résume pas au traitement des complications somatiques et doit comporter une désintoxication, c'est-à-dire un traitement de la dépendance à l'égard de l'alcool.

L'acceptation du traitement

C'est souvent au généraliste ou au médecin du travail qu'incombe le dépistage et l'orientation des patients alcooliques. On peut mettre à profit la convalescence d'une complication somatique ou la survenue de difficultés (perte d'emploi, accident, menace de divorce) pour convaincre un alcoolique de la gravité de son problème (incapacité de maîtriser sa consommation) et lui faire accepter un traitement (nécessité d'être aidé). L'attitude du médecin doit être réaliste sans rejet ni moralisation, assez positive pour favoriser la prise de conscience, suffisamment patiente pour supporter les aléas d'une cure toujours longue où les rechutes, presque inévitables en début de traitement, ne doivent pas faire abandonner le programme thérapeutique.

Les modalités de la cure dépendent du contexte psychologique et social, de l'état somatique et psychopathologique. Une cure ambulatoire peut être proposée à un patient fortement motivé dont l'insertion socio-professionnelle est conservée. Souvent, il faut recourir à une hospitalisation pour mettre le sujet « à l'abri de l'alcool » ou pour créer une rupture transitoire avec le milieu familial.

Le sevrage

Il comporte la prescription systématique de tranquillisants : *Equanil* 400 mg, 6 à 8 cps par jour ; *Valium* 10, 4 à 6 cps par jour. On y adjoint une vitaminothérapie B_1 B_6 PP. Pendant cette période de sevrage qui dure une dizaine de jours on cherche à renforcer les motivations du patient : informations éducatives sur la maladie alcoolique, déculpabilisation, explicitation des problèmes personnels, participation à une thérapie de groupe. Une action sur l'entourage doit être entreprise dès cette période pour réduire les attitudes négatives et éviter la rupture d'un groupe familial organisé en fonction de l'alcoolisme du sujet (la femme y joue le rôle dominant) et qui doit retrouver un nouvel équilibre.

La cure de dégoût

Elles peut être entreprise à la fin du sevrage. Prônée par certains, décriée par d'autres, elle n'est pas d'indication systématique et doit être réservée à des sujets en bon état somatique. Comme technique d'aversion on peut utiliser en cure de quelques jours les injections pluriquotidiennes d'Apomorphine dont l'effet déplaisant (vomissements) est associé à l'ingestion de la boisson habituelle. On utilise surtout le *Disulfirame* (Esperal) qui provoque lors de l'ingestion d'alcool des symptômes pénibles : céphalées, congestion de la face, vertiges, tachycardie, malaise anxieux, nausées. Les épreuves de sensibilisation, sous surveillance du pouls et de la T.A., sont répétées pour créer la réaction de dégoût.

La post-cure

L'abstinence doit être totale et définitive étant donné l'impossibilité pour l'alcoolique de maîtriser sa consommation. La prise régulière d'Espéral, 1/2 comprimé chaque matin, est une aide considérable pour l'ancien buveur averti des conséquences fâcheuses d'une ingestion d'alcool même s'il n'y a pas eu auparavant une cure de dégoût. Des tranquillisants et des antidépresseurs à petites doses peuvent être utiles pour lutter contre l'anxiété et l'état d'asthénie fréquents en post-cure. On s'abstiendra de barbituriques et d'IMAO.

Un soutien psychologique est nécessaire : entretiens individuels ou groupes thérapeutiques. Les associations d'anciens buveurs peuvent jouer dans la post-cure un rôle décisif en offrant des possibilités d'identification et de sublimation ainsi qu'une aide efficace lors de rechutes toujours possibles et dont il faut s'efforcer de limiter la durée.

Les résultats

Ils ne peuvent être appréciés qu'après plusieurs années. Parmi les éléments de bon pronostic interviennent l'âge (meilleur pronostic après 40 ans), la bonne insertion professionnelle et la collaboration du milieu de travail, l'implication positive de la famille, la participation à un groupe d'anciens buveurs. Même chez des alcooliques désinsérés socialement on observe parfois une évolution satisfaisante après une prise en charge de longue durée dans un centre spécialisé.

BIBLIOGRAPHIE

BOURNE (P.-G.) and FOX (R.). — *Alcoholism - Progress in research and treatment.* Academic Press. New York. 1973.

BLUM (E.-M.) and BLUM (R.-H.). — *Alcoholism. Modern psychological approaches to treatment.* Jossey Bass. Inc. Publishers. San Francisco. 1972.

DELAY (J.) et BRION (S.). — *Le Syndrome de Korsakoff.* Masson. 1969.

FOUQUET (P.). — *Les névroses alcooliques.* E.M.C. 37.380. C 10. 1955.

HENNE (M.). — L'état alcoolique dangereux. Rapport au *Congrès de Psychiatrie et de Neurologie de Langue Française.* Lausanne. 1965. Masson édit.

ISRAEL (Y.) and MARDONES (J.). — *Biological basis of alcoholism.* Wiley. Interscience. 1971.

JELLINEK (E.-M.). — *The disease concept of alcoholism.* Hillhouse Press. 5e édit. 1972.

KESSEL (N.) and WALTON (H.-J.). — *Alcoholism.* Penguin Books. 1969.

SALUN (I.). — Delirium tremens and certain other acute sequels of alcohol abuse. *Acta Psychiatrica Scandinavica.* 1972. Suppl. *235.*

TALLAND (G.-A.). — *Deranged memory ; a psychonomic study of the amnesic syndrome.* Academic Press. New York. 1965.

VICTOR (M.), ADAMS (R.-D.) and COLLINS (G.-H.). — *The Wernicke-Korsakoff syndrome.* F.A. Davis company, Philadelphia. 2e édit. 1973.

16

LES TOXICOMANIES

Les questions que pose à notre temps l'usage de drogues entraînant la dépendance sont multiples. Les solutions qui sont proposées pour réduire puis éradiquer l'extension des toxicomanies dépendent de la réflexion et de la collaboration, à un échelon national et international, d'instances appartenant à des horizons très divers : sociologiques, économiques, politiques et médicales. C'est essentiellement la dimension psychiatrique de ce problème qui nous retiendra ici.

GÉNÉRALITÉS

Le terme de drogue a subi une extension de son champ sémantique si bien que l'on entend actuellement par ce terme « toute substance naturelle ou synthétique ayant une action psychotrope, voire seulement une action pharmacologique ». Aussi convenons-nous d'être plus restrictifs et de le réserver aux « mauvais remèdes », aux produits que l'usager consomme à des fins non-médicales : la drogue est recherchée par le sujet lui-même, proposée par le groupe ou fortement suggérée par le prosélytisme de certains. En 1967, l'Organisation Mondiale de la Santé a distingué l'*accoutumance* de la *toxicomanie* (terme auquel elle a préféré celui de *pharmaco-dépendance*) :

■ ***L'accoutumance*** est caractérisée par l'usage régulier d'un produit, provoquant le désir d'en répéter la consommation sans tendance à augmenter la dose, entraînant un certain degré de dépendance psychologique sans dépendance physique et sans syndrome de sevrage. L'accoutumance implique la possibilité d'effets nuisibles chez le consommateur. Les drogues dites « douces » (tabac, dérivés du chanvre indien) peuvent donner lieu à accoutumance.

■ ***La pharmaco-dépendance ou toxicomanie*** suppose la consommation répétée d'une drogue qui entraîne, dans des délais plus ou moins rapides, le désir contraignant de consommer le produit et de s'en procurer par tous les moyens, la tendance spontanée à augmenter les doses du fait de l'adaptation de l'organisme aux effets de la drogue (phénomène de tolérance), l'apparition d'un asservissement physique et psychologique (phénomène d'assuétude), enfin l'apparition d'un syndrome somato-psychique d'abstinence lorsque cesse la consommation. En dehors des effets nocifs que provoque cette intoxication sur l'individu, existent des répercussions sur la société : prosélytisme, contagiosité, criminalité. Les drogues dites « dures » (héroïne, dérivés amphétaminiques) comportent le plus haut risque de pharmaco-dépendance.

LES TOXICOMANES

LES TOXICOMANES TRADITIONNELS

A toutes les époques, dans toutes les civilisations et dans toutes les cultures, des hommes ont cherché dans la drogue l'évasion, le Nirvana, la stimulation intellectuelle ou créatrice. Il ne faut pas méconnaître les implications économiques et politiques de ce problème : rappelons la Guerre de l'Opium en Chine, le fait qu'en Amérique du Sud au XVIe siècle les esclavagistes proposaient pour tout salaire aux Indiens des feuilles de coca. On sait aussi que l'utilisation extensive des amphétamines par les troupes combattantes au cours de la deuxième Guerre Mondiale a été à l'origine d'amphétaminomanies (Japon - U.S.A.). En France, *les toxicomanes classiques* appartenaient à certains milieux artistiques ou littéraires. Citons parmi les plus connus le Club des Haschischins au XIXe siècle, puis Cocteau, Sachs, Vaillant... On observait également des toxicomanes dans des milieux médicaux ou para-médicaux pour lesquels l'approvisionnement en toxiques était relativement facile (sujets ayant une personnalité pathologique avec une appétence toxicophile marquée). Il y avait aussi des toxicomanies de *persévération* à la morphine ou à la cocaïne chez des malades auxquels, lors d'épisodes algiques, avaient été prescrits des stupéfiants et qui avaient amorcé à cette occasion leur carrière de toxicomanes. Depuis l'introduction du carnet à souches, obligatoire pour les produits du tableau B à partir de 1947, ces toxicomanes iatrogènes étaient connus et assez facilement dénombrés (estimés à trois cents environ pour la France vers 1960).

LES TOXICOMANES MODERNES

Ce qu'il est convenu d'appeler toxicomanies modernes est tout à fait différent : ce phénomène intéresse la *jeunesse,* il se répartit également dans tous les milieux socio-culturels et économiques, il ne s'agit plus de mono-toxicomanies mais de *poly-intoxications*. Ceci appelle un certain nombre de remarques :

■ Lorsque l'on parle ***« d'usagers de la drogue »***, il importe de distinguer le consommateur occasionnel, lycéen, apprenti ou étudiant qui lors d'une « partie », d'une réunion avec des camarades, d'un voyage, se laissera convaincre de la nécessité d'accepter le « joint » (cigarette de haschich), symbole de partage, de mise en commun, de lien, et l'usager habituel, régulier voire invétéré gravitant dans des milieux tout à fait désocialisés.

■ ***Les caractéristiques à Paris d'un groupe de toxicomanes*** hospitalisés dans un service de réanimation ou se présentant spontanément à une consultation de médecine générale ont été précisées par Gorceix, Fournier et Coll. (1970) : l'âge moyen est de 21 ans et demi, les plus jeunes ayant 15 ans ; deux tiers de garçons, un tiers de filles ; ils se recrutent dans tous les milieux socio-économiques ; la moitié seulement d'entre eux a eu une enfance perturbée par la mésentente ou le divorce des parents, le décès du père beaucoup plus souvent que de la mère, les placements en pensionnat, orphelinat ou chez des parents nourriciers ; des actes de délinquance (vols, effractions, prostitution, surtout petits trafics de stupéfiants) sont retrouvés dans les antécédents de 60 % d'entre eux ; enfin 90 % des sujets examinés n'ont aucune insertion professionnelle.

■ Le caractère de ***poly-toxicomanie*** déjà signalé rend impossible l'inventaire des produits utilisés du fait de l'introduction sans cesse renouvelée de nouveaux mélanges plus que de nouveaux produits, du fait de l'utilisation de médicaments détournés de leur usage et enfin du fait de l'ingéniosité de certains trafiquants composant régulièrement des molécules nouvelles.

■ ***La personnalité du consommateur habituel*** de toxiques n'est absolument pas monomorphe. La notion ancienne de « névrose toxicomaniaque », qui tendait à différencier un type compulsif et un type impulsif, paraît actuellement ne plus répondre à ce qui est observé (H. Loo). Parmi les jeunes toxicomanes actuels il est :

- de nombreux **psychopathes,** déséquilibrés, sujets immatures et fragiles, pour lesquels la toxicomanie n'est qu'un des traits de la déviance ;
- des **schizophrènes** qui, psychologiquement à la dérive, espèrent trouver dans l'usage de la drogue une auto-méditation pour leur angoisse, leur dépersonnalisation, leur apragmatisme ; ils trouvent également dans la communauté marginale qui les accueille pendant un temps la possibilité de retarder l'échéance psychiatrique ;
- d'authentiques **pervers,** formant un groupe très réduit mais potentiellement dangereux par le prosélytisme et la contagiosité qu'il représente. Toujours

récidivistes, inamendables, ces sujets constituent des chaînons privilégiés pour les organisateurs des réseaux d'approvisionnement en drogue ;

- enfin, il faut actuellement compter sur un groupe sans cesse plus important d'adolescents et d'adolescentes pour lesquels **la consommation de la drogue représente un fait nouveau de civilisation.** Avant de les considérer comme pathologiques, il faut essayer de comprendre les motivations qui conduisent des jeunes à consommer de la drogue. Les facteurs le plus souvent retenus sont les suivants :
  - la *recherche d'un plaisir insolite,* d'un paradis artificiel dont l'attrait est d'autant plus grand qu'ils sont atteints au prix de la transgression d'interdits et de tabous familiaux, sociaux et culturels ;
  - la *publicité* qui a été faite au problème de la drogue par tous les organes d'information sollicite également la curiosité et le désir de certains jeunes qui engagent là leur goût du risque et de l'aventure.
  - La *consommation de la drogue* en créant un lien d'appartenance revêt le caractère rituel d'intronisation dans le groupe : on connaît l'attirance des jeunes pour la vie communautaire et pour certains groupes le partage des expériences, des gains et des profits, passe par la nécessité de fumer ou de « se défoncer » ensemble ;
  - la recherche d'une *spiritualité* est également à considérer, surtout lors de l'utilisation des hallucinogènes (L.S.D., Mescaline) à propos desquels on parle « d'expériences transcendantales », de « visions mystiques », « d'extases », de « voyage astral » qui sont autant d'occasions de pratiques rituelles et de cérémonials inspirés parfois de traditions religieuses. Dans l'expérience psychédélique, on cherche à rompre avec un univers clôturé pour communiquer de manière fusionnelle et empathique avec les autres et « l'Ailleurs » ;
  - la toxicomanie est aussi un *mode de protestation* contre un milieu familial, une société, un régime politique jugés inacceptables, ceci dans des perspectives idéologiques très diverses. Il faut cependant souligner que parmi les toxicomanes se comptent peu de contestataires réellement engagés dans une action politique. Les mouvements extrémistes dénoncent même l'utilisation qui pourrait être faite de la toxicomanie dans un but de récupération par les dirigeants de nombreux pays.
  - l'usage de la drogue est pour certains l'*équivalent d'une conduite suicidaire.* Nombre d'entre eux finissent un jour par se suicider.

MANIFESTATIONS CLINIQUES ET PSYCHOPATHOLOGIQUES

A. – LES HALLUCINOGÈNES (PHANTASTICA)

Ce sont des drogues « psychédéliques » (psychodysleptiques et psychomimétiques). Leur action pharmacodynamique entraîne chez le sujet sain des phénomènes généralement observés dans les états psychotiques : troubles des perceptions (illusions, hallucinations), modifications de l'affectivité et de l'humeur, altérations du contenu et du cours de la pensée, troubles de la conscience vigile et parfois émergences délirantes.

a) Les dérivés du Cannabis ou chanvre indien

Ils se consomment de différentes façons : préparations *à base de feuilles et de fleurs* de la plante femelle qui, séchées, sont fumées avec du tabac en cigarettes (marijuana) ou réduites en poudre sont mêlées à des produits ingérables, liquides ou solides ; préparations *à base de résine pure,* présentées en plaquettes (haschich), qui sont fumées dans des pipes à eau, pressées dans le culot de pipes ordinaires ou mélangées à du miel, des gâteaux, du sucre avant d'être ingérées ; enfin, *conglomérat* de feuilles et de résine.

■ ***Effets cliniques :*** dans les préparations peu concentrées les effets sont réduits. Lorsque la concentration est plus importante ce qui est le cas avec les préparations à base de résine qui contient le principe actif (tétra-hydrocannabinol), on peut observer une tachycardie, une sécheresse de la bouche, une hyperhémie conjonctivale. Au point de vue psychologique les modifications les plus courantes et recherchées sont une sensation de bien-être, d'euphorie, un effacement des notions de temps et d'espace, une hyperesthésie sensorielle (visuelle, auditive, tactile), l'impression purement subjective d'une facilitation des processus intellectuels avec récurrences mésiques ; l'augmentation de la libido et de la puissance sexuelle, souvent espérée, paraît en fait rare.

■ ***Les accidents :*** les plus sérieux sont surtout constatés chez des débutants et paraissent contemporains de périodes anxieuses : troubles de la coordination psychomotrice, altération des perceptions visuelles, crises sudorales, syncopes, accès d'angoisse voire de panique avec émergence d'agressivité au cours des « mauvais voyages » (bad-trips).

Des incidents mineurs s'observent chez les consommateurs réguliers : irritation conjonctivale chronique, toux d'irritation trachéale, crises d'asthme chez les adolescents présentant des antécédents, troubles du sommeil, céphalées, sensations vertigineuses.

■ ***Les complications à long terme du cannabisme*** posent essentiellement la question de la responsabilité de ce dérivé dans la constitution d'états psychotiques chroniques. Dans certains pays à grande consommation (Egypte, Afrique du Nord) des *psychoses cannabiques* ont été décrites. Ailleurs et chez certains consommateurs réguliers, la passivité, l'apragmatisme, l'inertie psychomotrice, le détachement peuvent en imposer pour un processus schizophrénique déficitaire. En réalité, le risque le plus important de la consommation de dérivés du Cannabis, drogues de groupe, paraît être le danger d'une escalade vers des toxiques majeurs. La répétition des « voyages » va souvent de pair avec un amoindrissement des sensations obtenues jusque-là, invitant alors à l'essai d'autres produits.

b) Le L.S.D. « 25 » ; le S.T.P. (1) La Mescaline ; la Psilocybine

■ ***Des perturbations psychologiques,*** la plus connue est la diminution du seuil de perception sensorielle avec troubles des perceptions visuelles : les couleurs deviennent très intenses, tendent à s'émanciper de la forme, il existe une distorsion des contours ; des synesthésies sont possibles. Peuvent survenir des troubles de l'image du corps allant jusqu'au syndrome de dépersonnalisation généralement contemporains de troubles de la conscience vigile avec perturbations des repères temporels et spatiaux, modifications thymiques variables, soudaines, allant dans le sens de l'euphorie ou de l'anxiété-agressivité. Les performances intellectuelles sont constamment perturbées.

■ ***Les accidents*** observés avec ces dérivés dysleptiques sont relativement fréquents : ils peuvent être graves, non par l'importance des troubles somatiques (état nauséeux, ébrieux, tachycardie, sudation) mais par l'apparition de « mauvais voyages » : accès d'angoisse avec agitation extrême, réactions de panique avec auto ou hétéro-agressivité, passages à l'acte suicidaire (défenestration), tentatives d'auto-mutilation. Il faut particulièrement souligner le caractère anxiogène des accès de *rémanence spontanée* survenant dans les 24 ou 48 heures qui suivent la fin du « voyage » : la récurrence des troubles sensoriels, des modifications thymiques, des troubles intellectuels, alors même que le sujet sait qu'ils ne sont pas induits par l'absorption récente de drogue, entraîne généralement des réactions d'angoisse très vive.

Le risque génétique par altération chromosomique a été signalé, ce qui a entraîné il y a quelques années une régression de la consommation de L.S.D. sur la côte californienne : ceci n'a jusqu'à présent pas reçu de confirmation scientifique.

B. – LES STUPÉFIANTS (EUPHORICA)

Leur action pharmacodynamique entraîne, outre un effet analgésique puissant, une diminution ou une altération des réactions émotives et des perceptions, tantôt avec maintien, tantôt avec diminution de la conscience

(1) (Sérénité – Tranquilité – Paix) – dérivé apparenté à la Mescaline et à l'Amphétamine ;

vigile. Les stupéfiants mettent le sujet dans un état de béatitude psychologique et de détente physique. Pendant longtemps n'étaient observées que des intoxications à la morphine-base. Actuellement, le relai est souvent pris par des morphino-mimétiques de synthèse : *Dolosal, Palfium, Fortal.*

Parmi les dérivés de l'Opium, l'Héroïne est celui qui a toutes chances d'être un jour ou l'autre consommé par le toxicomane invétéré. (En 1970, on évaluait à 100 000 le nombre d'héroïnomanes dans le seul Etat de New York : 17 millions d'habitants). De toutes les drogues, c'est celle qui donne lieu à la pharmaco-dépendance la plus intense et la plus rapide s'installant parfois dans les heures qui suivent la ou les premières administrations. Cet alcaloïde de l'Opium s'injecte le plus souvent par voie sous-cutanée ou intra-veineuse. Il est exceptionnel que l'Héroïne soit vendue pure : elle est généralement mélangée à des poudres inertes : bicarbonate, sucre, farine, quinine, etc. La méconnaissance de la concentration exacte en produit actif explique un certain nombre d'accidents aigus.

■ ***Les signes cliniques d'imprégnation :*** ils constituent des éléments d'orientation en dehors même des modifications du comportement observées après la prise de drogue : le rétrécissement pupillaire, l'intolérance aux bruits et à la lumière, l'érythème conjonctival, des lésions de grattage au visage et aux points d'injection sont des signes très habituels. Ceux-ci, joints aux troubles du comportement, à la distractivité, doivent faire rechercher les traces récentes d'injection.

■ ***Les accidents :*** certains sont mineurs (troubles digestifs, H.T.A. troubles de la conscience vigile). D'autres sont beaucoup plus graves :

- **Les surdosages** (over-doses) tiennent à la concentration souvent inconnue en produit injecté, à la précipitation de certains néophytes qui par mimétisme prennent la même dose que celle des sujets entraînés, ou encore après une période de sevrage à la reprise d'une dose forte à laquelle le sujet était antérieurement adapté. Les surdosages provoquent une dépression respiratoire et cardio-vasculaire intense avec collapsus, bradypnée et possibilité d'œdème pulmonaire. L'état stuporeux peut confiner au coma reconnaissable à la présence d'un myosis serré. Les cas de mort subite survenant immédiatement après l'injection sont fréquents.

- **Les syndromes de sevrage** sont particulièrement aigus chez les héroïnomanes : l'état de besoin survient de huit à dix heures après la dernière prise et s'accompagne de crampes, céphalées, sensations vertigineuses, douleurs thoraco-abdominales et d'une angoisse très importante. Cet état peut s'aggraver et constituer un « delirium tremens morphinique » avec nausées, vomissements et agitation motrice extrême.

- **Les complications infectieuses** sont très fréquentes ; hépatite virale à virus B (ayant un taux de mortalité élevé ou à tout le moins des évolutions cirrhotiques et nécrotiques), endocardite (souvent à staphylocoques), pneumopathie aiguë, affections cutanées et sous-cutanées, thrombophlébite, tétanos. Ces accidents infectieux sont compréhensibles si l'on considère que les injections sont pratiquées dans des conditions d'asepsie très réduites. On insiste sur la fréquence des troubles gynécologiques observés chez les femmes héroïnomanes (aménorrhée, dysménorrhée, avortements, accouchements prématurés). Les nouveau-nés de mères héroïnomanes présentent dès la naissance des signes de souffrance digestive et de détresse respiratoire imposant des mesures thérapeutiques adaptées.

C. – LES STIMULANTS, EXCITANTS ET PSYCHOTONIQUES (EXCITANTIA)

Ils entraînent une stimulation de la vigilance, une excitation intellectuelle, psychologique et motrice. Dans ce groupe, ce sont les Amphétamines qui sont les plus utilisées. Au Japon, aux Etats-Unis, dans les pays scandinaves, en Grande-Bretagne et plus récemment en France, la toxicomanie amphétaminique a connu des développements importants. (En France, les amphétamines sous forme injectable ont été inscrites au tableau B en 1967, sous forme orale en 1970). La consommation de cette drogue est rarement exclusive et beaucoup plus souvent couplée à la prise d'autres produits : barbituriques, hypnogènes divers, anxiolytiques, mais aussi Cannabis et Héroïne.

L'absorption de dérivés amphétaminiques peut se faire par voie orale à doses rapidement très importantes (atteignant journellement dix à vingt fois les doses thérapeutiques). La voie d'administration privilégiée est intraveineuse, après dissolution de comprimés et de capsules ou utilisation d'ampoules injectables. L'injection du produit se fait par le sujet lui-même par pression très rapide sur le piston de la seringue de manière à obtenir en quelques instants un « choc abdominal », une « congestion du visage », une « chaleur viscérale » parfois une érection, l'ensemble de ces phénomènes toujours très brefs étant comparés à l'orgasme : c'est le « flash » recherché par le toxicomane.

■ ***Effets cliniques observés :*** ils sont en rapport avec l'action sympathomimétique des amphétamines : tachycardie, discrète H.T.A., hypersudation, sensations vertigineuses, céphalées. Lorsque l'administration d'amphétamines se répète plusieurs fois par jour et plusieurs jours consécutifs, surviennent des troubles plus importants : tics, myoclonies, algies musculaires spontanées et provoquées, hyperesthésie sensorielle, trismus. Au point de vue psychologique, l'hyperexcitabilité et l'agressivité prennent rapidement le pas sur l'euphorie initiale et des éléments confusionnels avec onirisme succèdent à l'hypervigilance et à l'hypermnésie.

■ ***Les accidents :*** on a longtemps considéré que les amphétamines ne provoquaient pas de pharmaco-dépendance au sens où nous l'avons définie, dans la mesure où le sevrage n'entraînait pas de syndrome d'abstinence physique marqué. En fait, l'accoutumance et l'assuétude induites par ces produits sont rapidement importantes, les accidents à court, moyen et long termes n'étant pas négligeables.

- **Les accidents infectieux** sont les mêmes que ceux constatés avec l'Heroïne.
- **L'effet paranoïde** est retrouvé dans près de deux-tiers des cas chez les amphétaminomanes gros consommateurs pendant plusieurs mois. Il s'agit de l'organisation progressive d'un délire à mécanisme interprétatif avec impression de menace et d'hostilité du milieu ambiant, survalorisation des capacités physiques et intellectuelles, émergences hétéro-agressives particulièrement violentes et dangereuses. On insiste sur le fait que cet « effet parano » s'observe chez des sujets dont l'organisation de la personnalité ne paraissait pas psychotique préalablement à l'intoxication. L'évolution de ces émergences paranoïdes est en général favorable lorsque cède l'intoxication.
- **Les psychoses chroniques :** dans certains cas la toxicomanie aux amphétamines vient révéler ou décompenser une organisation psychotique préalable chez des sujets schizoïdes, repliés, introvertis. L'évolution se fera vers la constitution d'une schizophrénie paranoïde ou déficitaire (pseudo-psychose amphétaminique de Delay et coll.). L'usage important d'amphétaminiques pendant plusieurs années paraît avoir provoqué chez des sujets jusqu'alors syntones, névrotiques ou déséquilibrés, des états psychotiques d'allure schizophrénique à symptomatologie dissociative, catatonique, délirante ou hallucinatoire : *pharmaco-psychoses.*

■ ***Un « syndrome déficitaire »*** a été individualisé par Deniker : observé pendant la période de sevrage, il comporte une inhibition psychomotrice, une aboulie, un apragmatisme et souvent une symptomatologie dépressive associée.

D. – AUTRES DROGUES

1° La Cocaïne

Alcaloïde de la feuille de coca, il peut être bu en solution dans un liquide alcoolisé, injecté ou prisé par reniflements avec dans ce cas le risque d'ulcération ou de perforation de la cloison nasale. Ses effets se rapprochent de ceux des amphétamines avec possibilité d'émergences délirantes, d'agitation, d'hallucinations micropsiques. Très répandu en Amérique du Sud, le cocaïnisme est actuellement rare en France.

2° L'Ether

Il est utilisé de manière occasionnelle par des polytoxicomanes désirant éprouver des sensations nouvelles ou en période de « manque ». Ce solvant organique volatil est généralement inhalé, plus rarement ingéré. L'éthéromanie crée un état d'ivresse avec excitation thymique, stimulation intellectuelle, illusions perceptives et rêverie imaginative. Rapidement s'installent des troubles digestifs (nausées, vomissements) et neuro-végétatifs (céphalées, sensations vertigineuses, acouphènes), un état confusionnel avec onirisme terrifiant. Des crises comitiales généralisées ont été signalées.

3° L'inhalation de colle plastique

C'est le fait d'enfants ou d'adolescents qui respirent les vapeurs d'un tube de colle contenant un solvant organique (Toluène, Acétone, Chloroforme etc.) ; ces renifleurs éprouvent une sensation ébrieuse, euphorisante, souvent secondairement suivie d'ataxie et de troubles de l'élocution. Dans certains cas une perte de connaissance se produit ; dans d'autres on observe l'émergence d'hallucinations psycho-sensorielles. Des morts ont été observées chez des sujets qui, pour respirer des vapeurs toxiques, avaient engagé leur tête dans un sac contenant le solvant.

4° Les hypnotiques

L'abus actuel de la consommation d'hypnogènes, barbituriques ou non-barbituriques, doit être envisagé à part car il intéresse une toute autre catégorie de population. Il s'agit de personnes d'un certain âge, plus souvent des femmes que des hommes, ayant une personnalité hystérique, psychopathique ou à dominante orale : ces sujets cherchent dans un sommeil artificiellement induit un refuge contre des situations vitales contraignantes, une insécurité existentielle ou des inhibitions et des appréhensions névrotiques. Très rapidement, la dose vespérale augmente avant que ne s'imposent les prises au cours de la journée. Les produits les plus couramment utilisés sont, parmi les barbituriques, ceux qui ont une action rapide ou intermédiaire *(Immenoctal - Eunoctal - Nembutal - Soneryl - Sonuctane - Vesperax)* et parmi les non-barbituriques, les dérivés de la Mécloqualone *(Nubarene)* et la Méthaqualone *(Mandrax),* le Glutéthimide *(Doridene)* ; il faut y ajouter le Méprobamate *(Equanil - Procalmadiol).* Les anxiolytiques du groupe Benzodiazépine donnent exceptionnellement lieu à des toxicomanies. Les intoxications chroniques aux hypnotiques sont très souvent couplées aux abus alcooliques ou à la consommation d'amphétamines.

Il faut signaler que si les hypnotiques et les tranquillisants sont l'occasion de consommations abusives, *les neuroleptiques et les anti-dépresseurs ne font jamais l'objet de toxicomanies.*

PROBLÈMES THÉRAPEUTIQUES

A. – LE TRAITEMENT DES COMPLICATIONS SOMATO-PSYCHIATRIQUES AIGUËS

Elles sont contemporaines d'une période de « manque » ou surviennent lors d'un surdosage. D'une manière générale lorsque les fonctions vitales et plus particulièrement cardio-vasculaires sont menacées, une réanimation médicale s'impose pour libérer les voies respiratoires supérieures, lutter contre la déshydratation et rétablir l'équilibre électrolytique.

En termes communs à toutes les toxicomanies, le syndrome d'abstinence s'accompagne toujours d'une angoisse très intense, de crises d'excitation et parfois d'agressivité : aussi a-t-on recours à la prescription de tranquillisants *(Valium - Tranxène - Equanil)* en injections intra-musculaires répétées au cours de la journée.

Des problèmes thérapeutiques particuliers sont posés par :

■ ***Les intoxications aiguës aux Opiacés :*** lorsque existe un état de choc et que l'on a l'assurance de l'absence de toute intoxication barbiturique associée, on prescrit de la *Nalorphine* (5 mg par voie intra-veineuse à répéter toutes les 30 minutes en surveillant la levée du myosis). La *Nalorphine* n'est pas un analeptique mais un antidote des opiacés : ce n'est qu'un traitement de substitution qui n'empêche pas des mesures visant à assurer une ventilation satisfaisante.

■ ***L'intoxication aiguë aux Amphétamines ou aux Hallucinogènes*** peut bénéficier de la prescription de *Largactil* ou d'*Haldol* par voie intra-musculaire.

B. – LE SEVRAGE

Il est très généralement réalisé en milieu hospitalier. On a abandonné la prescription dégressive du toxique habituel pour choisir sa suppression immédiate sous surveillance médicale et psychiatrique avec administration d'anxiolytiques (*Valium* ou dérivés) ou éventuellement de neuroleptiques sédatifs (*Largactil* ou *Nozinan*). Des soins infirmiers adaptés seront l'occasion d'introduire les premiers contacts psychothérapiques.

Il est des aspects particuliers :

a) Dans les barbituromanies et les utilisations de drogues sédatives, il faut craindre le **« syndrome de sevrage »** (crises comitiales, épisodes confusionnels, delirium tremens) : dans ce cas, on est obligé d'en passer par une réduction graduelle des doses étalée sur deux semaines environ en surveillant le tracé électroencéphalographique et en prescrivant en remplacement du toxique un anxiolytique type *Valium* puis du *Dogmatil.* Si survient un syndrome dépressif secondaire, des anti-dépresseurs seront tout à fait indiqués.

b) **Le syndrome déficitaire** constaté lors du sevrage des toxicomanies aux opiacés ou aux amphétamiines justifie la prescription d'anti-dépresseurs tricycliques ou de *Dogmatil* qui ont une action favorable sur la thymie dépressive, l'adynamie, l'apragmatisme.

c) Pour pallier les **éventuelles conséquences du sevrage brutal** chez l'héroïnomane, on a proposé le remplacement rapidement dégressif des opiacés par un antalgique de synthèse (*Fortal*) qui sera lui-même supprimé en une semaine et remplacé par des antalgiques non-morphinomimétiques.

C. – LA PRISE EN CHARGE AU LONG COURS DES TOXICOMANES

Elle représente en fait l'étape la plus importante : celle-ci est essentiellement orientée par la personnalité du toxicomane, ses motivations, l'importance de la désocialisation.

■ Pour la post-cure des héroïnomanes, quelques centres français utilisent le ***chlorhydrate de méthadone*** ; ce produit, qui entraîne lui-même une dépendance psychique mais une assuétude physique moindre que l'héroïne, est utilisé comme produit de substitution pour sa toxicité très inférieure. La prescription de Méthadone est étalée sur plusieurs semaines ou mois, à des posologies lentement dégressives. Le sujet vient s'approvisionner quotidiennement au dispensaire ou à l'hôpital où sont effectués des dosages biologiques prouvant que seul ce produit est consommé.

■ ***Toutes les autres méthodes sont d'inspiration psychothérapique :*** Les techniques proposées sont multiples, individuelles ou collectives, orthodoxes ou aménagées. On a mis l'accent sur les techniques corporelles (relaxation), sur les groupes thérapeutiques. Théoriquement la psychothérapie est l'approche privilégiée des problèmes du toxicomane ; en pratique cette psychothérapie est malaisée (demande faible et fluctuante, situation frustrante par rapport aux bénéfices rapides du recours à la drogue). Les structures institutionnelles et extra-institutionnelles de soins sont utilisées par certains thérapeutes à l'intérieur même de la cité ; d'autres préconisent l'éloignement du milieu habituel, source de réapprovisionnements. On a ouvert des foyers d'accueil, des hôtels conventionnés, des centres de post-cure ruraux ou urbains ; récemment, on a créé des groupes thérapeutiques pour les familles. Il faut insister sur l'avantage que représentent les équipes multi-disciplinaires comprenant médecins généralistes, psychiatres, psychologues, socio-thérapeutes travaillant en équipes *avec d'anciens toxicomanes* dans des centres ouverts.

Régulièrement, la grande presse nous tient informés d'expériences ponctuelles réussies, généralement réalisées autour d'un « leader » dans une perspective idéologique déterminée. Les résultats sont cependant dans l'ensemble très décevants pour les vrais toxicomanes, l'échec des cures de sevrage et des prises en charge psychothérapiques étant à terme très nombreux. Pour juger des résultats enregistrés par telle méthode ou telle autre, il est nécessaire d'échantillonner des groupes ayant un nombre suffisant de patients et il est indispensable de s'accorder une longue période avant de pouvoir affirmer qu'existe une guérison. Il faut rappeler aussi que la dimension médicale du problème des toxicomanies modernes est réduite par rapport à sa dimension sociale.

BIBLIOGRAPHIE

COHEN (S.). — *Drugs of hallucinations.* Paladin. London. 1971.

EY (H.). — *Traité des Hallucinations.* Tome 1. Les Hallucinogènes. pp. 509-681. Masson. Paris. 1973.

LEWIN (L.). — *Les paradis artificiels.* Payot. Paris.

OLIEVENSTEIN (Cl.). — *La drogue.* Edit. Universit. Paris. 1970.

OUGOURLIAN (J.-M.). — *La personne du toxicomane.* Epsos. Privat. 1974.

POROT (A.). — *Les toxicomanes.* Coll. « Que sais-je? ». P.U.F. Paris. 1953.

WILMARTH (S.-S.) et GOLDSTEIN (A.). — *Efficacité thérapeutique des programmes de traitement continu par la Méthadone aux Etats Unis d'Amérique.* Rapport de l'O.M.S. Genève. 1974.

17

LES DÉVIATIONS ET PERVERSIONS SEXUELLES

On entend habituellement par *déviations* et *perversions* sexuelles des conduites particulières, dissidentes de celles du coït « normal » et susceptibles de provoquer l'orgasme. D'emblée on perçoit les difficultés liées à la description de conduites sexuelles déviantes : en effet bien davantage que n'importe quel comportement instinctuel la sexualité humaine porte la marque des prescriptions comme des interdits éthiques, sociaux et culturels éminemment différents d'un sujet à l'autre, d'un groupe social à l'autre mais restant cependant singuliers et originaux pour chaque individu. La sexualité de l'adulte même si elle obéit à des lois générales de développement diachronique ne peut lorsqu'elle se réalise s'inscrire en un schéma balistique ou en des formules concrètes. Dans les préliminaires de la relation érotique se placent souvent des exigences particulières de l'un ou l'autre partenaire ou des deux, qui ont pour but d'amorcer l'acte sexuel et qui pourraient être considérés comme des équivalents ou des réductions d'actes pervers : aussi la complexité des attitudes subjectives (incluant la dynamique de l'amour) exigibles pour atteindre le plaisir sexuel rend approximative une frontière entre la sexualité dite « normale » et la sexualité dite « aberrante », « paradoxale », « perverse », « contre-nature ».

■ ***Deux axes fondamentaux*** prévalent lorsque l'on considère la finalité de l'acte sexuel : la **reproduction** et le **plaisir**. Que l'on place la fonction de procréation comme une exigence première sinon exclusive et le champ des déviations et des perversions se trouvera largement étendu ; que l'on considère le plaisir comme pouvant être une fin en soi et la limite des aberrations sexuelles sera beaucoup plus imprécise.

■ En adoptant une attitude plus éclectique il faut considérer que la sexualité génitale de l'adulte, conciliant la jouissance et la procréation potentielle, suppose à l'exclusion de toute autre la ***relation hétéro-sexuelle***. A partir de quoi peut se définir l'acte sexuel normal : « coït visant à obtenir l'orgasme par pénétration vaginale avec une personne du sexe opposé » (Laplanche et Pontalis).

Cette définition situe ipso facto les territoires impartis à la **sexualité anormale :**

- qu'elle soit auto-érotique et en particulier masturbatoire (onanisme) ;
- qu'elle choisisse un objet sexuel autre qu'hétérosexuel (homosexualité – zoophilie – fétichisme) ;
- que les partenaires soient plus de deux (triolisme – pluralisme) ou que leur disparité d'âge soit exagérée (pédophilie – gérontophilie) ;
- que les zones érogènes ne soient pas génitales (coït anal, buccal) ;
- enfin que des conditions particulières soient nécessaires à l'obtention de l'orgasme (voyeurisme – exhibitionnisme – sadisme – masochisme – travestisme – nécrophilie).

■ Toute conception actuelle des perversions sexuelles ne peut que bénéficier de la conception freudienne selon laquelle ***la sexualité génitale de l'adulte procède d'une pulsion*** qui a : *une source* relativement indifférenciée dans le souvenir des expériences érotiques infantiles (les zones érogènes sont successivement découvertes et appréciées dans les phases orale, anale, phallique) ; *un but* (« à la réalisation duquel toutes les pulsions partielles coopèrent tandis que les zones érogènes se subordonnent au primat de la zone génitale » (Freud) ; *un objet* (représenté par la personne qui, investie par la libido, provoque une attirance sexuelle). En d'autres termes, à partir d'une libido initialement narcissique et auto-érotique émanent des pulsions partielles en quête d'objets à investir et à aimer ; au stade de l'Œdipe et à partir de la prohibition de l'inceste, s'individualise l'élection d'un *objet total.* Ce choix, mis en sommeil pendant la phase de latence, se trouvera réactualisé et confirmé à la puberté. « Trouver l'objet sexuel, c'est le retrouver ».

- **Dans les déviations sexuelles** on peut considérer que l'orientation pulsionnelle achoppant dans la résolution des conflits pré-œdipiens et œdipiens atteint le choix d'un *objet total* mais inhabituel (homosexualité).
- **Dans les perversions sexuelles** l'importance des fixations prégénitales expliquerait que le choix de l'objet soit celui d'un *objet partiel* résolument appréhendé comme tel (fétichisme) ou subordonné à des artifices particuliers (voyeurisme – exhibitionnisme – travestisme).

Les perversions sexuelles étaient considérées par Freud comme « le négatif de la névrose » : dans les névroses les exigences pulsionnelles et leurs solutions économiques s'engagent au prix de compromis et de transpositions dans des symptômes, alors que dans la perversion le Moi répond directement au désir de la pulsion, lui devient complice et ne trouve d'entrave et de censure qu'au niveau du référent social (c'est cette instance qui la désigne comme vice, faute, péché, délit ou crime). Cette opposition entre névrose et perversion garde son intérêt mais ne doit pas faire méconnaître qu'en clinique les symptomatologies mixtes, à la fois névrotique et perverse, sont fréquentes : la conduite perverse bien que source directe et consciente de jouissance est souvent reprise dans une filière névrotique faite de culpabilité, d'angoisse, d'évitement, de gêne et d'inhibitions (en particulier sexuelles).

■ ***S'il se justifie que les déviations et perversions sexuelles soient étudiées par le psychiatre,*** c'est à notre sens :

- parce qu'elles témoignent, même dans les cas où elles ne compromettent pas le fonctionnement ni l'adaptation sociale du Moi, de ratés dans le développement ontogénique de la personnalité, responsables d'une irrégularité par rapport à la norme sociale.
- parce que des indices de souffrance psychologique leur sont parfois associés pouvant motiver une consultation et une demande de soins ; la perversion peut aussi être symptomatique d'un authentique état psychopathologique.
- parce qu'enfin, dans certains cas, le trouble de l'instinct sexuel met en cause un tiers non consentant, ce qui pose alors un problème médico-légal.

Dans la description des déviations et perversions sexuelles qui va suivre, nous envisagerons ces conduites dans leur expression manifeste de plaisir sexuel génital en sacrifiant la dimension des tendances inconscientes et des potentialités latentes et refoulées qui ont leur part dans l'itinéraire du développement psychologique normal et qui pourraient être chez tout individu rappelées au cours d'une cure psychanalytique.

I. – L'HOMOSEXUALITÉ

Elle se définit par le choix d'un partenaire du même sexe pour réaliser l'acte sexuel (dans une relation physique visant à obtenir l'orgasme, mais aussi dans les rêves et les fantasmes). Tous les intermédiaires existent entre l'homosexualité exclusive (avec répulsion et rejet total de lien sexuel avec un sujet de l'autre sexe) et l'homosexualité occasionnelle (compatible avec l'hétérosexualité).

A. – L'HOMOSEXUALITÉ MASCULINE

Il est difficile d'établir sa fréquence exacte ; la référence reste l'enquête de Kinsey sur le comportement sexuel de l'homme américain (1940). Pour cet auteur 36 % des hommes pratiqueraient à la fois l'hétérosexualité et l'homosexualité. Kinsey introduit une division en 7 groupes : du *groupe 0* qui comporte les hétérosexuels exclusifs (46 %) au groupe 6 qui comporte les homosexuels exclusifs (4 %) ; entre ces deux extrêmes le *groupe 1* est celui d'hommes très généralement hétérosexuels, exceptionnellement homosexuels ; le *groupe 2* celui d'hommes ayant des relations homosexuelles accidentelles et épisodiques ; le *groupe 3* est celui de sujets ambisexuels qui se satisfont autant de l'hétéro que de l'homosexualité ; le *groupe 4* est l'inverse symétrique du groupe 2 ; le *groupe 5* l'inverse symétrique du groupe 1 (le rapport homosexuel est préféré au rapport hétérosexuel qui est l'exception).

La proportion d'homosexuels exclusifs ou prédominants est estimée d'après différentes enquêtes occidentales à 3 %.

Les expériences de l'homosexuel

Le « phénomène homosexuel » ne peut être appréhendé comme une conduite monomorphe. Dans son travail de Psychosociologie J. Beaudouard propose de distinguer :

- **les participants occasionnels** parmi lesquels : *les disponibles à l'homosexualité* (sujets jeunes, immatures, fixés à une sexualité infantile et masturbatoire qui dans un contexte de sollicitation par un groupe social essentiellement masculin ou un homosexuel affirmé, se laissent séduire par soumission plus que par choix) et *les homosexuels accidentels* (le passage à l'acte homosexuel est fortuit, faute de partenaire hétérosexuel accessible, favorisé parfois par un état d'ivresse alcoolique).

- **les homosexuels ambivalents** paraissent obéir à des motivations diverses et réalisent eux-mêmes un groupe hétérogène : *l'incertain sexuel* (séduit par l'homosexualité il ne renonce pas pour autant à l'hétérosexualité) ; *l'homosexuel de compensation* (qui trouve dans le rapprochement homosexuel un dédommagement des échecs affectifs et/ou sexuels qu'il a connus dans l'hétérosexualité : comportement de dérivation) ; *le jouisseur indifférent* (opportuniste, totalement insensible au sexe du partenaire, ne lui importe que la réponse à l'instantanéité du désir orgastique) ; *l'homosexuel complémentaire* (il ne se distingue du précédent que par des conduites moins passives, moins contingentes des circonstances) ; *les ambivalents sexuels vénaux* (ce sont les prostitués qui le plus souvent utilisent leurs inclinaisons homosexuelles pour en tirer des bénéfices pécuniaires ; les traits de déséquilibre psychopathique sont fréquents chez eux) ; *les homosexuels préférentiels* (sujets assumant mal leur « latéralisation » homosexuelle, qui se vantent de relations hétérosexuelles épisodiques alors qu'ils aspirent à des liens pédérastiques avec des sujets plus jeunes).

- **les homosexuels exclusifs,** parmi lesquels Beaudouard distingue de manière plus classique : *l'homosexuel actif* (qui choisit dans le couple le « rôle de sujet directeur », et dans la relation sexuelle la sodomie active, le rôle de pénétrant) ; *l'homosexuel actif-passif* (susceptible d'être pénétrant ou pénétré au gré des exigences ou de l'indétermination du partenaire) ; *l'homosexuel passif* (qui exprime une attitude psychosexuelle de soumission générale à un partenaire dominateur).

La personne de l'homosexuel

Il n'est pas possible de décrire un profil relativement fidèle et général de la personne de l'homosexuel. Jusque dans sa présentation tous les degrés existent entre le sujet manifestement efféminé et qui veut se montrer tel, le sujet qui passe tout à fait inaperçu et le sujet qui à l'inverse témoigne de virilité dans ses gestes, son discours, les sports qu'il pratique. De la même façon tous les intermédiaires existent entre l'homosexuel honteux, culpabilisé, appréhendant le scandale et recherchant par tous les moyens (y compris le mariage) à cacher ses inclinaisons et l'homosexuel qui s'affirme tel, s'affiche, adopte la subculture caractéristique de ce milieu (jargon, revues, bars) ou choisit un militantisme plus ou moins provoquant.

L'obscurantisme et les préjugés sociaux dont l'homosexuel est l'objet sont invoqués pour expliquer certains traits de sa relation à autrui. Cette détermination sexuelle généralement vouée au secret et à la clandestinité imprime à sa personne un certain mode d'être. L'aspiration à une relation de couple est fréquente mais sa réalisation très aléatoire en raison d'une instabilité sexuelle plus qu'affective, d'une implication passionnelle fréquente (jalousie – menaces de vengeance – chantage ou tentatives de suicide) expliquant l'alternance des ruptures et des reconciliations provisoires.

Les traits de personnalité les plus souvent signalés sont la susceptibilité, l'absence d'agressivité manifeste, le souci de conformisme social, la psychoplasticité.

Aspects cliniques

Le médecin praticien comme le psychiatre ne voient qu'un petit nombre d'homosexuels venant consulter pour leur homosexualité : la demande d'un conseil et d'un « traitement » médical ou psychologique émane parfois de l'entourage familial d'un adolescent ou d'un adulte jeune, après la découverte fortuite et jugée scandaleuse de l'anomalie. Or bien souvent pour le sujet lui-même n'existe aucune demande autre que de convention. Il s'agit des cas, qui sont les plus nombreux, d'« homosexualité-perversion » où la transgression de l'ordre sexuel n'entraîne pas d'inconfort psychologique notable, ni de sentiment de faute (ceci étant tout à fait compatible avec la prise de conscience d'une certaine marginalité).

Dans d'autres cas, qui eux sont susceptibles de motiver une consultation psychiatrique, peuvent s'observer :

- **des réactions de panique anxieuse** chez des adolescents après le premier rapprochement homosexuel révélateur d'une tendance jusque là refoulée ; la découverte d'une homosexualité latente chez l'adulte (indépendamment même du passage à l'acte) entraîne parfois des **réactions dépressives** profondes.
- **une souffrance névrotique** en général centrée par la culpabilité, le handicap imaginaire autant que réel créé par la différence, le sentiment d'incomplétude, d'échec. Chez certains homosexuels des symptômes de dégagement névrotique (hystérique – phobique – obsessionnel) sont possibles mais rares. Les états névrotiques caractérisés sont exceptionnels.
- la dimension du **déséquilibre psychopathique.** Chez certains psychopathes existe une orientation homosexuelle : celle-ci est souvent circonstancielle, intéressée, vénale, dénuée de toute implication affective. La séduction laissant la place à l'hostilité, les liaisons turbulentes, les scènes publiques, les passages à l'acte punitif portent alors la marque de l'impulsivité, de la lâcheté voire de la cruauté du déséquilibré.
- **une décompensation psychotique.** Il ne s'agit pas ici de discuter de la conception de Freud selon laquelle le délire paranoïaque témoignerait d'une défense contre des désirs homosexuels inconscients (v. chap. 22) mais d'états psychotiques flagrants dont l'homosexualité peut être symptomatique. *Dans les moments féconds d'une schizophrénie* (épisode primordial – récurrences délirantes) les aspirations homosexuelles, les craintes de devenir homosexuel ou la conviction d'être désigné comme tel sont relativement fréquentes ; elles sont parfois contemporaines d'un sentiment de métamorphose corporelle et sexuelle. *Dans certains délires chroniques* d'interprétation et de persécution s'observent des thèmes de sollicitations ou d'agressions homosexuelles, la certitude que les autres savent et/ou commentent l'homosexualité (qu'elle ait été ou non agie) ; c'est parfois après un premier rapprochement homosexuel ou après son équivalent symbolique (toucher rectal – intervention anale) que se déclenche un processus délirant.

Considérations génétiques

Les recherches pathogéniques à propos de l'homosexualité ont porté à deux niveaux essentiels :

- Celui de **l'organicité** qui n'a apporté aucune donnée probante. La notion de bisexualité biologique originelle est infirmée par la connaissance précise que l'on a du sexe chromosomique inscrit dès la fécondation. Chez la plupart des homosexuels existe une concordance entre le phénotype et le génotype (alors que dans les états intersexués existent des altérations de la formule chromosomique responsables de modifications du sexe génétique : hermaphrodisme – syndrome de Turner – syndrome de Klinefelter). Des études endocrinologiques nombreuses concluent qu'au niveau des dosages hormonaux il n'existe aucune différence significative des secrétions glandulaires chez les homosexuels : le choix de l'objet sexuel n'est pas subordonné à une imprégnation endocrinienne spécifique.

- Celui de **la psychogenèse** qu'il faut entendre ici comme la résultante des conditions socio-éducatives et des sensibilisations culturelles qui ont contribué à l'édification de la personnalité comme à l'engagement libidinal. Seule la perspective psychanalytique nous retiendra et nous évoquerons quelques *traits fondamentaux* généralement retenus depuis Freud comme pouvant favoriser le processus d'homosexualisation et qui restent compatibles avec une prédisposition individuelle. Les points de fixation seraient les suivants : *l'attachement intense à la mère* qui représente l'image féminine idéale mais que le tabou de l'inceste rend fantasmatiquement intouchable ; la mère est alors appréhendée comme un modèle d'identification ; *le narcissisme* qui oriente vers le choix d'un objet semblable à soi ; à partir de la découverte du pénis s'instaure une survalorisation de cet organe, sa quête sur des partenaires homosexués et la dépréciation pour la femme qui n'en a pas ; *l'angoisse de castration* qui fonde la relation au père : seul le renoncement à la femme peut éviter la rivalité œdipienne et le risque de castration. Pour Freud pourrait intervenir également *la rivalité et la jalousie* entre les frères et sœurs, l'agressivité qui en résulte étant refoulée et convertie en fixation homosexuelle.

B. – L'HOMOSEXUALITÉ FÉMININE

Elle est certainement moins connue que l'homosexualité masculine et a été l'occasion de descriptions beaucoup plus brèves alors que sa fréquence paraît à peu près comparable à celle de l'homme (pour Kinsey de 1 à 3 % d'homosexualité exclusive). Des variables importantes l'en distinguent, certaines d'entre elles expliquant la plus grande discrétion des travaux s'y référant : l'homosexualité féminine est souvent moins remarquée parce que moins provocante ; elle paraît socialement d'autant mieux admise que l'implication sexuelle y est souvent moins marquée que chez l'homme. L'attirance homosexuelle entre des femmes se résume souvent à une relation affective faite de tendresse et de séduction intellectuelle ou esthétique réciproque. « Elle va du penchant tendre à l'adoption maternelle » (Colette). Lorsque des rapprochements sexuels existent ils se limitent parfois à des attouchements, des baisers et des caresses ; les contacts sexuels avec orgasme par masturbation mutuelle, cunnilingus ou intromission d'un accessoire de forme phallique sont beaucoup plus rares et le fait d'homosexuelles affirmées.

Les expériences de l'homosexuelle

Le « phénomène homosexuel » féminin, plus que celui de l'homme porte la marque d'inflexions culturelles et historiques précises : sans nier son universalité ni sa permanence il faut signaler que l'engagement vers l'homosexualité chez la femme sous-tend souvent un courant idéologique vectorisant l'émancipation de la femme par rapport à « la politique du mâle ». Dans les années 20, l'image de la « Garçonne », ces dernières années les mouvements de libération de la femme ont promu un certain mode de revendication psychosexuelle dont l'homme devait être exclu. Il en découle parfois l'affirmation d'une homosexualité de principe plus que de nécessité psychobiologique.

L'homosexualité féminine est très souvent circonstancielle, occasionnelle, favorisée par les situations de promiscuité obligée (pensionnats, prisons, harems) et compatible avec l'hétérosexualité. La prostitution en créant un lien d'appartenance à un groupe pour lequel l'hétérosexualité est vénale, disqualifiée et méprisée, favoriserait les rapprochements homoérotiques. Chez la femme, les rencontres homosexuelles sont souvent précoces (amitiés adolescentes et passionnées) mais également tardives après la survenue d'échecs matrimoniaux, de déceptions sentimentales, d'insatisfactions hétérosexuelles.

La personne de l'homosexuelle

Si la majorité des homosexuelles se présente sans équivoque quant à leur féminité, il en est un petit nombre qui adopte une présentation délibérément virile dont témoignent la démarche, les gestes, la tenue vestimentaire : leurs compagnes sont alors volontiers des femmes-poupées psycho-infantiles et dépendantes se comportant comme des objets dominés et manipulés par une partenaire adoptant des comportements masculins outranciers. Le couple fonctionne sur un mode d'« activité-passivité » engageant autant les responsabilités sociales et économiques que les relations érotiques. En général, les lesbiennes ont des relations de couple beaucoup plus stables et prolongées que n'en ont les homosexuels : si des incartades sont possibles elles suscitent des réactions de jalousie et d'explosion passionnelle qui ne provoquent qu'exceptionnellement des règlements de compte criminels.

Les aspects cliniques

Les aspects cliniques de l'homosexualité féminine sont comparables à ceux qui ont été décrits chez l'homme. Les organisations névrotiques de la personnalité semblent rares (alors que les fixations homosexuelles, chez l'hystérique en particulier, sont fréquentes mais refoulées). Les réactions dépressives sont possibles, davantage liées à des facteurs contingents (abandon – isolement) qu'à l'homosexualité elle-même. Des désir homosexuels ou une peur liée à une homosexualité latente peuvent trouver pour s'exprimer l'occasion d'une décompensation délirante.

Considérations génétiques

- **Les endocrinopathies** responsables d'une virilisation des caractères sexuels secondaires (pseudo-hermaphrodisme féminin – virilisme hypophysaire – virilisme surrénal) n'occasionnent quasiment jamais le choix d'un objet homosexuel.
- **Les éléments psychodynamiques** invoqués à l'origine de l'homosexualité de la femme sont : *la prévalence des fixations pré-œdipiennes* qui ont attaché la fille à la mère dans un double mouvement identificatoire, *au père* auquel elle tente de ressembler pour aimer la mère comme ou mieux que lui, *à la mère* phallique à laquelle fantasmatiquement elle dénie l'absence de pénis ; *le complexe de castration* qui serait déterminant et expliquerait aussi la valorisation du clitoris laquelle participe à la négation imaginaire de la différence anatomique des sexes que perpétue la réalisation de l'homoérotisme.

II. – LE FÉTICHISME

■ ***Il se définit*** par la dérivation de l'instinct sexuel vers un objet matériel, (« une chose ») qui *seul* sera susceptible de déclencher un scénario orgastique, autoérotique ou avec partenaire dont le rôle n'est qu'accessoire ; c'est l'exemple même de l'élection d'un objet partiel où s'investit toute la libido génitale. Le fétichisme ne s'observe que chez l'homme.

L'objet choisi pour médiatiser et provoquer le plaisir sexuel est en général un objet inanimé, manipulable : une pièce de vêtement (gant – ceinture – botte – dessous féminin) dont la matière n'est jamais indifférente (soie – cuir – fourrure) ou un objet plus insolite mais dont la fonction symbolique est caractérisée (poupée – animal naturalisé – flacon). Parfois l'orientation fétichiste se fait vers une partie du corps, la chevelure, les ongles, la main et plus souvent le pied : la participation sensorielle du toucher, de l'odorat contribue à l'exaltation érotique.

■ ***La signification inconsciente*** du fétichisme chez l'adulte renvoie à la fixation de la libido sur des objets partiels qui avaient été archaïquement surinvestis : le sein maternel, les selles, le pénis. Pour Freud l'objet-fétiche est le substitut de l'objet partiel devenu méconnaissable ; son choix permet d'éviter l'angoisse de castration en introduisant une équation entre sein maternel et pénis maternel (le « désaveu » de la différence anatomique des sexes). Mais dans le même temps, « par une surimpression contradictoire » (G. Rosolato), l'enfant ne peut ignorer l'évidence de la différence des sexes et appréhende d'être castré : c'est ce que Freud a appelé le Clivage du Moi caractéristique du fétichisme.

III. – LE SADISME ET LE MASOCHISME

Ils seront décrits séparément d'abord, puis repris ensemble dans la perspective de leur fonctionnement dynamique.

■ ***Le Sadisme*** (qui doit son nom à l'œuvre du Marquis de Sade) se définit par la subordination de la jouissance sexuelle à la souffrance infligée à autrui. L'acte érotique sadique suppose généralement une mise en scène plus ou moins stéréotypée, exige des accessoires pour appliquer les sévices (aiguilles, clous, cigarettes allumées, flammes vives, lanières) ; le partenaire est hétéro ou homosexuel. Parfois le scénario sadique se satisfait de scènes simulées qui visent toujours à provoquer l'humiliation, les plaintes ou les cris du partenaire. C'est au paroxysme de la violence que survient la décharge orgastique. Des aspects particuliers sont réalisés par les actes de *sadisme criminel* au cours desquels l'orgasme est contemporain d'un viol, d'une strangulation, de mutilations corporelles ; il s'agit d'actes exceptionnels qui sont généralement le fait de psychotiques.

■ ***Le Masochisme*** (qui doit son nom à l'œuvre de L. de Sacher-Masoch) se définit par la subordination de la jouissance sexuelle à la souffrance infligée par autrui. Le masochiste se soumet activement aux sévices, piétinements ou flagellations dont il a préalablement programmé le déroulement avec un(e) partenaire qu'il a parfois spécialement rétribué pour la séance de mortification. Il faut insister sur la ritualisation des mises en scène, sur l'importance des attitudes gestuelles exigées par le masochiste : la plus exemplaire est le chevauchement par la partenaire (*equus eroticus*). Le recours à des objets fétiches est fréquent (cravache, fouet). L'excitation sexuelle augmente avec la majoration des sévices et la progression des actes, la douleur elle-même constituant la source de plaisir (algolagnie) : l'instinct de conservation vient généralement limiter les conséquences extrêmes (atteintes lésionnelles graves, meurtre).

– ***Le masochisme érogène,*** perversion de l'instinct sexuel, est à distinguer du « masochisme moral » qui peut être considéré comme un trait de personnalité ou de caractère sans relation directe et consciente avec le plaisir sexuel : le masochiste névrotique soumis à une culpabilité inconsciente majeure refuse toutes satisfactions ou gratifications pour choisir de manière répétitive des situations de frustrations, de privations et d'échec.

■ ***Le sado-masochisme :*** après Kraft-Ebing, Freud a formulé l'idée que le sadisme et le masochisme empruntaient chez le même sujet des connexions étroites, l'un et l'autre réalisant les polarités opposées, l'une positive, l'autre négative d'une même perversion. Dans le fantasme comme dans la pratique sexuelle l'une des activités (la production de la douleur ou son endurance) va prendre le pas sur l'autre.

Les éléments psychodynamiques

Les éléments psychodynamiques responsables du sado-masochisme sont particulièrement complexes et ne font pas l'unanimité des travaux psychanalytiques : les fixations archaïques renverraient ici au stade érotique sadique-anal où s'instaure le couple libidinal activité-passivité. Au plaisir de conservation des fèces s'oppose le désir de les expulser et de les donner : le plaisir (le sien et celui de l'autre) n'est accessible qu'au prix de la douleur. Le sado-masochisme s'originerait de satisfactions successives qui fusionnent les pulsions agressives et les pulsions libidinales aux stades prégénitaux et génitaux : le désir d'être dévoré ou de dévorer, de retenir et d'abandonner, d'être châtré ou de châtrer, de se soumettre ou de punir réalise fantasmatiquement ou dans la réalité la réponse du Sur-Moi aux exigences du Moi.

IV. – L'EXHIBITIONNISME ET LE VOYEURISME

Dans l'une et l'autre de ces perversions l'érotisation du regard est privilégiée dans l'obtention du plaisir sexuel ; sur un plan clinique et théorique les liaisons qui les unissent sont importantes.

■ ***L'exhibitionnisme*** est la conduite pathologique qui conduit certains sujets à montrer leurs organes génitaux : c'est presque exclusivement une perversion masculine, l'exhibitionnisme des seins chez la femme réalisant une forme de séduction plus que d'exigence autoérotique.

L'homme qui exhibe sa verge en se masturbant le fait dans des lieux particuliers (coin sombre – sortie d'école – voiture – transport en commun – église) ; il recherche un certain type de victimes (enfants – femmes seules) dont il attend une réaction précise de surprise, d'effroi, de répulsion ; souvent l'éjaculation est atteinte dès qu'est obtenue la réponse adéquate c'est-à-dire négative, toute marque d'intérêt entraînant à l'inverse l'annulation de l'excitation.

L'exhibitionnisme dont Lasègue disait qu'il est un « scandale privé plutôt qu'un outrage public » est sanctionné par la loi dans le cadre des attentats à la pudeur sans violences. Il pose alors un problème d'expertise médico-légale visant à établir la part de responsabilité de l'exhibitionniste à partir de la signification de cette conduite sexuelle aberrante :

- **l'exhibitionnisme « impulsif »** décrit par Lasègue est rare. Il s'agit d'une incitation irrépressible à s'exhiber au terme d'une phase d'anxiété comparée à une « résistance intérieure » qui une fois levée conduit à un orgasme instantané et quasi-automatique. L'exhibition se fait souvent aux mêmes heures et aux mêmes endroits.
- **l'exhibitionnisme peut s'associer à des troubles névrotiques** chez des phobiques ou des anxieux qui « négocient » avec une forte culpabilité inconsciente laquelle les conduit à un moment ou à un autre à être punis.
- **l'exhibitionnisme pervers** est en principe détaché de sentiments de culpabilité : ce qui est recherché c'est le plaisir génital au prix du choc de la surprise et du dégoût débusqués dans le regard de la victime.
- les expertises médico-légales témoignent aussi de l'existence de ces conduites **chez des schizophrènes** et chez des sujets atteints de **lésions cérébrales organiques :** états démentiels ou prédémentiels – arriération mentale – épilepsie – alcoolisme.

■ ***Le voyeurisme*** est la tendance pathologique qui conduit certains sujets à surprendre par le regard et en se cachant soit une relation sexuelle à laquelle ils ne participent pas directement, soit l'autre dans son intimité (toilette – miction – défécation, étant alors vues et éprouvées comme scène sexuelle). Pour le voyeur le plaisir du voir entraîne une quête inextinguible, une avidité jamais satisfaite et motive parfois des élaborations scéniques (jeux de glaces – miroirs sans tain – trous de serrure). Le plaisir orgastique est acquis par masturbation. Il s'agit aussi d'une perversion essentiellement masculine.

La dynamique inconsciente de l'exhibitionnisme et du voyeurisme met essentiellement en cause *l'angoisse de castration.* En montrant sa verge, l'exhibitionniste voudrait dire : « par la peur que je vois dans vos yeux, je suis rassuré quant à l'existence de mon pénis » et « je vous montre ce que je désirerais que vous me montriez ». Comme spectateur distant d'une scène sexuelle, le voyeur voudrait dire : « le risque d'être châtré dans le coït, c'est l'autre qui le prend, pas moi ».

V. – LE TRAVESTISME

Il se définit par la subordination, épisodique ou régulière, du plaisir sexuel au port des vêtements de l'autre sexe. Cet « instinct de travestissement » (M. Hirschfeld) est plus fréquent chez l'homme que chez la femme. Il existe :

■ ***un travestisme hétérosexuel*** assez proche du fétichisme ; comme préalable à une relation sexuelle, l'homme s'habille en femme, ne sacrifiant aucun des dessous féminins ; parfois une seule pièce de vêtement le satisfait. L'acte sexuel est parfois masturbatoire devant une glace, souvent masochiste exigeant des attitudes de passivité et de soumission du partenaire. On insiste ici sur les mécanismes de dégagement de l'angoisse de castration ; l'identification à la femme par l'adoption de son costume permet en outre la répression des désirs incestueux orientés vers la mère.

■ ***un travestisme homosexuel*** qui satisfait une exigence profonde ou qui est utilitaire (prostitution).

Chez la femme « l'inversion sexo-esthétique » (H. Ellis) a souvent une intentionnalité d'affirmation homosexuelle ; toutefois, le port du costume masculin (éonisme) n'exclut pas toujours le désir de relations hétérosexuelles.

VI. – LE TRANSSEXUALISME

C'est la conviction d'appartenir au sexe opposé, associée au désir impérieux d'obtenir un changement de sexe civil et anatomique. Chez le transsexualiste existe une négation absolue des sentiments, des pensées et de l'identité de son propre sexe et une identification totale à ceux du sexe opposé : il ne s'agit plus ici d'une perversion du désir sexuel mais d'une totale inversion psychologique. Le transsexualiste refuse l'étiquette d'homosexuel (convaincu d'être une femme, ses désirs sexuels ne peuvent que le diriger vers un homme) comme celle de travesti (les vêtements féminins qu'il porte sont ceux de ce qu'il estime être son véritable statut). Il affirme être victime d'injustice lorsque l'état civil lui refuse la modification de son identité et l'accession au mariage ; après usage d'hormones féminisantes destinées à provoquer un développement mammaire, il recherche toutes les possibilités de transformation chirurgicale (amputation pénienne et création d'un néo-vagin). Chez la plupart des transsexualistes les troubles de la personnalité sont profonds et souvent du registre du délire : thème de transformation corporelle, revendications hypocondriaques. Les épisodes dépressifs sévères sont fréquents.

CONSIDÉRATIONS THÉRAPEUTIQUES

Elles s'inspirent d'un certain nombre de principes :

- en tout premier lieu, **l'élimination des formes symptomatiques de perversions sexuelles.** La recherche d'une endocrinopathie s'impose lorsque existent des altérations somatiques, fonctionnelles ou organiques. Lorsque les conduites sexuelles aberrantes surviennent tard dans la vie d'un sujet, on suspectera un état démentiel, une tumeur cérébrale, une détérioration alcoolique. La déviation sexuelle peut s'associer à des troubles psychiatriques patents (bouffées délirantes – syndrome schizophrénique) ou se compliquer de réactions dépressives et anxieuses (spontanées ou à l'occasion d'une sanction pénale) : les interventions thérapeutiques appropriées s'imposent alors.

- **Les prescriptions hormonales** (androgènes chez l'homme – œstrogènes chez la femme) n'ont aucune valeur correctrice sur la déviation sexuelle : il faut donc s'en abstenir.

- **La castration chirurgicale** des pervers sexuels délinquants et récidivistes est pratiquée dans certains pays, théoriquement à la demande pressante du sujet : cette méthode « radicale » est en France non seulement interdite mais condamnée par la loi.

- **Les thérapies comportementales** ont pour but de « déconditionner » le sujet en provoquant l'extinction du comportement pathologique acquis et son remplacement par un comportement plus adéquat. Les méthodes par *inhibition réciproque* sont proposées dans l'exhibitionnisme à forte composante anxieuse ; *les thérapies par aversion* (utilisant des stimulations électriques) sont utilisées par certains dans l'homosexualité, le travestisme, le fétichisme. Indépendamment du caractère agressif et punitif de ces techniques, leurs résultats paraissent à terme peu convaincants.

- **Les psychothérapies individuelles** (psychanalyse et psychothérapies d'inspiration psychanalytique) sont sur un plan théorique les indications idéales puisqu'elles doivent permettre l'explicitation psychodynamique des déviations et perversions sexuelles. Ces méthodes ont à leur compte d'incontestables succès avec dans certains cas la réversion totale de l'orientation sexuelle. On peut également considérer comme de bons résultats les cas où le processus psychothérapique, sans corriger la déviation, permet un soulagement des conflits névrotiques (angoisse – culpabilité – inhibitions) qui lui sont liés.

En fait, la question fondamentale est celle de la demande de soins et il semble que la majorité des déviants sexuels ne soient intéressés par aucune aide psychiatrique. La « révélation » au médecin de l'anomalie peut se faire à l'occasion d'une affection intercurrente (maladie vénérienne surtout), d'une poursuite judiciaire ou du désir d'un tiers (parents – conjoint – conseiller conjugal) : ce n'est pas pour autant qu'existera une acceptation authentique de la mise en cause de l'organisation inconsciente de la personnalité, non plus qu'un renoncement au choix de l'objet sexuel.

D'une manière générale, le médecin consulté doit contrôler ses propres défenses et ses tendances à introduire un jugement moral. Il doit faire preuve d'une extrême prudence lorsqu'il est amené à donner les conseils pour lesquels on le sollicite : le mariage ne peut être proposé comme une solution à l'homosexualité, pas plus que l'entrée dans un ordre religieux ou le choix d'un métier à responsabilités pédagogiques. Après un examen clinique attentif et le recueil des renseignements concernant le développement psycho-affectif et sexuel, il devra longuement peser avec son patient les implications d'une orientation vers une psychothérapie.

BIBLIOGRAPHIE

Beaudouard (J.). — *Psychosociologie de l'homosexualité masculine.* E.S.F. Paris, 1971.

Chazaud (J.). — *Les perversions sexuelles.* Privat. Toulouse, 1973.

Corraze (J.). — *Les dimensions de l'homosexualité.* Privat. Toulouse, 1969.

Ellis (H.). — *Etudes de psychologie sexuelle.* Mercure de France. Paris, 1932.

Freud (S.). | *Trois essais sur la théorie de la sexualité.* Gallimard. Coll. « Idées ».

Krafft-Ebing (R.-Von.). — *Psychopathia Sexualis.* (trad. franc. des 16e et 17e éditions allemandes). Payot. Ed. 1958.

Nacht (S.). — *Le Masochisme.* Payot. 1965.

Resnik (H.-L.-P.) and Wolfgang (M.-E.). — *Sexual Behaviors : social, clinical and legal aspects.* Little, Brown and Company. Boston, 1972.

18

LES TROUBLES DE L'HUMEUR

Les désordres de l'humeur comptent parmi les troubles les plus couramment observés tant en pratique psychiatrique que dans l'exercice quotidien du généraliste. Les variations de l'humeur, pathologiques en qualité et en intensité, peuvent aller de la dépression profonde à l'élation maniaque, la dysthymie dépressive étant beaucoup plus fréquente que l'humeur expansive et euphorique de la manie.

Parmi les désordres de l'humeur, la *psychose maniaco-dépressive* est la seule entité bien individualisée ; elle n'est pas la plus fréquente, représentant à peu près 20 % de la totalité des malades hospitalisés pour troubles thymiques. Ici le trouble de l'humeur est *primaire,* fondamental, *endogène* ; tous les autres troubles observés pendant les crises, dans les domaines de l'activité psychique, du comportement, des fonctions biologiques, sont en corrélation avec la perturbation thymique et disparaissent avec elle. Les troubles de l'humeur d'origine *psychogène,* extrêmement fréquents, sont uniquement du registre dépressif : élaboration dépressive d'une névrose, décompensation dépressive d'une personnalité subnormale ou pathologique à l'occasion d'un traumatisme affectif majeur. La dysthymie se relie dans ces cas, d'une façon relativement compréhensible, à l'histoire personnelle du sujet ou à sa problématique névrotique. Le trouble de l'humeur peut être aussi *symptomatique* d'une affection psychique caractérisée (schizophrénie) ou d'une atteinte cérébrale organique (épilepsie, tumeur cérébrale, état prédémentiel). L'affect dépressif est dans ces cas bien plus fréquent que l'excitation euphorique.

On a assisté au cours de ces dernières décennies à une forte augmentation de la demande de soins pour dépression. Ce phénomène est-il en rapport avec un meilleur dépistage, avec une information du public sur les possibilités thérapeutiques actuelles ? S'agit-il d'une réelle augmentation de fréquence de la dépression, liée à des modes de vie pathogènes ? Aucun argument ne permet de trancher de façon décisive. Il faut compter aussi avec l'accroissement de la longévité, le risque de dépression étant particulièrement élevé chez les personnes âgées. Quoi qu'il en soit on a une idée du problème numérique représenté par les états dépressifs si l'on se réfère aux enquêtes épidémiologiques qui évaluent à 10 % le risque de morbidité dépressive (life-time expectancy) dans la population générale avec une prévalence à un moment donné de l'ordre de 2 à 3 %. Environ un déprimé sur 5 est traité par un médecin, un déprimé sur 50 est hospitalisé.

I. – LA PSYCHOSE MANIACO-DÉPRESSIVE

Elle se caractérise par la survenue de perturbations cycliques de l'humeur sous forme d'accès maniaques ou d'accès mélancoliques, le malade retrouvant son état normal dans l'intervalle des accès.

Historique

La manie et la mélancolie furent identifiées dès l'Antiquité mais les liens étroits qui les unissent en une même maladie n'ont été reconnus que dans la deuxième moitié du XIXe siècle : Baillarger (1854) décrit la folie à double forme, J.-P. Falret (1854) la folie circulaire, les auteurs allemands étudient les troubles périodiques de l'humeur. En 1899, Kraepelin rassemble les psychoses thymiques décrites par ses prédécesseurs (folies alternes, intermittentes, circulaires, à double forme) en une maladie unique, la folie maniaco-dépressive à laquelle il assigne une prédisposition (constitutionnelle, héréditaire) et reconnaît un pronostic favorable malgré la tendance au retour des accès. L'unité de la psychose maniaco-dépressive a été admise pendant longtemps. Cependant des études cliniques et génétiques, montrant l'existence de sous-groupes à transmission et à évolution différentes, amènent Léonhard (1959) et à sa suite Angst et Perris à proposer un premier découpage sur la base de la polarité : 1) *psychose bipolaire,* caractérisée par la survenue de crises maniaques et de crises mélancoliques chez le même sujet. 2) *psychose unipolaire,* caractérisée par la survenue de crises d'un seul type, la mélancolie récurrente. L'existence de sous-variétés à l'intérieur de ces deux groupes, bipolaire et unipolaire, est suggérée par des recherches récentes (Winokur, Mendlewicz) qui demandent confirmation.

Étude génétique

- **Le risque de morbidité** pour la maniaco-dépressive dans la population générale varie selon les enquêtes entre 0,6 % et 1,6 % (exposition au risque :

15-65 ans). Dans la famille des maniaco-dépressifs le risque est très élevé, 15 à 25 %, pour les collatéraux et les parents du premier degré. La concordance chez les jumeaux est de l'ordre de 20 % pour les paires hétérozygotes, 60 à 70 % pour les paires homozygotes. La schizophrénie et l'oligophrénie n'ont pas d'association génétique avec la maniaco-dépressive. Par contre la fréquence de l'alcoolisme masculin, dans les lignées des déprimés endogègènes, est signalée dans plusieurs études.

- **Dans les familles des patients bipolaires,** le risque de troubles thymiques de type bipolaire ou de type unipolaire dépressif est particulièrement élevé et se répartit à peu près également dans les deux sexes. Dans les familles des patients unipolaires dépressifs, le risque est moindre (10 à 15 %), presque toujours similaire, les formes bipolaires y sont rares ; les femmes sont plus souvent atteintes que les hommes. Dans la mélancolie d'apparition tardive, le risque héréditaire est assez faible.
- **L'hérédité unilatérale** est beaucoup plus fréquente que l'hérédité provenant des deux lignées parentales. On a signalé dans quelques arbres généalogiques un linkage entre la maniaco-dépressive et certains marqueurs génétiques portés par le chromosome X [cécité pour les couleurs, groupe sanguin Xg (a +)]. *Le mode de transmission* demeure encore controversé ce qui traduit peut-être l'hétérogénéité de la maladie dont certains sous-groupes auraient un déterminisme génétique différent – gêne dominant à pénétrance incomplète ? deux gênes dominants, l'un autosomique, l'autre situé sur le chromosome X ? hérédité multigénique ?

L'ACCÈS MANIAQUE

La manie aiguë est un état d'excitation caractérisé par :
- une exaltation de l'humeur à tonalité euphorique ;
- une accélération des processus psychiques avec fuite des idées ;
- une hyperactivité désordonnée ;
- une perturbation de certaines fonctions biologiques, le sommeil en particulier.

MODES DE DÉBUT

Dans la moitié des cas, l'accès maniaque succède à une phase dépressive – soit accès mélancolique franc ; spontanément ou en cours de traitement on observe un virage de l'humeur souvent rapide – soit état subdépressif durant quelques semaines ou quelques mois ; peu à peu s'installe une subexcitation avec irritabilité et exaltation affective.

Lorsque l'accès maniaque s'installe d'emblée, le début en est brutal ou progressif ; le sujet se sent envahi par un sentiment d'euphorie et de facilité, il a un besoin grandissant de parler, d'intervenir à tout propos. En peu de temps l'agitation grandit ; les nuits sont écourtées et dès l'aube commencent des activités chaque jour plus décousues. Les mêmes troubles du comportement inaugurent chaque accès, avertissant l'entourage de la rechute : dépenses inconsidérées, extravagances du costume, intense activité épistolaire, démarches intempestives. L'irritabilité et le débordement pulsionnel (désinhibition sexuelle, excès ethyliques) joints à l'excitation rendent compte de fréquents incidents : tapage nocturne, outrages à la pudeur, scandale sur la voie publique. L'hospitalisation en milieu spécialisé, toujours nécessaire, est souvent difficile à réaliser car le patient méconnaît la nécessité des soins même s'il a une conscience partielle du caractère pathologique de son état.

PÉRIODE D'ÉTAT

1° Présentation

Les symptômes s'extériorisent spontanément chez ce patient volubile et jovial dont l'excitation est évidente. Son visage est animé, les yeux brillants, la physionomie expressive, hypermimique. On est frappé par le désordre de sa chambre, par sa tenue débraillée et voyante. Son accueil est bruyant, d'une excessive familiarité. Le verbe haut, très à l'aise, il plaisante ou récrimine, entremêlant ses propos de remarques caustiques ou de digressions oiseuses. De contact facile quoique superficiel, le maniaque est syntone, accroché à l'ambiance. Même au cours de l'entretien, il ne peut rester en repos, déambule dans la pièce, griffonne ou déplace des objets. Pour peu que l'entretien se prolonge, le ton monte, l'excitation grandit, le désordre de la pensée devient plus évident.

2° Troubles de l'humeur et de la vie instinctuelle

a) **L'exaltation euphorique de l'humeur** est l'élément primordial de l'accès maniaque. Toutes les sensations sont éprouvées avec une acuité et un plaisir inhabituels ; le malade a l'impression de vivre intensément, se sent léger, infatigable, au meilleur de sa forme. Il éprouve à l'égard des êtres et des choses une impression permanente de familiarité ; rien ne l'intimide. Le monde extérieur lui est source de plaisirs inépuisables ; les sons, les parfums sont perçus avec ravissement. Il échafaude des projets grandioses, se croit capable de tout entreprendre et de tout réussir. Les objections sont écartées d'un geste, les difficultés et les contraintes sont abolies.

b) **La versatilité de l'humeur** est aussi frappante que son exaltation. Autant l'humeur mélancolique est fixe, uniformément dépressive et douloureuse, autant l'humeur maniaque est changeante ; certes l'optimisme domine largement mais la crise n'est pas vécue dans un bonheur sans nuages et de courtes bouffées d'angoisse ou de colère y alternent avec les moments d'élation et de ravissement. Impatient, survolté, le maniaque s'irrite à la moindre contrariété et même sans cause extérieure il peut passer en un instant du rire aux larmes, de l'insouciance au découragement passager, de la générosité à l'agressivité malveillante.

c) **Le débordement instinctuel** avec relâchement des censures morales et sociales, la gloutonnerie, l'excitation érotique, témoignent de cette recherche frénétique du plaisir qui fait comparer l'accès maniaque à une fête orgiaque, à une bacchanale. Ce déchaînement contraste avec le comportement antérieur et l'on peut observer, chez un sujet réservé d'habitude, propos orduriers, promiscuité, exhibitionnisme.

3° *Troubles de l'idéation*

La pensée maniaque se caractérise par le désordre, la précipitation, l'improductivité. Les processus psychiques sont exaltés et accélérés (tachypsychie) : imagination débordante, hypermnésie, afflux des idées et des représentations.

La fuite des idées constitue l'aspect essentiel de cette pensée, inconsistante et stérile malgré son apparente richesse. Les images défilent, les souvenirs surgissent en désordre, les mots se pressent en une **logorrhée** intarissable ; dans les écrits abondants on retrouve le même défaut de continuité et de cohérence (graphorrhée brouillonne). Le malade saute d'une idée à l'autre sans que jouent les processus normaux de direction et de choix ; son attention s'éparpille au gré des sollicitations extérieures rendant impossibles réflexion et synthèse. Il joue avec les mots, associe trop vite sur un mode superficiel par assonance ou jeux verbaux (calembours) ; des anecdotes, des acquisitions scolaires (tirades ou poèmes appris par cœur) sont évoqués de façon quasi-automatique et récitées pour le plaisir.

L'exaltation de l'imagination se traduit souvent par une **fabulation pseudo-délirante** que l'euphorie fondamentale oriente vers des thèmes de grandeur, de mission religieuse ou humanitaire. La réalité est embellie ; le maniaque « gonfle » son importance sociale ; il invente des procédés infaillibles et puérils pour faire fortune ou améliorer le sort de l'humanité. Il s'agit plus d'une fantaisie imaginative, d'un délire verbal, que d'un bouleversement profond de la personnalité ; le maniaque n'y adhère que partiellement, il peut en rire lui-même. Dans certains cas, l'accès maniaque s'accompagne de véritables expériences délirantes et hallucinatoires. **Cette manie délirante** peut comporter des thèmes mystiques ou prophétiques avec idées d'influence (« Dieu me commande et parle par ma bouche », « Je suis la Vierge-Marie ») ou des thèmes de persécution, de revendication, d'érotomanie.

4° *Troubles de l'activité*

Le maniaque a besoin d'agir et son hyperactivité se manifeste dès le début de l'accès par une multiplicité de démarches, de lettres, d'achats inconsidérés. Au cours de l'accès, **l'agitation** ne manque jamais ; le maniaque vit sur un rythme accéléré, dans le bruit et le désordre. Il fait les cent pas, gesticule, déménage sa chambre, manipule les objets.

Cette activité incessante et dispersée a un **caractère ludique.** Le maniaque aime se déguiser, jouer des rôles. Les visites sont souvent l'occasion d'une recrudescence de l'agitation, d'une exhibition où faisant le pitre le malade déclame et chante. Ce comportement ludique n'est pas que de l'histrionisme, c'est pour le maniaque une façon de vivre la réalité extérieure en la transformant au gré de sa fantaisie optimiste. Seul dans sa chambre, il continue parfois à danser et à rire.

La grande agitation maniaque est aujourd'hui exceptionnelle : mouvements incessants, cris, refus d'aliments, impulsions à cracher et à mordre, insomnie complète, redoutable brutalité destructrice (fureur maniaque). Elle évoluait parfois vers un état d'épuisement et un délire aigu hyperthermique.

5° *Symptômes somatiques*

L'insomnie est constante, précoce, rebelle aux hypnotiques habituels, ne disparaissant qu'avec la fin de l'accès. C'est une insomnie qui n'est pas pénible ; malgré l'absence de repos, le malade n'éprouve ni lassitude, ni fatigue ; sa résistance physique semble augmentée.

La température est normale, le pouls plutôt rapide, la tension artérielle parfois abaissée. La faim et la soif sont excessives ; malgré la voracité, les digestions se font sans difficultés. L'amaigrissement est habituel à la phase d'agitation, le poids se normalisant en fin d'accès. Les sécrétions sont toujours augmentées : sueurs abondantes, hypersalivation avec sputation. Il y a généralement aménorrhée pendant l'accès.

ÉVOLUTION

L'évolution spontanée se fait vers la guérison en 5 à 6 mois en moyenne, avec des accès très courts de quelques semaines et des accès prolongés durant plusieurs années. Ces accès prolongés à forme continue ou rémittente s'observaient surtout après 50 ans.

Avec la chimiothérapie la durée de l'accès a été écourtée : deux mois en moyenne. L'amélioration se fait progressivement ; la fabulation délirante cède assez vite, l'excitation diminue, la logorrhée et la dispersion de l'activité sont plus lents à disparaître. La normalisation du sommeil est un bon critère de guérison. Le traitement chimiothérapique d'entretien doit être poursuivi pendant plusieurs mois.

Une phase dépressive succède souvent à l'accès maniaque.

FORMES CLINIQUES

1° L'accès hypomaniaque

Forme mineure de l'accès maniaque, il est plus souvent observé que la grande crise de manie aiguë. Son diagnostic est facile lorsqu'il survient chez un maniaco-dépressif connu : soit équivalent spontanément atténué d'une crise maniaque, soit oscillation hyperthymique réduite par la thérapeutique comme c'est le cas chez certains maniaco-dépressifs incomplètement contrôlés par le Lithium. Le diagnostic est plus difficile lorsqu'il s'agit d'une première manifestation pathologique. La symptomatologie est celle d'un accès maniaque atténué :

- **hyperthymie** euphorique et expansive ;
- **excitation intellectuelle :** logorrhée, réparties faciles, mémoire vive, imagination brillante et inventive ; la productivité est abondante mais de qualité médiocre ;
- **hyperactivité** mal contrôlée : décisions hâtives, initiatives multiples, besoin de changement dans les habitudes de la vie affective et professionnelle ; vastes projets menés sans esprit de suite, spéculations hasardeuses et prodigalité ;
- **troubles du caractère ;** l'hypomane supporte mal les contraintes, se montre impatient, autoritaire et vindicatif. Il s'irrite contre son entourage et lui fait des reproches d'autant plus blessants qu'ils ont souvent un fond de vérité. Son agressivité est plus verbale que physique mais peut se traduire en actes : dénonciations, pétitions, procès.

L'accès hypomaniaque marque généralement une nette rupture avec la personnalité antérieure du patient. Cependant il arrive que chez des sujets cyclothymiques ou de personnalité hypomane, le caractère pathologique de l'accès soit méconnu de l'entourage d'autant que le rendement peut, au moins un certain temps, sembler excellent. L'**insomnie** a, dans ces cas, valeur de symptôme d'alarme.

Le comportement hypomaniaque a souvent des conséquences fâcheuses pour le malade et pour ses proches ; l'hyperactivité brouillonne, les toquades, la sthénie vindicative sont source de discordes et de perturbations. Par ses initiatives hasardeuses, l'hypomaniaque peut compromettre sa situation professionnelle et matérielle. Son manque de retenue et de scrupules peut l'entraîner à des actes délictueux (délinquance financière).

L'accès hypomaniaque est accessible aux mêmes thérapeutiques que l'accès maniaque. Le plus difficile est de convaincre le malade de la nécessité de se soigner.

2° *Les états mixtes*

Au cours de l'accès, des symptômes maniaques et des symptômes mélancoliques sont étroitement associés. Ces états mixtes sont rares, de diagnostic difficile ; ils s'observeraient surtout chez la femme. Des six variétés décrites par Kraepelin, retenons quelques aspects cliniques :

- soit **humeur et thèmes maniaques** associés à une inhibition psychomotrice ;
- soit **mélancolie agitée** avec fuite des idées ; les thèmes dépressifs, l'anxiété s'associent à une excitation intellectuelle avec hyperactivité et irritabilité ;
- soit **fluctuations rapides de l'humeur** variant de l'extase au désespoir ou à la colère – coexistence de thèmes de grandeur et de culpabilité – bouffées d'angoisse avec peur de la mort, de la damnation, auxquelles succèdent des moments d'euphorie délirante avec thèmes de mission, de résurrection, de persécution.

DIAGNOSTIC

■ ***Les ivresses excitomotrices.*** Le diagnostic se pose souvent en urgence entre une hypomanie arrosée et une ivresse agitée dont la durée est évidemment plus brève. Toutes les ivresses toxiques (alcool, haschich, cocaïne) peuvent réaliser, de façon passagère, des tableaux d'allure maniaque.

■ ***L'excitation atypique au cours d'une schizophrénie ;*** le malade est moins syntone, son discours est plus flou, son euphorie plus discordante et plus grinçante, son agitation plus stéréotypée. En fait un premier accès de manie délirante chez un adolescent peut avoir l'allure de l'expérience délirante inaugurale d'une schizophrénie. Dans ce cas, c'est l'évolution qui rectifie le diagnostic (action du Lithium, accès périodiques).

■ ***Le syndrome frontal*** d'origine tumorale ou atrophique (maladie de Pick) ; la *Moria* des frontaux est un état d'excitation avec jovialité puérile et facétieuse. Le frontal est moins syntone que le maniaque, plus déficitaire.

■ ***Les états maniaques symptomatiques*** au cours d'affections endocriniennes (maladie de Cushing), d'affections du diencéphale et de la région hypothalamique (tumeurs, encéphalites), au cours de certaines chimiothérapies (cortisone, *Rimifon, Cyclosérine, L-Dopa).*

L'ACCÈS MÉLANCOLIQUE

La mélancolie est un état de dépression caractérisée par :
- une profonde douleur morale ;
- une inhibition psychique et psychomotrice avec ralentissement et aboulie ;
- une perturbation des fonctions biologiques : insomnie, anorexie.

L'accès mélancolique évolue spontanément vers la guérison. Son pronostic est presque uniquement conditionné par le risque de suicide qui est présent tout au long de la crise et impose une surveillance attentive.

MODES DE DÉBUT

L'accès se constitue progressivement avec pour premiers signes l'insomnie et la fatigue. La symptomatologie se précise en quelques semaines ou quelques mois : sentiments d'incapacité et de dépréciation, indécision croissante, difficulté à s'intéresser à ses occupations ou à ses proches, ruminations anxieuses sur sa santé et son avenir, idées ou gestes de suicide. L'accès mélancolique succède parfois à un accès maniaque, le virage de l'humeur pouvant être rapide.

Dans un quart des cas, la survenue de l'accès mélancolique semble favorisée par une cause psychologique (deuil, mise à la retraite, ennuis financiers) ou plus rarement physiologique (maladie infectieuse, intervention chirurgicale, puerpéralité) voire toxique (chimiothérapie par les réserpiniques, la cortisone, le *Rimifon*, etc.).

PÉRIODE D'ÉTAT

1° *Présentation*

Le visage est terreux, vieilli ; les traits sont peu mobiles, affaissés, les yeux fixes, les sourcils froncés ; les plis du front dessinent à la racine du nez l'oméga mélancolique.

Le malade est inerte et prostré. Son activité spontanée est réduite au minimum, ses gestes sont lents, inachevés, comme pénibles. Il peut rester assis des heures, immobile, tête fléchie, dans une attitude de concentration douloureuse. Spontanément il parle peu ; interrogé il répond avec lenteur, par monosyllabes, sur un ton éteint, monocorde ; ses propos sont entrecoupés de soupirs et de gémissements. Souvent réticent, le mélancolique peut essayer de camoufler ses troubles ou de les minimiser (dépression souriante).

Au cours de la mélancolie anxieuse, l'agitation est parfois au premier plan du tableau clinique.

2° *L'inhibition et le ralentissement*

Ils sont caractéristiques de la mélancolie.

- **inhibition intellectuelle :** l'idéation est lente (bradypsychie) et appauvrie, les souvenirs sont évoqués avec difficulté, les efforts d'attention et de réflexion sont impossibles. Le malade ne peut suivre une conversation ou se concentrer sur une lecture ; sa production verbale est ralentie, entravée parfois jusqu'au quasi-mutisme. Dans la majorité des cas, l'orientation et les perceptions sont correctes ; cependant le malade entièrement pris par sa douleur psychique ne prête guère attention au monde extérieur et n'en retient que les éléments propres à alimenter ses ruminations dépressives.
- **inhibition de la volonté :** l'indécision et le sentiment d'impuissance qui existent dès le début de l'accès s'aggravent jusqu'à l'aboulie complète. Toute activité est freinée, ralentie. Les actes de la vie courante demandant un effort démesuré, les soins corporels et l'habillement sont négligés.
- **inhibition de l'affectivité :** il existe une « anesthésie affective » dont le malade se désespère : « il n'arrive plus à s'émouvoir ; il n'a plus de sentiments pour ses proches ; rien ne le touche ».

3° *La douleur morale*

Le malade a perdu le goût de la vie ; son champ de conscience est envahi par une tristesse foncière faite toute à la fois d'ennui, de regrets et de désespoir. C'est une tristesse profonde, permanente, indépendante des circonstances extérieures ; rien ne peut réconforter le mélancolique muré dans son « malheur ».

- Sa **cénesthésie** est pénible : tête vide, malaise diffus, lassitude extrême ; souvent une sensation d'oppression, des spasmes viscéraux, des algies erratiques, ajoutent encore à son inquiétude.
- Le mélancolique subit douloureusement son **asthénie vitale** ; il se sent très diminué, incapable de concevoir et de décider, impuissant à réagir. Les sollicitations de l'entourage qui cherche à le distraire ou à le stimuler ne font qu'augmenter ses sentiments d'incapacité et de dépréciation personnelle. Il fait le bilan de ses insuffisances, souvent même il s'accuse : « Je suis responsable de ma maladie qui est due à un manque de volonté », « c'est monstrueux de ne pas aimer sa famille », confesse des erreurs ou des fautes passées dont il s'était jusqu'alors peu inquiété et dont il grossit démesurément les conséquences. L'avenir lui apparaît inexorablement bouché. S'il se considère comme un malade, il a la certitude de son incurabilité. S'il se

croit coupable, il est certain d'un châtiment irrémédiable. Quoi qu'il en soit, « il n'y a pas de solution, on ne peut rien pour moi ».

4° *Le désir de la mort ; les conduites suicidaires*

La conscience mélancolique est dominée par l'idée de la mort, *désirée* « il vaut mieux être mort que subir cette torture morale intolérable » ; « il vaudrait mieux pour ma famille que je disparaisse », *recherchée* comme une obligation, un châtiment nécessaire, comme la seule solution possible.

- **Le refus d'aliments** est une façon d'exprimer ce refus de vivre. Avant l'ère thérapeutique, il n'était pas rare qu'un mélancolique se laisse mourir d'inanition.

- **Les conduites suicidaires** sont fréquentes et graves, justifiant les mesures de surveillance constante que l'on est amené à prendre devant tout accès mélancolique. D'après les enquêtes catamnestiques, environ 15 % des mélancoliques meurent par suicide. Le risque existe tout au long de l'accès : *suicide inaugural* d'une mélancolie à début aigu ou d'une rechute ; *suicide en début de chimiothérapie,* la levée de l'inhibition précédant la disparition de la douleur morale, le risque de passage à l'acte peut s'en trouver accru ; *suicide de la convalescence :* bien qu'apparemment amélioré, le malade n'a pas encore retrouvé « la joie normale de vivre » ; il profite d'un élargissement de la surveillance, d'une permission, pour réaliser un suicide auquel il n'a cessé de penser depuis des semaines et dont il a soigneusement caché les préparatifs (stockage de médicaments par exemple).

Chez le mélancolique, l'authenticité d'une conduite suicidaire n'est jamais à mettre en doute. Une tentative en apparence mineure, échouant par précipitation dans la réalisation, peut être suivie quelques heures plus tard d'un suicide réussi. Le choix de « procédés efficaces » témoigne de la détermination du malade que rien n'arrête dans sa recherche de la mort, ni les liens familiaux, ni les sentiments religieux, ni la crainte de la douleur physique. Parfois la réalisation est brutale au cours d'un raptus impulsif (défenestration, strangulation, noyade). Certains suicides mélancoliques sont particulièrement horribles (ignition, eviscération). Il arrive même qu'une mère entraîne ses enfants dans la mort par altruisme délirant (suicide collectif).

5° *Les symptômes somatiques ; les troubles du rythme nycthéméral*

L'insomnie est constante, rebelle, pénible, de rythme variable : parfois totale, plus souvent initiale ou surtout **terminale** le malade se réveillant au petit matin avec l'angoisse de la journée à vivre. L'enregistrement E E G continu, mené sur un grand nombre de nuits (un mois et plus), montre chez les déprimés endogènes trois ordres de faits : 1) le sommeil est interrompu plus fréquemment et se révèle plus léger que chez le sujet normal ; 2) La durée du quatrième stade du sommeil (sommeil profond avec ondes delta) est raccourcie ; 3) On observe, entre les patients et aussi chez chaque malade, une grande variabilité des cycles du sommeil et de la durée proportionnelle des stades du sommeil, y compris le sommeil paradoxal.

Les troubles digestifs sont habituels : *anorexie,* état saburral des voies digestives, *constipation. L'amaigrissement* est fréquent. Des troubles neuro-végétatifs, crises sudorales, frilosité, peuvent s'observer. Il y a généralement baisse de la libido. L'aménorrhée est quasi-constante.

La symptomatologie dépressive présente très fréquemment des variations spontanées au cours de la journée. Il y a *aggravation matinale* et amélioration vers le soir. Ce fait joint aux troubles du sommeil invite à penser qu'il existe un trouble du rythme nycthéméral des fonctions biologiques ce que paraissent confirmer des études sur le rythme de l'élimination des électrolytes, sur les taux du cortisol.

ÉVOLUTION

■ ***L'évolution spontanée*** se fait vers la guérison en 6 à 7 mois en moyenne, avec des accès courts de quelques semaines et des accès prolongés pendant plusieurs années ; les accès de longue durée peuvent être d'une seule tenue ou rémittents se succédant sans intervalles libres notables.

■ ***La chimiothérapie*** a beaucoup raccourci la durée des crises (1 mois d'hospitalisation en moyenne). L'amélioration se fait généralement de façon progressive par la reprise de l'activité et de l'appétit, la normalisation de l'humeur étant plus tardive. Le retour du sommeil, la reprise du poids sont des signes fidèles de l'amélioration. Un malade ne peut être considéré comme guéri que lorsqu'il a retrouvé « la joie normale de vivre » et l'on se méfiera des améliorations incomplètes, des oscillations thymiques de la convalescence (queue de mélancolie) où le risque suicidaire reste important. Le traitement chimiothérapique devra être poursuivi pendant un temps suffisant, généralement plusieurs mois.

FORMES CLINIQUES

1° *Mélancolie simple*

Forme mineure, très fréquemment observée. La symptomatologie est atténuée soit spontanément, soit sous l'influence des traitements prophylactiques au long cours comme le lithium.

Les signes habituels sont : l'asthénie, l'insomnie et la réduction de l'activité. Le malade se sent las, indécis, irritable ; il a conscience d'être inférieur à sa tâche, il évite les conversations, s'isole ; tout le fatigue et l'ennuie. La douleur morale étant à l'arrière-plan, la nature dépressive de ces épisodes est parfois méconnue ; cependant le risque suicidaire existe, redoutable chez un sujet qui a conservé assez de dynamisme pour réaliser efficacement son projet.

2° *Mélancolie stuporeuse*

Dans cet aspect tardif d'un accès non traité, l'inhibition psychomotrice est à son maximum. Le malade est figé, mutique, immobile ; l'alimentation est très difficile. Derrière la façade stuporeuse, il existe une intense douleur morale s'exprimant par la mimique de désespoir et de rares gémissements.

3° *Mélancolie agitée*

L'angoisse est au premier plan : oppression, suffocation, cénestopathies multiples, débordement émotionnel dont l'allure parfois théâtrale ne doit pas faire sous-estimer la douleur morale authentique. L'agitation est incessante : gesticulations, déambulations, lamentations avec plaintes monotones sur les mêmes sujets d'inquiétude voire les mêmes thèmes délirants. Un *raptus* est à redouter au cours des paroxysmes anxieux : fuite, geste suicidaire ou automutilateur.

4° *Mélancolie délirante*

La douleur morale est vécue et exprimée sur un mode délirant. Des interprétations erronnées, des constructions imaginatives alimentent ce délire pathétique dont l'élaboration intellectuelle reste pauvre. Des illusions perceptives, des erreurs d'identification s'y observent. Un visiteur est pris pour un gendarme ou un juge. Le bruit d'un klaxon signifie pour le patient l'arrivée du car de policiers chargés de son arrestation. Parfois des voix intérieures l'accusent « ton père est mort par ta faute » et le poussent au suicide « tu dois mourir ». Un onirisme nocturne terrifiant peut exister : visions de cercueils, scènes d'exécution.

Le délire mélancolique est toujours de tonalité douloureuse. Il est monotone et fixe, le malade ressasse sans cesse les mêmes idées, rien ne peut entamer sa conviction. Ce délire a un caractère centrifuge et extensif, c'est du sujet que vient le mal ; son entourage est progressivement englobé dans son pessimisme délirant « je suis responsable du malheur de mes proches ; ils vont périr avec moi ; rien de bon ne peut leur arriver ». Le destin est subi passivement avec accablement et désespoir comme une fatalité inexorable que le mélancolique accepte, sans révolte contre Dieu, sans revendication à l'égard d'autrui.

Les thèmes de la mélancolie délirante sont :

a) **Les idées de culpabilité et d'indignité ;** l'auto-accusation est très fréquente portant sur des fautes vénielles aux conséquences grossies jusqu'à l'absurde ou sur des fautes purement imaginaires, des « crimes inexpiables » aux conséquences terrifiantes : châtiment capital, damnation éternelle.

b) **Les idées de deuil et de ruine ;** conviction délirante de la mort des proches, de la perte des biens, de la fortune.

c) **Les idées hypocondriaques ;** soit certitude absolue d'avoir une maladie mortelle, cancer, leucémie – soit *idées de négation d'organes* « les intestins sont bouchés, je n'ai plus d'estomac, plus de cœur » qui s'associent parfois à des thèmes de négation du Monde « rien n'existe plus », d'immortalité, d'énormité, de damnation, réalisant le syndrome de Cotard.

d) **Les idées d'influence et de possession diabolique.**

e) **Les idées de persécution ;** le mélancolique reconnaît le bien-fondé des persécutions qui sont la conséquence de ses crimes « on le met au ban de la société ; on va l'arrêter, l'exécuter ».

5° *La dépression masquée*

La dysthymie est recouverte par une symptomatologie somatique et le patient exprime son affect dépressif en termes de malaises physiques ; au premier plan *l'insomnie et la fatigue.* Parfois les plaintes somatiques se focalisent :

a) **Dans la sphère digestive :** anorexie, gastralgies, pesanteur abdominale douloureuse, constipation opiniâtre.

b) **Dans la sphère cardio-respiratoire :** précordialgies, oppression, crises dyspnéiques, lipothymies.

c) **Des douleurs** à la fois atypiques et persistantes polarisent souvent l'attention inquiète du malade : céphalées, algies de la sphère faciale (glossodynies, odontalgies), lombalgies, paresthésies diffuses.

Ces dépressions masquées ont le même cours évolutif, phasique, que les accès typiques avec lesquels elles peuvent alterner. L'évolution spontanée se prolonge parfois pendant plusieurs années. Alors que les traitements symptomatiques sont sans effet, les chimiothérapies antidépressives se montrent très efficaces.

DIAGNOSTIC

Le diagnostic d'un accès mélancolique franc pose peu de problèmes. Des erreurs sont à éviter avec les formes mineures ou atypiques.

1° *Ne pas confondre anxiété névrotique et dépression*

La dépression s'accompagne souvent d'angoisse physique (oppression, palpitations) et psychique (attente anxieuse d'un malheur), de réactions de panique devant les tâches de la vie quotidienne. Ces symptômes peuvent en imposer pour une angoisse névrotique et entraîner une thérapeutique inadéquate. Un traitement anxiolytique n'améliore pas la thymie dépressive même s'il atténue quelques symptômes. On tiendra compte de la symptomatologie actuelle qui, chez le déprimé, a toujours un aspect déficitaire global : perte des intérêts, baisse du rendement, sentiment d'auto-dépréciation, alors que l'anxieux a généralement une histoire névrotique plus ancienne, des inhibitions plus localisées, des doutes et de l'inquiétude plus que de la tristesse.

2° *Ne pas méconnaître une dépression masquée par des troubles somatiques*

Devant un tableau clinique fait de plaintes somatiques et de troubles fonctionnels, un certain nombre d'éléments font soupçonner la dépression :

- **la disproportion** entre les symptômes présentés et le retentissement sur l'activité générale. Le patient se retranche derrière ses céphalées et sa fatigue pour expliquer qu'il a abandonné la lecture et les sorties ; parfois même il a dû arrêter son travail ce qui n'a en rien amélioré son état.
- **la tonalité pessimiste** des réponses, la diminution du seuil de tolérance aux soucis et aux contraintes de la vie quotidienne, le manque d'intérêt pour les activités habituellement investies.
- l'importance des **troubles du sommeil.**
- **la prédominance matinale** de tous les troubles ; le malade se lève épuisé, la mise en route est longue et pénible, la soirée est toujours meilleure.
- **d'autres arguments** sont également à considérer. Les troubles actuels apparaissent comme symptômes d'une *crise* chez un sujet jusque-là bien portant, sans tendances hypocondriaques. Il s'est produit chez lui une sorte de changement, plus global que celui éprouvé dans les affections organiques, plus inexplicable que dans les névroses anxieuses à expression somatique. Les tentatives de réassurance faites par l'entourage et le médecin n'apportent qu'un secours passager ; l'invigoration déclenche l'exaspération ou le découragement. La notion d'un épisode dépressif antérieur est un argument de poids mais beaucoup de malades n'en parlent pas spontanément ; il faut le rechercher systématiquement ainsi que des antécédents familiaux similaires.

Il faut savoir que la dépression mélancolique peut varier dans sa symptomatologie d'une culture à l'autre. Les symptômes fondamentaux retrouvés dans tous les pays sont : l'altération de l'humeur, les perturbations de l'initiative, les troubles du sommeil, de l'appétit et de la libido. Les *symptômes à dépendance culturelle* sont : les sentiments de culpabilité, les préoccupations suicidaires, les élaborations délirantes. Chez le Nord-Africain, chez le Noir d'Afrique, la douleur morale est rarement explicitée ; il n'y a ni culpabilité ni auto-dépréciation, ce sont les symptômes somatiques et l'inhibition qui dominent.

3º *Ne pas méconnaitre la nature symptomatique d'un état dépressif*

(V. Troubles de l'humeur symptomatique, p. 214)

ASPECTS CLINIQUES ET ÉVOLUTIFS DE LA PSYCHOSE MANIACO-DÉPRESSIVE FORMES UNIPOLAIRES ET BIPOLAIRES

Depuis les travaux initiaux de Angst et de Perris (1966), de nombreuses études ont confirmé l'intérêt d'une subdivision de la psychose maniaco-dépressive en deux grandes variétés :

■ ***Forme bipolaire*** caractérisée par la survenue d'accès maniaques et dépressifs (au moins un accès de chaque sorte). On y inclut aussi les exceptionnelles manies périodiques. Les patients bipolaires ont souvent une personnalité de base syntone ou cyclothymique. Le risque héréditaire est très élevé, de type bipolaire ou unipolaire dépressif. Cette forme serait la plus accessible à la prophylaxie par le Lithium.

■ ***Forme unipolaire dépressive,*** la plus fréquente ; elle a une nette prédominance pour le sexe féminin. On y inclut les dépressions endogènes à début tardif autrefois décrites sous le nom de *mélancolies d'involution*. Les patients unipolaires dépressifs ont souvent une personnalité de base asthénique, inhibée, manquant de confiance en soi, sans souplesse dans l'adaptation. Le risque héréditaire est moins grand que dans la forme bipolaire, presque toujours similaire, unipolaire dépressif.

Le cours de la maladie

Le cours de la maladie est irrégulier, variable d'un patient à l'autre et d'une forme à l'autre. Certains caractères évolutifs se dégagent cependant des études portant sur un grand nombre de malades, la plus importante étant celle de

Angst et coll. (1973) qui porte sur 1 027 patients (393 bipolaires et 634 monopolaires dépressifs).

- **Le début** est plus précoce dans les formes bipolaires (âge moyen de début 30 ans) où la première manifestation, maniaque ou mélancolique, apparaît assez souvent dès l'adolescence et seulement dans 10 % des cas après 50 ans. Dans les formes unipolaires dépressives, l'âge moyen de début est 43 ans, plus de 10 % des cas apparaissent après 60 ans.
- Les deux formes ont une **évolution périodique** avec tendance au retour des accès. Il est exceptionnel qu'un épisode reste isolé au cours de l'existence.
- **Le nombre des épisodes** varie beaucoup d'un patient à l'autre ; il y a des formes où les accès sont rares, séparés par des intervalles libres de très longue durée (plus de 10 ans) et des formes invalidantes par suite de la récurrence annuelle ou bisannuelle des crises. L'évolution est généralement plus sévère pour les formes bipolaires. Pour une période d'observation de 20 ans, le nombre moyen des épisodes est de 7 à 9 dans les formes bipolaires, de 4 à 6 dans les formes unipolaires dépressives. Chez les patients bipolaires, l'alternance régulière de crises maniaques et mélancoliques est rare ; on observe plutôt des évolutions irrégulières avec prédominance d'un type de crises.
- **La durée des épisodes** est variable ; la majorité des accès a une durée inférieure à 3 mois (5 à 6 mois quand il n'y avait pas de thérapeutique). Les accès de forme bipolaires sont en moyenne plus courts que les accès monopolaires. Les accès prolongés plus d'un an sont plus fréquents dans les formes monopolaires à début tardif (mélancolie d'involution) ; ils sont rares dans les formes bipolaires.
- **La durée des cycles** (temps écoulé entre le début d'un accès et le début de l'accès suivant) a tendance à raccourcir d'épisode en épisode, pouvant se stabiliser après 4 ou 5 accès.

II. – LES DÉPRESSIONS PSYCHOGÈNES

Les dépressions psychogènes constituent *un groupe hétérogène* dont les tableaux cliniques polymorphes expriment la réaction d'une personnalité subnormale ou franchement pathologique à un environnement défavorable, ou l'élaboration dépressive de conflits inconscients réactivés par une situation actuelle.

■ ***Les éléments du syndrome dépressif*** s'y combinent en proportion variable : 1) modification dysphorique de l'humeur ; 2) inhibition des fonctions du Moi ; 3) anxiété ; 4) symptômes somatiques.

Sur le plan clinique, les dépressions psychogènes apparaissent comme moins profondes, moins « biologiques » que les dépressions endogènes mélancoliques. Elles se démarquent de ces dernières par :

- **La tonalité de la dysphorie et le contenu relativement compréhensible des thèmes dépressifs.** Le sujet se sent abandonné, isolé, découragé, humilié, inutile. Ses pensées reviennent sans arrêt sur les difficultés ou les malheurs de son existence. Parfois il s'insurge contre le destin ou contre la société, se pose en victime et rend son entourage responsable de son état. C'est plus rarement qu'il se retourne contre lui-même et, s'il se fait des reproches, ceux-ci n'ont jamais l'intensité et le caractère absurde des auto-accusations mélancoliques.
- **Une anxiété manifeste,** souvent au premier plan du tableau clinique, avec des manifestations somatiques (précordialgies, étouffements, vertiges, tremblements), des craintes diffuses ou focalisées : peur de la mort ou de l'abandon, appréhension pour l'avenir. Celui-ci est vu sous un jour sombre mais le malade garde encore de l'espoir, il veut qu'on le plaigne et l'écoute, il cherche aide et protection. Ce n'est pas le destin inexorable du mélancolique.
- **Une inhibition** qui s'exprime en termes de *fatigue,* de lassitude, d'impuissance à affronter la vie quotidienne. L'asthénie existe dès le matin et n'est pas améliorée par le repos qui peut même l'aggraver. Il n'y a cependant ni ralentissement mimique et moteur, ni bradypsychie, ni anesthésie affective.
- **Les conduites suicidaires sont fréquentes** (phlébotomie, ingestion de médicaments) ; c'est souvent le motif de l'hospitalisation. La volonté de mourir y est moins déterminée que dans la mélancolie ; beaucoup de ces conduites suicidaires constituent en fait un appel à l'aide, une tentative de pression sur l'entourage. Parfois le malade explique l'ingestion de médicaments par le désir de dormir, d'oublier... Il ne faut cependant pas sous-estimer la gravité du risque, surtout chez le sujet âgé, chez l'adolescent abandonnique, chez le sujet socialement isolé.
- **La réactivité aux influences du milieu est très grande.** L'hospitalisation amène à elle seule une détente appréciable de l'anxiété. Il est possible de réconforter ces patients qui parlent spontanément de leur peine, de leurs difficultés, recherchent la sympathie d'autrui. L'écoute et la compréhension du thérapeute favorisent la réparation de la blessure narcissique pathogène (abandon, frustration, dévalorisation) ; l'attitude de l'entourage hospitalier ou familial, les circonstances extérieures peuvent jouer un rôle majeur dans l'évolution. Les attitudes de rejet sont tout aussi préjudiciables que la sollicitude excessive, propre à pérenniser les conduites de dépendance et de régression habituelles chez ces patients.
- **Les troubles somatiques sont constants :** 1) *symptômes somatiques de l'angoisse :* oppression, spasmes, céphalées, vertiges, insécurité à la marche ;

2) *troubles du sommeil :* parfois hypersomnie-refuge, plus souvent sommeil irrégulier, non réparateur, agité de rêves pénibles et de cauchemars ; 3) *troubles de l'appétit :* anorexie ou boulimie ; 4) *troubles de la sexualité,* inhibition surtout ; 5) quelquefois, des *symptômes de conversion,* chez des sujets frustes ou à personnalité hystérique : astasie-abasie, crises expresso-émotives.

LA COMPRÉHENSION DE CHAQUE CAS PARTICULIER NÉCESSITE

a) De situer la crise dépressive dans son contexte d'apparition

■ Parfois la dépression est liée étroitement dans le temps à un traumatisme affectif majeur (deuil, abandon, échec sentimental ou professionnel). ***La réaction dépressive*** apparaît dans les jours qui suivent l'événement traumatisant et prend soit l'allure apathique et inhibée d'un état de prostration, soit un aspect d'agitation anxieuse et dysphorique, avec débordement émotionnel (crises de larmes, parfois crises de rage et explosions verbales agressives).

■ Dans certains cas, la dépression semble liée à un ***épuisement*** émotionnel et affectif dû à une sommation de stress ou à une situation durable de tension et de conflits. Chez l'homme, ces situations ont surtout leur origine dans le domaine professionnel où elles sont dues à la compétition et à l'insécurité (dépression des managers). Chez la femme, il s'agit plutôt d'une accumulation de conflits et de difficultés d'ordre conjugal, familial et pécuniaire. Assez proches, sont les dépressions de ***déracinement*** que l'on observe chez les transplantés : nostalgie des exilés, dépression des jeunes conscrits, des ruraux isolés dans les grandes villes.

■ Dans d'autres cas, la situation n'est pathogène que parce qu'elle réactive des ***conflits névrotiques anciens*** ou parce qu'elle modifie un équilibre relationnel déjà précaire. Certains sujets se dépriment lorsqu'ils ont à faire face à des responsabilités nouvelles (promotion), à un changement du cadre de vie (déménagement), à l'éloignement d'un être cher (mariage d'un enfant).

■ Outre les infirmités permanentes, ***les maladies physiques,*** sources de souffrances, de frustrations et de dévalorisation, sont fréquemment à l'origine de réactions dépressives qui retardent la guérison ou compromettent la réadaptation.

b) D'évaluer la personnalité en situation

La signification d'un évènement ou d'une situation traumatisante doit être appréciée, pour un sujet donné, en fonction de ses investissements affectifs et de son histoire personnelle. Même si un fait précis semble avoir joué un rôle pathogène, il faut tenir compte des conditions d'existence au moment de l'événement, des traumatismes affectifs antérieurs, de l'attitude habituelle du sujet vis-à-vis de ses « objets d'amour », des particularités de sa personnalité, assez souvent psychasthénique ou sensitive, parfois franchement névrotique, hystérique ou obsessionnelle. Certains sujets paraissent particulièrement prédisposés à la dépression ; narcissiques, immatures, avec une insécurité fondamentale, un manque de confiance dans leur propre valeur, un besoin extrême d'affection et d'estime, ils ont besoin de relations de dépendance et d'appui pour maintenir leur équilibre. Cette disposition de la personnalité les rend particulièrement vulnérables aux frustrations et aux abandons que leurs exigences affectives démesurées et leur ambivalence foncière peuvent, par ailleurs, provoquer (personnalités abandonniques, états-limites).

L'ÉVOLUTION

Elle est en général de courte durée, quelques semaines chez le sujet jeune. On observe fréquemment, à l'âge adulte et chez le sujet âgé, des formes prolongées à évolution ondulante où la dysthymie de fond se trouve réactivée par tout événement rappelant le traumatisme initial. Certaines dépressions névrotiques restent peu accessibles aux thérapeutiques.

DÉPRESSIONS ENDOGÈNES ET DÉPRESSIONS PSYCHOGÈNES

Dans les cas typiques, tout les oppose : tableau clinique, facteurs précipitants, données étiologiques, réactivité aux traitements ; d'où :

- ***l'hypothèse dualiste*** qui voit, dans ces deux types de dépression, ***des affections qualitativement différentes.*** En fait, beaucoup d'états dépressifs occupent une position intermédiaire. Il y a des « mélancolies réactionnelles » avec facteurs précipitants psychologiques ou physiologiques, surtout lorsqu'il s'agit du premier accès ; lorsque les accès se répètent, ils ont tendance à être de plus en plus spontanés. Les données fournies par la génétique indiquent que la charge héréditaire va décroissant de la dépression endogène bipolaire où elle est très forte à la dépression endogène unipolaire où elle est moins marquée et à la dépression névrotique où elle est encore supérieure à celle observée dans la population générale. Le traitement statistique des données recueillies chez un grand nombre de déprimés (symptômes cliniques, facteurs de personnalité, facteurs précipitants) n'a pas apporté de résultats décisifs.

- ***l'hypothèse unitaire, faisant de la dépression un continuum*** où les variations seraient quantitatives et non qualitatives, est défendue par certains auteurs, mais cette hypothèse explique mal que les formes les plus sévères (mélancoliques) soient plus accessibles aux thérapeutiques (sismothérapie ou chimiothérapie) que les dépressions névrotiques, cliniquement moins profondes. Il est plus conforme aux données actuelles d'envisager le groupe des dépressions de la façon suivante :

- Il existe une maladie nettement individualisée, **la dépression endogène** (forme unipolaire ou bipolaire de la maniaco-dépressive), affection héréditaire à symptomatologie relativement monomorphe, à évolution périodique.
- **La dépression névrotique ne constitue pas une entité homogène.** Il y aurait un continuum allant de la dépression réactionnelle mineure et transitoire proche de « la tristesse normale » jusqu'à la dépression névrotique sévère et traînante.
- **Au cours d'une dépression endogène,** un patient dont la personnalité est névrotique peut utiliser des mécanismes de défense contra-dépressifs d'allure névrotique et présenter des symptômes hystériques, obsessionnels ou caractériels.

III. – LES TROUBLES DE L'HUMEUR SYMPTOMATIQUES

A. – LES AFFECTIONS ORGANIQUES

Des troubles de l'humeur peuvent en marquer le début ou en compliquer le cours évolutif. Sur un plan séméiologique, trois aspects sont observés :

- un trouble thymique franc, d'allure mélancolique ou maniaque ; c'est une éventualité rare ;
- un état confuso-dépressif ou plus rarement confuso-maniaque ; on doit évoquer d'emblée une pathologie organique sous-jacente : cérébrale, toxique, métabolique ;
- une modification dysphorique de l'humeur : morosité, maussaderie, fatigue agressive, exaspération, pleurnicheries.

1° Les affections cérébrales

Une tumeur cérébrale, une artériosclérose, une maladie de Parkinson, une démence sénile ou présénile, peuvent évoluer sous le couvert d'un état dépressif ou confuso-dépressif. Dans les syndromes frontaux et la paralysie générale, des états d'allure maniaque s'observent également. Au décours d'un trauma crânien, la dépression franche est rare, mais des éléments dépressifs s'associent fréquemment au syndrome subjectif post-commotionnel. Chez l'épileptique, les épisodes dysphoriques sont fréquents, labiles, de pathogénie complexe. Dans la sclérose en plaques on observe souvent des troubles thymiques : épisodes dépressifs ou euphorie paradoxale.

2° *Les endocrinopathies*

Des états dépressifs francs s'observent au cours de la maladie de Cushing et de la maladie d'Addison. Les autres endocrinopathies s'accompagnent plutôt d'états dysphoriques. Rappelons les dépressions de la puerpéralité, les états sub-dépressifs signalés avec les contraceptifs oraux fortement dosés en progestatifs. Rappelons aussi qu'il existe chez un très grand nombre de femmes une « labilité thymique » en période prémenstruelle ou en période ménopausique.

3° *Les affections générales*

Un état dépressif peut inaugurer une tuberculose, un cancer des voies digestives, une hémopathie, une collagénose. Il peut survenir à la convalescence d'une grippe, d'un ictère viral, d'une mononucléose, etc.

4° *Les chimiothérapies*

Des dépressions iatrogènes signalées initialement avec la Réserpine ont été par la suite observées avec d'autres anti-hypertenseurs (*Aldomet*). Avec les corticoïdes, la L.Dopa, le *Rimifon,* des troubles thymiques mineurs sont fréquents et chez des sujets prédisposés on peut voir survenir en cours de traitement des accès mélancoliques ou maniaques.

5° *Les cures de sevrage*

Un état dysphorique d'asthénie anxieuse et d'irritabilité survient souvent après le sevrage chez l'alcoolique ou le toxicomane. La chute du « tonus » jusque-là artificiellement maintenu, la libération de l'angoisse face aux problèmes personnels camouflés par l'intoxication chronique, expliquent la fréquence de ces épisodes dépressifs au cours desquels le patient doit être aidé sur le plan psychologique (psychothérapie de soutien individuelle ou en groupe) et par une chimiothérapie antidépressive adaptée (*Tofranil, Laroxyl*). Les états dépressifs survenant au décours de cures d'amaigrissement sont de mécanismes assez voisins.

B. – LES PSYCHOSES CHRONIQUES : DÉLIRES CHRONIQUES ET SCHIZOPHRÉNIES

■ Des thèmes dépressifs (idées de culpabilité, de négation) s'observent dans certains ***délires chroniques.*** Il est parfois difficile de distinguer cliniquement un persécuté déprimé d'un mélancolique persécuté encore que sous traitement l'évolution soit bien différente.

■ Les épisodes dysthymiques sont très fréquents au cours des ***évolutions schizophréniques dissociatives ;*** ils peuvent inaugurer la maladie ou en marquer un moment évolutif :

- **Manies atypiques** où manquent l'élan et la plénitude du trouble maniaque de l'humeur : gaieté forcée, humour grinçant, accrochage ambivalent à l'ambiance, hyperactivité plus mécanique que ludique ;
- **Dépressions atypiques :** *état dysphorique* où les ruminations pénibles de dépréciation et d'incurabilité vont de pair avec le sentiment de transformation catastrophique de la pensée et du vécu ; *dépression délirante* avec thèmes de culpabilité sexuelle, de damnation, de négation ;
- Dans **la dépression post-psychotique** qui s'observe au décours d'une poussée schizophrénique alors que les troubles aigus (hallucinations, délire, troubles de la pensée) ont régressé, les sentiments dépressifs tiennent à la dévalorisation par rapport à une image idéalisée de soi ainsi qu'au vide affectif lié au désinvestissement des objets de la réalité.

IV. – LES PSYCHOSES SCHIZO-AFFECTIVES AIGUES ; LES PSYCHOSES CYCLOIDES

■ On observe parfois des ***états psychotiques aigus à symptomatologie mixte, affective et schizophrénique.*** Au cours des accès se trouvent mêlés des troubles de l'humeur (dépressifs ou expansifs) et des troubles schizophréniformes : hallucinations et idées délirantes non syntones aux troubles thymiques (idées de référence, d'influence, de persécution), altérations de la conscience (perplexité, désorientation ; état oniroïde ou crépusculaire), troubles psychomoteurs (stupeur, agitation, négativisme, stéréotypies). L'anxiété est fréquente, liée aux préoccupations délirantes ou au sentiment de catastrophe imminente ; elle alterne parfois et de façon très rapide avec des moments de bonheur extatique souvent contemporains d'expériences mystiques (illuminations, révélations).

La situation nosologique de ces épisodes aigus, parfois uniques dans l'existence d'un sujet, est encore mal précisée. On s'accorde généralement à leur reconnaître un pronostic favorable. L'étude longitudinale ne confirme pas toujours le relatif optimisme du pronostic ; après un ou plusieurs épisodes schizo-affectifs aigus, la symptomatologie devient alors franchement dissociative. Plus souvent, l'évolution ne confirme pas le diagnostic et la survenue ultérieure d'accès maniaques ou dépressifs typiques permet de resituer les épisodes initiaux dans le cadre d'une psychose maniaco-dépressive. Il y a une troisième éventualité, peut-être la plus fréquente, celle d'une évolution cyclique avec conservation d'une sémiologie atypique, mixte, au cours des accès ultérieurs. S'agit-il d'une schizophrénie périodique ?

■ S'agit-il d'***une psychose cycloïde,*** entité indépendante des deux grandes psychoses endogènes ? Cette dernière hypothèse soutenue par Leonhard, puis Perris, s'étaie sur des arguments génétiques et évolutifs. Une partie des états aigus décrits comme psychoses schizo-affectives aiguës (Kasanin), états oniroïdes (Mayer-Gross), psychoses schizophréniformes (Langfeldt), psychoses atypiques (Mitsuda), schizophrénies périodiques (Sneznevsky), bouffées délirantes aiguës (nosologie française) rentreraient dans ce cadre. L'utilisation des sels de Lithium pourrait avoir un effet prophylactique des rechutes.

LES MÉCANISMES BIOLOGIQUES DES RÉGULATIONS THYMIQUES

Les études biochimiques sur les troubles de l'humeur représentent actuellement un des domaines les plus actifs de la recherche en psychiatrie.

A. – LES MONOAMINES CÉRÉBRALES

Que le métabolisme des monoamines joue un rôle essentiel dans les régulations thymiques cela paraît démontré par une accumulation de faits d'ordre biochimique, psychopharmacologique, psychopathologique et thérapeutique. Néanmoins il est encore impossible de faire une synthèse satisfaisante de données extrêmement nombreuses et parfois contradictoires. Le rôle même des amines cérébrales dans la transmission neuronale est encore mal précisé : neurotransmetteurs vrais ou neuromodulateurs de la transmission synaptique dont le médiateur serait une autre molécule ?

a) **Métabolisme**

■ ***La sérotonine***

Tryptophane

5-Hydroxytryptophane (5-HTP)
↓
5-Hydroxytryptamine (5-HT, Sérotonine) —MAO→ Ac. 5-hydroxyindoleacétique. (5-HIAA)

La synthèse a pour point de départ un acide aminé, le Tryptophane ; celui-ci est hydroxylé en 5-H T P, lui-même décarboxylé en sérotonine (5-H T). La sérotonine sous l'influence d'une M A O aboutit au 5-H I A A qui est éliminé.

Alors que le tryptophane a plusieurs voies métaboliques possibles, le 5-H T P est le précurseur exclusif de la sérotonine.

■ *Les catecholamines*

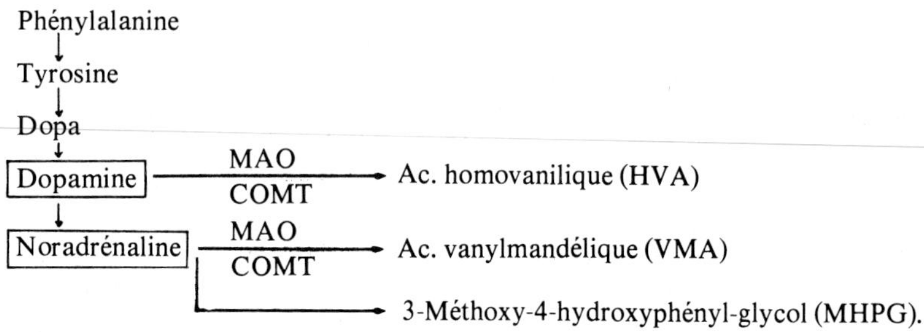

Le point de départ est un acide aminé aromatique, la L-phénylalanine. Celui-ci se transforme par 2 hydroxylations successives en tyrosine puis en DOPA. Celle-ci est décarboxylée en Dopamine (D A) qui peut être hydroxylée en Noradrénaline (N A). Les catécholamines (D A et N A) sont inactivées, soit dans la fente synaptique par une catéchol-O-méthyl-transférase (COMT), soit à l'intérieur de la terminaison neuronale par une monoamine-oxydase (MAO). Les métabolites éliminés sont respectivement l'acide homovanilique pour la Dopamine et le vanylglycol pour la Noradrénaline. Le MHPG est un autre produit de dégradation issu directement de la Noradrénaline.

b) Localisation macroscopique

Voies noradrénergiques du cerveau. Les neurones ascendants comprennent : 1) un *système dorsal* qui naît au niveau du locus cœruleus, traverse l'hypothalamus latéral et le cingulum, se distribue de manière disséminée au cortex ; 2) un *système ventral* né de groupes cellulaires répartis dans le bulbe et le pont se distribue très largement dans la région mésencéphalodiencéphalique. Les neurones descendants se répartissent vers les cordons médullaires antérieurs et latéraux.

Voies tryptaminergiques du cerveau. Les corps cellulaires riches en Sérotonine sont essentiellement médians répartis du bulbe au mésencéphale en 9 groupes dont les fibres se dirigent vers la moelle, le cortex et l'amygdale.

c) Localisation microscopique ; stockage et libération

Les amines synthétisées dans le neurone présynaptique sont, soit stockées sous forme inactive dans les vésicules du synaptosome (réserve à l'abri du catabolisme immédiat), soit situées hors des vésicules dans le neurone. Lors du passage de l'influx, elles sont libérées dans la fente synaptique et vont aux sites récepteurs du neurone post-synaptique. Elles peuvent alors être inactivées par la COMT qui est extra-neuronale, ou être recaptées par le neurone présynaptique dans lequel elles seront inactivées par la MAO contenue dans les mitochondries (schéma d'une terminaison nerveuse noradrénergique p. 219).

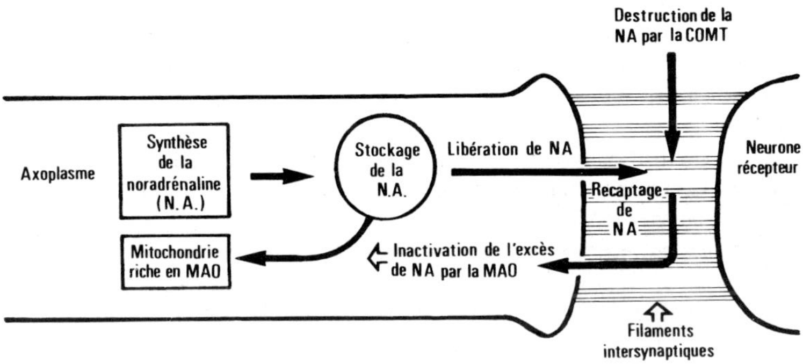

d) Action des agents pharmacologiques

De nombreuses substances psychotropes interfèrent avec la synthèse, le stockage ou la libération des monoamines cérébrales. Parmi elles :

■ ***La réserpine,*** neuroleptique qui peut induire chez l'homme un état dépressif, entraîne une déplétion des amines cérébrales en vidant les vésicules de stockage et en accélérant ainsi la destruction des amines par les MAO.

■ ***Les anti-dépresseurs I.M.A.O.*** – La MAO étant l'enzyme intraneuronal du catabolisme des monoamines cérébrales, les IMAO qui inhibent ce catabolisme, élèvent la teneur cérébrale en amines et abaissent le taux des métabolites de désamination. Le taux d'amines libres, extra-cellulaire, au niveau de la fente synaptique augmente.

■ ***Les antidépresseurs tricycliques*** diminueraient la perméabilité de la membrane cellulaire aux amines. En freinant le recaptage des monoamines par le neurone présynaptique, les tricycliques augmentent le taux de celles-ci au niveau des sites récepteurs.

e) Le métabolisme des monoamines dans les états maniaques et dépressifs

■ ***Sérotonine***

L'hypothèse d'un déficit en sérotonine s'appuie sur :

1) la baisse de la concentration en sérotonine et en 5-HIAA dans les cerveaux des sujets suicidés au cours d'une dépression. Les taux de Noradrénaline ne différeraient pas de ceux trouvés sur les cadavres témoins.

2) la concentration, dans le L C R, de 5-HIAA métabolite principal de la Sérotonine cérébrale, significativement plus basse chez les déprimés que chez

les sujets normaux. Une fois la phase dépressive terminée la concentration en 5-HIAA resterait basse comme s'il s'agissait d'une anomalie biochimique permanente (Coppen). Lorsque le transfert du 5-HIAA hors du LCR est empêché par le Probénécide, l'augmentation du 5-HIAA dans le LCR est moindre chez les déprimés que chez les normaux (Van Praag). Le groupe des déprimés n'est cependant pas homogène et certains ont un taux normal de 5-HIAA. On trouve chez les maniaques la même baisse de concentration du 5-HIAA que chez les déprimés.
3) l'activité antidépressive des précurseurs de la sérotonine traversant la barrière hémato-encéphalique : trytophane et 5-HTP. Qu'ils soient utilisés seuls ou en association avec les IMAO, leur activité semble cependant très inconstante. Prange aurait constaté une activité antimaniaque du L-Tryptophane.

■ Catécholamines

Le métabolisme des amines catécholiques semble intensifié à la phase maniaque et réduit lors des phases dépressives. On ne peut dire avec certitude si les perturbations métaboliques sont principalement d'origine périphérique ou d'origine centrale ni quelle est la part qui revient aux modifications de l'activité motrice dans l'excrétion des métabolites urinaires. Cependant l'excrétion du MHPG, principal métabolite de la noradrénaline cérébrale, est diminuée au cours des épisodes dépressifs même chez les déprimés agités, les taux s'élevant avec la rémission clinique. Chez les maniaques les taux de MHPG s'abaisseraient à la fin de l'accès. Étudiant le virage de la dépression à la manie, Bunney a constaté que l'excrétion urinaire de la noradrénaline augmentait la veille de l'apparition des symptômes maniaques, donc avant l'accroissement de l'activité motrice.

La L-Dopa précurseur des catécholamines peut, mais uniquement chez des déprimés bipolaires, inverser l'humeur dépressive en humeur maniaque. Chez la majorité des déprimés la L-Dopa est sans effet, elle aggrave les déprimés agités. L'alpha méthyl paratyrosine, inhibiteur de la synthèse des catécholamines, peut atténuer rapidement une symptomatologie maniaque et aggraver un état dépressif (Bunney). Les butyrophénones et les phénothiazines neuroleptiques qui bloquent les récepteurs catécholaminergiques ont une activité antimaniaque.

La physiopathologie des syndromes maniaques et dépressifs est loin d'être élucidée ; beaucoup d'arguments plaident en faveur d'une balance fonctionnelle entre les systèmes sérotoninergiques et catécholaminergiques. Certains faits appuient l'hypothèse selon laquelle le déficit de l'activité sérotoninergique centrale « permettrait » le trouble thymique tout en étant insuffisant pour le produire, les perturbations de l'activité catécholaminergique centrale agissant comme cause immédiate du désordre de l'humeur et déterminant sa qualité (activité catécholaminergique augmentée dans la manie et abaissée dans la dépression).

A l'intérieur même des syndromes maniaques et dépressifs la physiopathologie n'est sûrement pas univoque. Chez le déprimé, la réactivité aux médicaments (tricycliques, IMAO, Lithium) semble dépendre de facteurs génétiques. La dépression avec ralentissement met probablement en jeu des mécanismes un peu différents de ceux de la dépression agitée qui, par certains aspects, se rapproche de la manie.

D'autres troubles métaboliques interfèrent avec le métabolisme des monoamines.

B. – LES PERTURBATIONS ÉLECTROLYTIQUES

Il existerait une perturbation de la répartition du Na extra-cellulaire et intra-cellulaire, se traduisant par une augmentation importante du Na résiduel pendant l'accès dépressif et par une augmentation encore plus marquée au cours de l'accès maniaque. Le Lithium, outre une interférence avec le métabolisme des monoamines, entraîne une baisse du sodium résiduel et une augmentation du sodium interchangeable avec accroissement des liquides extra-cellulaires.

C. – LES PERTURBATIONS HORMONALES

- Chez les déprimés, **la cortisolémie** est en moyenne plus élevée que chez des sujets témoins, les épisodes sécrétoires sont plus nombreux au cours du nycthémère, il n'y a pas d'inhibition nocturne de la sécrétion. Ces anomalies sont cependant inconstantes et dépendent peut-être plus de l'anxiété que de la dépression.
- On peut aussi incriminer une perturbation fonctionnelle du contrôle de la **sécrétion d'ACTH :** hyperactivité des structures hypothalamiques produisant le CRF (corticotrophin releasing factor) et réduction de la sensibilité des récepteurs à l'élévation de la cortisolémie modifiant ainsi l'autorégulation.
- On a également signalé chez les déprimés unipolaires la sécrétion anormalement basse de **somathormone** (H G H) en réponse à l'hypoglycémie induite par insuline. Cette réponse étant médiatisée par les catécholamines, la constatation de cette anomalie chez certains déprimés appuie l'hypothèse d'une déplétion fonctionnelle des catécholamines hypothalamiques.
- **Le T.R.F.** *(Thyrotropin releasing factor)* a chez l'animal des propriétés psychostimulantes et se comporte en antagoniste des produits déprimant l'activité cérébrale. Cet effet stimulant est indépendant de l'action sur l'axe hypophysothyroïdien et s'observe après hypophysectomie et thyroïdectomie.

Chez les déprimés les injections I.V. de T.R.F. ont un effet antidépresseur très inconstant. Après injection de T.R.F., l'élévation plasmatique de la T.S.H. et la sécrétion de prolactine sont en moyenne plus basses chez les déprimés que chez des sujets témoins. Cette hyporéactivité hypophysaire n'est pas constatée chez tous les déprimés.

* * *

De l'ensemble de ces considérations sur les mécanismes biologiques des régulations thymiques, il faut retenir qu'un certain nombre de perturbations biochimiques (concernant en particulier le pool des monoamines cérébrales) paraissent retrouvées de manière concordante dans différents travaux : s'il paraît en partie possible de saisir le comment (le trouble biologique) de certains troubles de l'humeur, la question du pourquoi (la cause) de ces dysrégulations reste en discussion et ce d'autant plus qu'elles sont endogènes.

PERSPECTIVES PSYCHOPATHOLOGIQUES

Aucune théorie explicative n'intègre toutes les données et ne répond de tous les cas. La dépression ne relève certainement pas d'un mécanisme psychopathologique unique et il faut probablement séparer l'étude de la mélancolie de celle des dépressions psychogènes.

Depuis les travaux d'Abraham et ceux de Freud, la *perte d'amour* est considérée comme la situation dépressive fondamentale, que le sujet soit effectivement privé d'amour (*deuil,* abandon) ou qu'il ait le sentiment d'en être privé (blessure narcissique) ou qu'il soit impuissant à aimer (ce qui est le cas dans la mélancolie où un trouble instinctuel biologique est probablement en cause). Cette perte d'amour réactive des situations d'abandon plus anciennes en particulier celles de la période orale, période caractérisée par des conflits d'ambivalence, le nourrisson ayant peur que ses propres pulsions n'anéantissent l'objet qu'il aime (sa mère) et dont il dépend entièrement. Les psychanalystes mettent au cœur de la conscience mélancolique l'agressivité libérée par la perte réelle ou imaginaire de l'objet d'amour ; cette agressivité se retournerait contre le sujet en une auto-accusation destructrice. Les caractères même de la culpabilité mélancolique et le déni de la réalité témoignent du niveau primitif où se déroule le conflit inconscient. C'est à ce même niveau primitif que se déroule l'accès maniaque où les besoins et les désirs « dévorants » précipitent le sujet dans la satisfaction de ses pulsions comme pour échapper par la fête orgiaque à l'angoisse dépressive toute proche.

Chez le dépressif qui n'a pu fonder son estime de soi sur l'intériorisation stable d'une bonne image d'autrui, le choix d'objet est narcissique avec une relation affective ambivalente et précaire de type anaclitique proche du lien de symbiose avec la mère ; c'est de l'objet idéalisé que lui vient la confirmation de sa propre valeur et toute perte objectale peut le précipiter dans la dépression (perte de l'estime de soi, dévalorisation). Le « manque à avoir avive le manque à être ». Dans un mouvement d'identification agressive à l'objet le sujet peut retourner contre lui-même ses affects négatifs. L'observation clinique montre cependant que dans ce type de dépression l'agressivité reste au moins en partie tournée vers l'extérieur.

TRAITEMENT DES TROUBLES DE L'HUMEUR

I. – TRAITEMENT D'UN ACCÈS MANIAQUE

Dans l'accès maniaque franc, l'hospitalisation est nécessaire autant pour la bonne marche du traitement que pour éviter les conséquences fâcheuses des désordres du comportement. Chez un patient agité, le transfert en service spécialisé est parfois difficile à réaliser. Une injection I.M. de *Largactil* (25 à 50 mg) associé à du *Sédalande* (10 à 20 mg) ou du *Droleptan* (50 mg) permettra une sédation passagère facilitant le transport.

■ On commence généralement par une ***chimiothérapie neuroleptique*** à doses importantes et par voie injectable sous couvert d'antiparkinsoniens et au besoin d'analeptiques cardio-vasculaires. On utilise de préférence l'*Haldol* (5 à 15 mg) seul ou associé au *Largactil* (200 à 600 mg). On peut également utiliser le *Majeptil* ou l'*Oxaflumine*. L'amélioration se manifeste au bout de quelques jours par une sédation de l'agitation et une réduction de l'expansivité délirante ; l'hyperthymie se réduit beaucoup plus lentement. La posologie sera lentement dégressive, en fonction des modifications de la symptomatologie, en particulier de la restauration du sommeil. La cure d'entretien sera poursuivie pendant plusieurs mois pour éviter une rechute. La convalescence doit être attentivement surveillée à cause des oscillations thymiques et de la possibilité d'un virage vers la dépression.

■ ***Les sels de Lithium*** ont été proposés en 1949 par Cade comme traitement de l'accès maniaque et leur efficacité a été depuis largement prouvée (70 à 80 % de bons résultats). L'action du Lithium est différente de celle des neuroleptiques ; elle est plus lente à se manifester, n'apparaissant que vers le 8e jour parallèlement à l'installation d'une concentration sanguine suffisante (lithiémie entre 0,7 et 1,20 Meq). Elle s'exerce essentiellement sur l'humeur, entraînant une normalisation de l'hyperthymie et de l'expansivité au cours de la deuxième semaine. Cette action est insuffisante sur les grandes agitations maniaques et les formes très délirantes où les neuroleptiques sont plus efficaces.

■ ***L'association neuroleptiques-Lithium*** est actuellement le traitement de choix. Les neuroleptiques entraînent une réduction appréciable de l'agitation dès les premiers jours pendant lesquels la cure de Lithium est commencée à doses progressives, après bilan systématique et sous surveillance de la lithiémie. L'action du Lithium se manifestant au cours de la deuxième semaine, on peut alors réduire les neuroleptiques ce qui a pour avantages de supprimer les inconvénients secondaires des fortes doses et d'obtenir une bonne collaboration au traitement. C'est aussi l'amorce d'une cure d'entretien par le Lithium souvent indiquée chez un maniaco-dépressif. Cette association neuroleptiques-Lithium a pratiquement supprimé les thérapeutiques de choc utilisées auparavant dans les accès maniaques sévères.

Dans les accès hypomaniaques ou lors d'oscillations hypomaniaques sous Lithium, il est possible d'éviter l'hospitalisation si le malade accepte une chimiothérapie (*Largactil* 50 à 100 mg ; *Haldol* 2 à 5 mg ; *Nozinan* 50 mg) dont la surveillance se fera à intervalles très rapprochés.

II. – TRAITEMENT D'UN ÉTAT DÉPRESSIF

L'accès dépressif est *une crise* évoluant spontanément vers la guérison en un laps de temps variable, parfois quelques semaines, généralement plusieurs mois, quelquefois même des années. Le but du traitement c'est : 1) *d'abréger la durée de l'accès ;* 2) *d'éviter un geste suicidaire ;* on sait que 40 % des suicides réussis sont imputables à un état dépressif caractérisé.

LA CONDUITE A TENIR

■ ***On hospitalise systématiquement :*** 1) tous les patients présentant un état mélancolique franc ou sévère ; 2) tous les déprimés pour lesquels existe un risque de suicide ; 3) les déprimés présentant des troubles intenses et persistants du sommeil ou une altération marquée de l'état général ; 4) les déprimés âgés ou ceux dont l'état physique nécessite une surveillance étroite du traitement ; 5) les déprimés dont l'accès persiste malgré plusieurs essais de traitement ambulatoire. Il est possible de traiter sans hospitalisation un accès mélancolique mineur à condition de mettre le patient au repos, de le décharger temporairement de ses responsabilités, de le suivre régulièrement pour s'assurer de l'évolution favorable de la cure. Il est préférable d'hospitaliser, même pour un accès d'intensité modérée, les malades isolés ou vivant dans des conditions difficiles, les malades dont l'entourage est peu compréhensif ou intolérant. Devant une décompensation dépressive chez un patient névrotique, l'hospitalisation se discute ; elle n'est pas toujours bénéfique car favorise la régression ; elle devrait être de courte durée avec mise en œuvre des moyens propices à aider le patient à se prendre en charge rapidement.

■ ***Au début du traitement d'un état mélancolique,*** l'attitude du médecin doit être franchement directive. Il peut être nécessaire d'imposer un arrêt de travail, une hospitalisation, à un patient aboulique, incapable de prendre une décision, se jugeant paresseux ou incapable plus que malade. Si l'on sait créer un climat de confiance on obtient généralement l'adhésion du patient. Il y a cependant des mélancoliques qui refusent obstinément une hospitalisation qui empêcherait la réalisation de leurs projets suicidaires ; pour ce faire, ils rationalisent leurs symptômes, nient toute idée de suicide alors même qu'ils avaient pu en extérioriser les jours précédents voire ébaucher une tentative. Dans ces cas exceptionnels on peut être amené à recourir à une procédure d'internement. *On ne doit jamais temporiser en cas de risque suicidaire patent chez un mélancolique.*

LE CHOIX DU TRAITEMENT

Il dépend de l'intensité globale du syndrome dépressif, de l'allure des symptômes, éventuellement de l'étiologie. Sont aussi à prendre en compte l'âge et l'état somatique du patient, sa coopération, ses conditions d'existence.

1° ***La sismothérapie***

Elle a été jusqu'en 1957 le seul traitement de la mélancolie. Elle en reste encore le traitement le plus sûr (70 à 80 % de résultats favorables). La cure comporte 6 à 12 séances d'électrochocs, pratiqués sous narcose et sous curarisants, au rythme de 3 par semaine. Etant donné les inconvénients, en particulier les troubles de mémoire qui persistent plusieurs semaines après la cure, la sismothérapie est réservée : 1) aux mélancolies anxieuses et délirantes où il existe un risque suicidaire immédiat ; 2) aux formes stuporeuses ; 3) aux formes résistant à la chimiothérapie ; 4) aux contrindications de la chimiothérapie.

2) ***La chimiothérapie***

– On utilise habituellement **les antidépresseurs tricycliques.** A condition de respecter des règles précises concernant la posologie et la surveillance, cette chimiothérapie constitue une thérapeutique maniable dont l'efficacité s'observe dans 60 à 70 % des cas. On dispose en France d'une douzaine d'antidépresseurs de ce type. Les plus utilisés sont : *1*) l'Imipramine (*Tofranil),* la Clomipramine (*Anafranil*), la Désipramine (*Pertofran*) qui sont à la fois antidépresseurs et stimulants. 2) l'Amitriptyline (*Laroxyl, Elavil*), la Doxépine (*Quitaxon, Sinequan*), la Triméprimine (*Surmontil*) qui sont à la fois antidépresseurs et sédatifs.

- **Les antidépresseurs IMAO :** Iproniazide (*Marsilid*), Iproclozide (*Sursum*), Tranylcypromine (*Tylciprine*), ont une activité irrégulière mais parfois très remarquable. Ils sont moins maniables que les tricycliques ; leur emploi exige des précautions (nombreuses incompatibilités) et une surveillance stricte.

■ ***Dans l'accès mélancolique franc,*** on donne la préférence aux antidépresseurs tricycliques que l'on utilise d'emblée par voie parentérale à doses progressives et adaptées à chaque sujet, tenant compte de sa réactivité et des effets secondaires. Pour les formes avec inhibition on choisira le *Tofranil* ou l'*Anafranil* (souvent utilisé en perfusion I.V.) que l'on associera systématiquement, pour éviter une recrudescence de l'angoisse et de l'insomnie, à un neuroleptique sédatif (*Nozinan, Tercian, Trilifan*) ou à des tranquillisants. Les mélancolies anxieuses bénéficient d'antidépresseurs sédatifs, Amitriptyline en particulier, associés à des sédatifs de préférence neuroleptiques. Pour les cures ambulatoires des mélancolies mineures on peut utiliser le *Tofranil,* le *Ludiomil* ou le *Laroxyl per-os* ou recourir à des médications peut-être moins actives mais mieux supportées : *Pertofran, Noveril, Quitaxon.*

Quels que soient le type de cure et le médicament utilisé, il faut insister sur :

a) **la posologie ;** beaucoup d'échecs de la cure viennent d'une posologie insuffisante ;

b) **le délai d'action ;** l'amélioration n'est jamais immédiate ;

c) **la surveillance** sur le plan somatique (effets secondaires) et sur le plan psychique (risque d'inversion de l'humeur). Le risque suicidaire existe jusqu'à normalisation complète de l'humeur et peut même être majoré en début de cure par levée de l'inhibition ;

d) **la nécessité de poursuivre la cure,** à doses réduites, pendant un temps suffisant (deux mois minimum) pour éviter une rechute ;

e) **la possibilité en cas d'insuccès** avec un antidépresseur tricyclique, échec qui ne peut être affirmé qu'après trois semaines de traitement à doses suffisantes, de recourir à un antidépresseur du même groupe ou éventuellement à un IMAO (dans ce cas après un délai de 48 heures). On peut aussi utiliser les sels de Lithium qui, chez les maniaco-dépressifs bipolaires, semblent avoir un réel effet antidépresseur.

■ ***Dans les dépressions névrotiques*** où la priorité est donnée aux mesures psychothérapiques, la chimiothérapie est dans un premier temps souvent nécessaire ; ses résultats sont cependant moins réguliers et moins complets que dans les dépressions endogènes. Pour les patients hospitalisés et dans les formes sévères, la cure ne diffère pas de celle d'une dépression endogène. Pour les traitements ambulatoires, la posologie sera modérée. Les névrotiques supportant mal les effets secondaires des tricycliques, on utilisera les produits sédatifs de préférence en prise vespérale (*Quitaxon, Laroxyl*). Chez les psychasthéniques, le *Pertofran* ou les IMAO (*Marsilid, Sursum*) donnent parfois de très bons résultats. Des tranquilisants (benzodiazépines) ou des neuroleptiques sédatifs (*Melleril, Tercian, Nozinan*) sont généralement associés aux antidépresseurs qu'ils peuvent ultérieurement relayer.

■ ***Au cours des dépressions atypiques chez le schizophrène,*** on évitera d'utiliser des antidépresseurs seuls par crainte d'une réactivation anxieuse et délirante. Ils seront toujours associés à des neuroleptiques, les posologies respectives étant fonction du cas individuel. On peut aussi recourir à des neuroleptiques stimulants (*Dogmatil*) ou sédatifs (*Melleril, Trilifan, Nozinan*). *Dans les états dépressifs symptomatiques d'une atteinte cérébrale,* les antidépresseurs tricycliques peuvent donner de bons résultats à condition d'être utilisés à doses modérées et progressives (risque d'état confusionnel ou de crises comitiales).

3° **La psychothérapie**

La facilité d'emploi des antidépresseurs ne doit pas faire négliger les mesures psychothérapiques qui s'avèrent toujours nécessaires même si la chimiothérapie est l'essentiel comme dans la cure d'un mélancolique.

Dans l'immense majorité des cas d'accès dépressifs mineurs observés en pratique médicale courante le praticien est à même d'assurer une psychothérapie supportive à base d'écoute et de compréhension. Dans un certain nombre de cas, une intervention psychothérapique moins superficielle est nécessaire. Les méthodes utilisées varient en fonction du cas individuel : psychothérapie de type analytique, psychothérapie de groupe, relaxation, etc. Une cure analytique type est parfois indiquée. Dans les « cas-limites » qui représentent une fraction importante des états dépressifs « psychogènes », la logistique thérapeutique doit s'adapter aux particularités de leur cas, c'est-à-dire :

« *respect du narcissisme* qui demeure encore en eux (et va servir de point de fixation à la restauration progressive souhaitable), *respect des liens relationnels* encore existants (qui leur assure un minimum d'autonomie), *sérénité devant leur propre sentiment de panique* (ou celui de leur famille), *réduction de leurs clivages massifs,* en leur apportant une possibilité d'élaboration d'une image enfin stable, suffisamment « bonne », sans supports à une impression secondaire d'emprise sur eux, de maîtrise exercée sur eux (de mépris manifesté finalement à leur égard). Un point délicat à aménager dans leur attitude première touche à la *mégalomanie* de leurs instances idéales qu'il s'agit de réduire assez vite sans les blesser. En effet, ces genres de patients mettent le plus souvent en avant des buts sociaux ou culturels tellement élevés que rares sont, chez leurs contemporains, ceux qui pourraient arriver aussi loin et aussi haut ; comme ils ne parviennent pas à devenir « tout », c'est donc, dans leur logique dépressive, qu'ils ne sont « rien ». Si on cherche par « bonté d'âme » à les « réconcilier » avec une image trop minime d'eux-mêmes on augmente leur dépression, car ils pensent automatiquement qu'on confirme qu'ils ne sont « rien ». On participe ainsi involontairement à leurs mécanismes auto-punitifs sérieux ; la seule solution adéquate paraît de ne jamais leur donner d'avis sur leurs « limites inférieures », mais de se borner prudemment à leur faire reconnaître à eux-mêmes, et peu à peu, l'irréalisme de leurs positions idéales » (Bergeret).

4° La privation de sommeil (agrypnie)

A partir d'observations de mélancoliques améliorés à la suite de circonstances extérieures les ayant empêché de dormir, Schulte puis Pflug et Tölle ont proposé la privation de sommeil comme traitement des malades dépressifs. Cette technique consistant à priver le malade de sommeil pendant une nuit entière a donné des résultats intéressants, parfois durables, parfois passagers mais pouvant être consolidés par la répétition des séances de privation de sommeil. Comme avec l'électrochoc et les chimiothérapies les résultats les meilleurs s'observent dans les dépressions endogènes.

III. PROPHYLAXIE DES ACCÈS DE LA PSYCHOSE MANIACO-DÉPRESSIVE ; LE LITHIUM

Depuis les publications initiales de Hartigan, de Baastrup et Schou, plusieurs études contrôlées ont confirmé l'activité des sels de Lithium sur le cours évolutif de la psychose maniaco-dépressive. Ce traitement poursuivi au long cours et à doses adéquates (lithiémie comprise entre 0,70 et 1,20 Meq) entraîne une diminution significative de la fréquence et de la gravité des accès. Le résultat est indépendant de l'âge du malade au début du traitement et de son âge au moment du premier accès, du sexe, du nombre d'épisodes antérieurs. Le traitement peut être commencé au cours d'un accès, maniaque ou dépressif, ou lors d'un intervalle libre. Le Lithium est un anti-maniaque puissant ; son activité antidépressive est plus faible. Cependant l'action prophylactique du Lithium s'exerce aussi bien sur l'apparition des phases dépressives que sur celle des phases maniaques.

Dans les cas favorables, le Lithium amène une extinction des accès ou une réduction de leur fréquence, de leur gravité et de leur durée. Chez certains patients améliorés il persiste des oscillations thymiques plus ou moins manifestes que l'on peut corriger par une thérapeutique d'appoint sans qu'une hospitalisation soit nécessaire. Si l'on suspend la cure de Lithium de nouvelles crises réapparaissent.

Le traitement par le Lithium s'adresse surtout aux malades dont les crises sont assez fréquentes pour invalider l'existence. Le pourcentage de bons résultats est plus élevé dans les formes bipolaires (environ 70 %) que dans les formes unipolaires dépressives (environ 50 %). Les formes à cycles courts et très rapprochés (4 cycles ou plus par an) sont souvent mal contrôlées par le Lithium. Dans les psychoses cycliques atypiques (psychoses cycloïdes ou schizoaffectives) le Lithium influencerait l'évolution. Pour les maniaco-dépressifs dont les crises sont espacées, l'indication du Lithium se discute dans chaque cas, en fonction de la gravité des accès et de leur type, de la durée des intervalles libres, du désir du patient de se soumettre à un traitement et à une surveillance au long cours.

La cure par le Lithium malgré la surveillance biologique nécessaire est rarement vécue par le maniaco-dépressif comme contraignante. Elle est l'occasion de donner au patient et à sa famille une information objective sur sa maladie, ce qui a un effet rassurant et déculpabilisant, contribuant à faire prendre à l'entourage une attitude plus positive vis-à-vis du patient. (v. p. 387).

BIBLIOGRAPHIE

ANGST (J.). — Classification and prediction of outcome of depression. *Symposia Medica Hæchst.* 8 - F. K. Schattauer Verlag. Stuttgart. 1974.

BECK (A.-T.). — *Depression : clinical, experimental and theoretical aspects.* Paul B. Hoeber. New York. 1967.

BERGERET (J.). — *La dépression et les états limites.* Payot. 1975.

DELAY (J.). — *Les dérèglements de l'humeur.* P.U.F.

FREUD (S.). — *Métapsychologie.* Gallimard.

HANUS (M.). — La pathologie du deuil. Rapport au *Congrès de Psychiatrie et de Neurologie de Langue Française.* Rouen, 1976. Masson édit.

KENDELL (R.-E.). — *The classification of depressive illnesses.* Maudsley Monographs. nº 18. Oxford University Press. 1968.

KIELHOLZ (P.). — La dépression masquée. *Symposium international Saint-Moritz.* 1973. Masson édit.

KIEV (A.). — *Somatic manifestations of depressive disorders.* Excerpta Medica Amsterdam Publish. 1974.

KLEIN (M.). — *Essais de psychanalyse.* Payot.

KLINE (N.-S.). — *Factors in depression.* Raven Press. New York. 1974.

KRAEPELIN (E.). — *Leçons cliniques sur la démence précoce et la psychose maniaco-dépressive.* Privat édit. Toulouse. 1970.

LUBAN-PLOZZA (B.) et POLDINGER (W.). — *Le malade psychosomatique et le médecin praticien.* Privat. Toulouse. Edit. 1975.

PERRIS (C.). — A study of bipolar/manic-depressive and unipolar/recurrent depressive psychosis. *Acta Psychiatrica Scandinavica.* 1966 Suppl. nº *194.* 42.

PERRIS (C.). A study of cycloid psychoses. *Acta Psychiat. Scand.* 1974. Suppl. *253.*

SCHOENBERG (B.), CARR (A.), PERETZ (D.) and KUTSCHER (A.). — *Loss and Grief : psychological management in medical pratice.* Columbia University Press. New York. 1970.

WEISSMAN (M.-M.) and PAYKEL (E.-S.). — *The depressed woman. A study of social relationships.* The university of Chicago Press. 1974.

WINOKUR (G.), CLAYTON (P.) and REICH (Th.). — *Manic depressive illness.* The C. V. Mosby Company. Saint-Louis. 1969.

19

LE SUICIDE

Le suicide peut être défini comme un décès obtenu par une action personnelle volontaire dirigée contre soi. La tentative de suicide n'est pas qu'un simple échec du geste suicidaire ; c'est un mode de comportement particulier dont l'épidémiologie et la signification psychologique ne sont pas entièrement superposables à celles du suicide. Nous envisagerons successivement ces deux comportements.

LE SUICIDE

Le suicide représente le risque de mortalité le plus élevé en psychiatrie et à peu près le seul risque vital lié à l'évolution des maladies mentales.

ÉPIDÉMIOLOGIE

■ ***Sous l'angle statistique,*** le suicide est un fait social dont il convient de souligner l'ampleur : de 1968 à 1972, selon l'INSERM, 39 625 décès par suicide ont été enregistrés en France ; soit en moyenne près de 8 000 par an (chiffre officiel probablement très inférieur à la réalité). La place du suicide dans la mortalité générale est loin d'être négligeable : environ 15 suicides pour 1 000 décès en 1972. C'est également un phénomène assez stable : ces chiffres ont peu varié depuis le début du siècle.

■ Les statistiques récentes (années 1968 - 1972) confirment la plupart ***des données épidémiologiques classiques :***

- une très nette *prépondérance du sexe masculin :* pour 100 suicides réussis, on compte en moyenne 72 hommes et 28 femmes ; le taux de décès par suicide est en moyenne de 15,6 pour 100 000 habitants, le taux masculin étant de 22,9, le taux féminin de 8,7.

- *l'augmentation considérable du taux de mortalité par suicide avec l'âge,* pour les deux sexes : les taux augmentent de 100 % entre 25 et 45 ans et doublent encore de 45 à 75 ans.
- *l'influence du statut matrimonial :* les taux les plus élevés s'observent chez les veufs, puis les célibataires ; ils sont plus faibles chez les gens mariés. Ceci est net pour l'homme, plus atténué pour la femme chez qui le statut matrimonial semble moins déterminant. Cette corrélation entre suicide et isolement social et affectif avait été depuis longtemps signalée par Durkheim (théories sociologiques du suicide).
- les *différences selon le groupe socio-professionnel :* la catégorie la plus touchée demeure celle des ouvriers agricoles puis des agriculteurs exploitants. L'importance du phénomène suicidaire en milieu rural est sans doute déterminée par plusieurs facteurs dont le médiocre statut social, l'insécurité de l'emploi, l'isolement, l'alcoolisme, la carence de l'assistance médicale.
- Les *variations importantes selon les régions* (variations des taux du simple au double). Les régions les moins touchées sont la région parisienne et le Midi ; les plus touchées sont la Bretagne, la Normandie et la Picardie.
- Le *mode de perpétration du suicide :* la pendaison est le mode le plus fréquent, suivi du suicide par armes à feu chez l'homme, de la noyade chez la femme. Les méthodes les plus violentes sont largement en tête : 82 % des hommes et 65 % des femmes meurent de traumatismes ou par noyade.

■ ***L'interprétation précise de ces données,*** souvent déterminées par des facteurs hétérogènes, n'est pas toujours possible ; on devine pourtant en les regroupant une sorte de profil sociologique du suicide : comportement auto-agressif, plus souvent masculin, favorisé par l'isolement affectif et social, d'autant plus dangereux qu'il est le fait d'un sujet âgé dont l'état somatique, la solitude, le désir de mourir, le procédé utilisé rendent le sauvetage aléatoire. Les maladies douloureuses ou invalidantes, les infirmités, interviennent aussi dans la détermination suicidaire.

On peut encore remarquer, pour les années 1968-1972, une tendance à l'augmentation du suicide chez le sujet jeune (tranche des 15 à 24 ans). Le suicide du jeune apparaît, sur le plan statistique, comme un comportement assez autonome, non correlé aux facteurs habituels (la proportion garçon-fille est par exemple à peu près équivalente).

Il faut enfin signaler que la France occupe actuellement le 10ᵉ rang en Europe des décès par suicide.

SUICIDE ET AFFECTIONS PSYCHIATRIQUES

Il existe une très nette corrélation entre suicide et maladie mentale. Plusieurs enquêtes rétrospectives permettent d'affirmer – qu'au moins 40 % des suicides sont le fait de sujets psychotiques (psychoses aiguës ou chroniques) – que

30 à 40 % des cas relèvent de troubles graves de la personnalité du type névrotique ou psychopathique ; dans 10 à 15 % des cas seulement le suicide se situe en dehors d'un contexte pathologique notable.

Sous un autre angle, les taux de suicide chez les malades en institution psychiatrique apparaissent comme 2 à 3 fois supérieurs à ceux de la population générale.

Le risque suicidaire diffère très sensiblement d'une maladie à l'autre :

■ ***L'association suicide-dépression,*** intuitivement évidente, est manifeste en ce qui concerne la *psychose maniaco-dépressive :* le risque y est considérable en phase mélancolique. La prophylaxie des rechutes par le lithium en atténuera probablement l'importance (30 % de la totalité des suicides avant la généralisation des traitements par le Lithium). Le geste suicidaire dénué d'ambiguïté chez le mélancolique s'inscrit dans un vécu de culpabilité et de profonde souffrance morale. Il apparaît comme le mode ultime de résolution d'un intense sentiment de faute ou l'unique moyen d'échapper à une intolérable torture psychologique ; il est souvent dissimulé, minutieusement préparé, perpétré dans la solitude et avec une violence dans le choix des moyens qui authentifie le désir de mort.

■ ***La schizophrénie*** comporte un risque élevé de réalisation suicidaire (environ 4 % de la totalité des suicides selon Ringel). La signification du suicide chez le schizophrène n'est pas univoque : il s'inscrit souvent dans un contexte dépressif, lors de la phase d'extinction du délire, chez des patients apparemment améliorés mais confrontés au moment de la sortie de l'hôpital aux réalités familiales et socio-professionnelles. Il peut être le fait d'une paradoxale et imprévisible impulsion auto-agressive, ou survenir au cours d'une panique anxieuse liée à un vécu de désintégration de la personnalité. L'introduction des chimiothérapies antipsychotiques, en favorisant les évolutions discontinues de la maladie, a sensiblement augmenté le risque de suicide autrefois occulté par la chronicisation asilaire.

■ ***Les troubles graves de la personnalité*** (névroses et déséquilibres psychopathiques) sont à l'origine de 30 à 40 % des suicides. La mort est ici le résultat d'un geste ambivalent, porteur tout autant de revendication affective que d'un désir de mort.

- Les risques les plus élevés appartiennent aux **névroses mal structurées,** à symptômes labiles, chez des sujets immatures, enclins à revivre à travers des fixations affectives massives et vouées à l'échec des abandons de l'enfance.
- **Chez les psychopathes,** le suicide constitue souvent l'ultime passage à l'acte d'une existence émaillée de conduites impulsives et antisociales : il est volontiers facilité par l'alcool. Le décès intervient parfois après de multiples tentatives et n'est pas toujours le résultat de la plus déterminée d'entre elles.

■ Le suicide peut encore s'observer, plus rarement il est vrai, au cours de l'évolution des *psychoses organiques,* des *états confusionnels,* de *l'épilepsie.* Chez les **alcooliques** et les **toxicomanes** l'incidence du suicide est élevée.

LA TENTATIVE DE SUICIDE

Son profil épidémiologique diffère sensiblement de celui du suicide : beaucoup plus fréquente (environ 1,5 pour 1 000 habitants dans les années 1968-1972) elle semble en légère augmentation ces dernières années ; elle concerne environ deux femmes pour un homme. Elle s'observe souvent au cours de la *première moitié de l'existence :* le maximum de fréquence se situe entre 20 et 30 ans. Environ 30 % des suicidants sont des récidivistes dont un quart sont des multi-récidivistes.

Les méthodes utilisées sont peu diversifiées : ingestion de toxiques médicamenteux dans les 2/3 des cas, phlébotomies.

Ce profil particulier, très différent de celui du suicide, invite à souligner l'autonomie de la tentative de suicide, conduite pathologique différenciée plus riche de significations qu'un simple échec du geste suicidaire.

La tentative de suicide entretient d'ailleurs avec la pathologie mentale des rapports beaucoup moins précis : la population des suicidants comporte certes des psychotiques (environ 20 %), des déprimés tout comme des névrotiques graves et des déséquilibrés psychopathes ; mais elle est aussi constituée de sujets fragiles, immatures, souvent abandonniques, d'hystériques chez qui le geste suicidaire profondément ambigu prend valeur d'appel à l'autre, de quête affective où le désir d'être aimé conduit à jouer sa mort comme un défi.

Appel, mais aussi faillite des aménagements défensifs de la personnalité, la tentative de suicide s'inscrit aujourd'hui dans un contexte socio-culturel qui la valide : comportement régressif, peu culpabilisé par la société, officialisé par la médecine, plus associé à l'idée de sommeil et d'oubli qu'à celle de mort, elle peut vouloir témoigner de l'appartenance implicite à un groupe dont les caractères sont la jeunesse, l'insatisfaction, la destinée tragique et romanesque... Elle tend à devenir pour certains une « porte de sortie » face à des conflits ou à des frustrations qu'elle résout momentanément : elle est dispensatrice d'un maternage médical, favorise une réassurance narcissique temporaire et un changement d'attitude de l'entourage. Ce bien-être provisoire ne résout rien et risque de pérenniser le recours au suicide. Environ 10 % des sujets ayant fait une tentative de suicide meurent un jour par suicide.

CONDUITE A TENIR

L'appréciation du risque suicidaire est un problème de pratique médicale courante. Il se pose dans des termes et avec une acuité différents :

- devant un patient qui exprime au médecin ou a confié à un membre de l'entourage des idées ou des intentions de suicide ;
- au décours d'une tentative où il faut évaluer le risque de récidive à court terme.

L'appréciation du risque

Elle ne peut faire appel à aucun critère rigoureux ou scientifique. Les circonstances, le hasard, la précipitation de conflits interpersonnels, le retard accidentel et imprévisible apporté à la réanimation peuvent faire aboutir à la mort un geste suicidaire peu auto-agressif. C'est souligner que toute intention suicidaire exprimée doit être prise au sérieux et qu'il faut toujours tenter, en fonction du contexte psychologique et socio-familial du patient, d'en éclairer la signification. On tiendra compte surtout :

■ ***De la profondeur et de la nature du conflit :*** les risques sont d'autant plus élevés qu'il s'agit d'un conflit intrapsychique d'origine morbide (mélancolie, schizophrénie) ; le désir de mort y est plus logique et plus absolu. En cas de conflit interpersonnel, le geste suicidaire implique tout autant une détresse personnelle qu'un souci d'agresser l'autre à travers la menace de sa propre mort. La modification de circonstances extérieures, un changement d'attitude de l'entourage en freineront plus aisément l'élan. En fait la plupart du temps le conflit est complexe, tout comme les motivations du suicide : conflits personnels et éléments situationnels sont intriqués ; le geste suicidaire sera mis à exécution à la faveur d'une précipitation souvent imprévisible de ces deux types de facteurs.

■ ***Des caractéristiques psychosociologiques du sujet :*** les éléments les plus significatifs étant ici :

- **l'âge :** on sait la gravité du geste suicidaire du sujet âgé et son pourcentage très élevé de réussite. Toute intention suicidaire exprimée par un vieillard doit entraîner des mesures d'assistance et de protection particulièrement attentives.
- **le sexe :** la réussite du suicide est nettement plus élevée chez l'homme.
- **les données biographiques** qui renseignent sur la fragilité psychologique du sujet (notion d'états dépressifs antérieurs, d'hospitalisations psychiatriques, *de tentatives de suicide* surtout qui témoignent des possibilités de passage à l'acte, le risque de récidive s'accroissant très nettement avec le nombre des tentatives), sur son adaptation socio-professionnelle et familiale.
- **les traits essentiels de la personnalité :** on appréciera le degré de maturité affective, les capacités de communication, les intérêts dans l'existence, les croyances religieuses ou philosophiques, tous éléments permettant d'éva-

luer les ressources dont le sujet dispose pour résoudre ses conflits. L'existence de traits de déséquilibre psychopathique rend hautement probable le risque de passage à l'acte. Les psychasthéniques, les personnalités obsessionnelles ont peu tendance aux réalisations suicidaires, plus ruminées qu'effectivement agies.

■ ***Des ressources de l'entourage :*** la plupart des tentatives de suicide ont une fonction d'appel : plus de 70 % des suicidés avaient, d'une manière plus ou moins explicite, averti leurs proches de leurs projets. Le risque de suicide paraît ainsi d'autant plus important que le sujet est isolé sur le plan affectif et démuni sur le plan matériel.

Quand le risque suicidaire paraît grand

Le médecin est conduit à proposer une hospitalisation. Celle-ci, discutée avec le patient et sa famille, a pour but :

- d'*éviter le passage à l'acte ;*
- de permettre la *résolution de la « crise suicidaire »* dans un milieu protégé ;
- d'*instaurer une relation d'aide et de confiance* inaugurant une éventuelle prise en charge chimiothérapique et/ou psychothérapique. Elle peut être réalisée à l'hôpital psychiatrique de secteur, dans un service spécialisé d'hôpital général ou en clinique privée, selon les possibilités du moment, les désirs du patient et éventuellement la nature du conflit. Dans d'autres cas, l'hospitalisation peut être évitée ou différée : la qualité affective de l'entourage, sa présence réelle auprès du patient, en même temps que l'instauration d'une thérapeutique chimique et psychologique très attentive, dans une ambiance quelque peu dédramatisée, peuvent permettre le passage de la crise suicidaire et la résolution des conflits. Il est fort rare qu'un refus persistant d'un malade mélancolique ou délirant conduise à pratiquer, dans un but de protection, un internement administratif.

Au décours d'une tentative de suicide

La préoccupation est d'assurer la prophylaxie d'une récidive et d'envisager la *valeur symptomatique* du geste suicidaire qui pourra être l'occasion d'une nécessaire prise en charge thérapeutique. Parfois, la réalisation d'un suicide dont l'idée était depuis longtemps ruminée de façon obsédante, soulage de façon momentanée la tension psychologique. Ce soulagement associé au sentiment d'une certaine « renaissance » et aux gratifications apportées par l'entourage peut être responsable d'une très nette diminution de l'anxiété voire d'une réaction passagère de bien-être. Plusieurs décisions sont possibles :

- *sortie rapide de l'hôpital* et mise en route parallèle d'une aide thérapeutique sur le plan social, chimiothérapique et psychothérapique.

- *hospitalisation en milieu psychiatrique* quand il s'agit d'une poussée évolutive d'une affection mentale.
- *action plus ponctuelle sur l'entourage* familial ou socio-professionnel lorsque le suicide apparaît en relation directe avec un conflit situationnel.

Un entretien psychiatrique est indispensable au décours de toute tentative de suicide. Le souci parfois évoqué de ne pas « psychiatriser » un suicide masque souvent un refus de considérer l'authenticité et la validité d'un geste qui, s'il peut être ambigu, n'est jamais gratuit. C'est après un tel entretien, nécessairement complété par un contact avec l'entourage, qu'une décision sera prise en accord avec le malade. Quelle qu'elle soit, elle donnera au sujet le sentiment d'avoir été entendu ; ce premier contact pourra être l'occasion d'une amorce thérapeutique débouchant sur une résolution plus approfondie des conflits.

BIBLIOGRAPHIE

BAECHLER (J.). — *Les suicides.* Calmann-Levy. Paris. 1975.

BECK (A.), RESNIK (H.) and LETTIERI (D.-J.). — *The prediction of suicide.* The Charles Press Publish. Bowie, Maryland. 1974.

DESHAIES (G.). — *La psychologie du suicide.* P.U.F. 1947.

ETTLINGER (R.). — Evaluation of suicide prevention after attempted suicide. *Acta Psychiat. Scand.* 1975. *Suppl. 260.*

FARBEROW (N.-L.) and SHNEIDMAN (E.-S.). — *The cry for help.* Mac Graw Hill Book Company. 1965.

INSERM. — *Morbidité et mortalité par suicide.* Editions Inserm. Paris. 1975.

MORON (P.). — *Le suicide.* « Que sais-je? ». n° *1569.* P.U.F. 1975.

O.M.S. — Le suicide et les tentatives de suicide. Cahiers de santé publique n° 58. Genève. 1975.

STENGEL (E.). — *Suicide and attempted suicide.* Penguin Books.

20

LES BOUFFÉES DÉLIRANTES

■ ***Les bouffées délirantes se caractérisent*** par l'apparition soudaine d'un délire riche et polymorphe, procédant d'altérations des perceptions, d'intuitions subites, de distorsions du jugement et de débordements imaginaires entraînant un bouleversement profond mais transitoire du fonctionnement psychique et des relations du sujet avec le monde extérieur. Le concept de « bouffées délirantes », hérité de Magnan (1866), conserve dans la Psychiatrie française une place privilégiée désignant des états psychopathologiques aigus, critiques, théoriquement très différenciés des autres psychoses aiguës : accès dysthymiques de la psychose maniaco-dépressive, troubles de la conscience des états confusionnels.

Les termes de : *psychoses délirantes aiguës, psychoses hallucinatoires aiguës, états oniroïdes, expériences délirantes primaires* sont utilisés, en France, pour qualifier des états correspondant aux bouffées délirantes polymorphes ; à l'étranger on parle plus volontiers de *schizophrénies aiguës*, de *paranoïas aiguës*, de *réactions schizophréniques*.

■ A propos de bouffées délirantes,se trouvent posées diverses ***questions :***

- celle d'une *fragilité psychologique particulière*, pouvant faciliter l'irruption de ces manifestations délirantes aiguës transitoires,
- celle des *causes* pouvant intervenir dans le déterminisme de ces accidents : facteurs réactionnels accidentels, facteurs psychogènes, facteurs endogènes déjà évoqués (prédisposition psycho-physiologique),
- celle surtout du *devenir* de ces moments délirants aigus : si certains d'entre eux restent uniques ou récidivent sur un mode toujours explosif mais entièrement résolutif, d'autres marquent l'entrée et/ou les moments féconds de psychoses chroniques.

CIRCONSTANCES D'APPARITION

- La bouffée délirante est généralement le **fait d'un adolescent ou d'un sujet jeune,** souvent immature, ayant eu des difficultés d'identification et d'adaptation, et chez lequel on retrouve volontiers des antécédents psychiatriques familiaux de registres très divers.
- La bouffée délirante est **d'émergence brutale :** tout au plus, dans les jours précédents, des comportements insolites, des perturbations du sommeil, une inquiétude imprécise sont-ils retrouvés, qui ne récupèrent qu'à posteriori leur signification inaugurale. Parfois, l'épisode pathologique paraît en relation directe avec un traumatisme (choc émotionnel, échec affectif ou professionnel, deuil, abandon), une première expérience sexuelle, un succès non escompté. Pour retenir la responsabilité de tels événements, il faut que la survenue de la psychose délirante aiguë se produise à court terme par rapport à l'agent déclenchant. Un certain nombre de situations, qui sont l'occasion d'une rupture avec les repères affectifs ou spatio-temporels, se retrouvent fréquemment à l'origine de ces bouffées : emprisonnements (psychoses carcérales), transplantation, incorporation au service militaire.

SÉMEIOLOGIE DE LA BOUFFÉE DÉLIRANTE DANS SA FORME TYPIQUE

a) **Présentation et comportement**

L'effraction délirante aiguë introduit un bouleversement total et sans cesse en mutation, de soi et du monde extérieur ; le sujet paraît à la dérive, divaguant au gré de ses fantaisies imaginaires, désintéressé de la réalité présente. Tantôt immobile, sidéré et comme fasciné par l'étrangeté de ce qu'il voit ou entend, tantôt mobilisé par l'adversité et le désordre catastrophique intensément vécus en lui et autour de lui. L'instantanéité, le caractère d'extraordinaire nouveauté de cette épopée délirante provoquent des troubles du comportement infiniment variés : attitudes d'extase, de fuite, d'agitation anxieuse ou euphorique, encore majorées par la faillite de la communication verbale. Le discours ne peut rendre compte de l'ineffable expérience actuellement vécue.

b) **Les signes psychiques**

■ ***Les idées délirantes sont polymorphes,*** s'enchaînant ou se heurtant l'une l'autre, sans aucune systématisation : ce caractère « protéiforme » (Legrain) fait toute l'originalité du délire.

- **L'automatisme mental** décrit par G. de Clérambault est toujours présent, matriciel, consistant en une mécanisation, une perte d'intimité de la pensée : les idées, les intentions, les actes sont devancés, répercutés, imposés, commentés. Ces phénomènes d'hallucinations psychiques sont l'amorce de la déréalisation et du sentiment de perte de la maîtrise de soi.
- **Les hallucinations psycho-sensorielles** sont riches, multiples (acoustico-verbales, visuelles, cénesthésiques, olfactives parfois), avec un haut degré de sensorialité.
- **Les intuitions** soudaines, révélatrices, **les interprétations, les illusions** perceptives sont également des mécanismes générateurs de ces psychoses aiguës.
- **Les thèmes** sont eux-mêmes multiples : les plus fréquents sont d'ordre mystique, messianique, mégalomaniaque, érotique, mais aussi persécutif et alors à base d'agression angoissante émanant du monde extérieur.

Ces idées délirantes, en projetant à l'état brut des fantasmes inconscients, véhiculent souvent une problématique imprégnée de conflits œdipiens ou préœdipiens (angoisse de castration, crainte et/ou désir de rapports sexuels incestueux, comportements régressifs, etc.).

■ ***La dépersonnalisation*** est profonde, s'exprimant en termes de dédoublement, de transformation, de dissolution affectant le corps autant que l'esprit. L'influence voire la possession par des forces extérieures bienveillantes ou maléfiques est possible.

■ ***La participation thymique*** est constante. L'adhésion au délire étant totale, le sujet oscille et parfois d'un moment à l'autre, entre les pôles extrêmes de l'exaltation euphorique et de la sidération dépressive et anxieuse. L'humeur subit en fait les fluctuations successives des vagues délirantes et du désordre idéique.

■ ***La conscience vigile*** n'est pas réellement altérée, tout au plus observe-t-on une certaine obnubilation associée à une distractivité extrême, une dispersion de l'attention sans cesse sollicitée par l'appréhension fragmentaire et mouvante du monde extérieur, par des récurrences mnésiques et par les productions imaginaires. Cet état de *conscience oniroïde* est proche de celui du rêve. Aussi, les notions de temps et d'espace subissent-elles des remaniements partiels, des contradictions et des réfractions liées au développement de l'expérience délirante.

c) Les signes physiques et biologiques

Seuls les troubles du sommeil et en particulier l'insomnie sont d'une grande fréquence. Les autres signes (anorexie, constipation, élévation thermique) sont contingents, variables dans le temps, en tout cas non spécifiques.

Lorsqu'une hospitalisation est décidée, elle permet de faire un bilan biologique et de pallier une déshydratation, fréquente dans les bouffées délirantes avec agitation. L'électro-encéphalogramme ne fournit pas de perturbations d'enregistrements caractéristiques.

FORMES CLINIQUES

Elles ont été décrites par référence aux mécanismes élaborant l'expérience délirante ; dans la forme typique, précédemment exposée, thèmes et mécanismes délirants sont multiples et non systématisés, se développant ou se réduisant au gré des intuitions, révélations ou inspirations délirantes. La prévalence voire l'exclusivité d'un mécanisme permet de retenir :

■ ***des formes imaginatives aiguës :*** l'imagination et la fabulation déploient des fresques épiques ou rocambolesques, des romans fantastiques que le sujet paraît inventer au fur et à mesure qu'il les exprime. Ces formes sont plutôt le fait de personnalités hystériques ou débiles. L'exubérance imaginative emprunte souvent une thématique mystique ou érotique.

■ ***des formes interprétatives aiguës :*** leur participation émotionnelle est très vive et d'autant plus qu'il existe souvent une problématique passionnelle de jalousie ou des idées de préjudice.

■ ***des formes hallucinatoires aiguës*** où le syndrome d'influence est important et où les hallucinations acoustico-verbales ont un indice esthésique très élevé.

DIAGNOSTIC ÉTIOLOGIQUE

Il se fonde sur l'examen psychiatrique du sujet, sur les renseignements obtenus de l'entourage et relatifs :

- au *mode de survenue* de l'épisode délirant actuel, de sa précession éventuelle par un événement précis,
- aux *antécédents personnels* (notion de psychose délirante aiguë analogue),
- à la *personnalité pré-morbide,*
- à la connaissance d'une *hérédité* psychopathologique.

■ ***Les expériences délirantes primaires*** survenant *« ex abrupto »,* sans relation compréhensible avec un agent causal précis, sont les plus fréquentes. Elles se rencontrent souvent chez des débiles ou, à tout le moins, des sujets frustes, immatures, plastiques et suggestibles, mais aussi chez des sujets ayant des traits hystériques de passivité et de dépendance et chez des déséquilibrés psychopathes. Chez les individus inhibés, schizoïdes, se posent tout particulièrement les questions de la signification et du pronostic du moment fécond.

■ ***Les bouffées délirantes psychogènes ou réactionnelles*** ne peuvent être affirmées telles que lorsque est retrouvé un traumatisme émotionnel précis et généralement subit, imprévisible, ayant provoqué une situation psychologique d'angoisse ou de frustration intense. Ce mode de réaction très particulier, comportant une coloration affective toujours importante, pose le problème de « l'aptitude à délirer » de certains sujets.

■ Tous les ***facteurs d'agression encéphalique*** (traumatiques – infectieux – vasculaires – métaboliques – endocriniens – médicamenteux) peuvent être l'occasion d'une bouffée délirante. Ils entraînent, plus volontiers, des syndromes confuso-oniriques que des bouffées délirantes oniroïdes : c'est au chapitre des formes étiologiques des « états confusionnels » que l'on se rapportera pour connaître la variété des causes médicales possibles – on retiendra très particulièrement que les drogues hallucinogènes (dérivés du Cannabis – L.S.D. – Mescaline – etc.) provoquent des psychoses aiguës expérimentales tout à fait exemplaires. Les psychoses puerpérales, certaines psychoses post-opératoires s'expriment parfois par une symptomatologie délirante aiguë.

ÉVOLUTION

La bouffée délirante, par son caractère même d'accès, évolue vers la résolution, l'extinction des productions oniroïdes ; la guérison peut être *brusque* du jour au lendemain ou plus souvent *progressive,* en quelques jours ou quelques semaines.

■ « Sans conséquences, sinon sans lendemain » (Magnan), la bouffée délirante pose la ***question de son devenir :***

- correctement traitées, les bouffées délirantes ont actuellement une chance sur deux de rester **l'accident unique** dans la vie du sujet.
- **une évolution intermittente** s'observe dans un quart des cas : il s'agit soit de récidives d'accès délirants « à éclipses » du même type que le premier, soit de la survenue secondaire d'épisodes plus nettement dysthymiques. Dans ce cas, la bouffée délirante aiguë a représenté le premier épisode psycho-pathologique d'une psychose maniaco-dépressive dont les accès ultérieurs seront généralement très délirants.
- **les évolutions vers la chronicité** se font soit d'un seul tenant, soit après la répétition de plusieurs « moments féconds » ; chez le sujet jeune, elles inaugurent une évolution schizophrénique dissociative, chez le sujet plus âgé une organisation délirante chronique (psychose hallucinatoire – délire paranoïaque, etc.).

PRONOSTIC

■ Sont généralement retenus comme ***éléments de pronostic favorable :*** l'instantanéité du début – la notion d'un facteur déclenchant – une prolifération délirante relativement superficielle n'engageant pas profondément l'identité de la personne – des troubles thymiques francs dépressifs ou expansifs – la connaissance d'une personnalité pré-morbide extravertie ayant une adaptation stable et des investissements affectifs et sociaux bien ancrés – la brièveté de l'accès ou son éradication rapide sous traitement.

■ A l'inverse, apparaissent de ***moins bon pronostic :*** les bouffées délirantes ayant été précédées, pendant des mois ou des années, de troubles du comportement, de tentatives de suicide, de difficultés d'adaptation chez une personnalité mal structurée, renfermée, ayant des relations interpersonnelles difficiles. L'émergence délirante moins riche, les thèmes de persécution, les préoccupations hypocondriaques entraînant une profonde angoisse d'anéantissement, l'évolution surtout vers une résolution incomplète, une critique imparfaite du délire sont également plus suspects d'évolution dissociative.

■ En fait, il faut savoir que ces éléments n'ont qu'une ***valeur relative*** et que le pronostic, initialement jugé favorable ou défavorable, peut se trouver démenti à moyen ou long terme.

TRAITEMENT

La bouffée délirante polymorphe est une urgence psychiatrique. Dans la grande majorité des cas, elle commande une *hospitalisation,* parfois difficile à faire admettre à un sujet qui ne se reconnaît pas malade et qui est en rupture de communication avec ceux qui l'entourent : le recours à l'internement (placement volontaire surtout) est alors nécessaire.

L'institution d'un traitement médicamenteux doit tenir compte de la découverte d'une étiologie médicale endogène ou exogène, de la correction de déséquilibres hydro-électrolytiques associés.

■ Actuellement, l'intervention thérapeutique initiale est essentiellement à base de ***neuroleptiques ;*** le choix se pose d'utiliser :

- une phénothiazine sédative : *Largactil – Nozinan.*
- une phénothiazine incisive, anti-psychotique : *Moditen – Majeptil – Terfluzine.*
- une butyrophénone anti-hallucinatoire : *Haldol.*

– le sulpiride (*Dogmatil*) qui pour certains serait particulièrement indiqué dans ces psychoses délirantes aiguës.

Pour le choix d'un neuroleptique, les habitudes du thérapeute prévaudront sur les critères codifiés. Certains associent, d'emblée ou secondairement, des neuroleptiques entre eux (un sédatif et un incisif). La posologie sera établie de manière progressive et journellement adaptée à l'état du malade. Au début, la voie intra-musculaire sera préférée pour son action plus rapide, les correcteurs extrapyramidaux et végétatifs, les hypnotiques étant donnés par voie orale.

■ ***La sismothérapie*** ne se justifie que lorsque la désorganisation conceptuelle, la prolifération délirante et les troubles du sommeil résistent à une cure chimiothérapique, conduite à doses suffisantes, pendant au moins deux semaines.

■ ***La psychothérapie,*** rendue possible par la chimiothérapie, consiste d'abord à rassurer le délirant en lui offrant des références et des informations cohérentes, ensuite à examiner avec lui les conflits et tensions passés et actuels. Certains, prenant appui sur le matériel inconscient exprimé durant l'expérience délirante, n'hésitent pas à livrer leurs interprétations des émergences fantasmatiques et ceci, dans l'actualité même du voyage délirant. La valeur symbolique du matériel exprimé est en effet souvent très grande, comparable au contenu non déguisé de certains rêves.

Le traitement chimique implique, une fois l'épisode aigu contrôlé, son allègement en milieu hospitalier (en s'assurant de l'absence de récurrence délirante et en traitant la survenue d'un syndrome dépressif secondaire), une surveillance extra-hospitalière de plusieurs mois lorsque s'engage la réinsertion socio-professionnelle. C'est durant cette post-cure que pourra être évaluée au mieux la qualité du réajustement psychologique (autorisant alors l'arrêt du traitement) ou que pourront être observées les évolutions délirantes chroniques ou dysthymiques nécessitant alors la poursuite de traitements adéquats.

BIBLIOGRAPHIE

ASTRUP (C.) and NOREIK (K.). — *Functional psychoses. Diagnostic and pronostic models.* Charles C. Thomas. U.S.A., 1966.

MC. CABE (M.). — Réactive psychoses. *Acta psychiatrica scandinavica. Suppl. 259.* Munksgaard Copenhagen, 1975.

EY (H.). — « Bouffées délirantes » et psychoses hallucinatoires aiguës. *Etudes psychiatriques.* T. III. Etude 23. P. 201-324. Desclée de Brouwer. Paris, 1954.

FAEGERMAN (P.-M.). — *Psychogenic psychoses.* Butterworths. London, 1963.

FOLLIN (S.). — Les états oniroïdes (Essai de psychopathologie et phénoménologie clinique) Rapport au *Congrès de Psychiatrie et de Neurologie de langue française.* Nancy, 1963. Masson édit.

21

LES SYNDROMES SCHIZOPHRÉNIQUES

Le terme de schizophrénie désigne un groupes de psychoses ayant un noyau sémiologique commun, *la dissociation :* celle-ci marque la dislocation de la vie psychique dans les différents secteurs de l'intelligence, de la pensée, de l'affectivité, du dynamisme vital, de la vie relationnelle, de l'appréhension du réel. Autour de ce processus de désagrégation s'ordonne un ensemble syndromique cliniquement identifiable malgré l'absence d'étiologie et de symptomatologie spécifiques. Il n'existe pas une entité « schizophénie » monomorphe, mais des schizophrènes qui expriment leur souffrance psychologique intense, dramatique, dans des symptômes aussi différents que la dépersonnalisation, le délire, le repli autistique, les automatismes psychomoteurs, les accès dysthymiques, etc. Ce sont là des signes témoignant de l'anéantissement des mécanismes de défense, du refoulement massif de la réalité, de la projection fantasmatique qu'il faut pouvoir entendre sinon toujours comprendre, puis reprendre dans une perspective thérapeutique.

Les schizophrènes posent avec une particulière acuité la question du pourquoi et du comment de la maladie mentale, des rapports de la folie et de la raison, de la déviance et de la norme, de la tolérance et de l'intolérance de l'individu, de la collectivité et de la société.

GÉNÉRALITÉS

I. – HISTORIQUE DU CONCEPT DE SCHIZOPHRÉNIE

- Morel, aliéniste français, isole en 1860 du groupe des **démences « vésaniques »** (c'est-à-dire qui ne répondent pas à une étiologie organique précise) celles qui s'observent chez les sujets « frappés de stupidité dès leur jeune âge » et qu'il propose d'appeler » déments précoces ».

- En Allemagne, Hecker dénomme **hébéphrénie** le syndrome démentiel des jeunes gens qu'il décrit avec précision (1871) – Kahlbaum en 1874 isole une forme à expression psychomotrice prévalente : la **Catatonie.**

- Emil Kraepelin faisant la synthèse de ses observations personnelles et des travaux antérieurs propose en 1899, dans la 6e édition de son Traité, l'entité **demence précoce ;** elle englobe tous les états pathologiques caractérisés par l'atteinte profonde de la vie affective et de la volonté et une évolution progressive vers un affaiblissement de la personnalité d'aspect déficitaire. Il individualise trois formes principales : l'Hébéphrénie, la Catatonie, la forme paranoïde.

- Eugen Bleuler (Zurich – 1911) conteste le caractère inéluctable de l'évolution démentielle pour privilégier les troubles de l'association des idées, de l'affectivité, la dimension de perte de contact avec le réel et le refuge dans une vie imaginaire (autisme). Il met l'accent sur la « dissociation », la « désagrégation de la personnalité » et introduit le terme de « **schizophrénie** », et la notion de « **groupe des schizophrénies** » ; influencé par l'apport récent des conceptions psychodynamiques de Freud et de Jung, il comprend cette affection comme étant à la fois marquée par des signes *primaires* (déficitaires) et des signes *secondaires,* libérés par les premiers (délire, troubles psychomoteurs).

- Depuis, la plupart des psychiatres français restent héritiers du modèle bleulérien de la schizophrénie, aux élaborations théoriques ultérieures près. Au premier rang de celles-ci, il faut placer les travaux de H. Ey, qui n'a cessé de définir la schizophrénie comme « une psychose chronique qui altère profondément la personnalité » et qui se manifeste par « une tendance à cesser de construire son monde en communication avec autrui pour se perdre dans une pensée autistique, c'est-à-dire dans un chaos imaginaire ». Cette conception **d'affection mentale chronique** (qui fait sortir du groupe des schizophrénies les réactions schizophréniques transitoires, les réactions paranoïaques, les schizophrénies aiguës des auteurs anglo-saxons) doit être comprise depuis l'introduction de thérapeutiques actives comme la **potentialité d'une tendance évolutive** et « non comme la réalité d'un état morbide constitué ou inéluctable » (S. Follin).

II. – DONNÉES ÉPIDÉMIOLOGIQUES ET ÉTIOLOGIQUES

Les syndromes schizophréniques sont décrits dans toutes les civilisations, toutes les races, toutes les cultures : c'est ce que démontrent de grandes enquêtes épidémiologiques. Le taux de morbidité schizophrénique s'inscrit pour la plupart des populations étudiées entre 0,60 et 0,90 %. C'est une affection qui débute chez l'adolescent ou l'adulte jeune (dans 75 % des cas, elle se révèle entre 15 et 35 ans), de fréquence égale dans les deux sexes.

A. – LE FACTEUR GÉNÉTIQUE

Le risque de schizophrénie est notablement plus élevé pour les individus apparentés à un schizophrène que pour les sujets de la population générale. Alors que la fréquence de la maladie est d'environ 0,90 % pour l'ensemble de la population elle est de 6 à 14 % chez les frères et sœurs biologiques et les jumeaux dizygotes, de 50 à 75 % chez les jumeaux monozygotes, de 7 à 16 % pour les enfants d'un parent schizophrène, de 40 à 68 % pour les enfants de deux parents schizophrènes, de 5 à 10 % pour les parents d'un enfant schizophène. Le haut niveau de concordance retrouvé chez les vrais jumeaux élevés ensemble ou séparément est un facteur non réfutable pour affirmer l'origine génétique de certaines schizophrénies. Le mode de transmission génétique n'est pas encore établi ; il paraît vraisemblable qu'il obéit à un système polygénique qui rendrait le mieux compte du polymorphisme de la maladie. Le rôle des aberrations chromosomiques est, en outre, discuté du fait de la fréquence relative de cette affection psychiatrique chez les sujets ayant un syndrome de Klinefelter, un syndrome de Turner, ou d'autres anomalies caryotypiques.

B. – LES FACTEURS SOCIAUX

On a pu établir des corrélations entre le taux de morbidité schizophrénique et certains facteurs écologiques ou sociologiques.

*1°. **Le niveau social***

De nombreuses études écologiques ont montré que la schizophrénie était proportionnellement plus fréquente dans les couches sociales inférieures que dans les classes élevées. Cette constatation, pour importante qu'elle soit, s'explique par le fait que cette affection mentale sévère du sujet jeune entraîne dès le début de la maladie une déchéance sociale progressive avec sédimentation dans les catégories socio-professionnelles inférieures. En effet, si on considère la condition sociale du père à la naissance du futur schizophrène, la répartition dans les classes sociales ne diffère pas de celle observée dans la population générale.

*2°. **L'isolement social***

Selon certaines études, la schizophrénie atteindrait son taux le plus élevé dans les quartiers les plus pauvres des grandes villes ou des banlieues. Cette ségrégation des schizophrènes s'explique autant par un processus passif de dérive sociale que par un processus actif de choix d'une vie solitaire, l'isolement social apparaissant alors plus comme une conséquence de la maladie que comme une cause. Les mêmes facteurs doivent rendre compte du nombre élevé de célibataires parmi les schizophrènes.

3°. *Les agressions sociales*

Diverses situations sociales perturbantes (développement de la société industrielle, de l'urbanisation, multiplication des facteurs de contrainte et de stress, migration avec ses conséquences : difficultés linguistiques et économiques, racisme) ont été dénoncées comme pouvant être schizophrénogènes. Sans nier leur impact psychologique on peut dire que, s'il paraît improbable qu'ils soient déterminants dans la survenue d'une schizophrénie, ils peuvent jouer un rôle précipitant dans le mécanisme d'aliénation sociale du schizophrène.

C. – LES INFLUENCES CULTURELLES

■ Elles doivent être appréhendées à ***deux niveaux*** :

- **le rôle joué par la culture dans le déterminisme de la schizophrénie ;** ce qui, dans cette perspective, paraît le moins discuté dans les travaux de psychiatrie transculturelle, c'est « la convergence de tous les facteurs introduits par les changements sociaux rapides pour faciliter le processus schizophrénique aussi bien du point de vue génétique et dynamique que structural » (H. Collomb). L'obligation de renoncer à une culture collective au profit d'une culture individuelle, le remplacement imposé de l'extérieur et dans un délai très bref des valeurs traditionnelles par d'autres systèmes de références morales, familiales, sociales, pourraient élever le risque de décompensation schizophrénique dans des ethnies qui traditionnellement fonctionnaient en s'appuyant sur l'appartenance collective de l'individu.
- **les inflexions séméiologiques en fonction de données culturelles** sont indiscutables. Si les symptômes fondamentaux (retrait du monde extérieur, dissociation, mauvaise modulation affective, idées délirantes) sont partout les mêmes, des modifications dans le développement et la forme de la maladie sont apportées par des différents modèles culturels : citons les préoccupations délirantes mystiques dans les pays de tradition chrétienne, l'importance des troubles psychomoteurs aux Indes, en Afrique, en Amérique du Sud, la fréquence du suicide au Japon, et dans les cultures occidentales une modification progressive de l'allure clinique de la maladie (diminution des formes déficitaires au profit de formes productives, intermittentes et riches en symptômes délirants, thymiques ou anxieux).

■ Pour les tenants du ***mouvement anti-psychiatrique*** d'inspiration anglaise, les symptômes schizophréniques expriment la réaction du sujet jeune à toute une suite d'oppressions et de répressions perpétrées par la société et médiatisées par la famille. Dans cette perspective, le schizophrène est la victime, en quelque sorte expiatoire, de contradictions et de conflits projetés sur lui par la société qui, pour être confirmée dans sa normalité, crée la folie. Une telle approche, pour excessive qu'elle soit souvent, a au moins l'intérêt de souligner le statut que la société réserve à la folie, statut toujours déterminant pour une conduite thérapeutique.

D. – LES DONNÉES SOMATIQUES ET BIOLOGIQUES

De multiples recherches ont tenté de trouver un stigmate biologique spécifique, une anomalie suffisamment caractéristique de l'affection pour qu'elle permette de différencier le schizophrène du névrosé ou de l'homme normal. Ces recherches, le plus souvent élaborées à partir de modèles théoriques, n'ont actuellement abouti qu'à des résultats fragmentaires, souvent contradictoires, en tout cas jamais spécifiques. Le problème des inter-relations permanentes génétique-biochimie-physiologie-psychodynamie se trouve sans cesse réintroduit, certaines anomalies constatées étant probablement des effets secondaires de la maladie.

■ ***Des approches biologiques*** les plus récentes de la schizophrénie, nous retiendrons les suivantes :

– **les études biochimiques** se sont, pour la plupart, orientées vers la recherche d'une anomalie biochimique qui produirait un métabolite toxique susceptible de perturber l'activité mentale ; dans cette perspective, Osmond suggère, en 1952, qu'une dysméthylation des catécholamines produirait des métabolites dont la structure chimique, proche de celle de la Mescaline, aurait une action hallucinogène. La détection chromatographique, dans les urines des schizophrènes, de dimétoxyphényléthylamine (D.M.P.E.A. donnant un « *pink spot* » n'est pas spécifique et a été infirmée ensuite par Kety, par Delay et coll. L'individualisation par Heath (1954) de protéines sériques anormales (taraxéine) chez les schizophrènes n'a pas été confirmée ensuite.
  L'hypothèse d'une altération du système dopaminergique cérébral, qui provoquerait la formation de 6-hydroxydopamine toxique, susceptible de faire dégénérer le système catécholaminergique, avancée par Stein et Wise (1971-1973) est parmi les plus récentes mais elle-même soumise à des critiques très pertinentes. Dans l'état actuel des recherches, aucune proposition ne peut être retenue comme devant rendre compte des troubles observés chez tous les schizophrènes.

- **Les études pharmacologiques** se basent sur les rapports existants entre schizophrénie et pharmaco-psychoses (en particulier les psychoses induites par les agents psychodysleptiques : L.S.D. 25, Mescaline, hallucinogènes ayant une parenté de structure avec les monoamines cérébrales). Les perturbations neuro-physiologiques et biochimiques constatées après administration d'hallucinogènes, pourraient être celles de certaines schizophrénies.
- **Les études d'analyse spectrale statistique de l'électro-encéphalogramme** laisseraient supposer que « la spécificité fonctionnelle de l'hémisphère dominant qui « dispose » par rapport à l'hémisphère dominé qui « propose », serait impliquée dans l'évolution de la psychose schizophrénique » (Boissier-Etevenon).
- **Les études du cycle veille-sommeil,** également fondées sur des enregistrements électro-encéphalographiques, tendent à prouver l'existence de désorganisations profondes de l'état d'éveil, du sommeil à ondes lentes, et du sommeil paradoxal chez les schizophrènes.

■ ***Les corrélations entre la schizophrénie et le biotype physique ;*** elles sont peu contestées et, depuis Kretschmer (1921), il est admis qu'il existe une corrélation positive entre la schizophrénie et le type morphologique *leptosome :* silhouette longiligne, élancée, ayant un développement musculaire faible, des réactions neuro-végétatives lentes et prolongées. Ce biotype qui s'oppose au biotype pycnique (corrélé avec la psychose maniaco-dépressive) correspondrait au type psychologique « schizothyme », marqué par la tendance à l'introversion. De là, dériverait une manière d'être plus pathologique : *la schizoïdie.* Un certain nombre de schizophrènes ont effectivement une personnalité schizoïde, avant l'apparition des symptômes morbides. Mais, si le schizoïde est caractérisé par une hypersensibilité retenue, une froideur excessive et une tendance à s'isoler du monde extérieur, le schizophrène est dissocié dans son esprit : la coupure est à l'intérieur de lui.

■ ***Il existe une corrélation négative entre la schizophrénie et les affections allergiques :*** ceci est démontré par diverses enquêtes établies en milieu asilaire et confirmé par des études expérimentales qui prouvent une perturbation de la réactivité immunologique chez les schizophrènes : celle-ci est secondairement modifiée par les thérapeutiques neuroleptiques.

E. – LES DONNÉES PSYCHODYNAMIQUES

■ ***Le rôle de la famille*** dans la genèse de la schizophrénie a été envisagé très tôt et d'autant mieux que le modèle du développement de la personnalité proposé par la métapsychologie freudienne offrait une perspective opératoire privilégiée d'approche et de compréhension de la *régression schizophrénique :* celle-ci ne doit pas être entendue comme un phénomène homogène de retour à un stade de narcissisme primaire, mais comme une trajectoire rétrograde complexe charriant avec elle des reliquats œdipiens et pré-œdipiens, mis à découvert par le processus dissociatif.

Le milieu familial est le lieu même où très précocement s'articulent les premières relations interpersonnelles (relations dites d'objet), basées sur une situation de totale dépendance et un intense besoin de sécurité. L'individualisation progressive de la personnalité ou personnation (Racamier) se déroule selon le processus suivant, au cours de la première année : l'enfant prend conscience de l'intérêt et de l'amour que lui portent ses parents, non *pas* parce qu'ils y sont tenus mais *parce* qu'ils le désirent, d'où un sentiment d'intense valorisation en tant qu'objet d'amour. Ce climat de satisfaction, de sécurité affective permet l'introjection du monde extérieur, c'est-à-dire en l'occurrence la formation du Moi par l'assimilation des attitudes, des sentiments, des symboles verbaux émanant de la mère. Si l'attitude parentale et en particulier maternelle est inadéquate, l'univers relationnel de l'enfant se trouvera faussé dès l'origine par l'importance des frustrations, des carences, voire des perversions affectives.

Les parents des schizophrènes seraient quant à eux incapables de proposer une relation affective stable et cohérente à leur enfant, en particulier à un moment où cette relation est fondamentale pour assurer l'harmonie de la formation de la personnalité. Des recherches nombreuses et systématiques ont été faites sur le milieu familial du schizophrène. Nous en retiendrons les points suivants (en excluant les cas assez fréquents d'anomalies mentales patentes d'un des membres du couple) :

- Les parents sont souvent **bien adaptés aux impératifs sociaux** existants et ont un constant souci d'extérioriser leur hyperconformisme : leurs contacts extra-familiaux sont souvent très réduits.
- **Le rôle parental paraît fréquemment mal assumé :**
- *le père* est souvent absent ou démissionnaire et passif : lorsqu'il fait preuve d'autorité, celle-ci s'inspire d'un dogmatisme rigide.
- *La mère* paraît, souvent, avoir des attitudes plus subtiles, alliant l'hyperprotection anxieuse et dominatrice à des attitudes paradoxales de rejet et d'indifférence. Parfois, elle déploie vis-à-vis de son fils des attitudes de séduction, et de sa fille des réactions d'agressivité ou d'autorité abusive.
- *Le couple des parents* a l'apparence de la stabilité (on retrouve peu de divorces chez les parents des schizophrènes) mais cette cohésion recouvre souvent des relations affectives ambiguës, où se mêlent l'hostilité, la peur et le mépris du conjoint : l'opposition est plus souvent latente, muette, que verbalisée ou agie.

Une intéressante théorie de la communication mère-enfant schizophrène a été proposée par H. Weakland sous le nom de « *double-bind hypothésis* » (l'hypothèse du double-lien, terme auquel certains préfèrent celui de double contrainte) : la mère, de manière *répétitive,* énonce à son enfant des messages vecteurs d'informations contradictoires dont l'une est dans le même temps la négation de l'autre, et auxquels il ne peut répondre que de manière inadéquate en déniant l'un des signaux du message (un exemple classique est le suivant : « Tu es un monstre, Maman seule peut t'aimer »). Dans une perspective un peu différente Wynne a précisé *la qualité des transactions familiales* à partir du recueil et de l'analyse de protocoles de tests projectifs (Rorschach – T.A.T.) passés par les membres de nombreuses familles. L'idée force est que les parents des schizophrènes sont incapables d'une modulation émotionnelle et affective satisfaisante ; ils ne maîtrisent pas leurs affects, oscillant dans leurs relations aux autres, aux objets, aux événements, de l'indifférence surprenante à l'implication excessive. Le groupe familial fonctionne en conséquence sur un mode défensif particulier, décrit sous les termes de « pseudo-mutualité » et de « pseudo-hostilité » qui vectorisent l'une – l'autre l'intention de neutraliser sous l'apparence de l'harmonie et de l'entente, des pulsions chargées de haine et de désir de destruction. Ce style de transactions familiales contribuerait à provoquer l'isolement de l'enfant, son repli puis sa coupure du monde extérieur.

■ ***Avant de tenir ces perturbations familiales pour déterminantes*** dans l'éclosion de la psychose, il faut tenir compte d'une part des réactions affectives négatives suscitées, souvent à priori, chez les médecins et les psychiatres par les parents des schizophrènes, surtout la mère et d'autre part, de l'impact puis des profonds remaniements provoqués dans l'entourage familial du patient par l'effraction, en lui-même, du processus schizophrénique.

* * *

De l'ensemble de ces considérations il faut, dans l'état actuel de nos connaissances, discuter pour les rejeter, toutes les conceptions exclusives sur l'étiologie et la pathogénie de la schizophrénie : elles ont pour principal inconvénient leur dimension réductrice qui veut qu'à une maladie réponde une cause et une seule. Rien, à ce jour n'est venu démontrer que par un raccourci simple, un dysfonctionnement métabolique provoque, en continuité linéaire, le syndrome de dissociation schizophrénique. A l'opposé, les conceptions psychogénétiques pures, qui postulent l'effet schizophrénogène d'une cellule familiale ou d'une société aliénante, ne sont pas plus convaincantes ; que le projet inconscient de certains parents soit destructeur, des observations le prouvent, mais les constellations familiales et sociales pathogènes sont assez banales et se rencontrent parmi les ascendants d'individus non schizophrènes, à commencer par la fratrie des malades. Aussi une position éclectique est aujourd'hui la seule possible, qui accrédite une conception polyfactorielle circulaire de la schizophrénie, considérée comme « un syndrome ayant une autonomie clinique et une dynamique évolutive propre, à l'origine duquel peuvent jouer différents facteurs : biologiques, héréditaires et acquis, psychogénétiques englobant les avatars du développement de la personnalité prémorbide et les anomalies de relations avec le milieu dans lequel s'est développé et vit le futur malade » (J. Guyotat).

ÉTUDE CLINIQUE

Le polymorphisme clinique des schizophrènes rend particulièrement difficile la présentation de formes typiques dont l'exposé risquerait de ne pas rendre compte des aspects séméiologiques particuliers où s'exprime l'épreuve de déperdition singulière de chaque schizophrène. Aussi préférons-nous envisager successivement les éléments symptomatiques caractérisant le processus schizophrénique, avant de proposer les regroupements séméiologiques les plus couramment rencontrés au cours de l'évolution.

A. – LE SYNDROME DISSOCIATIF

Il représente le trouble capital, celui qui a donné son nom à la schizophrénie (*Schizein* : couper – déchirer ; *phren* : cerveau – pensée) et qui évoque la faille structurale à partir de laquelle s'amorce l'effraction de la personnalité par la psychose. Ce processus de dislocation, de désagrégation est susceptible d'affecter tous les secteurs de la vie mentale et relationnelle : intelligence-affectivité-psychomotricité. Pour l'observateur, cet effondrement brutal ou progressif des rapports du sujet et du monde, cette mise en échec de la communication avec autrui, portent la marque de l'étrangeté, de la bizarrerie, de la **discordance.**

Ce terme, proposé par Chaslin, mieux qu'aucun autre rend compte du paradoxe que réalise la vie psychique du schizophrène : celle-ci paraît fonctionner sur des registres contradictoires, juxtaposant et intégrant des conduites insolites et des affirmations délirantes à une lucidité, voire à des performances logiques tout à fait remarquables. Ce chevauchement anarchique de plans de fonctionnement, s'il donne à l'observateur l'impression d'une fuite, d'un glissement, d'une faillite de la communication, ne doit pas exclure la prise en considération du champ relationnel dans lequel s'instituent le désordre et le chaos de l'idéation schizophrénique. Nombre de symptômes et parmi les plus incongrus ont à la fois valeur défensive contre l'anéantissement et l'angoisse psychotiques, valeur symbolique exprimant des exigences pulsionnelles archaïques, et valeur d'interpellation. La prise en compte de ces éléments doit permettre l'approche et l'écoute du schizophrène dont le discours et le comportement, entachés d'illogisme, d'incohérence, n'en conservent pas moins une signification originale.

Nous envisageons successivement les différents troubles susceptibles de suggérer la dissociation schizophrénique.

a) La dépersonnalisation

C'est la perte du sentiment d'individualité de la personne, affectant l'intégrité somatique corporelle, l'identité, la conscience du Moi psychique et qu'accompagne l'impression d'étrangeté voire de bouleversement total du monde extérieur. Dans la schizophrénie, la dépersonnalisation est contemporaine (cause ou effet ?) d'une *angoisse* particulièrement intense de séparation, de néantisation, de *morcellement* dissociatif. Si l'expérience de dépersonnalisation est soudaine et brutale, elle s'intègre souvent à la symptomatologie polymorphe d'une bouffée délirante (v. chap. 20) ; si elle est d'installation insidieuse, elle conduit à des gestes et à des attitudes témoignant de l'existence d'un vécu corporel épars : contemplation des mains, du visage surtout (longues stations devant la glace : *signe du miroir*). Le doute sur la cohésion des limites corporelles, l'impression d'un changement de forme, de volume des segments du corps, expliquent des vérifications contrôlées par la vue, le palper ou la demande de réassurance à un tiers. Dans les cas extrêmes existe une impression de *dévitalisation* de soi-même et du monde extérieur, avec sensation d'anéantissement, de décomposition, de minéralisation.

b) Les troubles de la pensée

Ils sont considérés, depuis Bleuler, comme fondamentaux, primaires, et éminemment caractéristiques de la schizophrénie.

Il n'existe pas de réel déficit intellectuel, du moins au début : les capacités opératoires peuvent conserver une efficience remarquable dans certains domaines, mais ce qui caractérise l'idéation schizophrénique est l'incapacité fonctionnelle à utiliser les connaissances acquises du fait d'un relâchement fondamental dans l'agencement et la coordination des idées. Le raisonnement logique et déductif perd progressivement son harmonie pour devenir de plus en plus incohérent : comme l'ataxique ne sait plus coordonner ses mouvements en l'absence même de toute paralysie, le schizophrène épuise le cours de ses idées car leur enchaînement subit une *atteinte dynamique* qui en perturbe la progression et le développement. Il existe une *persévération,* une *contamination* par une idée parasite qui persiste, entravant l'enchaînement normal des pensées. Brusquement, le cours de la pensée peut s'accélérer, mais il restera anarchique et discontinu ; l'absence d'axe thématique précis donne l'impression de diffluence. Parfois et brusquement, au milieu d'une phrase qui développe une idée, un thème, ou en réponse à une question, le patient suspend son discours sans raison apparente : c'est le *barrage,* pratiquement pathognomonique du trouble du cours de la pensée schizophrénique. Après cet arrêt, il reprend le même thème ; souvent, il change de sujet et cette déviation s'opère sans que soit ressentie une gêne quelconque. Parfois, s'arrêtant brutalement dans son récit, il énonce qu'il a oublié l'idée qu'il soutenait. On peut rapprocher du barrage le « fading mental » qui est un ralentissement, une stagnation du débit verbal au cours duquel le sujet paraît absent, étranger.

L'incohérence du discours devient totale lorsque des élaborations imaginatives, intuitives et délirantes s'intriquent aux données objectives. L'infiltration par des formulations abstraites rend ultérieurement obscurs et impénétrables les propos du patient. Le *rationalisme morbide* (Minkowski) s'alimente de ratiocinations systématiques, froides et pseudo-logiques, donnant à l'observateur l'impression qu'il lui manque le code de déchiffrage d'une pensée secrète, ésotérique.

c) **Les troubles du langage**

Ils affectent autant le langage oral que les productions graphiques et picturales. Ils traduisent les perturbations du cours de la pensée dont ils sont inséparables. Parfois, s'observent des *états de mutisme* ou de semi-mutisme (entrecoupés de gestes brusques ou d'impulsions verbales) qui, à l'évidence, ont pour fonction de « couper le contact » et de satisfaire les exigences de repli sur soi-même. Fréquemment, se trouve introduit dans le discours du schizophrène un mot-clef, appartenant ou non à la langue, et dont le contenu symbolique est plus ou moins facilement déchiffrable (telle malade affirmait que sa mère et son médecin étaient lors de son hospitalisation en « convenimence » pour l'empoisonner : terme contractant, à l'évidence, les concepts de connivence et de venin ; tel autre, très dissocié énonçait qu'il « s'irridionnait » pour tenter de réunir les morceaux épars de sa personne physique et psychique comparée par lui aux pièces d'un puzzle). Les *altérations syntaxiques* (agrammatisme – paragrammatisme) comme la multiplication des *néologismes* peuvent, dans les formes très évoluées, aboutir à un paralangage absolument hermétique (schizophasie). Les productions picturales du schizophrène livrent, elles-mêmes, un matériel symbolique parfois très riche, souvent aussi remarquablement pauvre, témoignant du foisonnement, de l'extrême contention ou de l'épuisement des productions fantasmatiques.

d) **Les troubles de l'affectivité**

La discordance dans le domaine de l'affectivité a longtemps été confondue avec l'indifférence qu'elle n'est, en fait, pratiquement jamais. Le terme *d'athymhormie,* proposé par Dide et Guiraud, rend compte à la fois de l'émoussement de l'affectivité et de la perte de l'élan vital. L'affectivité du schizophrène est empreinte d'*ambivalence* : chaque pulsion affective véhicule tout à la fois l'amour et la haine, le désir de séduire et celui d'agresser, le désir de fusion et de séparation définitive. L'atonie affective, la froideur, le détachement masquent ou tentent de neutraliser une sensibilité exacerbée requérant une sollicitude et des expériences affectives intenses, mais immédiatement retenues. Il s'ensuit des mouvements instinctivo-affectifs paradoxaux traduisant une incapacité à moduler des affects contradictoires : appels à l'aide immédiatement suivis de refus de contact, sollicitations amoureuses assorties, en retour, de propos ou de gestes hostiles.

La sexualité est très particulièrement marquée de cette distorsion profonde de la relation à autrui : soit qu'elle demeure exclusivement auto-érotique et masturbatoire (souvent privée d'ailleurs de scénario imaginaire), soit qu'elle n'engage le partenaire que comme détenteur du sexe complémentaire, susceptible de procurer des satisfactions génitales brutales et totalement désaffectivisées. Des désirs sexuels normalement réprimés (inceste – homosexualité – érotisme oral – urétral – anal) sont par certains patients exprimés et agis sans aucune retenue et ce d'autant plus qu'il s'agit d'une phase processuelle de la maladie.

e) Les troubles psychomoteurs

La discordance dans le domaine de l'activité psychomotrice est décrite sous le nom de « *catatonie* », ce terme recouvrant nombre de symptômes. Certains sont fréquemment rencontrés : l'indécision du geste, l'indétermination des attitudes, les mouvements automatiques, le maniérisme de la présentation et des gestes. Ces signes surprennent par leur caractère emprunté et affecté et ce d'autant plus que surviennent des *paramimies* (grimaces, sourires immotivés, crispations du visage, mimiques ambigües ou franchement paradoxales). Également fréquentes sont les *stéréotypies* que caractérise la répétition du même mouvement (grattage, balancement de la tête, du tronc) ou du même comportement : faire tous les jours la même lettre, le même dessin, répéter invariablement les mêmes déambulations.

■ Certains ***syndromes catatoniques*** (observés dans des périodes évolutives aiguës ou dans des formes très anciennes) ont une symptomatologie très riche comportant (Baruk) :

- **La catalepsie** qui est la prise en masse des différents segments de membre, avec perte de l'initiative motrice, immobilité et souvent *persévération* des attitudes imposées ou spontanées (le bras reste en l'air, au niveau où on l'a élevé – la main continue de serrer la main que l'on vient de tendre – la tête et le dos ne reposent pas sur le plan du lit : oreiller psychique).
- **Le négativisme** psychomoteur exprime par des attitudes de raideur, d'enfouissement sous les draps, de fermeture des paupières, de contracture des mâchoires, de refus de la main tendue, le désir de repousser tout contact.
- **Des hyperkinésies** (stéréotypies, impulsions verbales ou gestuelles, décharges motrices souvent clastiques) peuvent survenir de manière explosive dans cet état d'inertie psycho-motrice.

- Enfin, ont été décrits des **troubles végétatifs et métaboliques** (perturbations vaso-motrices, œdèmes, troubles des sécrétions) dans les formes majeures de stupeur catatonique.
- **Une des caractéristiques de cette séméiologie catatonique,** n'en est pas la moins paradoxale : c'est la possibilité de sa suspension temporaire ou définitive, d'un instant à l'autre, qu'un stimulus extérieur soit ou non intervenu. S'observent aussi des phénomènes témoignant d'une *suggestibilité* très surprenante : le malade reproduit les gestes que vient de faire quelqu'un devant lui (*échopraxie* ou *échokinésie*), imite les expressions du visage de ses voisins (*échomimie*), répète immédiatement les paroles entendues (*écholalie*).

B. – LE SYNDROME DÉLIRANT

Le remaniement fondamental et structural qu'impose au sujet la mutation schizophrénique n'entraîne pas toujours et exclusivement l'allure déficitaire qui était classiquement décrite. En contrepoint des symptômes dissociatifs primaires s'instaurent, chez de nombreux schizophrènes, certaines élaborations secondaires qui viennent soit souligner la dépossession de soi et du monde dans un repli narcissique plus ou moins clôturé, soit dériver dans des organisations délirantes polymorphes.

a) **L'autisme schizophrénique**

Défini par Minkowski comme « la perte de contact vital avec la réalité » l'autisme est, en fait, moins une rupture totale et définitive de l'appréhension des données du réel qu'une tentative plus ou moins réussie de fuite ou de réaménagement des rapports du sujet et du monde extérieur. Dans la dramatique du schizophrène, marquée par la fragmentation et le morcellement, prévalent les mécanismes de dénégation et de projection ; le clivage du Moi, le retrait des relations objectales vécues comme menaçantes, tentent de réaliser une restauration narcissique, seule susceptible d'annuler l'angoisse, les assauts pulsionnels amoureux ou destructeurs et la peur sans cesse provoquée par le monde extérieur éparpillé en fragments projetés. Le mouvement autistique tend, en altérant la notion de réalité, à aliéner le schizophrène dans le labyrinthe de ses fantasmes, en un vécu intemporel et en un lieu dont l'accès est *apparemment* inabordable. Par conséquent, derrière l'hermétisme et la mort psychique apparente, persistent une vigilance intellectuelle et des foyers instinctivo-affectifs susceptibles d'être utilisés dans une approche thérapeutique.

b) **Les manifestations délirantes**

Les manifestations délirantes des schizophrènes n'ont pas de particularités spécifiques en ce qui concerne leurs thèmes et leurs mécanismes. L'extériorisation du délire procède habituellement du syndrome d'automatisme mental :

la pensée est entravée, volée, contrariée, répétée en écho ou parasitée par des commentaires ironiques ou méprisants. Les actes sont commentés ou imposés par des ordres émanant de tiers connus ou inconnus.

- Cette mécanisation de la vie psychique s'accompagne souvent d'un *syndrome hallucinatoire psycho-sensoriel :* hallucinations auditives verbales surtout, mais aussi olfactives, visuelles et très fréquemment cénesthésiques ; sensations étranges de courants électriques, de douleurs en éclair, d'attouchements voluptueux intéressant essentiellement les organes génitaux, mais aussi le ventre.
- *Les autres mécanismes* générateurs du délire sont souvent présents : intuitions, interprétations, productions imaginaires débordantes mais à contenu très abstrait. Quant aux thèmes délirants, s'ils sont eux aussi très polymorphes, il faut remarquer la fréquence des thèmes persécutifs, mégalomaniaques, érotomaniaques, mystiques, hypocondriaques.

Très caractéristique de la schizophrénie est par contre l'inorganisation du délire. Le terme de « *délire paranoïde* » appartient en propre à cette affection et implique l'absence de structure, de liens cohérents entre les différents thèmes ; ceux-ci restent marqués par l'illogisme, la non systématisation et l'adhésion parfois relative, donnant au discours délirant une impression de *flou,* de bizarrerie, d'imprécision, alors même que la dissonance idéo-affective paraît très profonde.

Sur le plan évolutif, l'expression délirante dans la schizophrénie emprunte des formules très variées : soit expériences délirantes polymorphes successives laissant entre elles une personnalité perturbée à des degrés très divers, soit évolution continue sur un mode délirant permanent (schizophrénie paranoïde).

C. – LES TROUBLES DES CONDUITES

L'importance des perturbations psychiques pluri-focales provoquées par le processus schizophrénique laisse à penser qu'au niveau des conduites sociales du patient s'observeront également des désordres majeurs :

■ L'aboulie, le désintérêt, l'inertie expliquent des dégagements parfois très brusques constatés au niveau des activités scolaires ou professionnelles, des responsabilités familiales qui jusqu'alors pouvaient passer pour très investies. Souvent l'ambivalence et la perte de l'élan vital figent toute velléité d'entreprendre les actes, mêmes les plus courants de la vie quotidienne. Il s'ensuit un ***apragmatisme*** plus ou moins total parfois émaillé de comportements insolites marqués par l'instabilité, les intentions rapidement avortées, les projets farfelus.

■ L'incohérence affective, l'impulsivité, les crises de dépersonnalisation anxieuse conditionnent aussi la fréquence des ***gestes suicidaires :*** certains surprennent par leur caractère compliqué ou étrange, d'autres répondent à des raptus imprévisibles au cours d'accès de « néantisation ». Les tentatives de suicide sont très fréquentes chez les schizophrènes (mais pas chez tous) et nombre d'entre eux, qui supportent particulièrement mal leur détérioration, réussissent un jour leur suicide. On peut rapprocher des gestes suicidaires d'autres conduites très pathologiques possibles chez les schizophrènes : auto-mutilations, émasculations et, plus souvent encore, comportements masochiques (brûlures de cigarettes sur le corps, entailles cutanées multiples, etc.).

■ Il faut rappeler aussi les ***actes hétéroagressifs*** qui frappent par leur caractère subit, impulsif ; leur fréquence est rare. Certains meurtres d'apparence immotivée ont un contenu symbolique exprimant avec une violence extrême la psychodynamie des conflits inconscients (meurtre de la mère ou du père ou d'un personnage qui représente leur substitut).

D. – LES TESTS PSYCHOLOGIQUES DANS LA SCHIZOPHRÉNIE

Leur intérêt pour le diagnostic de schizophrénie est d'autant plus grand qu'il s'agit de formes pauci-symptomatiques ou de formes de début. Le syndrome dissociatif est souvent patent à l'examen psychométrique, alors que cliniquement il paraissait discutable ; le test doit cependant s'insérer dans un examen complet, adapté à chaque cas, et ses résultats seront discutés entre le psychologue et le médecin.

■ ***Les tests d'efficience intellectuelle*** n'ont qu'un intérêt réduit dans les formes où se pose un problème diagnostique. En effet, si la constatation d'une détérioration intellectuelle est assez courante dans les formes hébéphréniques, les scores peuvent rester satisfaisants dans les autres formes cliniques.

■ ***Les test de personnalité*** sont beaucoup plus intéressants à cause de la précocité de leurs altérations :

- **le questionnaire de personnalité M.M.P.I.** offre souvent un profil caractéristique « qui ne conduit que très exceptionnellement à un faux diagnostic positif » (J. Perse) : anomalies importantes de la « tétrade psychotique » avec configuration particulière de cette tétrade.
- **le test de Rorschach** peut être d'un apport fondamental pour le diagnostic de la schizophrénie lorsqu'il permet d'appréhender d'une part les éléments témoignant de la dissociation, d'autre part les mécanismes intervenant dans la pensée schizophrénique : rationalisme – contamination – abstraction – faillite des processus de refoulement – brutalité des réponses à contenu sexuel, anatomique, obstétrical.

ÉVOLUTION DES SYNDROMES SCHIZOPHRÉNIQUES

Nous proposons d'exposer brièvement les principales formes cliniques de la schizophrénie, en privilégiant la perspective évolutive. Ce choix nous paraît correspondre aux questions qui se posent pratiquement au psychiatre. Chez un sujet jeune, devant une bouffée délirante, un syndrôme dépressif, un fléchissement du rendement intellectuel, quels sont les risques d'évolution dissociative ? Devant une symptomatologie schizophrénique productive ou déficitaire confirmée les thérapeutiques vont-elles permettre une certaine adaptation, voire une « guérison » stable et satisfaisante, favoriser une évolution périodique ou des aménagements pseudo-névrotiques ou à l'inverse, seront-elles impuissantes à empêcher l'installation de syndrômes très déficitaires, voire démentiels ? En terme commun à toutes les formes cliniques de la schizophrénie, il faut insister sur le fait que, si l'évolution de cette affection peut se faire d'une seule tenue après un mouvement primordial qui enclenche une fois pour toutes le processus dissociatif, très souvent des *phases* évolutives processuelles se succèdent, laissant entre elles des rémissions symptomatiques plus ou moins complètes. Les formes discontinues étaient décrites avant l'utilisation des neuroleptiques : elles se sont multipliées depuis leur introduction (75 à 80 % des cas).

A. – LES FORMES DE DÉBUT

Leur individualisation est d'une portée pratique considérable, actuellement corrélative de l'élaboration d'un projet thérapeutique.

■ Il est des formes à ***début brutal,*** explosif : ce sont essentiellement les expériences délirantes et hallucinatoires aiguës (bouffées délirantes polymorphes – états oniroïdes) qui posent le problème de leur signification et de leur devenir ; la profondeur de la dépersonnalisation, l'angoisse de néantisation, la connaissance d'une personnalité prémorbide schizoïde, la résolution incomplète des symptômes productifs après un traitement correct sont retenus comme des éléments péjoratifs. Une symptomatologie d'allure maniaque ou dépressive, la survenue d'un syndrome confuso-onirique peuvent être inauguraux. Ils conduisent à une intervention psychiatrique rapide et par conséquent à la surveillance de leur évolution.

■ ***Les formes torpides et progressives*** sont très différentes : l'insidiosité de la mutation schizophrénique, les troubles du comportement mis sur le compte de l'originalité ou d'un parti-pris de contestation font que l'adolescent est souvent examiné alors que le syndrome dissociatif est déjà profond. L'examen du psychiatre a parfois été précédé de consultations auprès de conseillers pédagogiques, de spécialistes de l'orientation scolaire ou professionnelle, etc. Les aspects séméiologiques les plus fréquemment rencontrés dans ces débuts insidieux sont les suivants :

- **baisse du rendement intellectuel :** échec surprenant à un examen ou à un concours chez un sujet brillant, abandon d'un emploi.
- **modifications du caractère :** humeur morose, hostilité au milieu familial, tendance à l'isolement, aux ruminations boudeuses ;
- **renoncement à des activités de loisirs** jusqu'alors très investies (musique – sport – lecture – voyages) sans qu'une justification plausible soit donnée ;
- à l'inverse, **engouement subit pour l'occultisme,** la magie, des sectes religieuses, des sciences ésotériques : actuellement, s'observe souvent l'entrée dans des communautés plus ou moins marginales et désocialisées, où le jeune schizophrène ne se trouvera que provisoirement intégré. A ce stade de l'évolution, la consommation occasionnelle et a fortiori régulière de « drogues » peut avoir valeur d'auto-médication contre une angoisse envahissante mais peut surtout précipiter la dislocation de la personnalité ;
- **certains troubles d'allure névrotique** peuvent également s'observer ;
- *symptomatologie anxieuse* généralement assez floue et extensive : l'angoisse et la peur sont sollicitées pour des raisons abstraites (crainte que la terre ne s'arrête de tourner, que le sommeil n'entraîne la mort) ou déréelles (peur d'une contamination vénérienne, d'une désintégration de la planète) ; elles prennent parfois une allure *pseudo-phobique,* en particulier lorsqu'elles sont sous-tendues par des idées de référence dont on sait la fréquence au début de la maladie : sentiment d'être observé et dévisagé dans la rue, les transports en commun, impression d'une hostilité de l'ambiance ;
- *symptomatologie obsessionnelle :* progressivement, le sujet est assiégé de doutes, s'oblige à des lavages multiples dans un but de purification. Les obsessions ne sont pas indexées de leur dimension de lutte anxieuse, habituelle dans un registre névrotique ;
- *symptomatologie hystérique* à type de crises, de douleurs erratiques, de malaises ou plus souvent de troubles alimentaires : anorexie, boulimie ou alternance successive de ces conduites anormales ;
- *symptomatologie hypocondriaque* plus souvent encore : il s'agit de patients qui se préoccupent sans cesse davantage du fonctionnement et de l'intégrité de leur corps. C'est essentiellement la fonction digestive qui est en cause ; les plaintes ont trait à une impression de dérèglement, d'intoxication par des mauvais produits alimentaires ; une pseudo-constipation opiniâtre peut justifier l'abus de laxatifs, l'observance de régimes compliqués d'inspiration

naturiste. Certaines préoccupations concernent les organes ou la fonction sexuels : conviction de grossesse, impression d'avoir une verge qui s'atrophie, voire autant chez la fille que le garçon le sentiment d'une non différenciation sexuelle. A travers ces plaintes hypocondriaques se dénoncent l'étrange disjonction de l'image du corps et l'impression de métamorphose viscérale.

Il faut insister ici sur le relief que prennent, chez l'adolescent, les *préoccupations dysmorphophobiques :* il s'agit de la crainte obsédante d'être laid et plus précisément dans ce registre d'avoir une partie du corps ou un organe particulièrement disgracieux, voire rebutants pour les autres. Cette polarisation bientôt exclusive de toutes les préoccupations concerne surtout le nez mais aussi les seins, les yeux, les doigts parfois. Ces troubles vont souvent motiver des demandes d'interventions chirurgicales esthétiques qui, loin d'entraîner un soulagement de l'angoisse, risquent de précipiter *la dépersonnalisation.*

Les formes à début lent et progressif conduisent souvent tard à la consultation psychiatrique : le diagnostic de schizophrénie est peu douteux devant un adolescent au contact froid et distant, qui exprime ses plaintes ou sa difficulté d'être avec détachement et désintérêt. Souvent les troubles sont moins nets ou semblent compréhensibles si l'on tient compte d'éléments qui ont pu interférer gravement dans le développement d'une personnalité adolescente ; il faut alors procéder à une enquête approfondie sur les antécédents, répéter les entretiens (la pathologie névrotique, réactionnelle ou relationnelle du sujet jeune étant souvent très plastique et résolutive), ne pas négliger l'examen somatique général (toujours susceptible de découvrir une cause organique, endocrinienne ou neurologique), demander des *tests psychométriques* qui trouvent, ici, une place de premier rang du fait de la précocité de leurs altérations. Il faut cependant remarquer que les résultats normaux d'un examen psychométrique n'excluent nullement la possibilité d'une schizophrénie.

B. – LA SCHIZOPHRÉNIE SIMPLE

Elle est réalisée par un mouvement très lent et insidieux de désorganisation dissociante : celle-ci se démarque peu chez des sujets ayant une *personnalité schizoïde,* réservée et timide, préférant l'isolement aux contacts inter-personnels et choisissant toujours la démission et l'effacement plutôt que l'affrontement. C'est lorsque se développe le récit de leur histoire, plus souvent obtenu de l'entourage que du sujet lui-même, que prennent un sens inquiétant des bizarreries de comportement, une aspontanéité, des périodes d'apragmatisme total, de clinophilie, une indifférence affective à l'occasion de séparations ou de deuils. La personnalité de ces schizophrènes est marquée par l'indétermination, la pauvreté des relations affectives, l'absence d'investissements, la neutralité de l'humeur. Leur vie est organisée de manière stéréotypée et ritualisée, bénéficiant souvent de la tolérance surprenante d'un parent ou d'un conjoint. Les formes pauci-symptomatiques, à l'autisme pauvre, ne sont pas à l'abri d'esclandres ou d'explosions franchement discordants. Elle peuvent constituer aussi une modalité évolutive de formes initialement plus productives : *schizophrénies résiduelles.*

C. – LA SCHIZOPHRÉNIE PARANOÏDE

Elle représente une modalité évolutive relativement riche puisque comportant à la fois une désunion profonde de la personnalité et une activité délirante permanente. Celle-ci succède à une ou plusieurs expériences délirantes aiguës *(moments féconds)* qui mettent radicalement en échec les relations du Moi au monde ; progressivement le délire perd de son expressivité, stagne et imprègne le système de croyances, le jugement infléchissant vers la subjectivité et l'abstraction toute l'appréhension du réel. Le délire paranoïde chronique est spécifique de la schizophrénie : les thèmes (de persécution, d'influence, de métamorphose corporelle, de possession, de jalousie) et les mécanismes (interprétatifs, imaginatifs, hallucinatoires) n'ont ici rien d'original, alors que *l'absence de structure et d'organisation est caractéristique.* Le délire paranoïde est flou, diffluent, sans axe thématique privilégié, subissant des contaminations et des dispersions multiples. Dans les évolutions non traitées, ce délire s'enlise et s'appauvrit, devenant de moins en moins compréhensible, tout entier inscrit dans le repliement autistique.

D. – L'HÉBÉPHRÉNIE

Elle est la résultante la plus massive et la plus profonde du potentiel destructurant du processus dissociatif. Forme clinique marquée par l'insidiosité de son début, la pauvreté ou l'absence de délire, l'importance de la *discordance* dans les secteurs de la pensée, de l'intelligence, du langage, de l'affectivité, aboutissant à plus ou moins long terme à un déficit global donnant à l'observateur l'impression d'une dévitalisation et d'un anéantissement irrémédiables. Cette évolution vers l'appauvrissement et parfois vers une détérioration d'allure démentielle, est assez peu accessible aux thérapeutiques actuelles, encore que des améliorations remarquables puissent s'observer chez des hébéphrènes qui paraissaient condamnés à finir leurs jours à l'hôpital psychiatrique.

E. – L'HÉBÉPHRÉNO-CATATONIE

Elle représente l'expression conjointe du vide hébéphrénique et de signes de la série catatonique. Ici, la discordance affecte également la psychomotricité ; outre le maniérisme de la mimique et des attitudes, s'observent des conduites d'opposition, de négativisme (refus de tendre la main, d'ouvrir les yeux, de manger), des stéréotypies gestuelles plus ou moins complexes et parfois un refuge dans une attitude cataleptique globale (immobilité de gisant, repli du corps en fœtus). Cette expression catatonique est rarement permanente, terminale et définitive ; beaucoup plus souvent, elle survient par séquences périodiques plus ou moins résolutives.

F. – LES FORMES PSEUDO-NÉVROTIQUES

Elles réalisent des aspects symptomatiques actuellement souvent rencontrés ; ils posent des problèmes diagnostiques parfois insolubles avec des états limites ou des états névrotiques graves. Ces formes pseudo-névrotiques, décrites en France par Claude sous le nom de « schizoses » dès 1924, ont été ensuite reprécisées dans leurs aspects séméiologiques par Hoch et col., à partir de 1949. A leur propos, d'autres auteurs parlent de « schizophrénies latentes », de « schizophrénies ambulatoires », de « formes frustes de la schizophrénie ». Dans ces formes, existent à la fois une symptomatologie schizophrénique *primaire,* réduite mais nécessairement présente (troubles du cours et du contenu de la pensée, troubles de la symbolisation, baisse de l'attention, de la concentration, fléchissement de l'élan vital) et une symptomatologie *secondaire,* dominée par l'anxiété et des troubles névrotiques de registres très divers.

Les descriptions symptomatiques des schizophrénies pseudo-névrotiques sont infiniment variées. Il faut insister sur *l'importance des troubles de l'affectivité ;* plus encore qu'une ambivalence, il existe une *polyvalence* dans les conduites affectives. Successivement et d'une manière paradoxale, le sujet paraît froid, distant, réservé sinon indifférent, puis impulsivement caustique, brutal, et même violent ; à d'autres moments, dominent l'hypersensibilité, une susceptibilité « à fleur de peau » provoquant des réactions de joie ou de colère tout à fait démesurées. Cette mauvaise modulation affective et cette distorsion émotionnelle surprennent et éprouvent toutes les relations interpersonnelles ; elles sont toujours sous-tendues par une anxiété diffuse (*pananxiété*), de degré très variable oscillant de l'inquiétude imprécise à la crise de terreur-panique. Quasiment permanente elle se trouve réactivée par des stimuli dérisoires.

Une inflexion séméiologique particulière se retrouve chez certains malades : le développement considérable de la *rêverie* qui progressivement infiltre toute l'activité psychique du sujet ; celui-ci entièrement fasciné par le déploiement de son imaginaire, s'étonne que ses désirs fantasmatiques ne se transforment pas en réalité. Les mécanismes psychotiques de déni de la réalité et de projection sont en partie désamorcés puisque la réalisation des désirs sous forme d'hallucinations ou d'émergences délirantes ne dépasse pas le stade de la rêverie.

■ ***La symptomatologie névrotique*** est protéiforme, variable d'une période à une autre et souvent mixte (*pannévrose*) :

- **La symptomatologie obsessionnelle** renonce à négocier avec les exigences de la réalité pour privilégier l'interrogation passive à propos de situations ou d'idées délirantes qui se présentent à l'esprit (telle malade se sent en permanence surveillée et critiquée par Racine : pour résister à la contrainte de cet observateur, elle se récite mentalement et d'une manière quasi-automatique des séquences entières du « Cid ». Les vers de Corneille sont pour elle seuls susceptibles de parasiter la surveillance racinienne. Tel autre dévide des litanies et des prières « pour que le diable ne prenne pas ses pensées »). Les conduites *compulsives* sont également fréquentes : nécessité de rangement, d'accumulation d'objets pour les collectionner (minéraux, boîtes d'allumettes, feuilles mortes).

- **Les formes pseudo-hystériques** comportent assez rarement une symptomatologie très expressive dans le registre somatique (pertes de connaissance, astasie-abasie, dysphonie) ; par contre l'utilisation de mécanismes psychologiques (états seconds, histrionisme, tendance à la fabulation, troubles du caractère) est plus fréquente. Leur implication relationnelle et symbolique paraît souvent peu compréhensible : à l'inverse, la problématique œdipienne ou pré-œdipienne est parfois exprimée librement sans qu'interviennent les mécanismes de refoulement et de censure habituels dans le registre névrotique.

- Les schizophrénies comportant une **symptomatologie phobique atypique** sont également fréquentes. Il s'agit habituellement de phobies extensives *(panphobies)* dont le contenu symbolique est imprécis et pour lesquelles les conduites d'évitement ne parviennent que très imparfaitement à contrôler l'angoisse (phobies des contacts cutanés, peur de rougir en public, de dégager de mauvaises odeurs, peur des maladies, de l'au-delà, de la mort).

■ ***En terme commun à ces « pseudo-névroses schizophréniques »*** (Hoch), il faut dire encore que :

- **l'existence de symptômes névrotiques** témoigne d'une lutte contre l'angoisse dissociative et d'un dégagement plus ou moins stable et réussi de la personnalité dans des compromis partiels, mais plus économiques et moins destructurants que le vide hébéphrénique ;
- **leur évolution se fait sur un mode plus souvent phasique que continu.** Les crises ou « schizomanies » comportent une forte saturation en éléments psychotiques (désorganisation conceptuelle, dépersonnalisation, automatisme mental) ; entre elles, le sujet fonctionne sur un mode pseudo-névrotique ;

- **leur fréquence actuelle** paraît liée aux interventions thérapeutiques précoces qui, en limitant la désagrégation psychique, permettent ces niveaux d'ajustement.

G. – LES FORMES DYSTHYMIQUES

Ce sont des formes qui comportent une symptomatologie dépressive, maniaque ou mixte et qui évoluent sur un mode intermittent et périodique. Pour les définir, Kasanin a proposé le terme de « schizophrénies affectives ». Elles posent la question des relations entre la schizophrénie et la psychose maniaco-dépressive. De différents travaux (Cohen et coll. – Clayton et coll. – Vaillant) relatifs aux formes dysthymiques de schizophrénie et à leurs rapports avec la schizophrénie nucléaire d'une part, la psychose maniaco-dépressive d'autre part, on peut retenir que :

- **l'hérédité familiale** des patients présentant une schizophrénie affective est plus chargée en troubles de l'humeur que celle des schizophrènes non dysthymiques, sans qu'une entité génétique différenciée puisse être affirmée ;
- **le pronostic** de ces formes dysthymiques paraît meilleur que celui des formes classiques (hébéphréniques – paranoïdes – hébéphréno-catatoniques). Le lithium pourrait avoir une action favorable.

Les formes périodiques de la schizophrénie, envisagées dans une perspective diachronique, sont caractérisées par la succession d'épisodes dissociatifs aigus (à expression délirante et/ou catatonique) intriqués à des signes de la série maniaco-dépressive (généralement expansifs pendant l'épisode aigu et dépressifs à son décours). L'évolution des schizophrénies affectives est rémittente, cyclique, laissant entre les accès une personnalité peu profondément altérée et dissociée. Une réserve doit être faite sur le pronostic a priori plus favorable de ces formes : le taux de suicides réussis paraît très spécialement élevé lors des phases dépressives per ou post-psychotiques aiguës.

H. – L'HÉBOÏDOPHRÉNIE

Sa description initiale par Kahlbaum a ensuite été reprise par Rinderknecht, Halberstadt et Guiraud. Il s'agit de formes évoluant sur un mode de *déséquilibre psychopathique ;* les troubles du caractère, l'oppositionisme, l'impulsivité, les comportements anti-sociaux (vagabondage, escroqueries, violences), coexistent avec un appauvrissement idéique progressif, un autisme morose, des conduites paraissant inadaptées et bizarres en référence à la délinquance même. L'existence spécialement turbulente des héboïdophrènes est émaillée d'émergences délirantes, d'accès catatoniques, d'épisodes dysthymiques avec tentatives de suicide, abus alcooliques, consommation de drogues.

TRAITEMENT

Le traitement des schizophrènes intègre actuellement l'apport considérable des chimiothérapies aux techniques psychothérapiques et sociothérapiques. Il est vain de penser que l'on puisse réduire l'abord d'un schizophrène à une thérapeutique exclusivement chimique, relationnelle ou sociale. Il faut savoir que toute prescription médicamenteuse constitue un acte psychothérapique ou institutionnel. Par la chimiothérapie, on modifie des symptômes qui caractérisent une personnalité et son histoire et on transforme également la relation psychologique en réduisant les symptômes qui spécifient les rapports du schizophrène à ses proches et à son milieu, que cette relation soit délirante, autistique ou médiatisée par une angoisse profonde. Il ne s'agit pas pour autant de renoncer à prendre en compte l'impact pathogène de certaines organisations familiales ou de certaines situations sociales ; il faut, au contraire, repérer celles où une action mobilisatrice paraît possible. Le traitement d'un schizophrène impose en effet de considérer, pour les utiliser, les multiples paramètres que constituent, au même titre que la symptomatologie initiale, les avatars de l'histoire personnelle, les relations familiales et sociales, les remaniements psycho-pharmacologiques et la polyvalence des implications psychothérapiques.

Le *projet thérapeutique* doit être défini et explicité au patient lui-même et aux tiers concernés. Seront en particulier envisagés les points suivants : les conditions dans lesquelles sera organisée la relation avec le patient, l'intervention éventuelle d'un psychothérapeute, l'effet espéré des thérapeutiques, le lieu de soins qui pourra accueillir le malade, les rapports qui interviendront avec le médecin traitant, les organismes de Sécurité Sociale ou les bureaux d'Aide Sociale. Dans certains cas, sera discutée l'opportunité d'une orientation vers une institution à vocation sociothérapique ayant pour but le réentraînement au travail (Centre d'Aide par le Travail, Atelier Protégé) ou vers des structures de soins particulières (hôpital de jour, clubs thérapeutiques, hopital de nuit, etc.).

Nous sacrifions ici l'exposé des méthodes thérapeutiques, biologiques, psychologiques, sociales proposées au schizophrène, en renvoyant au chapitre sur les traitements. Ceux-ci n'ont rien de spécifique même si en face d'un schizophrène, ils nécessitent plus que dans d'autres domaines de la pathologie mentale des aménagements particuliers. Nous dirons seulement que les neuroleptiques, de par leur action suspensive et réductrice des principaux symptômes psychotiques, sont les psychotropes électivement prescrits, que la psychothérapie complémentaire n'a pas pour fonction première l'éradication des symptômes mais la modification de la structure psychotique. En s'inspirant du modèle psychanalytique, de multiples approches psychologiques sont proposées aux schizophrènes (psychanalyse individuelle – psychothérapie intensive – psychothérapie de groupe – psychodrame) ; si leur valeur théorique est grande, leur portée pratique est actuellement limitée par le petit nombre de patients qui peuvent bénéficier de telles techniques.

Les modalités de la cure seront différentes selon qu'il s'agit de traiter des schizophrènes ayant une symptomatologie très productive (épisodes aigus, syndromes délirants thymiques ou anxieux, souvent intermittents) ou des schizophrènes ayant une symptomatologie essentiellement déficitaire (forme hébéphrénique à évolution lente et insidieuse où dominent l'apragmatisme, la dissociation, l'athymhormie).

LE TRAITEMENT DES SCHIZOPHRÉNIES A SYMPTOMATOLOGIE AIGUE

Il s'adresse à un patient en période d'efflorescence de la maladie. Dans un nombre important de cas, l'agitation psycho-motrice, l'existence d'un délire très productif, la désorganisation conceptuelle, l'insomnie, les thèmes dépressifs font proposer une hospitalisation. Celle-ci a, de nos jours, perdu de sa potentialité aliénante dans la plupart des institutions. La prescription d'une chimiothérapie va journellement transformer l'expérience vécue du schizophrène dans la conscience qu'il a de lui-même et de ses rapports avec le monde extérieur.

■ Pour le ***choix d'un neuroleptique,*** l'expérience et l'habitude du thérapeute prendront souvent le pas sur des critères objectifs. Certains associent, d'emblée ou secondairement, des neuroleptiques entre eux (dans la plupart des cas, un sédatif et un incisif) espérant ainsi en élargir le spectre d'activité. Au début, la voie intra-musculaire est préférée pour son action plus rapide ; les correcteurs des effets extra-pyramidaux et neuro-végétatifs, les anxiolytiques, les hypnotiques étant donnés par voie orale. La posologie sera établie de manière progressive et quotidiennement adaptée à l'état du malade. Dans les formes où prédominent l'anxiété, la dépersonnalisation, l'invasion délirante, les perturbations affectives, on prescrira généralement du *Largactil* ou du *Nozinan.* Dans les formes délirantes paranoïdes et surtout lorsqu'existe un syndrome hallucinatoire, l'*Haldol* injectable est particulièrement indiqué. Dans les épisodes catatoniques, l'attitude opposante et négativiste du schizophrène invite à la prescription de neuroleptiques incisifs, à action désinhibitrice (*Majeptil, Terfluzine, Moditen, Piportil*). Au cours de la première étape thérapeutique, l'objectif immédiat est de réduire les symptômes les plus douloureusement ressentis par le malade. La psychothérapie, nécessairement brève et de soutien, se limite à l'abord des problèmes actuels de la vie du patient, en les replaçant autant que possible dans la réalité. Parallèlement, une information objective et des entretiens seront proposés à la famille, afin que celle-ci ne se trouve pas exclue du processus thérapeutique.

Lorsque les symptômes psychotiques sont, au moins partiellement, réduits et n'interfèrent plus avec la possibilité pour le schizophrène de communiquer avec autrui, les doses de neuroleptiques initialement prescrites seront très progressivement réduites en procédant par paliers successifs (un intervalle de huit jours, entre chaque diminution, paraît indispensable). La réémergence des symptômes conduit à reprendre une posologie plus élevée. Il faut savoir composer avec l'équilibre psychique du sujet, sans cesse remanié par le processus psychotique et l'action conjointe de la thérapeutique ; plutôt que de vouloir abraser la totalité des symptômes, il faut pouvoir supporter la persistance d'un certain degré de dépersonnalisation, la poursuite d'une activité délirante concernant certains secteurs. En effet, plutôt que d'augmenter le traitement ou de changer de neuroleptique, mieux vaut ici poursuivre la psychothérapie, instaurer une prise en charge sociothérapique car la qualité de l'amélioration n'est pas en rapport direct avec l'importance de la rémission symptomatique. A ce stade de l'évolution, sont fréquemment constatés des états dépressifs peu thématisés, souvent associés à une asthénie importante, une bradypsychie, un apragmatisme, des troubles de la concentration ; les risques de suicide sont tout à fait réels. La prescription d'anti-dépresseurs (*Anafranil* surtout) associée au traitement neuroleptique, peut aider à franchir ce cap difficile.

■ Dans la plupart des institutions psychiatriques, il est actuellement possible de donner aux malades des ***permissions,*** des ***sorties*** dans leur famille, celles-ci étant très utiles avant la fin de l'hospitalisation. Si le relai de la surveillance du traitement doit être assuré par le généraliste, il est souhaitable que celui-ci soit venu rendre visite à son patient pendant l'hospitalisation afin de réaliser au mieux une continuité de la prise en charge.

■ A la fin de l'hospitalisation commence la ***période de post-cure,*** contemporaine de la resocialisation. Il faut à ce stade que le patient et surtout l'entourage familial soient convaincus de la nécessité de la poursuite de la chimiothérapie. Celle-ci est absolument indispensable pendant une durée de six à douze mois, même après une première poussée à symptomatologie aiguë. Le maintien de la chimiothérapie neuroleptique pendant plusieurs années est impératif si plusieurs épisodes psychotiques aigus se sont succédé, s'il n'existe pas d'événements déclenchants précisément retrouvés et si a fortiori persiste une symptomatologie résiduelle. L'interruption du traitement a dans la majorité des cas pour conséquence la survenue d'une rechute dans des délais variables, parfois après une période trompeuse de plusieurs mois d'apparente guérison. Pendant cette cure d'entretien, la posologie du neuroleptique prescrit sera, en général, réduite à la dose minima permettant un contrôle de la symptomatologie psychotique. Dans la poursuite de la cure, il est très important de tenir compte des préférences et des réticences du patient ou de son entourage : un neuroleptique qui procure des effets latéraux gênants (dyskinésies, prise de poids, impuissance sexuelle) a beaucoup de chance d'être un jour ou l'autre interrompu. Dans cette perspective, la moindre contrainte qu'est l'administration d'un *neuroleptique à durée d'action prolongée,* acquiert de grands avantages pour une cure au long cours.

LE TRAITEMENT DES SCHIZOPHRÉNIES A ÉVOLUTION DÉFICITAIRE

Souvent il s'agit comme nous l'avons dit de formes reconnues tard alors que le fléchissement de l'activité est important, le désinvestissement profond, la dissociation ayant infiltré tous les secteurs du comportement. La prise en charge psychothérapique et sociothérapique est difficile, car il s'agit de patients à priori très peu ouverts à une relation extérieure. Certaines formes sont compatibles avec des soins uniquement ambulatoires ; dans d'autres cas la décision d'une hospitalisation doit être prise lorsque l'apragmatisme est total, confinant le patient au lit ou dans sa chambre, la situation étant d'autant moins mobilisable que la tolérance de l'entourage a été grande. L'insulinothérapie (cure de Sakel) est plus utilisée d'emblée par certains praticiens. Le plus souvent, sont prescrits d'abord des neuroleptiques incisifs. Ils sont administrés à doses progressives et rapidement élevées ; ils seront maintenus longtemps, permettant une lente levée des inhibitions, une amélioration du repli autistique autorisant alors un abord psychothérapique individuel ou de groupe. L'action des neuroleptiques, dans ces formes déficitaires ou résiduelles de schizophrénie initialement peu bruyantes, est lente, progressive, incomplète. Sont tout particulièrement utiles ici des mesures thérapeutiques auxiliaires : thérapie occupationnelle, ergothérapie, précédant, lorsqu'une sortie est possible, l'admission dans un hôpital de jour ou un atelier protégé pour un réentraînement au travail. A ce prix, certains hébéphrènes, pour lesquels un pronostic initialement défavorable avait été porté, voient leur avenir s'engager vers une restauration satisfaisante de leurs relations interpersonnelles.

* * *

Au total, l'abord thérapeutique des schizophrènes a considérablement bénéficié de l'apport de la chimiothérapie neuroleptique dont l'utilisation tend à s'extraire d'un empirisme qui gênait la collaboration des psychopharmacologues et des psychiatres. La prise en soins d'un schizophrène ne peut se concevoir, actuellement, que dans une perspective pluri-dimensionnelle. L'association à la chimiothérapie des méthodes psychothérapiques permet d'enregistrer une proportion de « guérisons sociales » de plus de 50 %. Les améliorations se font parfois à un très bon niveau ; les évolutions sur un mode pseudo-névrotique, pseudo-psychopathique ou empruntant une symptomatologie dysthymique et une allure cyclique sont actuellement fréquentes, posant des problèmes nouveaux de prise en soins.

BIBLIOGRAPHIE

BLEULER (E.). — *Dementia Praecox oder Gruppe der Schizophrenien.* Handbuch der Psychiatrie. Aschaffenburg. Leipzig. 1911.

GUYOTAT (J.). — *Les schizophrénies.* Les Monographies médicales et scientifiques Edit. J. Garnier. 1963.

KAHLBAUM (K.-L.). — *Catatonia.* The Johns Hopkins University Press. Baltimore. Maryland. 1973.

KRAEPELIN (E.). — *Leçons cliniques sur la démence précoce et la psychose maniaco-dépressive.* Coll. Rhadamante. Privat. Toulouse. 1970.

LAING (R.-D.). — Le Moi divisé. Stock. 1970.

LIDZ (T.), FLECK (S.) and CORNELISON (A.). — *Schizophrenia and the Family.* Internat. Universities Press. New York. 1965.

MAY (Ph.). — *Treatment of schizophrenia.* Science House. New York. 1968.

Problems of Psychosis. — *International Colloquium on psychosis.* Montreal. 1969. 1 vol. 451 p. Excerpta Medica. 1971.

ROSENFELD (H.-A.). — *Etats psychotiques.* 1 vol. 341 p. P.U.F. Paris. 1976.

ROSENTHAL (D.) and KETY (S.-S.). — *Transmission of schizophrenia.* Oxford Pergamon Press. 1968.

RUBINSTEIN (D.) and ALANEN (Y.-O.). — *Psychotherapy of schizophrenia.* 1 vol. 347 p. Excerpta Medica. Amsterdam. 1972.

Traitement au long cours des états psychotiques. — *Colloque international de Paris*, 23-26 février 1972. 1 vol. 479 p. Privat.

WING (J.-K.) and BROWN (G.-W.). — *Institutionalism and schizophrenia.* Cambridge University Press. 1970.

WYRSCH (J.). — *La personne du schizophrène.* P.U.F. Paris. 1956.

22

LES SYNDROMES DÉLIRANTS CHRONIQUES

Sous l'appellation de *psychoses délirantes chroniques* on désigne en France un groupe d'affections mentales différencié du groupe des syndromes schizophréniques par l'absence de dislocation profonde de la personnalité. Les psychoses délirantes chroniques sont caractérisées par une altération structurale de la personnalité qui permet l'installation, le développement et l'extension d'idées délirantes permanentes. Celles-ci procédant d'intuitions, d'interprétations, d'illusions, d'hallucinations, perturbent radicalement le système d'idées, de jugements, de croyances, imprègnent la vie affective et relationnelle et entraînent une réfraction constante des rapports du sujet et du monde extérieur à travers le prisme délirant.

Dans une perspective diachronique, ces délires chroniques n'évoluent pas vers la dissociation des différents secteurs de la personnalité comme dans la schizophrénie, non plus que vers la faillite des processus intellectuels comme dans les démences organiques ; certains d'entre eux restent longtemps compatibles avec une relative adaptation aux contingences extérieures.

Certains délirants chroniques, très exemplaires de ce que réalise l'aliénation mentale (comme fait psychopathologique individuel autant que comme situation socio-juridique) provoquent des attitudes d'anxiété et de mise à l'écart, du fait de leur élaboration délirante, du caractère inébranlable de leurs convictions pathologiques et du réel danger qu'ils représentent parfois ; d'autres suscitent des réactions d'étonnement, voire de fascination, devant l'extraordinaire richesse des productions imaginatives et délirantes.

GÉNÉRALITÉS

A. – HISTORIQUE

Au XIXe siècle, c'est après les notions de « Folies partielles » et de « Monomanies » proposées par Esquirol, que seront décrites des observations magistrales mettant en relief les *thèmes délirants* qui serviront à la classification des délires : délire de persécution de Lasègue (1852), délire ambitieux (mégalomanie) de Foville, délire hypocondriaque de Morel, délire des persécutés-persécuteurs de Falret. Magnan, ne considérant plus les seuls thèmes délirants, propose à côté du « délire chronique à évolution systématique », le « délire chronique systématisé » qui s'inscrivant sur une personnalité « prédisposée par la dégénérescence constitutionnelle » aurait une évolution démentielle.

Au début du XXe siècle, les auteurs français privilégient les *mécanismes générateurs* du délire et individualisent : le délire chronique d'interprétation (Serieux et Capgras – 1909 –), le délire d'imagination (Dupré – 1911 –), la psychose hallucinatoire chronique (Gilbert Ballet – 1912 –), le délire passionnel (G. de Clerambault – 1921 –).

En Allemagne, Kraepelin en 1899 isole de l'entité *démence précoce,* la *Paranoïa* (terme proposé en 1863 par Kahlbaum) qu'il définit comme étant « le développement insidieux sous la dépendance de causes internes et selon une évolution continue d'un système délirant durable et impossible à ébranler, qui s'instaure avec une conservation complète de la clarté et de l'ordre dans la pensée, le vouloir et l'action ». Il isole aussi la *Paraphrénie.*

Depuis 1920 la psychiatrie germanique et anglo-saxonne englobe dans une conception très extensive de la schizophrénie presque tous les délires chroniques ne distinguant qu'un contingent très réduit de délires paranoïaques systématisés. En France, on a continué à différencier schizophrénie et délires chroniques. Les délires chroniques sans évolution dissociative ni déficitaire comprennent :

– les délires paranoïaques systématisés ;
– les psychoses hallucinatoires chroniques ;
– les délires chroniques d'imagination (paraphrénies).

B. – CONSIDÉRATIONS ACTUELLES

Durant ces dernières décennies, si la classification des délires chroniques n'a pas subi de remaniement conséquent, c'est à la compréhension et à la signification du délire que se sont attachés de nombreux travaux phénoménologiques, psychanalytiques et structuralistes.

Le délire en tant que mutation fondamentale des croyances et disjonction de l'axe des valeurs est considéré tantôt comme l'expression d'un conflit psychique réactionnel à un ou des événements historiques précis (« formations paranoïaques ») tantôt comme la *projection* de désirs inconscients sur la réalité qui se trouve modifiée ou niée en fonction même des exigences fantasmatiques. Freud le premier a souligné l'inflation du narcissisme dans les psychoses : le surinvestissement du moi est lié à l'incapacité pour le sujet de contracter une relation objectale. Il s'agit ici « d'absence d'objet » et non de « perte d'objet ».

Cette absence d'objet et son corrélat d'angoisse seraient, pour Mélanie Klein, liés à la peur qu'avait le sujet de ses propres pulsions agressives et destructrices contre le premier objet, la mère : dans ces conditions les pulsions agressives seraient projetées au dehors et fixées sur des persécuteurs substituts de l'image maternelle. La projection s'accompagnerait d'une maîtrise des contenus projetés pour éviter le retour vers le sujet des persécutions externes. Au total, le clivage du moi séparerait les bons objets internes et les mauvais objets externes.

Nacht et Racamier ont insisté sur la valeur *fonctionnelle* du délire dont l'émergence permet la négation du réel, la détente et l'extériorisation de tension énergétiques internes, des satisfactions libidinales compensatrices enfin.

Une telle approche et de tels efforts de compréhension de l'élaboration délirante, s'ils sont souvent utiles en clinique, s'ils s'avèrent toujours opératoires dans la conduite des entretiens et du traitement, ne répondent pas dans tous les cas à la question du « pourquoi » du délire. Sans rejeter la possibilité d'une « facilité à délirer » plus grande chez certains sujets que chez d'autres, il faut constater que la genèse de bien des délires chroniques demeure incompréhensible même si des situations existentielles particulières paraissent en favoriser l'émergence.

C. – DONNÉES ÉPIDÉMIOLOGIQUES ET ÉTIOLOGIQUES

Les délires chroniques sont, considérés dans leur ensemble, aussi fréquents chez l'homme que chez la femme ; chez l'un s'observent davantage de délires paranoïaques de revendication, alors que chez l'autre se rencontrent plus de délires hallucinatoires et de paraphrénies. C'est autour de la quarantaine que s'expriment les premières manifestations délirantes. Si les préjugés nationaux, raciaux, religieux, sociaux ou politiques alimentent par leur actualité certains thèmes du délire, il ne paraît pas exister de spécificité socio-culturelle.

■ ***Des formes symptomatiques*** de délires chroniques sont connues : inaugurales de syndromes démentiels, séquellaires d'affections cérébro-méningées, compliquant une maladie de Parkinson ou une épilepsie ancienne, un alcoolisme chronique. Dans certains cas, se discute la responsabilité d'un agent déclenchant qui vient rompre l'équilibre instinctivo-affectif ou biologique du sujet : traumatisme accidentel ou chirurgical, ménopause, séparation, deuil, retraite. De tels événements imposent toujours des remaniements psychodynamiques et existentiels non négligeables mais leur responsabilité directe dans la genèse d'un délire chronique est toujours discutable et pose au minimum la question de la personnalité pré-morbide.

ÉTUDE CLINIQUE

I. – LES ORGANISATEURS DU DÉLIRE

Les idées délirantes sont individuelles, non partagées par les sujets de même niveau socio-culturel, de même race, de même âge, de même époque, de même éducation : le jugement de réalité qu'elles représentent a un caractère subjectif et inébranlable car l'expérience comme la démonstration logique sont incapables de les modifier.

■ On appelle ***« mécanismes »*** générateurs ou responsables du délire, les altérations psychologiques qui, interférant avec l'appréhension de la réalité, constituent les modalités de l'objectivation délirante. Les mécanismes les plus fréquemment observés procèdent :

- de distorsions du jugement (interprétations v. p. 39),
- d'altérations des perceptions (illusions-hallucinations – v. p. 27),
- de proliférations imaginaires (fabulation),
- de l'impression de perte d'intimité, de désappropriation, d'extranéité de la vie psychique (syndrome d'automatisme mental de de Clérambault, v. p. 28),
- d'intuitions subites enfin.

Véritablement matriciels, les mécanismes en cause (plus souvent multiples qu'uniques) vont permettre l'élaboration puis le « travail du délire » : c'est sous la forme de suppositions, d'interrogations, d'assertions que s'énoncera la thématique délirante.

■ ***Les thèmes délirants*** les plus fréquents dans les syndromes délirants chroniques sont :

- Les thèmes de **persécution :** la conviction du patient est absolue de l'intention qu'on a de lui nuire dans sa personne physique, morale (réputation, famille, travail) ou dans ses biens. Les formes de persécution sont multiples : surveillance, écoute, filatures, sarcasmes, menaces, calomnies, machinations, empoisonnements, attentats. Les procédés utilisés sont conformes à la tradition ou s'inspirent souvent des techniques scientifiques les plus modernes : magnétisme, hypnose, sorcellerie, envoûtement, mais aussi microphones, radars, laser, radiations atomiques, ondes hertziennes, etc.

- les thèmes **d'influence :** le malade a l'impression d'« être agi », commandé par une force extérieure à lui, agissant du dehors ou implantée en lui. Les idées qu'on lui impose, les gestes qu'on lui fait faire, les sensations qu'on lui donne à éprouver, les mots qu'on lui fait dire, les expériences qu'il subit contribuent à une impression de mécanisation de la vie psychique.
- les thèmes de **grandeur** sont primitifs, ou secondaires et compensatoires à des idées de persécution. Les malades expriment des idées de richesse, de mission à accomplir, de découvertes exceptionnelles, de religion nouvelle à annoncer, de filiation royale ou princière. La mégalomanie s'exprime sans réticence, conduisant à la multiplication d'interventions auprès de personnages haut placés.
- les thèmes **mystiques** très souvent articulés avec des thèmes de préjudice et d'influence, s'organisent en délires prophétiques ou messianiques.
- les thèmes **hypocondriaques** s'ordonnent autour de sensations douloureuses, pénibles, insolites et persistantes, intéressant une région corporelle profonde ; à partir de ces sensations sont exprimées des idées de transformation du corps, de ses fonctions et de ses organes (estomac ou intestins infectés, décomposés, déformés, bouchés, cœur de glace, etc.), ou des idées d'agression corporelle liées à des thèmes de persécution, d'influence ou de possession.
- les thèmes de **négation** sont connus sous le nom de syndrome de Cotard qui comprend : une tendance à l'opposition, au refus, à la contradiction systématique, ainsi qu'une conviction de changement, de destruction, de **non-existence** concernant la personne physique ou morale. La conviction délirante atteint parfois la négation du monde extérieur et s'associe aussi à des idées d'énormité, d'immortalité, de possession animale ou démoniaque, de damnation.

II. – LES ORGANISATIONS DÉLIRANTES CHRONIQUES

Elles sont polymorphes, tirant leur physionomie des organisateurs du délire autant que de la personnalité du sujet souvent profondément altérée. *Les délires chroniques purs sont beaucoup plus rares que les formes mixtes.*

Dans une perspective didactique nous envisagerons successivement les délires paranoïaques systématisés, les psychoses hallucinatoires chroniques, les paraphrénies.

A. – LES DÉLIRES PARANOÏAQUES SYSTÉMATISÉS

L'émergence délirante s'inscrit le plus souvent sur une personnalité paranoïaque (de para-noïa : je pense à côté) marquée par l'*orgueil* (avec égocentrisme, autophilie, surévaluation mégalomaniaque des capacités de tous ordres), la *méfiance* (avec une forte tendance à la suspicion concernant les sentiments et jugements d'autrui), la *psychorigidité* (avec froideur affective, entêtement, monolithisme des attitudes d'esprit, des décisions et des pensées), la *fausseté du jugement.* Les raisonnements logiques longuement développés, les démonstrations systématisées du paranoïaque sont l'occasion de percevoir le fonctionnement morbide de sa pensée. Défiant, intolérant, susceptible, circonspect, n'admettant pas la contradiction ni même le doute, le paranoïaque infléchit ses croyances et son comportement en fonction de sa pensée *paralogique.*

De tels traits de personnalité représentent les « tendances paranoïaques », la « constitution paranoïaque » (Montassut – Genil-Perrin), le « système paranoïaque » (Racamier), qui peuvent constituer un mode d'être pour soi-même et pour les autres tout au long de l'existence. La plupart des paranoïaques ne délirent jamais : la question de savoir quel paranoïaque évolue jusqu'au délire, et quel se maintient au niveau du système et de la tendance a fait l'objet de la célèbre thèse de Lacan : « De la psychose paranoïaque dans ses rapports avec la personnalité ».

L'élaboration délirante chez le paranoïaque est le plus souvent lente et insidieuse à partir d'une intuition, d'un doute, d'une suspicion. Parfois l'éclosion est beaucoup plus brutale et soudaine à l'occasion d'une « révélation », d'un « pseudo-contact », après des événements déclenchants traumatiques (accidentels, chirurgicaux), émotionnels (deuils, éloignement d'un proche), sexuels (rapprochement homosexuel) ; on a signalé aussi qu'une circonstance vitale heureuse (mariage, promotion professionnelle, naissance d'un enfant) pouvait être l'occasion d'une décompensation délirante.

a) **Les délires passionnels**

Il s'agit de délires « en secteur » procédant d'un postulat initial. « Le malade ne délire que dans le domaine de son désir ».

La participation affective y est dominante, inflationniste, prenant le pas sur toutes les capacités de raisonnement. La subjectivité du délirant passionnel commandée par une idée prévalente réduit à néant toute objectivité : elle le conduit parfois de par l'hypersthénie, l'exaltation et l'exacerbation du sentiment de frustration, à des conduites extrêmes dont l'incidence médico-légale ne doit pas être sous-estimée et impose alors les mesures de placement administratif.

■ ***L'érotomanie ou délire érotomaniaque*** est « l'illusion délirante d'être aimé ». G. de Clérambault a fourni des analyses séméiologiques et des descriptions exemplaires de ce délire systématisé. C'est plus souvent une femme qu'un homme qui, à un regard, une intonation de voix ou n'importe quel autre indice émanant d'un tiers (très généralement un personnage ayant un certain rang hiérarchique, une certaine notoriété, une célébrité politique, artistique, mais aussi le médecin, le confesseur), va avoir la conviction que ce tiers lui signifie son amour. Dès lors, toute la vie idéo-affective va être subordonnée à l'activité délirante et à son extension.

- Une première phase, souvent très longue, d'**espoir** et d'attente voit se succéder les interventions et poursuites incessantes (visites, coups de téléphone, lettres, cadeaux) auprès de l'être aimé (objet) ; c'est lui qui s'est manifesté le premier, seule sa pudeur ou sa discrétion l'empêchent de se déclarer ouvertement. S'il est marié, son mariage n'est pas valide et doit être annulé ; toute dérobade ou rebuffade est considérée comme preuve supplémentaire d'amour ; ce sont les autres qui sont responsables des obstacles rencontrés.
- A cette phase, succède celle du découragement et bientôt du **dépit :** loin d'être une déception ou une désillusion amoureuse, moroses ou languissantes, il s'agit d'un ressentiment d'où l'espoir n'est pas exclu.
- La phase de **rancune** voit exploser les invectives, les chantages et les menaces qui risquent toujours d'être suivis de voies de fait contre l'objet aimé.

L'érotomanie paranoïaque est très rare. On observe par contre très souvent des thèmes érotomaniaques au début d'une schizophrénie et des « fixations amoureuses » non délirantes dans la fantasmatique hystérique.

■ ***Le délire de jalousie*** souvent favorisé par un appoint éthylique est également fondé sur un postulat passionnel. La suspicion de l'infidélité du conjoint à partir d'un geste, d'un regard, d'une poignée de mains jugés insolites mais signifiants entre lui et une tierce personne, devient bientôt une conviction totale. Les coïncidences deviennent des preuves irréfutables, les impossibilités matérielles sont niées et le délit imaginé devient certitude inébranlable. Le sentiment de frustration, de dépossession provoque des investigations multiples, des enquêtes, des filatures : l'infidèle se trouve soumis aux interrogatoires permanents, inlassables de jour et de nuit. Parfois, à bout d'arguments, l'infortuné conjoint se résigne à « avouer » espérant un soulagement de l'exacerbation passionnelle, une détente, quitte à ce que l'« aveu » soit reconsidéré plus tard. Il faut signaler que le délirant jaloux repère souvent dans l'entourage de son conjoint des personnes complices dont la connivence permet l'aménagement des « entrevues ». Dirigé par une idée-force, « il faut que justice se fasse », « il faut que l'honneur soit sauf », le délirant passionnel a une potentialité agressive qu'il ne faut pas sous-évaluer (crime passionnel).

Les délires de jalousie offrent très certainement les observations les plus exemplaires de la dynamique pulsionnelle en cause dans la paranoïa. Pour Freud, les éléments persécutoires de cette organisation délirante représentent une fuite face à des désirs homosexuels inconscients. Chez le délirant jaloux s'observe une idéalisation amoureuse du rival : un tel amour homosexuel étant interdit, il est tout à la fois nié, attribué par dérivation au conjoint (projection) et transformé en un affect qui autorise l'agressivité. La formule classique : « Je l'aime cet être de mon sexe. Ce n'est pas lui que j'aime. C'est elle qui l'aime » résume pour Freud le mécanisme qui sous-tend le délire de jalousie.

■ ***Les délires de revendication.*** Ils sont fréquents, essentiellement basés sur des *interprétations,* reposant sur la conviction d'un préjudice subi ; ils conduisent tôt ou tard les patients à déposer des plaintes, à intenter des procès. Le sentiment de persécution mobilise l'hypersthénie, la quérulence et l'agressivité, et fomente une seule idée : faire triompher la vérité, réparer le préjudice subi, punir le ou les responsables.

- **Les quérulents processifs** affirment qu'ils ont été lésés, que leurs biens ont été spoliés : ils multiplient les procès, font appel, refusent toute conciliation, suspectent la corruption des juges, la complicité ou la mauvaise foi des témoins. De nombreuses affaires d'héritage, des querelles de voisinage à propos d'un mur mitoyen, de la cour commune, du droit de passage dans un champ sont le fait de paranoïaques revendiquants.
- **Les idéalistes passionnés** centrent leur délire sur une idéologie mystique, sociale ou politique qu'ils veulent transmettre. Ils fondent des associations, écrivent des pamphlets, lancent des diatribes. Quelques orateurs du « Speaker's Corner » de Hyde Park sont de ces réformateurs fanatiques et missionnaires qui essaient à toutes forces de propager leurs idées : toujours prêts à lutter voire à risquer leur vie, leur prosélytisme est infatigable.
- **Les inventeurs méconnus** sont convaincus d'avoir fait la découverte du siècle, cherchant par tous les moyens à protéger leur invention et à la faire reconnaître. Comme ils échouent dans l'obtention d'un brevet ou lorsqu'on leur dit que leur « trouvaille » n'en est pas une, ils estiment être dépossédés, volés, expropriés.
- **Certains délires de filiation** sont à rattacher à ces délires de revendication. Ils se fondent sur la conviction d'une ascendance aristocratique, princière ou royale (faux-dauphin).
- **Le délire de revendication hypocondriaque** s'organise à l'occasion d'une intervention chirurgicale ou de soins médicaux jugés insatisfaisants. Le patient poursuit alors le médecin ou le chirurgien rendus responsables de sa haine et de ses exigences de réparation.
- **La sinistrose délirante,** après accident du travail ou traumatisme de la voie publique : le malade réclame avec acharnement une pension, un redressement du taux d'invalidité qu'il a obtenu et persécute de ses récriminations et menaces les employés de la Sécurité Sociale, les avocats et les médecins-experts ou contrôleurs : il multiplie les demandes de contre-expertise et les procédures de recours, arguant avec sthénie de l'importance du handicap qu'il a subi du fait du traumatisme.

b) Les « délires de relation des sensitifs »

Décrits par Kretschmer, ils représentent une réalité clinique incontestable ; il s'agit cependant d'un groupe qui manque d'unité tant sur le plan psychodynamique que sur le plan évolutif.

Ces délires s'observent sur des personnalités paranoïaques dites « sensitives » : la dimension agressive, rigide et mégalomaniaque fait place à des traits hyposthéniques, psychasthéniques et volontiers dépressifs. Il s'agit de sujets timides, scrupuleux, vulnérables, compliqués, ayant tendance à intérioriser et à s'analyser ; leur ambition est retenue, leur sexualité inhibée.

La décompensation délirante est souvent secondaire à une succession d'avatars existentiels (isolement, rejet ou intolérance de l'entourage, marasme professionnel) qui multiplient les occasions de frustrations et les sentiments d'échecs et d'humiliations. Parfois un conflit éthique vient ébranler un équilibre bien précaire. Dès lors, la susceptibilité, l'hyperesthésie des relations aux autres se trouvent exacerbées. Des idées de référence centrées sur l'expérience pathogène se développent : il s'agit d'impressions de brimades, de vexations, d'allusions péjoratives et malveillantes émanant des proches, des supérieurs hiérarchiques ou des collègues de bureau. L'évolution de ce délire des sensitifs reste circonscrite à un secteur relativement peu extensif ; elle est émaillée souvent d'épisodes dépressifs et anxieux, à tonalité hypocondriaque, mettant à découvert les sentiments d'incapacité et d'échec. L'évolution est oscillante, la guérison restant possible même après des années d'évolution.

c) Les délires d'interprétation systématisés

Individualisés par Sérieux et Capgras en 1909 et considérés par eux comme des « folies raisonnantes », ils s'élaborent à partir d'interprétations délirantes : une perception exacte, une sensation réelle sont immédiatement l'occasion de raisonnements faux et de jugements viciés en raison d'inductions ou de déductions erronées. Pour le malade tout acquiert une *signification personnelle* généralement péjorative : l'aléatoire devient l'intentionnel, le subjectif prend le pas sur l'objectif, le hasard est nié.

La forme purement interprétative est exceptionnelle. En début d'évolution, des hallucinations psycho-sensorielles ou à tout le moins des illusions perceptives peuvent amorcer la construction du délire. Celui-ci va ensuite s'étendre « en réseau » régulièrement alimenté par :

- des ***interprétations exogènes*** qui se fondent sur des perceptions sensorielles. Des indices d'hostilité, de témoignages malveillants, de provocation vont se multiplier à partir de faits de la vie quotidienne : la rencontre avec un aveugle signifie qu'il faut ouvrir les yeux, le klaxon d'une ambulance veut dire que le patient va être victime d'un accident, l'information radiophonique et télévisée est chargée d'un sous-message particulier ou plus directement d'allusions déplaisantes ou d'avertissements. *Les mimiques et les gestes* d'autrui sont eux-mêmes affectés d'une intentionnalité particulière : un passant qui met la main à sa bouche veut dire « boucle-là », ceux qui portent des lunettes noires veulent dire « tu es un hypocrite », certains sourires sont équivoques, les hommes en imperméable sont tous des policiers, etc. Mais c'est surtout le langage d'autrui, dans sa forme parlée ou écrite qui vectorise le maximum d'allusions perfides, de sous-entendus, de dénonciations subtiles.

■ des ***interprétations endogènes*** qui s'appuient sur des sensations corporelles. Toute indisposition, tout malaise sont interprétés comme la conséquence d'une influence extérieure nuisible (poison dans l'eau de boisson, arsenic dans les aliments, soporifique dans le potage).

Au total, tout est bon à l'interprétateur pour construire son délire. Le mécanisme interprétatif prévalent organise dans la cohérence et l'ordre des thèmes de persécution, de préjudice beaucoup plus souvent que de grandeur ou de jalousie. Le sujet devient le point de mire d'un réseau machiavélique où se concentrent les manigances et les malveillances du Monde. Dans ce système le délirant accumule les preuves, les arguments, les pseudo-justifications : sa conviction est telle qu'il peut entraîner pendant un temps l'adhésion voire la participation de son entourage.

B. – LES PSYCHOSES HALLUCINATOIRES CHRONIQUES

Individualisées par G. Ballet en 1912, elles acquièrent leur originalité clinique dans le groupe des délires chroniques du fait de l'importance des mécanismes hallucinatoires.

La psychose hallucinatoire chronique apparaît plus tôt chez l'homme (30 à 40 ans) que chez la femme (période ménopausique) ; la personnalité prémorbide est souvent marquée par une sensitivité importante, une réactivité exagérée aux conflits inter-personnels. Un isolement social dû aux circonstances ou déterminé par la personnalité est fréquemment constaté. Le début est souvent brutal par la survenue :

■ ***d'hallucinations auditives :*** audition de bruits (craquements de planchers, pas, chocs dans le mur), de voix surtout, très sensorialisées et localisables (elles viennent du plafond, des conduites d'eau, de la fenêtre) dont la tonalité est plus ou moins reconnaissable (c'est une voix d'homme – c'est la voix de la concierge – de la voisine – c'est un appel comme à la radio). Leur contenu est souvent injurieux (« vache – garce – ordure – pédéraste... »), accusateur (« voleuse – assassin ») ou menaçant (« on va te faire la peau »). Il peut s'établir de véritables dialogues hallucinatoires, le patient répondant à ses voix ; parfois pour tenter de les neutraliser, il a recours à divers procédés : radio émettant en permanence à haut volume, obturation de tous les orifices de la pièce, coton dans les oreilles.

■ les ***hallucinations cénesthésiques*** sont fréquentes : fourmillements, ondes, courants, attouchements voluptueux.

■ les ***hallucinations olfactives*** sont plus rares : odeur de gaz, d'œuf pourri, de pétrole, d'encens.

■ l'***automatisme mental*** est constant, mécanisant la pensée, entravant l'intimité idéo-affective ; *écho de la pensée* qui apparaît doublée, répercutée, *écho de la lecture* et de l'*écriture* plus rares, *vol et devinement de la pensée* (« tout le monde sait ce que je pense » « plus rien n'est à moi ») ; *commentaires des actes* (« tout ce que je fais est répété, critiqué »). Souvent s'organise un véritable *syndrome d'influence,* le délirant étant soumis aux ordres et commandements de ses voix psychiques et acoustico-verbales qui lui imposent ses idées, ses choix, ses actes. Dans ce contexte, les réactions pathologiques sont fréquentes : déménagements, fugues, plaintes à la police, construction d'appareils pour lutter contre les courants magnétiques ou les gaz toxiques et aussi réactions agressives, menaces, insultes, voies de fait contre les responsables supposés.

Progressivement la psychose hallucinatoire chronique se structure autour de thèmes de persécution mais aussi de grandeur, de jalousie : l'élaboration délirante, édifiée à partir des données hallucinatoires est l'occasion de rationalisations (par le biais d'interprétations et d'explications secondaires) ou d'une extension par incorporation d'éléments imaginatifs. Actuellement, l'évolution traitée permet généralement l'extinction des phénomènes hallucinatoires et la mise à distance ou l'enkystement du noyau délirant. Dans certains cas, s'instaure une sorte de complicité entre le délirant et ses interlocuteurs devenus « partenaires » familiers sinon intimes, cet aménagement étant souvent compatible avec la poursuite d'une adaptation socio-professionnelle. Les évolutions déficitaires avec désorganisation de la personnalité feront évoquer « a posteriori » une schizophrénie paranoïde à début tardif.

C. – LES PARAPHRÉNIES

Elles se caractérisent par la prévalence des mécanismes imaginatifs sur les éléments hallucinatoires et les justifications interprétatives. La production délirante se déploie comme une fiction poétique ou romanesque, une création de *faux événements,* de *faux souvenirs* que le malade se raconte à lui-même et qu'il conte aux autres. La fabulation paraphrénique étonne et séduit l'interlocuteur bien qu'il suive difficilement le fil des récits dont les intrigues se chevauchent de manière plus ou moins incohérente et contradictoire. Des tournures singulières, des néologismes, parfois une véritable glossolalie témoignent de l'inventivité verbale de ces malades.

Les paraphrénies, relativement rares, débutent en général avant 40 ans. La richesse de leurs productions délirantes ne compromet pas profondément l'adaptation au réel et l'évolution malgré l'adjonction de fables nouvelles n'entraîne pas pendant longtemps de désocialisation majeure.

■ ***L'élaboration délirante*** peut schématiquement se développer selon deux modalités :

- **la paraphrénie confabulante** (délire d'imagination) : les créations imaginatives restent plus ou moins reliées entre elles par un certain degré de systématisation. Les idées de grandeur gravitent autour d'un thème central, souvent de *filiation.* La fabulation procède du réel, s'alimente de lectures, de conversations, de récits radiophoniques et brode sur les thèmes de l'actualité ; elle utilise aussi le passé qu'elle façonne et transfigure aboutissant à des récits de substitutions d'enfants, d'héritages fabuleux, de successions princières.

- **la paraphrénie fantastique** donne lieu à des productions d'une luxuriance prodigieuse où se juxtaposent des représentations délirantes décousues, mobiles, recevant l'appoint d'une exaltation thymique et d'expériences hallucinatoires parfois très riches. Le discours est visionnaire projetant une fantasmagorie féérique ou dramatique de l'univers que le malade, emporté par son inspiration ou son illumination, livre avec une complaisance évidente et un grand bonheur d'expression. Les fantasmes de toute puissance individuelle s'érigent dans un monde merveilleux où dominent l'*énormité,* la confusion du simultané et du successif, la dissolution du temps et de l'espace, la multiplication des personnages ubiquitaires : « il a vécu mille vies humaines, animales, végétales, il est l'ombilic de l'histoire universelle, il connaît tout des prophètes puisque tous vivent en lui, la mort ne le concerne pas... » Le délire n'est pas seulement énoncé verbalement mais s'exprime aussi dans la production graphique et picturale qui atteint souvent, même chez des sujets frustes, à une exceptionnelle fantaisie.

■ ***L'évolution*** des paraphrénies aboutit après plusieurs années à une organisation délirante relativement fixée autour de ses thèmes essentiels avec une bipolarisation de la vie psychique : le délire est juxtaposé à la réalité, la pensée paralogique à la pensée normale. Dans les formes anciennes, une certaine distance est prise à l'égard de la fiction délirante avec appauvrissement des éléments imaginatifs. Les formes qui évoluent vers la dissociation schizophrénique ne sont toutefois pas exceptionnelles : elles posent des problèmes de frontières, de différences de degré voire d'identité entre la paraphrénie et le groupe des schizophrénies.

III. – L'ÉVOLUTION DES SYNDROMES DÉLIRANTS CHRONIQUES

Les thérapeutiques actuelles, en associant la chimiothérapie et l'abord psychodynamique, permettent d'observer des évolutions sensiblement différentes de celles classiquement décrites (organisations délirantes monolithiques et fixées, chronicisation dans des états où le « travail délirant » aboutit à une exclusion totale et définitive du groupe social, asilisation).

Certains modes évolutifs ont déjà été évoqués lors de la description des principales formes cliniques ; nous nous contenterons de schématiser « l'histoire d'un délire chronique ».

■ ***La période d'invasion*** peut être :

- **brutale,** soit sous forme d'une « expérience délirante primaire » où s'exprime le bouleversement des relations objectales et l'effondrement du système de référence à la réalité, soit sous forme de « délire d'emblée » chez le passionnel.
- **progressive,** étalée sur plusieurs mois ou années : phase de doute, de perplexité, d'interrogations, d'irritabilité, de méfiance, de troubles du sommeil. Les suppositions, les supputations, les surveillances, la lecture d'ouvrages spécialisés à la recherche d'explications scientifiques précèdent le moment où la conviction et l'évidence s'imposent.

C'est à ce stade que l'intervention thérapeutique sera la plus efficace. On peut espérer réduire la *superstructure délirante* et les *productions hallucinatoires.* Cependant, si l'on se souvient que le délire résulte d'un compromis qui concilie les rapports du sujet avec lui-même, avec les autres, et avec la réalité extérieure, on ne sera pas surpris qu'il faille compter souvent avec le déséquilibre qu'entraîne chez le sujet la privation des symptômes. La survenue d'*épisodes dépressifs,* le risque de *raptus suicidaires* doivent être appréhendés et prévenus suffisamment tôt.

■ ***L'évolution des délires chroniques sous traitement*** se fait en général vers la mise à distance, l'enkystement du délire, plus souvent que vers la critique totale et définitive. Des rebonds et des résurgences des manifestations interprétatives ou hallucinatoires sont possibles, ainsi que des « moments féconds » d'enrichissement du délire plus ou moins contemporains de périodes dépressives ou expansives.

Reste un contingent de délires chroniques paranoïaques, à dimension passionnelle inébranlable, très peu accessible aux chimiothérapies autant qu'à l'abord psychothérapique. Il impose des hospitalisations très prolongées voire définitives dans des services fermés.

TRAITEMENT

Les modalités thérapeutiques nouvelles ont modifié l'évolution et le pronostic des délires chroniques. Les chimiothérapies neuroleptiques constituent l'axe fondamental du traitement, permettant l'aménagement de la relation psychothérapique.

A. – LES DÉLIRES PARANOÏAQUES PASSIONNELS

■ Ils posent de réels ***problèmes de responsabilité médicale*** en raison de la dangerosité de ces délirants en période d'exaltation menaçante. Lorsque la polarisation jalouse ou revendicante atteint le stade des réactions hostiles et des passages à l'acte, une intervention psychiatrique et des décisions médico-légales sont urgentes. Obtenir l'assentiment du paranoïaque délirant pour une hospitalisation est souvent très difficile. Une attitude ferme et déterminée est préférable aux atermoiements et discussions qui ne peuvent aboutir. Il ne faut pas se contenter de demi-mesures, se satisfaire de vagues promesses et prescrire un « petit traitement ». On peut être amené à décider un internement dans un établissement régi par la Loi de 1838, celle-ci trouvant ici une des seules justifications de sa persistance. Le placement psychiatrique dans des conditions légales précises permet ensuite d'articuler la double nécessité d'une chimiothérapie et d'une psychothérapie.

■ ***Les neuroleptiques*** peuvent tous être utilisés, en choisissant une molécule sédative *(Largactil, Nozinan, Neuleptil),* généralement associée à un neuroleptique majeur *(Moditen, Terfluzine, Haldol)* dont l'action réductrice des principaux symptômes psychotiques (troubles du sommeil, exaltation délirante) est plus globale. Le choix du neuroleptique comme les doses utilisées dépendent certes de préférences et habitudes personnelles, mais aussi du moment évolutif, de la réactivité du patient et de sa tolérance. La nécessité de poursuivre une chimiothérapie continue rend très utile la prescription d'un neuroleptique à action prolongée, souvent mieux accepté de par la ritualisation de l'administration qu'une prescription journalière.

■ La réduction chimique du délire, créant une amputation de tout ou partie du mode habituel de penser et de vivre, peut favoriser la survenue d'épisodes dépressifs qu'il faut traiter. La situation fondamentalement nouvelle créée par la privation du pôle persécutif de la personnalité doit être prise en compte dans la ***relation psychothérapique :*** il ne s'agit pas d'envisager une cure psychanalytique mais bien plutôt de permettre au patient d'exprimer ses conflits affectifs. Pour le thérapeute, la question est de moduler la *distance* à établir avec le paranoïaque dont l'imaginaire s'inquiète de tout rapprochement excessif (menace de réalisation homosexuelle, menace de destruction), comme de tout éloignement interprété comme rejet.

B. – LES DÉLIRES PARANOÏAQUES DES SENSITIFS ET LES DÉLIRES D'INTERPRÉTATION SYSTÉMATISÉS

Ils bénéficient d'une chimiothérapie mixte : neuroleptique (*Terfluzine, Tementil, Oxaflumine*) à doses faibles ou moyennes et anti-dépressive (*Laroxyl, Anafranil*). Une éradication trop rapide et totale du délire comporte le risque d'une exacerbation de l'angoisse et de décompensation dépressive profonde. L'abord des problèmes conscients et lorsque c'est possible des conflits inconscients apporte à ces malades des bénéfices réels et parfois décisifs.

C. – LES PSYCHOSES HALLUCINATOIRES CHRONIQUES

Le neuroleptique de choix est l'*Haldol* dont est connue l'activité hallucinolytique. A la phase d'efflorescence de la maladie, lorsque dominent l'automatisme mental et les hallucinations psycho-sensorielles, cette butyrophénone sera prescrite par voie intra-musculaire (10 à 15 mg par jour) relayée ensuite par une administration orale. Le *Piportil* a lui aussi une efficacité réelle sur le syndrome hallucinatoire : la prescription du produit père sera secondairement relayée par les Esters : *Piportil M 2 – Piportil L 4.*

L'extinction des hallucinations ne résout pas tous les problèmes. Ces malades narcissiques, dont les intérêts sont restreints, dont les relations interpersonnelles sont pauvres et précaires réagissent souvent à la privation du délire par des épisodes pseudo-déficitaires où dominent les sentiments d'ennui, d'incapacité, de dévalorisation ; les interruptions de traitement sont fréquents chez ces patients qui supportent mal la contrainte d'une neuroleptisation continue avec les inconvénients secondaires que celle-ci entraîne parfois. Mieux vaut souvent consentir à des réductions symptomatiques partielles compatibles avec la poursuite d'une certaine vie sociale que de risquer des décompensations par impossibilité pour le sujet d'atteindre d'autres réajustements.

D. – LES PARAPHRÉNIES

Les délires fantastiques entretenus par des mécanismes imaginatifs débordants sont relativement peu accessibles aux neuroleptiques. En général, ils sont cependant essayés et à doses moyennes ils permettent un contrôle des mouvements caractériels et de l'expansivité thymique, ce qui favorise la poursuite d'une relative insertion sociale ; à doses élevées, les neuroleptiques ne réduisent pas forcément la symptomatologie délirante et leurs inconvénients secondaires viennent notablement gêner et limiter le maintien des activités normales, risquant alors de provoquer ou de précipiter la désocialisation.

BIBLIOGRAPHIE

CLERAMBAULT (de). — *Œuvre psychiatrique.* 2 vol. P.U.F. Paris. 1942.

EY (H.). — *Traité des Hallucinations.* Tome II. Masson. Paris. 1973.

FREUD (S.). — « Remarques psychanalytiques sur un cas de Paranoïa : le Président Schreber » in *Cinq Psychanalyses.* P.U.F. Paris.

KRETSCHMER (E.). — *Paranoïa et sensibilité. Contribution au problème de la paranoïa et à la théorie psychiatrique du caractère.* 1 vol. 295 p. P.U.F. Paris. 1963.

LACAN (J.). — *La psychose paranoïaque dans ses rapports avec la personnalité.* Le Seuil. Paris. 1974.

LAGACHE (D.). — *La jalousie amoureuse.* 2 vol. P.U.F. Paris. 1947.

NACHT (S.) et RACAMIER (P.-C.). — « La Théorie psychanalytique du délire ». Rapport au XXe Congrès des Langues Romanes. 1958 in *Revue Française de Psychanalyse.* Tome XXII. n° *4, 5.*

SERIEUX (P.) et CAPGRAS (J.). — *Les Folies raisonnantes. Le délire d'interprétation.* Alcan. Paris. 1909.

Rapports et discussions sur la Psychopathologie des Délires. *Premier Congrès Mondial de Psychiatrie.* Hermann édit. Paris. 1950.

23

LES ÉTATS CONFUSIONNELS

La confusion mentale se caractérise par une obnubilation de la conscience entravant le fonctionnement de toute l'activité psychique avec au premier plan une baisse de la vigilance, des troubles de la mémoire et une désorientation temporo-spatiale. Un délire onirique, proche du rêve, s'y observe souvent.

La confusion mentale est un syndrome non spécifique ; elle témoigne d'une souffrance cérébrale et survient au cours d'un grand nombre d'affections en particulier toxiques, dysmétaboliques, méningo-encéphalitiques. Elle est fréquente chez le sujet âgé.

La confusion mentale est un état généralement aigu, transitoire, réversible. Le pronostic ne dépend pas de l'état psychique mais de l'affection causale qu'il importe d'identifier pour ajuster la thérapeutique.

SÉMEIOLOGIE DE L'ÉTAT CONFUSIONNEL

La confusion mentale peut survenir au cours d'une maladie connue chez un sujet fébrile, déshydraté, dénutri. Elle peut succéder à un coma traumatique ou toxique. Elle peut être la manifestation inaugurale d'une affection somatique, s'installant brutalement ou précédée pendant quelques jours par des céphalées, une insomnie, une bradypsychie, des sautes d'humeur et de caractère. C'est parfois une anomalie grossière du comportement qui révèle l'état confusionnel : errance ou agitation.

PRÉSENTATION ET COMPORTEMENT

Le confus paraît comme absent, retranché de la réalité : regard lointain, faciès hébété ; gestes lents, ébauchés, maladroits ; parole bredouillée, parfois quasi-mutisme. Son comportement est variable ; il est tantôt inerte et suggestible, tantôt opposant ou en proie à une agitation désordonnée, commentant ses visions ou déambulant à travers la pièce.

Souvent le désordre psychique est moins apparent et risque d'être méconnu. Chez un sujet ralenti, distrait, incohérent ou apparemment indifférent, il faut penser à la possibilité d'un trouble de la vigilance que confirmera l'examen systématique mettant en évidence les troubles de l'attention, de la concentration, de l'orientation.

Parfois, le malade est immobile, mutique, en état de « non-réponse » avec tendance à la conservation des attitudes. Il peut être difficile, chez un sujet jeune, de différencier cette stupeur confusionnelle d'une catatonie aiguë schizophrénique.

LES SIGNES PSYCHIQUES

■ ***La confusion*** est de profondeur variable, de l'obnubilation à la stupeur proche du coma. Toute l'activité psychique est entravée ; la conscience est obscurcie, embrouillée ; les synthèses mentales sont impossibles ou très ralenties. L'activité perceptive est elle-même déficitaire, le monde extérieur n'est plus reconnu avec clarté et rapidité ; la chambre du malade, les objets usuels sont mal identifiés ; ses parents, ses familiers lui paraissent être des inconnus. On doit l'aider à manger, à faire sa toilette.

- **La désorientation temporo-spatiale** est évidente : erreurs sur la date, la saison, sur la durée et le lieu de l'hospitalisation. Le malade s'égare dans la chambre, ne retrouve plus son lit.
- **L'activité mnésique** est profondément perturbée ; les faits mal perçus ne se fixent pas ; le patient oublie à mesure, ne peut donner de renseignements sur ce qui s'est passé depuis le début de sa maladie. Les souvenirs anciens sont évoqués avec lenteur et hésitation. Les fausses reconnaissances sont fréquentes. Après sa guérison, le malade gardera une lacune mnésique couvrant la période confusionnelle ; ce trou de mémoire permettra même ultérieurement le diagnostic rétrospectif de confusion.
- **Le niveau du trouble de conscience est variable** au cours de la journée ; la confusion est généralement plus marquée le soir et dans l'obscurité. Par moments, le confus semble sortir de sa torpeur, s'inquiète de ce qui lui arrive, demande où il est. Cette *perplexité,* ces courts intervalles de lucidité, sont très caractéristiques du syndrome confusionnel.

■ ***L'onirisme*** est un état de rêve pathologique, un rêve vécu et agi. Il comporte :

- **des hallucinations visuelles :** images mobiles, discontinues, cahotiques, ou enchaînement scénique de visions se déroulant comme dans un film ;
- d'autres hallucinations sensorielles peuvent intervenir :
  - **auditives :** des bruits, des voix d'interlocuteurs invisibles ;
  - **tactiles :** sensations de piqûres, de grouillements sur la peau ;
  - **cénesthésiques :** brûlures internes, courants électriques ;
- **des thèmes variables** parmi lesquels dominent : *les thèmes professionnels,* le malade se croit à son travail, aux prises avec des difficultés ; *les thèmes d'épouvante* alimentés par la vision d'animaux dangereux, de visages monstrueux, de flammes, de scènes de carnage ; *les thèmes mystiques ou érotiques* sont plus rares.
- **une adhésion au délire vécu comme réalité :** le malade onirique commente ses visions, mime un scénario, repousse une agression hallucinatoire. Parfois terrifié il cherche à fuir ou attaque « ses ennemis » ; il peut alors être dangereux pour lui-même (fugue, défenestration) ou son entourage. Dans d'autres cas le confus se laisse fasciner par des visions féériques ou s'absorbe dans la contemplation du défilé kaléidoscopique de personnages cocasses et colorés.
- **une variabilité au cours de la journée :** l'onirisme survient par vagues de durée plus ou moins longue avec une recrudescence vespérale et nocturne. Le sommeil est toujours perturbé.

  Certains états confusionnels ne s'accompagnent pas d'onirisme.

LES SIGNES PHYSIQUES ET BIOLOGIQUES

L'état général est altéré : déshydratation, perturbations du pouls et de la température. Un bilan somatique complet et répété étudiera l'état neurologique (recherche de signes méningés, de mouvements anormaux, de convulsions ; étude du tonus, des réflexes, de la motricité oculaire, des pupilles ; fond d'œil), l'état respiratoire, hépatique et cardio-vasculaire. Joint à l'enquête anamnestique, ce bilan somatique oriente le diagnostic étiologique.

Un bilan biologique est indispensable, tant pour confirmer l'étiologie que pour surveiller la thérapeutique : glycémie, urée, ionogramme ; éventuellement recherche de toxiques, ponction lombaire, gaz du sang, etc.. Il n'y a pas toujours de corrélation étroite entre les anomalies électroencéphalographiques et les lésions anatomiques ni même avec l'intensité du trouble de conscience. Le tracé E.E.G. peut avoir cependant une grande valeur d'orientation diagnostique en montrant des anomalies focalisées, des figures épileptiques, des altérations indicatives de troubles métaboliques, etc.

ÉTIOLOGIE

La confusion mentale survient dans un grand nombre d'états pathologiques qu'elle peut même inaugurer. Les intoxications et les désordres métaboliques en sont, chez l'adulte, les causes les plus communes. Chez le sujet âgé, la pathologie confusionnelle est d'une grande fréquence pouvant s'observer au cours des affections fébriles, des accidents vasculaires cérébraux, des surcharges médicamenteuses, des désordres hydroélectrolytiques, ces causes s'associant souvent.

Devant un état confusionnel, il importe de ne pas méconnaître une urgence médicale d'ordre neurologique, métabolique, toxique, etc.

A. – CONFUSIONS MENTALES D'ORIGINE INFECTIEUSE ET PARASITAIRE

- **méningites purulentes ;** méningites lymphocytaires aiguës ;
- **méningite tuberculeuse** qui débute souvent chez l'adulte par un état confusionnel fébrile avec céphalées, le syndrome méningé clinique restant discret.
- **les grandes pyrexies :** septicémies, typhoïde, endocardites bactériennes, typhus, etc.
- **les encéphalites virales** primaires et les encéphalites secondaires (fièvres éruptives).
- Parfois **au cours de maladies virales :** oreillons, grippe, hépatite épidémique, mononucléose infectieuse ; au cours des brucelloses, des miyagawanelloses.
- En pays endémique, une pathologie parasitaire est fréquemment en cause : **le paludisme** où les troubles de conscience sont habituels au cours de l'accès pernicieux dû au plasmodium falciparum ; **la trypanosomiase africaine** (maladie du sommeil) ; la cysticercose ; parfois une bilharziose, une filariose.

B. – CONFUSIONS MENTALES AU COURS DES INTOXICATIONS

1° *L'alcoolisme*

Il est en France la cause majeure d'états confusionnels. Les conditions de survenue et les mécanismes en cause sont variables :

- **Intoxication aiguë :** les ivresses profondes ; les ivresses pathologiques à type d'états crépusculaires ou confusionnels transitoires, régressifs en quelques heures et suivis d'amnésie, ayant tendance à récidiver sous une forme identique lors d'excès ultérieurs.

- **Intoxication chronique :** 1) *Encéphalopathie hépatique* du cirrhotique. 2) *Delirium tremens* et épisodes confuso-oniriques subaigus du sevrage. 3) *Encéphalopathie carentielle :* syndrome de Wernicke-Korsakoff. Outre ces trois causes majeures, un état confusionnel chez un alcoolique peut aussi être dû à une hypoglycémie consécutive à l'ingestion d'alcool, à un hématome sous-dural ou à une hémorragie méningée d'origine traumatique et favorisés par les troubles de la coagulation sanguine.

2° Les toxicomanies et les ivresses toxiques dues aux drogues hallucinogènes

On peut observer chez les toxicomanes d'authentiques états confusionnels bien que les troubles de conscience soient plus souvent de type oniroïde. Le cocaïnisme et l'intoxication chronique par le chloral ou l'éther entraînent des états proches du delirium tremens. Avec les solvants volatils (colles, dissolvants) on observe des ivresses toxiques. Les polyintoxications par amphétamines et barbituriques chez les jeunes drogués peuvent être à l'origine d'états confusionnels ; de même « l'overdose » d'héroïne où les troubles profonds de la conscience s'accompagnent de perturbations respiratoires et de signes de collapsus.

L'intoxication chronique et à doses élevées par les barbituriques (barbituriques à courte durée d'action le plus souvent) finit par entraîner un état subconfusionnel d'ivresse barbiturique avec obnubilation, dysarthrie, ataxie. La cure de désintoxication doit être progressive et contrôlée car le sevrage brutal peut entraîner un état confusionnel aigu avec onirisme et crises convulsives. Lors d'intoxications chroniques par le méprobamate (*Equanil, Procalmadiol*), le glutethimide (*Doridène*), le chloral, les bromures, les dérivés de la méthaqualone, des psychoses confusionnelles aiguës de sevrage peuvent également s'observer.

3° Les intoxications médicamenteuses

- **Intoxication volontaire dans un but suicidaire :** barbituriques, tranquillisants, antidépresseurs, hypnotiques, etc. Les polyintoxications sont fréquentes. La confusion mentale précède le coma ou lui succède.
- **Intoxication médicamenteuse due au surdosage** ou à la susceptibilité du patient du fait de son âge, de son état physique (artériosclérose cérébrale, insuffisance hépatique ou rénale, insuffisance respiratoire), des particularités de son équipement enzymatique ; des états d'obnubilation ou des états confuso-délirants s'observent surtout au cours des chimiothérapies par : corticoïdes, antituberculeux, salicylés, hypoglycémiants, antidépresseurs, anti-épileptiques, anti-parkinsoniens, Lithium, digitaline, disulfirame, colistine, etc.

4° Les intoxications accidentelles et professionnelles

- Oxyde de carbone.
- Intoxication par les champignons, par l'ergot de seigle, par les solanées vireuses.
- Intoxications accidentelles ou professionnelles : plomb (encéphalopathie saturnine), mercure, chlorure de méthyle, bromure de méthyle, tétrachlorure de carbone, trichloréthylène, sulfure de carbone, hydrocarbures aromatiques, insecticides organo-chlorés et organophosphorés, etc.

C. – CONFUSIONS MENTALES AU COURS DES AFFECTIONS ENDOCRINIENNES ET MÉTABOLIQUES

Une cause domine par sa fréquence : *le diabète ;* le mécanisme responsable du trouble de conscience est soit l'hypoglycémie du diabète traité, soit l'acidocétose ; une éventualité plus rare : l'état hyperosmolaire non cétosique.

Les *hypoglycémies* spontanées, les *hypercalcémies,* les encéphalopathies par avitaminose en particulier *l'encéphalopathie de Wernicke, la porphyrie aiguë intermittente, l'encéphalopathie hépatique.* Chez *l'insuffisant rénal,* le trouble de conscience n'est pas toujours correlé avec l'importance de l'azotémie ; il peut être dû à une encéphalopathie hypertensive, à un accident vasculaire cérébral, à une variation rapide de l'équilibre hydro-électrolytique, à un surdosage médicamenteux. Chez les *insuffisants respiratoires* la survenue d'un trouble de conscience est souvent favorisée par une infection intercurrente ou une surcharge médicamenteuse.

Les *endocrinopathies :* les crises d'hyperthyroïdie ; la grande hypothyroïdie et le précoma myxoedemateux ; la grande insuffisance hypophysaire ; l'insuffisance surrénale aiguë (crises addisoniennes) ; l'hyperparathyroïdie ; l'encéphalopathie hypoparathyroïdienne ; la maladie de Cushing ; la sécrétion inappropriée d'A.D.H.

Les psychoses du post-partum.

D. – CONFUSIONS MENTALES AU COURS DES ATTEINTES CÉRÉBRO-MÉNINGÉES

- *Hémorragies méningées – Accidents vasculaires cérébraux.*
- *Traumatismes crâniens :* suites immédiates ou tardives (hématomes).
- *Tumeurs cérébrales.*
- *Épilepsie :* état confusionnel post-critique ou état confusionnel plus durable traduisant parfois un état de mal épileptique.
- *État confusionnel du post-électrochoc.*

E. – AFFECTIONS MÉDICALES DIVERSES

- *Anoxie et ischémie cérébrales* au cours de : infarctus du myocarde, embolie pulmonaire, endocardites, encéphalopathie hypertensive, défaillance cardiaque, anémies sévères, etc.
- *Déséquilibres hydro-électrolytiques* (intoxication par l'eau) ;

F. – CONFUSION MENTALE D'ORIGINE ÉMOTIONNELLE

Des états de sidération ou de confusion mentale agitée peuvent survenir lors de traumatismes psychiques intenses. Le trouble de conscience permet au sujet d'échapper à une situation intolérable. Ces confusions d'origine émotionnelle s'observent lors d'événements de guerre (onirisme des batailles), de grands cataclysmes, d'accidents, de deuils subits. Les raptus anxieux (errances sans but, gestes suicidaires) y sont fréquents.

ÉVOLUTION

La confusion mentale est le signe d'une souffrance cérébrale généralement aiguë ; le trouble de conscience peut s'aggraver jusqu'au coma. Le pronostic vital dépend de l'affection en cause.

■ Dans la grande majorité des cas la ***guérison,*** parallèle à l'amélioration de l'état physique, se fait sans séquelles. La durée est variable, parfois très brève comme dans une ivresse toxique ou un accident hypoglycémique, en général de quelques jours à quelques semaines. La guérison est parfois brusque, annoncée par la restauration du sommeil ; plus souvent elle est progressive, l'onirisme et l'agitation persistant quelques nuits alors que l'état de conscience semble normal dans la journée. Une asthénie psychique et une dysmnésie s'observent pendant quelques semaines. Il arrive chez certains malades, en particulier les alcooliques, que la croyance aux souvenirs oniriques se prolonge un certain temps (idées fixes post-oniriques).

■ On observe parfois, au décours de l'état confusionnel, un ***déficit intellectuel associé ou non à des signes neurologiques.*** Une récupération est possible, souvent très lente. Dans d'autres cas se constitue un état démentiel (démences oxycarbonées, encéphalitiques, post-traumatiques, artérioscléreuses). Chez le sujet âgé, les épisodes confusionnels sont souvent prolongés, ce qui peut faire porter à tort le pronostic de démence irréversible alors qu'il s'agit d'un processus curable.

■ Une forme clinique de haute gravité, ***le délire aigu***, est actuellement rarissime. Il survenait, soit primitif en apparence, plus souvent secondaire au cours d'une affection psychiatrique (accès maniaque en particulier) ou d'une maladie infectieuse ; les psychoses post-puerpérales prenaient parfois ce mode évolutif : agitation intense et incessante, refus d'aliments et de boissons, altération rapide de l'état général, hyperthermie, déshydratation extrême, tachycardie, graves perturbations métaboliques avec augmentation massive de l'azotémie ; mort en quelques jours en l'absence de traitement.

TRAITEMENT

Quelles que soient les caractéristiques du tableau clinique, un malade confus doit être soumis à une surveillance attentive et sécurisante. L'obscurité favorisant l'onirisme, on maintiendra un éclairage suffisant pendant la nuit. Toute contention est à proscrire. Des mesures de sécurité élémentaires sont indispensables pour éviter un accident dû à la désorientation et à l'onirisme (fugue, défenestration).

- La réhydratation, la correction des troubles métaboliques, la prévention des complications, sont de pratique systématique.
- Le traitement est **étiologique** et/ou **symptomatique.** Les chimiothérapies neuroleptiques utilisées par voie injectable ont une action symptomatique rapide sur l'agitation et l'onirisme : *Largactil* 50 à 150 mg ; *Dogmatil* 200 à 400 mg ; *Haldol* 5 à 10 mg. Les tranquillisants employés à fortes doses sont très efficaces dans la cure du delirium tremens (*Equanil ; Valium*). On utilise parfois la sismothérapie dans le traitement d'états confusionnels sévères paraissant évoluer vers le délire aigu.

BIBLIOGRAPHIE

EY (H.). — *Etudes psychiatriques*. III. n° 24. p. 325-428. Confusion et délire confuso-onirique. Desclée de Brouwer. Paris. 1954.

PLUM (F.) et POSNER (J.-B.). — *Diagnostic de la stupeur et des comas.* 1 vol. Masson, 1973.

24

LES ÉTATS DÉMENTIELS ORGANIQUES

D'origine lésionnelle, la démence organique est un affaiblissement global, progressif et spontanément irréversible, de toute l'activité psychique. A la profonde altération du fonctionnement intellectuel, de la vie affective et des conduites sociales, se joint plus ou moins rapidement une détérioration de l'état somatique.

La démence est un *déficit acquis* ce qui l'oppose à l'arriération intellectuelle, déficit congénital ou installé avant l'âge de 3 ans. C'est un *déficit global* ce qui la distingue des déficits limités aux fonctions symboliques (aphasie, apraxie, agnosie) ou à l'activité mnésique (syndrome de Korsakoff).

La démence a une *évolution chronique* ce qui la différencie de l'état confusionnel qui est transitoire et réversible. La plupart des états démentiels sont actuellement incurables et évoluent en quelques années vers la mort dans un état de déchéance physique et intellectuelle. Certaines variétés étiologiques sont cependant accessibles à un traitement qui en arrête le cours évolutif permettant une stabilisation voire une récupération satisfaisante ; la paralysie générale a été le premier exemple de ces cas curables.

Incapable d'autonomie, un malade dément doit être surveillé et assisté dans sa vie quotidienne. Il peut être nécessaire de prendre des mesures pour la *protection de ses biens.*

SÉMEIOLOGIE DU SYNDROME DÉMENTIEL

1° Circonstances de l'examen

Les troubles surviennent en général chez un sujet jusque là indemne d'accidents psychiatriques. Le plus souvent le malade consulte à l'instigation de sa famille pour des troubles de la mémoire, des « oublis » inexplicables, des erreurs grossières dans ses activités journalières ; l'entourage s'inquiète de son apathie et de son désintérêt, signale un changement du caractère devenu égoïste, coléreux, puéril. Parfois l'affaiblissement se révèle au décours d'un épisode dépressif ou d'un état confusionnel transitoire, ou bien débute par des idées délirantes de préjudice. Chez certains patients, les automatismes sociaux et professionnels sont longtemps conservés, le déficit est méconnu par l'entourage jusqu'à ce qu'une aberration du comportement (fugue avec errance, acte absurde ou délictueux) démasque une atteinte déjà considérable.

2° Présentation

La tenue est négligée, la mimique inexpressive ou inadaptée, la coopération médiocre. Le patient semble peu concerné par l'entretien, indifférent à sa situation et à ses échecs. Parfois persiste au début une conscience du déficit que le sujet cherche malhabilement à camoufler.

3° Les perturbations du fonctionnement intellectuel

L'attention est très déficitaire ; le malade est facilement distrait, il faut lui répéter les questions les plus simples. Parfois il oublie la situation d'examen, se lève et déambule dans la pièce. Dans les formes moins évoluées, l'attention peut paraître assez bonne au début mais le malade se fatigue vite et la qualité des réponses baisse rapidement.

L'orientation est grossièrement perturbée : incapacité à se situer dans le temps, erreur sur la date du jour, confusion et télescopage dans les dates de la biographie, impossibilité à s'orienter dans les lieux peu familiers ou même au domicile ; le malade se perd dans la rue, ne retrouve pas sa chambre.

La mémoire est globalement touchée. Il y a défaut de fixation avec effondrement de l'empan de mémoire. Les faits récents sont oubliés ; le malade égare ses affaires, ne sait pas raconter ce qu'il vient de lire ou de voir à la télévision ; il ne peut évoquer les faits récents de sa biographie ou les faits marquants de l'actualité et se réfère à des situations datant de dix ou quinze ans. La mémoire des faits anciens est plus longtemps conservée au moins en ce qui concerne les souvenirs ayant une grande valeur affective ; ils sont parfois rabâchés interminablement. Les souvenirs de l'enfance s'éteignent les derniers.

Le langage : les échanges verbaux spontanés sont pauvres, se réduisant à des banalités, tournant autour de quelques thèmes (persévération), utilisant des automatismes et des formules toute faites. Les réponses sont lentes, inachevées, inadaptées aux questions, parfois écholaliques. L'oubli des mots frappe d'abord les noms propres, les termes techniques et plus tard les termes usuels ; en faisant nommer les objets, on obtient une réponse imprécise, un mot passe-partout ou des commentaires pseudo-descriptifs. Dans les écrits apparaissent précocément des anomalies syntaxiques et sémantiques grossières. Lorsque progresse la démence, le discours spontané devient tout à fait incohérent ou se réduit à l'extrême. Certaines démences artériopathiques et la maladie d'Alzheimer comportent dès leur début un syndrome aphaso-agnoso-apraxique. Tous les états démentiels finissent par entraîner au cours de leur évolution une désintégration du langage, des gnosies et des praxies.

Le raisonnement est précocément touché : impossibilité de résoudre un problème arithmétique simple, échec devant les problèmes élémentaires empruntés à la vie courante, utilisation de procédés aberrants pour rectifier les erreurs. **Les troubles du jugement** sont manifestes ; le sujet est incapable d'apprécier sa situation, ne se soucie pas de son avenir. A cette perte de l'autocritique se joint une méconnaissance des valeurs de bon sens et de réalité logique (incapacité à critiquer une histoire absurde). Ces erreurs de jugement expliquent l'inadéquation du comportement au cours de l'examen : indifférence aux échecs, familiarité excessive, propos et gestes incongrus.

4° *La désintégration démentielle*

La désintégration démentielle des fonctions intellectuelles s'accompagne :

- **d'une régression affective :** égocentrisme, puérilité, incontinence émotionnelle ou indifférence béate.
- **de troubles des conduites :** activité incohérente, agitation nocturne, incurie, troubles des comportements alimentaires et excrémentiels (gâtisme).
- **de désintégration des fonctions motrices :** réapparition de comportements primitifs (réflexes de préhension, réflexes oraux) et de syncinésies ; apparition de stéréotypies bucco-faciales et de stéréotypies motrices (pétrissage, frottement des mains, flexion-extension des jambes).

L'EXAMEN PSYCHOMÉTRIQUE

Au stade de début, lorsque les signes cliniques sont encore discrets, il apporte une contribution essentielle au diagnostic en mettant en évidence des signes de détérioration pathologique et des signes « d'atteinte organique » (v. p. 56 et 57).

Les conduites utilisées par les déments pour maîtriser la situation de test varient selon le niveau de désintégration : procédés de simplification, stratégies de compensation (réponses substitutives, bâclage des tâches proposées, digressions, comportements automatiques stéréotypés) ; dans les formes débutantes on observe parfois une *« réaction catastrophique »* face à l'échec (décharge émotionnelle, réaction de fuite).

DIAGNOSTIC DIFFÉRENTIEL

La confusion mentale

Elles se caractérise par une baisse de la vigilence avec désorientation, onirisme et troubles du comportement. C'est un état aigu et réversible. Il existe cependant des confusions prolongées évoquant l'affaiblissement démentiel. Le diagnostic s'appuiera sur :

a) **L'analyse sémeiologique :** le syndrome confusionnel est variable dans son intensité avec souvent une exacerbation vespérale ; le confus est perplexe, égaré, cherche des repères, ce qui contraste avec l'indifférence du dément.

b) **L'épreuve thérapeutique :** l'état confusionnel s'améliore vite avec un traitement étiologique ou symptomatique. Un état confusionnel peut cependant inaugurer une démence ou émailler son évolution. C'est fréquent dans les états démentiels du vieillard, les démences artériopathiques, les états confuso-démentiels des tumeurs cérébrales.

La dépression mélancolique

Elle peut simuler un état démentiel, surtout chez le sujet âgé, lorsque dominent le ralentissement psychomoteur et l'aboulie, lorsque les thèmes dépressifs sont peu extériorisés, lorsque manque la notion d'antécédents similaires. Chez un déprimé très inhibé, on ne peut se fier à l'examen psychométrique dont les résultats sont peu interprétables. Là encore, l'épreuve thérapeutique sera décisive. Après amélioration de l'état dépressif, il sera possible d'apprécier le fonctionnement psychique. Certains sujets récupèrent totalement (mélancolies à début tardif) ; d'autres restent diminués, l'épisode thymique étant la première manifestation d'une démence à son début.

Les troubles du langage

Les troubles du langage, l'aphasie de Wernicke en particulier, peuvent être pris à tort pour des signes de démence, surtout lorsque le malade n'a pas conscience de son trouble (anosognosie). La constatation de signes d'aphasie (paraphasies, jargon), l'absence de troubles du comportement, la conservation des fonctions intellectuelles ne faisant pas intervenir le langage, permettent de rectifier le diagnostic.

Les démences vésaniques

On désigne sous ce terme des états de profonde désagrégation psychique, aboutissement terminal de certaines psychoses schizophréniques en particulier des formes hébéphréniques. L'inertie, la régression au niveau végétatif avec comportements automatiques et stéréotypés, l'incohérence idéo-verbale, caractérisent ces états dont les thérapeutiques actuelles (chimiothérapie, sociothérapie) ont réduit la fréquence.

ÉTIOLOGIE

Devant un état d'affaiblissement intellectuel progressif, avant de porter le diagnostic de démence dégénérative, il faut évoquer systématiquement un certain nombre d'affections qui peuvent réaliser des *tableaux démentiels curables* par un traitement spécifique : hématome sous-dural chronique, hydrocéphalie à pression normale, tumeur cérébrale, paralysie générale, myxoedème, anémie de Biermer, maladie de Wilson.

DÉMENCES EN APPARENCE PRIMITIVES

A. – MALADIE DE PICK

Démence rare de la présénilité, la maladie de Pick débute généralement entre 50 et 70 ans. Elle touche plus souvent le sexe féminin. Il s'agit probablement d'une affection hérédo-dégénérative ; une hérédité similaire est retrouvée dans 15 % des cas. Dans certaines lignées, il y a coexistence d'autres affections dégénératives : maladie de Parkinson, hérédo-ataxie, S.L.A.

■ ***Les lésions anatomiques*** consistent en une atrophie bilatérale et massive, circonscrite aux régions fronto-temporales, respectant toujours le tiers postérieur de la première circonvolution temporale (zone du langage). La zone du pli courbe et le lobe occipital sont intacts.

■ ***Les lésions histologiques*** comprennent au niveau du cortex : une dévastation neuronale avec gliose astrocytaire intense, des aspects de ballonnement neuronal en bordure des zones atrophiques, parfois des boules argentophiles intracytoplasmiques. L'atteinte de la substance blanche est à type de démyélinisation avec gliose du centre ovale et du lobe temporal. Les faisceaux fronto et temporo-pontins sont fréquemment atteints. Les noyaux gris centraux sont toujours altérés.

Le tableau clinique est celui d'une démence frontale

■ ***Le début*** est insidieux : troubles de l'humeur, relâchement de l'activité, appauvrissement du jugement. Etant donné la conservation relative des fonctions mnésiques et des capacités instrumentales, le déficit est souvent méconnu à ce stade. Progressivement la personnalité se modifie, l'affectivité s'émousse, les instincts se libèrent (voracité gloutonne). Le stock des idées et des intérêts se réduit avec apparition de comportements stéréotypés ; le malade redit inlassablement la même anecdote ; certains gestes sont répétés indéfiniment. On note la même persévération au niveau d'activités complexes : un malade allait voir le même film tous les jours pendant des mois, une autre préparait le même plat à tous les repas. Indifférent à son état et aux conséquences de ses actes, le patient est généralement euphorique, plus souvent apathique qu'agité ; des bouffées d'excitation ludique ou érotique peuvent s'observer. Témoignant de la désinhibition ou du défaut de programmation de l'action, un acte incongru ou un délit sont parfois révélateurs de la maladie (vol à l'étalage, achats inconsidérés, urination en public).

A ce stade de la maladie, l'examen psychométrique peut contribuer au diagnostic d'atteinte frontale. L'efficience intellectuelle est relativement conservée dans les tests classiques d'intelligence et la détérioration mentale est souvent inférieure à ce que l'on attendrait chez ce patient au comportement démentiel. Par contre à un test particulièrement sensible aux lésions du lobe frontal, les labyrinthes de Porteus, les résultats sont constamment déficitaires.

■ ***En deux à quatre ans,*** le tableau clinique se complète associant :

- **un état démentiel** avec réduction massive des idées et des intérêts, indifférence, incurie ;
- **des troubles du langage** qui est appauvri avec réduction du discours, « oubli des mots », stéréotypies verbales, itérations à type d'écholalie ou de palilalie syllabaire, parfois mutisme complet ;
- **des troubles de l'humeur et du comportement :** soit une « aspontanéité » avec amimie, apathie et apragmatisme, soit une excitation désordonnée, puérile et ludique (moria). Il persiste des habitudes stéréotypées et une avidité orale surprenante ; certains malades mangent des cailloux, du papier, de la pâte dentifrice, leurs matières fécales.

Contrastant avec ce tableau démentiel, il faut souligner la conservation d'une orientation correcte dans l'espace proche ; il n'y a pas d'aphasie de

Wernicke ; les signes positifs d'apraxie ou d'agnosie sont absents ou tardifs. Il n'y a pas de manifestations délirantes ou confusionnelles. Des signes neurologiques d'atteinte pyramidale ou extrapyramidale peuvent apparaître tardivement. Il n'y a pas de crises comitiales mais on peut observer des crises hypotoniques avec chute brutale. L'électro-encéphalogramme est normal. L'encéphalographie gazeuse montrerait une dilatation massive et symétrique des cornes frontales et temporales.

L'évolution

Elle se fait progressivement vers la démence profonde avec mutisme, inertie, gâtisme. La mort survient après une évolution globale de 4 à 6 ans, parfois davantage.

B. – MALADIE D'ALZHEIMER

La maladie d'Alzheimer est beaucoup plus fréquente que la maladie de Pick. Elle débute dans 80 % des cas entre 45 et 65 ans avec des cas extrêmes allant de 15 à 70 ans. Il y a une nette prédominance pour le sexe féminin. Les formes familiales sont assez fréquentes mais le mode de transmission héréditaire est encore mal connu. La parenté clinique et histologique entre la maladie d'Alzheimer et la démence sénile semble bien établie. L'incidence de la démence sénile est plus élevée dans les lignées d'Alzheimer que dans la population générale.

■ ***Les lésions anatomiques*** réalisent une atrophie diffuse à prédominance pariéto-occipitale ; les zones de projection (cortex central) sont intactes.

■ ***Les lésions histologiques*** prédominent dans le cortex pariéto-temporo-occipital ; elles sont qualitativement semblables à celles de la démence sénile :

a) **Plaques séniles,** distinctes des neurones, d'aspect sphérique, constituées d'un matériel argentophile présentant les affinités tinctoriales de l'amyloïde.

b) **Dégénérescence neuro-fibrillaire** se présentant comme un épaississement cytoplasmique fibrillaire argentophile occupant parfois tout le corps du neurone.

c) **Dégénérescence granulo-vacuolaire** donnant au cytoplasme un aspect tigré. Ce dernier type de lésion ne se rencontre qu'au niveau de la corne d'Ammon ou du noyau amygdalien où les altérations histologiques sont particulièrement intenses.

Le tableau clinique

C'est celui d'une démence avec atteinte précoce de la mémoire, de l'orientation spatiale et des fonctions symboliques.

■ ***Les premières manifestations*** consistent en un déficit mnésique et une désorientation spatiale ; le malade perd ses objets familiers, s'égare dans la rue, n'évoque plus de souvenirs. Les fonctions symboliques sont déjà touchées : apraxie, alexie, agraphie, voire aphasie manifeste. Le malade conserve parfois à cette période une certaine conscience de ses troubles.

D'autres manifestations peuvent inaugurer la maladie : état dépressif à tonalité anxieuse, préoccupations délirantes plus ou moins structurées avec parfois activité hallucinatoire. Dans ces formes atypiques où le déficit n'est pas évident, *l'examen psychométrique* peut aider au diagnostic en montrant une détérioration notable dans les tests d'intelligence ainsi que des troubles de la série aphaso-apraxo-agnosique. Les tests perceptivo-moteurs (test de Benton) permettent d'extérioriser l'agnosie visuelle et l'apraxie constructive. Ils peuvent faire apparaître, ainsi que l'épreuve des cubes de Kohs, le phénomène de *« closing-in »* ou accollement au modèle. On observe parfois, à ce stade initial de la maladie, une « réaction catastrophique » lors d'échecs dans la passation des tests.

■ ***En deux à trois ans,*** la symptomatologie se complète associant :

- **Un état démentiel** massif et global avec gros troubles mnésiques et désorientation totale.
- **Un syndrome aphaso-agnoso-apraxique** comprenant, outre l'alexie et l'agraphie, une aphasie de Wernicke avec souvent jargonaphasie, une apraxie à tous les modes, une agnosie des couleurs, des formes, des physionomies avec parfois défaut d'identification de son propre visage devant le miroir.
- **Des itérations verbales :** écholalie, palilalie, logoclonies.
- **Des productions délirantes** assez fréquentes à thèmes de préjudice ou de jalousie ou *des bouffées aniroïdes* à l'origine d'accès d'agitation chez un malade généralement apathique.
- **Des symptômes neurologiques :** crises épileptiques dans la moitié des cas ; parfois troubles de la marche, hypertonie d'allure extrapyramidale. Il n'y a ni troubles sensitifs, ni hémianopsie. L'électroencéphalogramme est altéré de façon diffuse sous forme de rythmes Théta ou Delta associés ou non à une activité paroxystique. L'encéphalographie gazeuse objectiverait l'atrophie bilatérale avec dilatation globale du système ventriculaire prédominant sur les carrefours et les cornes occipitales.

L'évolution

Elle se fait vers la mort, dans un état de cachexie hypertonique, en 3 à 4 ans (parfois dix ans).

C. – DÉMENCE SÉNILE

Elle débute après 70 ans et se caractérise par un affaiblissement global commençant généralement par des altérations de la mémoire et du caractère. Elle s'observe plus souvent chez la femme (4 pour 1) en partie à cause de sa longévité. Il semble exister une prédisposition héréditaire.

■ ***Les lésions anatomiques*** réalisent une atrophie corticale d'intensité variable, à prédominance fronto-temporale. Qualitativement semblables à celles observées dans la maladie d'Alzheimer, ***les lésions histologiques*** en diffèrent par leur répartition ; au niveau du cortex, on ne trouve que des plaques séniles et en moindre quantité que dans l'Alzheimer. L'association plaques séniles, dégénérescence neuro-fibrillaire et granulo-vacuolaire ne s'observe qu'au niveau des cornes d'Ammon. Une lésion plus particulière à la démence sénile consiste en une exsudation périvasculaire congophile observée au niveau de la quatrième couche du cortex de la région occipitale (angiopathie dyshorique).

Le tableau clinique

■ ***Le début*** est souvent insidieux par des troubles de la mémoire, des « oublis » perturbant la vie quotidienne, une négligence dans la mise ou dans la tenue du ménage. Les intérêts et les activités se réduisent, le caractère s'altère avec égocentrisme, entêtement, colères. Parfois on assiste à un début brutal : à l'occasion d'un deuil, d'une hospitalisation, d'un déménagement, la perte des repères spatiaux et des habitudes précipitent la décompensation d'un déficit jusque-là masqué par la conservation des automatismes. La démence peut aussi se révéler par : des idées délirantes de préjudice ou de jalousie, un épisode confusionnel transitoire, un état dépressif évoquant une mélancolie anxieuse.

■ ***A la période d'état,*** la désorientation temporo-spatiale est complète, les troubles mnésiques sont au premier plan réalisant tantôt une atteinte globale, tantôt un *syndrome presbyophrénique* d'allure korsakovienne avec fabulation et fausses reconnaissances. Le langage s'appauvrit, le discours finissant par se réduire à un radotage sur des souvenirs anciens ou à une répétition inlassable et quasi-automatique de questions ou de propositions. L'apraxie constructive est précoce ainsi que l'agnosie des physionomies. Le comportement est variable, agité ou apathique, avec souvent des activités de rangement ou de collectionnisme. Parmi les désordres des actes, insistons sur la fréquence de la *turbulence nocturne* et sur la tendance à une déambulation incessante qui, jointe à la désorientation, aboutit souvent à l'*errance amnésique* loin du domicile, cette propension à la fugue nécessitant des mesures de surveillance assez strictes.

L'évolution

Elle se fait vers un état de cachexie grabataire qui se termine par la mort en 4 à 8 ans. Aucun traitement ne peut enrayer l'évolution mais l'assistance d'un milieu stimulant, familial ou hospitalier, retarde l'apparition du gâtisme et de la déchéance physique. Les neuroleptiques (*Largactil, Dogmatil, Haldol*) sont utilisés à des posologies progressives pour calmer l'agitation nocturne ou réduire les productions délirantes.

La démence sénile pure ne représenterait que 30 % des démences de la sénilité. 30 % seraient des démences artériopathiques. 40 % seraient des démences mixtes, dégénératives et vasculaires.

D. – AUTRES AFFECTIONS DÉGÉNÉRATIVES

Quelques autres affections dégénératives du système nerveux central peuvent entraîner un affaiblissement démentiel : l'atrophie olivo-ponto-cérébelleuse, l'épilepsie-myoclonie progressive familiale, certaines formes de la sclérose latérale amyotrophique, la chorée de Huntington, la maladie de Wilson (p. 333).

La chorée de Huntington

C'est une affection héréditaire transmise sur le mode dominant sans prédominance de sexe. Dans les lignées, 50 % des membres sont atteints. Il y a aussi des formes sporadiques.

Les lésions anatomiques consistent en une atrophie qui intéresse le cortex cérébral et surtout les noyaux gris : noyau caudé et putamen.

Les premiers signes apparaissent généralement entre 30 et 50 ans. Les troubles du caractère et du comportement précèdent parfois de longtemps les signes neurologiques. Progressivement, se constitue un ***tableau caractéristique*** associant :

- **Des mouvements anormaux de type choréique,** brusques, anarchiques, assez amples, moins rapides que dans la chorée de Sydenham ; ils atteignent précocément la face, entraînant moues et grimaces, entravant plus tardivement la phonation et l'alimentation. Le tronc est animé de mouvements de torsion et de reptation. La marche est irrégulière, sautillante, parfois totalement déséquilibrée. Bien que les gestes volontaires soient parasités par des secousses des doigts ou des mouvements reptatoires d'allure athétosique, une activité manuelle reste longtemps possible. A l'hypotonie de fond succède souvent une akinétohypertonie avec amimie et attitudes dystoniques. Cette rigidité est précoce et intense dans les formes juvéniles de la maladie où une comitialité est fréquemment associée.

- **Des troubles psychiques constants et sévères :** l'affaiblissement intellectuel peut être longtemps masqué par des réactions caractérielles, une irritabilité, des sautes d'humeur qui compromettent l'adaptation. Les accès dépressifs sont fréquents, passagers ou durables, avec une propension au suicide déjà signalée par Huntington dans sa description princeps (1872). Des états délirants hallucinatoires à thèmes persécutifs ne sont pas rares.
- L'**évolution** se fait lentement vers un état démentiel avec indifférence et incurie. La mort survient 15 à 20 ans après le début de la maladie. Il n'y a pas de traitement spécifique mais on peut atténuer les mouvements anormaux par des neuroleptiques majeurs, *Majeptil* ou *Haldol,* à doses adaptées au cas particulier.

DÉMENCES ACQUISES

DÉMENCES ARTÉRIOPATHIQUES

Dues à l'*hypertension artérielle* et à *l'athérome,* les lésions cérébrales sont variables et généralement disséminées : foyers de ramolissement, lacunes parenchymateuses multiples de nature ischémique ; atrophie granulaire du cortex ; leuco-encéphalopathie diffuse.

La démence artériopathique s'observe en général après 60 ans ; des antécédents vasculaires personnels et familiaux sont fréquents.

L'affaiblissement psychique apparaît au décours d'un ictus, d'une crise convulsive ou s'installe progressivement : dysmnésie, bradypsychie, désorientation dans le temps, sautes d'humeur, incontinence émotionnelle avec pleurs faciles. Les signes neurologiques sont variables, témoins d'une lésion focale ou d'un état lacunaire (démarche à petits pas, troubles sphinctériens, parfois syndrome pseudo-bulbaire). Une hémianopsie est fréquente. L'atteinte des fonctions symboliques est parfois manifeste, parfois discrète révélée par l'examen psychométrique (aphasie latente, apraxie constructive aux tests perceptivo-moteurs).

■ Les particularités de ***l'évolution*** sont : *l'aggravation par à-coups successifs, la conscience du déficit longtemps conservée, la fréquence des troubles thymiques* à type de dysphorie anxieuse avec irritabilité et parfois idées délirantes de préjudice ou de jalousie, *la survenue d'épisodes confusionnels tran-*

sitoires parfois de quelques heures, parfois plus durables. Ces troubles de la vigilance sont en relation avec les perturbations vasculaires cérébrales ou sont provoqués par des causes contingentes : pyrexie, surdosage médicamenteux, stress psychologique.

Une fois l'état démentiel confirmé, l'évolution terminale est assez rapide (1 à 3 ans).

■ Des lésions focalisées, bilatérales sans être toujours symétriques, réalisent parfois des ***tableaux cliniques particuliers :***

- **syndrome de Korsakoff** (atteinte du système hippocampo-mamillo-thalamique) ;
- **démence thalamique** avec inertie, amimie, aspontanéité, troubles mnésiques (atteinte bithalamique avec destruction des formations médianes) ;
- **syndrome frontal** (thrombose carotidienne bilatérale).

PARALYSIE GÉNÉRALE

Méningo-encéphalite d'origine syphilitique, la paralysie générale est un accident tardif d'une syphilis non traitée ou insuffisamment traitée. Elle apparaît dix à vingt ans après le chancre.

■ Quatre étapes marquent ***l'histoire de cette maladie*** qui, par sa fréquence et sa gravité, a tenu une place de premier rang dans la pathologie mentale : 1822, Bayle individualise la paralysie générale sur le plan anatomo-clinique – 1913, Noguchi montre la présence de tréponèmes dans le cerveau des paralytiques généraux – 1917, Von Jauregg propose l'impaludation (pyrétothérapie par malaria) qui transforme le pronostic d'une maladie jusque-là incurable. A partir de 1945, la pénicilline remplace l'impaludation. La rétrocession de la paralysie générale, aujourd'hui exceptionnelle, s'explique par les progrès du dépistage de la syphillis primo-secondaire et par l'efficacité du traitement à ce stade.

■ ***Les lésions anatomiques*** sont celles d'une méningo-encéphalite diffuse : cerveau atrophique surtout dans la région fronto-temporale, méninges épaissies et congestionnées, granulations d'épendymite parsemant les parois ventriculaires.

■ ***L'examen histologique*** montre une atteinte inflammatoire des méninges et une atteinte corticale de type encéphalitique en foyers disséminés d'âges différents (aspect en feux de forêt). Le striatum, le thalamus et l'hypothalamus sont atteints. La présence de dépôts ferreux dans les parois des vaisseaux et dans la prolifération microgliale « en bâtonnets » est assez spécifique de la paralysie générale.

■ ***Modes de début.*** C'est à un stade précoce qu'il importe de repérer et de traiter la maladie. Il faut y penser devant : un affaiblissement intellectuel progressif, un état d'exaltation d'allure hypomaniaque ou mégalomaniaque, un comportement absurde ou délictueux chez un sujet sans antécédents psychiatriques, des accidents paroxystiques récidivants : ictus apoplectiques ou aphasiques résolutifs sans séquelles, crises épileptiques, paralysies oculomotrices transitoires.

■ ***Le tableau clinique,*** constitué progressivement, associe :

- **Un syndrome psychiatrique** comportant :
  - un *affaiblissement démentiel* ainsi qu'en témoignent l'incohérence des propos contradictoires ou niaisement puérils, l'indifférence euphorique et approbative sans aucune autocritique, l'incurie, les conduites absurdes ou régressives.
  - des *idées délirantes,* présentes dans la moitié des cas. Les thèmes de grandeur, de richesse sont très typiques (le malade se proclame chef d'Etat, distribue des milliards de cadeaux). Ils s'associent parfois à des thèmes de transformation corporelle : « sa tête est bourrée de billets de banque, ses intestins pavés de diamants ». L'humeur est généralement euphorique et expansive ; il existe cependant des P-G dépressives, mélancoliformes.
- **Un syndrome neurologique** associant :
  - une *dysarthrie* parfois manifeste, souvent fruste et à rechercher à l'aide de mots et phrases d'épreuve (anticonstitutionnellement, le trente-trois de la rue Ledru-Rollin) extériorisant l'embarras de la parole : hésitation, achoppement, pauses anormales, élision ou répétition d'une syllabe. L'aphasie est rare mais le langage se désorganise sur un mode démentiel.
  - un *tremblement précoce et constant.* Il est très net dans la région labio-linguale : simple trémulation ou tremblement en masse de la langue, trémulation des muscles péri-buccaux s'exagérant lorsque le malade veut parler. La marche est instable, trébuchante. L'écriture est tremblée, irrégulière, perturbée dans sa calligraphie par le désordre moteur, altérée dans sa rédaction par des troubles analogues à ceux du langage oral (omissions, inversions).
  - le *signe d'Argyll-Robertson* s'observe dans la moitié des cas. Les pupilles sont irrégulières, inégales, petites ; le réflexe photomoteur est aboli (réponse directe et consensuelle) alors que la contraction à l'accommodation-convergence se fait normalement. Ce signe, très évocateur de syphilis nerveuse, est parfois unilatéral ou incomplet.
- **Un syndrome humoral :**

  Dans le sang, les réactions sérologiques de la syphilis sont positives dans 90 % des cas. Le test de Nelson est plus fidèle que le B.W.

  Dans le liquide céphalo-rachidien, on constate une hypercytose (10 à 100 lymphocytes) et une élévation de la protéinorachie portant surtout sur les gamma-globulines. La réaction du benjoin colloïdal est positive dans la zone syphilitique. Le B.W., le Kline, sont positifs dans les 3/4 des cas. Le test de Nelson et le test d'immunofluorescence sont plus sûrs.

L'encéphalographie gazeuse fractionnée montre une atrophie cérébrale avec dilatation ventriculaire prédominant sur les cornes frontales, présence d'air à la périphérie où les sillons sont élargis. Ces modifications morphologiques sont précoces mais leur intensité est sans parallélisme avec la gravité des signes cliniques.

■ ***Evolution et traitement.*** Spontanément, la maladie évoluait vers la mort en 2 à 3 ans. La cure de pénicilline (20 millions d'unités en 20 jours avec les précautions d'usage) a modifié le pronostic. Les très bons résultats sont de l'ordre de 20 % des cas. Plus souvent, l'amélioration est partielle avec stabilisation dans un état déficitaire. La normalisation du LCR ne se fait qu'après plusieurs mois et nécessite parfois la répétition de cures de pénicilline.

DÉMENCES ALCOOLIQUES

Etiologie fréquente des états d'affaiblissement chez l'adulte, l'alcoolisme chronique réalise des atteintes anatomo-cliniques variées, parmi lesquelles l'encéphalopathie de Marchiafava-Bignami et l'encéphalopathie hépatique chronique sont les mieux individualisées (p. 162).

HYDROCÉPHALIES A PRESSION NORMALE

Récemment individualisées par Adams et coll., ces hydrocéphalies sont dues à un obstacle situé sur les voies d'écoulement du L.C.R. à la base du crâne : une atteinte méningée (séquelles d'hémorragie méningée ou de méningite), une sténose de l'aqueduc de Sylvius, un kyste du 3e ventricule, une ectasie de l'artère basilaire. Assez souvent aucune étiologie n'est retrouvée.

Le tableau clinique comporte : *un affaiblissement intellectuel :* dysmnésie, apathie, ralentissement confinant parfois à l'akinésie totale ; *des troubles de la marche,* instable avec tendance à la rétropulsion, chutes fréquentes ; *des troubles sphinctériens* à type d'incontinence ; *des céphalées* sans autres signes d'hypertension intracrânienne.

L'évolution est caractéristique par son allure longtemps fluctuante, le tableau démentiel pouvant disparaître puis se réinstaller sur un mode intermittent.

Le diagnostic requiert : 1.) Une étude manométrique du LCR montrant une pression normale ou à la limite supérieure de la normale. 2) Un transit isotopique montrant la concentration du radiotraceur dans le système ventriculaire sans aucun passage à la convexité. Cette « contamination ventriculaire » témoigne de l'existence d'une dilatation ventriculaire à un ralentissement extrême de la circulation du LCR. Le traitement neuro-chirurgical consiste dans la dérivation du liquide ventriculaire. Les résultats sont parfois remarquables, souvent incomplets.

HÉMATOME SOUS-DURAL CHRONIQUE

De diagnostic facile lorsqu'est connu l'antécédent traumatique, l'hématome sous-dural chronique est souvent méconnu. Le trauma responsable est parfois déjà ancien ; il a pu être minime, sans perte de connaissance ; il peut avoir été négligé (trauma au cours d'une crise comitiale, d'un delirium tremens). Il y a des hématomes sous-duraux « spontanés » en particulier chez le vieillard, l'alcoolique, les malades sous anticoagulants. L'hématome sous-dural est parfois bilatéral.

Dans sa forme typique, le tableau clinique évoque une néoformation intracrânienne : céphalées avec douleur à la pression de la fosse temporale, obnubilation ou torpeur, signes neurologiques souvent tardifs. La radio du crâne, le F.O., l'E.E.G. apportent des éléments de présomption que confirme l'artériographie. Il y a des formes psychiques pures (20 % des cas) observées surtout chez le vieillard : affaiblissement progressif avec bradypsychie et désintérêt croissant, tableau démentiel ou confuso-démentiel. Outre l'anamnèse, doivent faire penser à l'hématome : un début progressif, une évolution fluctuante avec rémissions incomplètes suivies d'aggravations, des signes discrets de souffrance hémisphérique.

AUTRES VARIÉTÉS ÉTIOLOGIQUES D'ÉTATS DÉMENTIELS CHEZ L'ADULTE

Un état démentiel séquellaire peut s'observer après une méningite tuberculeuse traitée tardivement, après certaines encéphalites à virus Arbo, après *l'encéphalite herpétique* qui laisse un déficit mnésique massif de type korsakovien. Un état confuso-démentiel accompagne l'évolution généralement rapide du *syndrome de Creutzfeldt-Jakob,* affection d'étiologie virale, caractérisée par une sémeiologie neurologique complexe (mouvements anormaux, rigidité, myoclonies, dysarthrie, syndrome pyramidal, crises comitiales, parfois cécité corticale) et des altérations E.E.G. sévères. Des *tumeurs cérébrales,* en particulier frontales, calleuses ou thalamiques, peuvent réaliser des tableaux démentiels (p. 322). Une évolution déficitaire pouvant aller jusqu'à une véritable démence est parfois observée après *un traumatisme crânien sévère* (p. 325) ou après des traumas crâniens répétés (encéphalopathie traumatique des boxeurs). Au décours d'un *coma oxycarboné,* quelquefois après un intervalle libre de une à deux semaines, un état déficitaire avec troubles mnésiques prévalents et syndrome extrapyramidal peut se constituer progressivement ; cette *encéphalopathie post-anoxique* a été aussi observée après une hypoglycémie sévère, un arrêt cardiaque. Des affections endocriniennes (*myxoedème*), des avitaminoses (*maladie de Biermer,* pellagre) peuvent à un stade avancé de leur évolution donner des états démentiels.

BIBLIOGRAPHIE

DELAY (J.) et BRION (S.). — *Les démences tardives.* Masson Edit. 1962.

ESCOUROLLE (R.) et POIRIER (J.). — *Manuel élémentaire de neuropathologie.* Masson Edit. 1971.

PETIT (H.). — La maladie de Huntington.Rapport présenté au *Congrès de psychiatrie et neurologie de langue française.* Bruxelles, 1969. Masson Edit.

TISSOT (R.), CONSTANTINIDIS (J.) et RICHARD (J.). — *La maladie de Pick.* Masson Edit., 1975.

WOLSTENHOLME (G.-E.) and O'CONNOR (M.). — *Alzheimer's disease and related conditions.* 1 vol. Ciba Foundation symposium. Churchill Edit., Londres, 1970.

25

LES ASPECTS PSYCHOLOGIQUES ET PSYCHIATRIQUES DE L'ÉPILEPSIE

Certaines manifestations cliniques de l'épilepsie soulèvent des *problèmes diagnostiques* avec des troubles psychiques d'autre nature. C'est parfois le cas de crises partielles à sémeiologie complexe mettant en jeu l'activité nerveuse supérieure (crises ecmnésiques, automatiques, hallucinatoires) ; c'est surtout le cas d'épisodes psychopathologiques plus durables à type d'états confusionnels ou confuso-délirants.

L'épilepsie représente un *problème médico-social* important de par le nombre de malades concernés et pour certains malades du fait de la gravité du handicap social. On estime que 5 à 10 % des épileptiques sont au cours de leur existence hospitalisés en milieu psychiatrique, le plus souvent pour des séjours de courte durée. Environ 20 % des épileptiques adultes ont de graves difficultés d'adaptation professionnelle nécessitant une prise en charge institutionnelle (atelier protégé, hôpital de jour) ou entraînant une invalidité partielle ou complète. Les troubles psychiques, d'ordre intellectuel ou caractériel, sont en cause dans l'inadaptation tout autant que la fréquence des crises, les deux étant en fait souvent associés.

LES TROUBLES DE CONSCIENCE AU COURS DES CRISES

a) **Crises généralisées :**

La décharge neuronique paroxystique hypersynchrone intéresse simultanément l'ensemble des structures cérébrales ; les altérations critiques de l'E.E.G. sont bilatérales, synchrones, symétriques.

■ Dans la crise tonico-clonique de ***l'épilepsie « Grand-Mal »,*** la perte de conscience est totale et immédiate, s'accompagnant d'une chute brutale. En fin de crise, un état confusionnel post-critique succède quelquefois au coma, l'obnubilation se dissipant progressivement en quelques heures. Cette période d'obnubilation comporte parfois une agitation désordonnée. L'amnésie de la crise Grand-Mal est totale.

■ ***Les absences «Petit-Mal»*** qui s'observent surtout au cours de la deuxième enfance consistent en une brève suspension de la conscience, 5 à 15 secondes en général. Le regard devient vague, la parole s'interrompt, l'activité en cours cesse brusquement ou bien se modifie (écriture déformée, gestes ralentis). De brusques secousses cloniques bilatérales peuvent se voir (globes oculaires, paupières, nuque, membres supérieurs). En fin d'absence, le retour à une conscience claire est immédiat, le patient reprend sans transition ce qu'il était en train de faire, se rendant parfois compte a postériori qu'il y eu coupure dans son activité. Si l'absence est très brève, elle peut passer inaperçue du sujet ou d'un entourage non prévenu. Ces absences sont chez l'enfant pluriquotidiennes, souvent plusieurs dizaines par jour, favorisées par l'inactivité, la fatigue, les émotions, l'hyperpnée. Lorsqu'elles persistent à l'âge adulte, les absences sont plus rares, plus brèves, moins profondes que chez l'enfant. Les absences Petit-Mal s'accompagnent à l'E.E.G. d'une décharge de pointes-ondes se répétant régulièrement au rythme de trois cycles par seconde, bilatérales et synchrones. Au cours des décharges de pointes-ondes bisynchrones, il n'y a pas toujours absence clinique ; le trouble de conscience peut manquer ou être discret (absence subclinique) mais des épreuves psychotechniques extérioriseraient la baisse transitoire d'efficience : temps de réaction allongé, erreurs dans les réponses.

b) Crises partielles

Les signes cliniques et E.E.G. traduisent une décharge neuronique hypersynchrone intéressant un secteur localisé, plus ou moins étendu, des structures cérébrales. Que ces crises demeurent *partielles* pendant toute leur durée qui dépasse rarement quelques minutes ou qu'elles *se généralisent secondairement*, elles peuvent avoir par leur sémiologie une grande valeur localisatrice.

■ Il n'y a pas de perte de conscience pendant les ***crises somato-motrices*** à marche jacksonienne (activité épileptique du cortex moteur prérolandique controlatéral) et les ***crises somato-sensitives*** (région pariétale ascendante). Il peut se produire au cours de la crise B.J. une généralisation secondaire avec perte de connaissance. Parmi les ***crises sensorielles,*** les crises visuelles élémentaires (éclairs, lumières colorées) souvent localisées à un hémichamp, évoquent une atteinte du cortex occipital contro-latéral.

■ ***Les crises temporales,*** très fréquentes chez l'adulte, ont une sémeiologie complexe et variable pouvant comporter :

- **des sensations végétatives :** gêne épigastrique.
- **des phénomènes hallucinatoires** auditifs (bruits, thème musical, voix connues ou non), olfactifs (odeur indéfinissable, de brûlé, de pourri), visuels figurés et complexes (vision d'animaux, de personnages), des illusions perceptives (sons déformés), des hallucinations vestibulaires.
- **des manifestations dysphasiques paroxystiques** (jargon, paraphasies) indiquant l'atteinte de l'hémisphère dominant.
- **des modifications du psychisme** ; la conscience est accaparée par l'expérience vécue, expérience insolite à forte charge affective parfois dominée par un sentiment d'*étrangeté,* d'irréalité, une sorte *d'état de rêve* (dreamy state de Jackson). Une peur anidéique, un sentiment intense de solitude ou de dégoût, très rarement un bonheur extatique peuvent inaugurer la crise. Une « *pensée forcée* » banale ou métaphysique (la Mort, l'Eternité) peut en constituer l'élément initial ou essentiel. De même, des manifestations dysmnésiques paroxystiques : crises hallucinatoires ecmnésiques où le sujet se remémore et se représente en détail des scènes du passé, de l'enfance en particulier ; illusions de ressouvenance, impression de familiarité, de *« déjà-vu, déjà-vécu ».*
- **des modifications du comportement.** La crise suspend généralement l'acte en cours. Si l'activité se poursuit, c'est de façon machinale, inadaptée à la situation, totalement inconsciente et amnésique. Des *automatismes* élémentaires ou complexes sont fréquents : mâchonnements, gestes d'émiettement ou de frottement, exploration des vêtements, activité fébrile de recherche. Parfois le sujet part droit devant lui, renversant les obstacles (crise procursive) ; si on cherche à le contraindre, sa violence peut être extrême (fureur clastique).

Souvent stéréotypé chez un sujet, le *déroulement de la crise* varie d'un sujet à l'autre : courte suspension de la conscience (« pseudo-absence temporale » à distinguer de l'absence Petit-Mal plus brève et dont l'E.E.G. est très différent) avec ou sans automatismes et dont le sujet ne garde aucun souvenir ; « crises psychiques », ecmnésiques ou idéatoires, laissant le souvenir d'une expérience étrange, difficilement communicable ; crises complexes associant par exemple : odeur hallucinatoire, bouleversement émotionnel, état de rêve, vision panoramique du passé.

L'importance des structures rhinencéphaliques dans le déterminisme des automatismes psychomoteurs explique leur implication au cours des crises de l'épilepsie temporale. Des activités automatiques inconscientes peuvent aussi s'observer au cours de crises d'épilepsie partielle à décharge critique extra-temporale ou même au cours d'absences Petit-Mal. Ces activités automatiques critiques sont à distinguer des automatismes post-critiques confusionnels qui succèdent parfois à une crise sévère (crise partielle ou crise tonico-clonique généralisée).

PROBLÈMES DIAGNOSTIQUES

■ ***La crise névropathique*** diffère d'une crise Grand-Mal par la chute progressive n'entraînant pas de trauma, la perte de conscience incomplète, l'agitation désordonnée, l'absence de morsure de la langue. Le diagnostic est plus difficile avec certaines crises temporales. Le rôle déclenchant des facteurs situationnels n'est pas décisif : une émotion peut faciliter la survenue d'une crise épileptique ; certains épileptiques utilisent leurs crises à des fins névrotiques parfois même sursimulent. En tout état de cause, on ne commencera jamais un traitement anti-comitial sans avoir la certitude qu'il s'agit bien d'une épilepsie.

■ Les caractères qui distinguent les « crises d'épilepsie psychique » de ***troubles névrotiques*** (accès d'angoisse ou de dépersonnalisation) ou d'***états délirant hallucinatoires*** sont : leur allure paroxystique, leur courte durée, leur répétition souvent stéréotypée, leur contenu ecmnésique. Les phénomènes illusionnels et hallucinatoires épileptiques ne donnent lieu ni à croyance secondaire durable ni à élaboration délirante.

■ ***L'ictus amnésique essentiel*** est à distinguer d'une crise automatique prolongée. C'est un accident brutal, en général unique, s'observant après 50 ans. Il réalise en quelque sorte « un syndrome de Korsakoff aigu ». Le sujet ne sait plus l'heure, ni ce qu'il en train de faire, oublie à mesure. Il répète sans cesse les mêmes questions, inquiet de ce qui lui arrive. Il conserve néanmoins une activité adaptée et une orientation spatiale correcte. Une fois la crise passée (durée de quelques heures) il persistera une lacune mnésique recouvrant l'épisode. La nature de cet accident qu'aucun signe clinique ou E.E.G. ne permet de rattacher à l'épilepsie est encore mal élucidée.

LES TROUBLES DE LA CONSCIENCE DONT LA DURÉE DÉPASSE CELLE D'UNE CRISE

Ils s'observent chez moins de 10 % de la totalité des épileptiques.

SUR UN PLAN SÉMEIOLOGIQUE

Il s'agit d'accidents isolés ou répétitifs, les accès se reproduisant parfois de façon identique chez un même sujet. Le caractère de soudaineté, évocateur de l'étiologie épileptique, est loin d'être constant. L'association de ces accidents avec d'autres manifestations cliniques de comitialité est fréquente, soit qu'ils succèdent à une crise ou une série de crises, parfois conséquence d'un arrêt de traitement, soit que des crises surviennent au cours ou à la fin de ces accidents. On peut observer :

■ ***des épisodes de comportement anormal,*** de durée limitée (quelques heures à quelques jours), à début et fin brutaux. La persistance d'automatismes élaborés permet une activité complexe : déambulation coordonnée, actes professionnels ou de la vie courante, prise de transports. L'entourage remarque cependant le caractère inadapté et saugrenu de certains actes, le regard vague du patient, ses réponses évasives, ses propos itératifs. Au « réveil » l'amnésie de l'épisode est totale ou parcellaire avec îlots de souvenirs assez confus. **La fugue épileptique,** automatisme ambulatoire et gestuel prolongé avec comportement grossièrement normal plus ou moins totalement amnésique, est tout à fait exceptionnelle. Si l'épilepsie n'est pas confirmée par l'anamnèse et l'E.E.G., le diagnostic est à accepter avec réserves, d'autres « voyages pathologiques » étant beaucoup plus fréquents : fugues hystériques, fugues du psychopathe instable, fugues au cours d'une ivresse prolongée subconfuse.

■ ***des épisodes franchement confusionnels*** que cliniquement rien ne distingue d'états confusionnels d'autres origines sinon la fréquence des réactions de violence agressive : confusion anxieuse et agitée ; confusion stuporeuse ; état confuso-onirique avec visions de scènes macabres ou terrifiantes, hallucinations acoustico-verbales, thèmes de persécution, de mort, d'autoaccusation, thèmes mystiques. La durée est de quelques jours à quelques semaines, parfois davantage.

■ ***des états crépusculaires ;*** dans ces *états de rêve prolongés,* l'obtusion apparente ne laisse guère soupçonner la richesse des contenus de conscience : expériences de dépersonnalisation et de communications hallucinatoires, intuitions bouleversantes, illusions sensorielles, métamorphose terrifiante ou apocalyptique de la réalité ambiante, réminiscences complexuelles. Les images de cette période oniroïde confusément remémorées au décours immédiat de l'accès s'oublieront, progressivement refoulées comme un rêve hors du souvenir conscient. Le débordement pulsionnel que libèrent ces états crépusculaires est parfois d'une violence extrême (viol, incendie, homicide) apparemment aveugle ou semblant obéir à une intentionnalité inconsciente.

LES CORRÉLATIONS ÉLECTROCLINIQUES

Elles sont difficiles à établir, la plupart de ces épisodes se déroulant hors de l'observation médicale.

■ Dans un nombre important de cas il s'agit de ***phénomènes post-critiques*** avec à l'E.E.G. une activité diffuse irrégulière thêta et delta. C'est dans ces obnubilations post-critiques que s'observent surtout des réactions agressives, parfois furieuses, en particulier si l'on cherche à contenir le patient.

■ Parfois le trouble de conscience est en relation avec une activité paroxystique prolongée à type d'***état de mal.*** Le traitement par benzodiazépines injectables (*Valium, Rivotril*) y est d'une efficacité rapide.

- **soit état d'absence** ; il s'observe chez l'adulte jeune et surtout chez l'enfant. Longtemps considéré comme appartenant au Petit-Mal (état de Petit-Mal, Petit-Mal status) dans lequel il peut survenir effectivement (5 à 10 % des Petit-Mal présentent des états d'absence uniques ou répétés), il peut aussi compliquer d'autres variétés d'épilepsie. Sa durée habituelle, 6 à 48 heures, se prolonge parfois plusieurs semaines. Le trouble de conscience est variable d'un épisode à l'autre et d'un moment à l'autre du même accès. Tantôt le sujet est « presque normal », tantôt il est confus, parfois tout à fait somnolent ou stuporeux. Des myoclonies ou même des crises convulsives accompagnent 50 % des accès. Des automatismes ambulatoires de longue durée (fugues) ont été signalés. L'enregistrement électroencéphalographique montre une activité paroxystique bilatérale, permanente (pointes-ondes régulières à trois cycles par seconde ou polypointes-ondes et pointes-ondes à un rythme plus lent) ou bien survenant par décharges séparées par de brefs intervalles (absences subintrantes).

- **soit état de mal psychomoteur**, beaucoup plus rare. L'activité paroxystique continue ou subintrante, uni ou bilatérale, entretient un état confusionnel avec activités automatiques, productions hallucinatoires et parfois subexcitation agressive.

■ Les troubles de la conscience peuvent être ***sans corrélation*** chronologique avec une crise. Au cours de ces épisodes dont l'étiologie est encore mal connue, les altérations E.E.G. peuvent être aggravées, inchangées ou « normalisées ».

■ Enfin certains épisodes confusionnels constatés chez les épileptiques sont la ***complication de thérapeutiques.*** Un surdosage en hydantoines (*Di-hydan, Solantyl*) entraîne une obnubilation ou même une confusion profonde s'accompagnant de nystagmus et d'ataxie d'allure cérébelleuse. Avec l'éthosuccinimide (*Zarontin*), on a observé des états confusionnels, des épisodes délirants ou dépressifs atypiques, survenant dans les premiers jours ou premiers mois du traitement, parallèlement à la suppression des absences et à la disparition des paroxysmes spécifiques à l'E.E.G. qui prend alors un aspect particulier : (« tracé rigide »).

LES TROUBLES DURABLES DU COMPORTEMENT ET LES MODIFICATIONS DE LA PERSONNALITÉ

Un grand nombre d'épileptiques mènent une vie normale, leur maladie affectant peu ou pas leur intelligence et leur affectivité. Les déficiences intellectuelles et les anomalies de la personnalité sont cependant plus fréquentes chez les épileptiques que dans la population générale. A leur origine interviennent :

■ ***les lésions encéphaliques ;*** elles sont responsables à la fois de l'épilepsie et de certains troubles psychiques de nature et de gravité variables : atteinte des potentialités intellectuelles (déficiences sévères accompagnant certaines épilepsie infantiles, rares détériorations démentielles chez l'adulte), altérations du fonctionnement mental (bradypsychie, difficultés d'intégration mnésique), baisse du contrôle émotionnel et pulsionnel. Ces troubles ne sont pas très différents de ceux observés dans les atteintes cérébrales organiques sans épilepsie. Les troubles du caractère et les modifications de la personnalité s'observent surtout dans l'épilepsie temporale.

■ ***Les phénomènes paroxystiques :*** à l'exception des rares états de fureur agressive, inconscients et amnésiques, qui sont des phénomènes critiques ou immédiatement post-critiques, les troubles caractériels et thymiques appartiennent à la personnalité inter-critique. Il ne sont cependant pas toujours sans liens avec les paroxysmes. Un état de tristesse ou d'irritabilité précède parfois une crise de quelques heures, plus rarement lui succède (*halo des crises*). On constate chez certains épileptiques un *balancement* entre les crises et les troubles caractériels, ceux-ci s'exagérant dans les périodes où les crises, spontanément ou sous thérapeutique, s'espacent ou disparaissent.

■ ***Les réactions de l'épileptique à sa maladie*** et aux perturbations qu'elle entraîne dans ses relations avec l'environnement. L'épilepsie est une *maladie chronique,* imposant un traitement continu, limitant les possibilités surtout chez le sujet aux crises mal contrôlées ; certains métiers, certains sports, la conduite automobile lui sont interdits. Imprévisibles et dramatiques, les crises comitiales effraient l'entourage. Bien que la *stigmatisation sociale* autrefois très forte se soit atténuée, l'épileptique a parfois du mal à se faire accepter ; trouver un emploi, fonder un foyer, lui posent plus qu'à d'autres des problèmes. Lorsque la maladie a débuté dans l'enfance, *la maturation psycho-affective* a pu se trouver perturbée par l'attitude inadéquate de l'entourage (ségrégation, hyperprotection) ; utilisées aux fins de bénéfices secondaires, les crises s'intriquent alors à des manifestations névrotiques et caractérielles facteurs à leur tour d'inadaptation et d'exclusion. A l'adolescence, l'autonomisation est parfois difficile.

■ ***Les thérapeutiques*** ont été à juste titre incriminées lorsque la pharmacopée se réduisait au bromure et au gardénal (bradypsychie, somnolence). Avec les médicaments dont nous disposons actuellement, les inconvénients peuvent être limités si l'on ajuste les posologies et les associations. Les dosages sanguins des antiépileptiques sont à cet égard très utiles.

LES TROUBLES INTELLECTUELS

L'épilepsie apparaît chez des sujets dont le niveau intellectuel est variable, de l'oligophrène au surdoué. En moyenne le niveau intellectuel des épileptiques est un peu inférieur à celui de la population générale. Environ 10 % des épileptiques ont un handicap intellectuel profond, souvent associé à une atteinte neurologique ou sensorielle, qui les rend incapables d'adaptation scolaire puis professionnelle.

Des particularités du fonctionnement intellectuel sont manifestes chez certains malades. L'élaboration idéique est ralentie ; la pensée manque de souplesse et s'englue dans les détails ; l'expression verbale est laborieuse. Cette *bradypsychie,* caricaturale chez l'épileptique déficitaire, peut s'observer à un moindre degré chez des sujets dont les potentialités intellectuelles sont bonnes ; elle n'est pas forcément permanente et chez certains patients on observe dans le niveau d'efficience et la mobilité de la pensée des variations surprenantes dont les relations avec les paroxysmes cliniques et infra-cliniques sont complexes et encore mal précisées.

LES TROUBLES AFFECTIFS ET CARACTÉRIELS

Bien qu'elle soit source d'inquiétudes et de frustrations, la maladie épileptique n'est pas incompatible avec un aménagement satisfaisant de la vie affective et relationnelle ; environ la moitié des épileptiques ont une adaptation tout à fait normale. Pour les autres, l'équilibre plus difficile à atteindre et à maintenir avec les vicissitudes de l'existence met en jeu, à des degrés divers, des aménagements caractériels ou névrotiques (captativité affective, inhibition dans les conduites sociales, refuge dans la maladie).

- **L'anxiété** peut dériver en préoccupations hypocondriaques ou en ruminations à thème de dévalorisation. Une affectivité collante (glischroïdie) et des attitudes rigides peuvent pallier le manque de contrôle émotionnel et de souplesse intellectuelle (conformisme, méticulosité, obstination, attitude moralisatrice).

- **Des épisodes dépressifs,** en grande partie réactionnels à la maladie, sont assez fréquents : morosité ou brusque crise de cafard avec parfois gestes suicidaires impulsifs (ingestion des médicaments).

Chez une minorité d'épileptiques **des troubles sévères de la personnalité** sont source d'inadaptation : instabilité de l'humeur, impulsivité, tendances vindicatives, colères explosives. Un aménagement des conditions d'existence, une prise en charge socio-psychologique (atelier protégé, hôpital de jour) peuvent aider ces sujets à trouver un meilleur équilibre et favoriser leur réinsertion. Des neuroleptiques sédatifs (*Melleril, Neuleptil, Dipiperon*) ou des benzodiazépines (*Valium, Tranxene, Librium*) ont un effet favorable sur la tension anxieuse et l'irritabilité. La *Depakine* et le *Depamide* ont une action sur les troubles thymiques et caractériels.

La réactivité explosive peut être à l'origine de **conduites agressives.** On a cependant beaucoup exagéré la dangerosité des épileptiques. Leur criminalité n'est ni très supérieure en nombre ni différente en nature de celle observée dans la population générale. Il s'agit en général de délinquance mineure favorisée par des conditions de vie difficiles (vols, vagabondage). Les crimes accomplis au cours d'états crépusculaires ou d'automatismes ambulatoires sont tout à fait exceptionnels.

LES ÉTATS DÉMENTIELS ET LES DÉLIRES CHRONIQUES

Les délires chroniques avec « conscience claire »

Le plus souvent hallucinatoires, ils s'observent chez les épileptiques avec une fréquence non négligeable, supérieure à celle d'une simple coïncidence avec la schizophrénie. Ils s'installent 10 à 20 ans après le début de la maladie épileptique, parfois progressivement chez un sujet dont les crises s'espacent, parfois brusquement après un ou plusieurs épisodes crépusculaires. Des thèmes mystiques ou messianiques, des préoccupations hypocondriaques bizarres, des idées d'influence et de persécution s'y expriment de façon généralement peu élaborée. La séméiologie est proche d'une schizophrénie paranoïde avec cependant conservation relative de l'affectivité. Bien que la guérison soit possible, l'évolution habituelle est fluctuante, parfois jalonnée d'expériences crépusculaires dont le contenu s'incorpore au délire. Dans un tiers des cas, l'aggravation se fait vers un état déficitaire à la fois organique (bradypsychie, dysmnésie, persévération) et discordant (catatonie, subexcitation euphorique). La pathogénie de ces délires chroniques qui s'observent surtout dans l'épilepsie du lobe temporal (hémisphère dominant en particulier) est encore mal élucidée. Le traitement de ces états délirants chroniques requiert une chimiothérapie neuroleptique prolongée avec ajustement des doses d'antiépileptiques.

L'évolution démentielle

Elles est possible quoique rare chez l'épileptique adulte. Elle résulte en général de l'extension des lésions cérébrales qui sont responsables à la fois de l'épilepsie et de l'affaiblissement mental progressif (affections dégénératives, néoformations). Dans d'autres cas, on peut incriminer le retentissement sur les structures encéphaliques des troubles métaboliques associés à un état de mal, voire l'extension progressive de certains foyers épileptogènes du fait de microlésions ischémiques de voisinage. Une modification de la personnalité (viscosité, explosivité), une bradypsychie extrême, des tendances interprétatives, accompagnent l'affaiblissement de la mémoire et du jugement.

BIBLIOGRAPHIE

AIRD (R.-B.) and WOODBURY (D.-M.). — *The management of epilepsy.* Ch. Thomas Publisher, 1974.

GASTAUT (H.). — *Dictionnaire de l'épilepsie.* Partie I : Définitions. Publications O.M.S., 1973.

LOISEAU (P.) et COHADON (F.). — Le petit mal et ses frontières. Rapport présenté au *Congrès de psychiatrie et de neurologie de langue française.* Milan. 1970. Masson édit.

MAGNUS (O.) and LORENTZ de HAAS (A.-M.). — *The epilepsies (Hand-book of clinical neurology* - VINKEN (P.-J.) and BRUYN (G.-W.) vol. 15). North Holland publishing company. Amsterdam., 1974.

MARCHAND (L.) et AJURIAGUERRA (J.) DE. — *Epilepsies. Leurs formes cliniques et leurs traitements.* Desclée de Brouwer. Paris. 1948.

TRIDON (P.) et WEBER (M.). — Complications des thérapeutiques antiépileptiques. Rapport présenté au *Congrès de psychiatrie et de neurologie de langue française*, Grenoble 1966. Masson édit.

WRIGHT (G.-N.). — *Epilepsy rehabilitation.* Little Brown and C°, Boston, 1975.

26

LES TROUBLES MENTAUX DES TUMEURS CÉRÉBRALES

On observe très fréquemment, au cours de l'évolution des tumeurs cérébrales, des perturbations psychiques dont la survenue et l'allure clinique dépendent de la nature de la tumeur, de sa localisation, éventuellement d'une hypertension intracrânienne... Ces troubles mentaux peuvent être isolés, précédant de plusieurs mois, voire de plusieurs années, les signes neurologiques. Leur étiologie risque alors d'être méconnue, surtout chez le sujet âgé où ils sont pris pour les signes d'une démence dégénérative ou artériopathique. Insistons sur la nécessité, au moindre doute, d'examens paracliniques : radio du crâne, E.E.G., fond d'œil, gammagraphie et au besoin examens neuro-radiologiques spécialisés.

LES TROUBLES MENTAUX LES PLUS FRÉQUEMMENT OBSERVÉS

■ ***Des troubles de la conscience :***

- à type de *confusion mentale* plus ou moins profonde, isolée ou associée à des signes d'hypertension intracrânienne.

- Plus souvent et *sans rapport avec l'hypertension intercrânienne,* une simple obtusion, une bradypsychie avec inertie, indifférence, contact lointain.

■ ***Un affaiblissement intellectuel global*** aboutissant plus ou moins rapidement à un tableau démentiel ou confuso-démentiel.

- parfois **une atteinte élective** : aphasie amnésique ; amnésie de fixation voire syndrome de Korsakoff typique.

■ ***Un état akinétique*** associé ou non à des troubles de la conscience : perte de l'initiative, inexpressivité émotionnelle, ralentissement de l'activité pouvant aller jusqu'à l'inertie totale avec mutisme.

■ ***Des modifications de la personnalité ;*** troubles caractériels, hyperémotivité ou au contraire indifférence affective

■ ***Des troubles de l'humeur :*** état dépressif traînant avec asthénie et aboulie ; excitation euphorique et parfois agressive.

■ ***Des phénomènes paroxystiques*** de grande valeur localisatrice :

- **crises hallucinatoires,** visuelles, auditives, olfactives, survenant comme auras ou comme équivalents d'une crise épileptique ;
- **altérations paroxystiques de la conscience :** états crépusculaires, « états de rêve » qui peuvent s'associer à une expérience hallucinatoire ; « absences » avec automatismes psycho-moteurs. Généralement critiquées sur le champ ou rectifiées a posteriori, les expériences hallucinatoires peuvent exceptionnellement s'intégrer à une organisation délirante durable.

LA LOCALISATION TUMORALE

Étant donné l'extension de la tumeur, son retentissement à distance, parfois l'hypertension intracrânienne, la valeur localisatrice des troubles psychiques n'est qu'approximative. Certains tableaux sont cependant évocateurs :

■ ***Tumeurs frontales.*** Les troubles psychiques sont très fréquents (2/3 des cas), assez caractéristiques, réalisant un ensemble syndromique qui, isolé ou associé à des crises d'épilepsie, peut être révélateur de la tumeur. Il comporte : une réduction croissante de l'activité, des troubles de l'attention et de la mémoire des faits récents, une désinhibition des conduites instinctives (urination en public, boulimie sans discrimination), des troubles de l'humeur et spécialement une *euphorie* niaise et insouciante évoluant sur un fond d'apathie et d'indifférence ou s'accompagnant d'une subexcitation ludique, puérile, facétieuse et caustique, la Moria. L'examen neurologique recherchera des phénomènes de préhension forcée, une persévération motrice, un syndrome oculomoteur et visuel, une atteinte discrète du langage. Certaines tumeurs frontocalleuses ont une évolution démentielle rapide.

■ ***Tumeurs temporales ;*** la sémeiologie est dominée par les troubles paroxystiques : crises d'épilepsie généralisée ou focalisée ; états de rêve, crises auditives, crises olfactives et psychomotrices, troubles paroxystiques du langage en cas de tumeur de l'hémisphère dominant.

Lorsque manquent ces phénomènes critiques, une tumeur temporale droite peut rester longtemps muette ou se manifester seulement par une sémeiologie dépressive ou pseudo-névrotique. Les tumeurs temporales gauches s'accompagnent assez rapidement de troubles aphasiques.

■ ***Tumeurs pariétales ;*** outre la sémeiologie sensitive prédominante, on retiendra la valeur localisatrice des troubles du schéma corporel et du syndrome apracto-agnosique. La formule clinique de ces troubles varie selon que la tumeur siège dans l'hémisphère mineur ou dominant.

■ ***Tumeurs occipitales ;*** les hallucinations visuelles élémentaires (lueurs, éclairs, couleurs se projetant dans un hémichamp ou dans tout le champ visuel) ont une grande valeur localisatrice. Les troubles psychiques permanents sont fréquents mais peu spécifiques : troubles de mémoire, état confusionnel.

■ ***Tumeurs de la région méso-diencéphalique :***

Les troubles psychiques sont inconstants mais parfois précoces et évocateurs :

- **troubles de la conscience :** paroxystiques (éclipses) ou permanents, obtusion, torpeur, hypersomnie.
- **syndrome de Korsakoff** (tumeurs du 3e ventricule, tumeurs hypothalamiques, tumeurs du trigone).
- **démence thalamique** d'installation rapide avec réduction massive de toutes les activités.
- **hallucinose pédonculaire :** défilé d'animaux, de personnages ou d'objets, colorés et mobiles, que le sujet contemple avec curiosité et plaisir, survenant surtout au crépuscule et s'accompagnant de troubles plus ou moins marqués de la conscience.
- **troubles de l'humeur :** excitation euphorique ou délirante.

BIBLIOGRAPHIE

HECAEN (H.) et AJURIAGUERRA (J.) DE. — *Les troubles mentaux au cours des tumeurs cérébrales.* 1 vol. Masson.

HECAEN (H.). — *Introduction à la neuro-psychologie.* Larousse. 1972.

27

LES COMPLICATIONS PSYCHIQUES DES TRAUMATISMES CRANIENS

On connaît la fréquence actuelle des traumatismes crâniens et les problèmes complexes que posent leurs séquelles neuropsychiques souvent durables et parfois définitives. Ces troubles séquellaires sont de trois ordres différents : *des états déficitaires* à substratum organique dont les observations se sont multipliées depuis que les techniques de réanimation ont permis la survie de traumatisés très gravement atteints ; *des syndromes post-commotionnels* très fréquents (syndromes subjectifs des traumatisés du crâne) dans la pathogénie et la persistance desquels s'intriquent des facteurs organiques, psychologiques et socio-économiques ; *des névroses post-traumatiques* plus rares ; à la faveur du bouleversement émotionnel qu'entraîne un traumatisme généralement mineur, la personnalité se réorganise sur un mode névrotique et se fixe dans des attitudes pathologiques de régression et de dépendance.

LES ÉTATS DÉFICITAIRES POST-TRAUMATIQUES

■ ***Au décours d'un traumatisme sévère avec coma prolongé,*** se constitue parfois un affaiblissement intellectuel voire une démence véritable allant de pair avec une atrophie cérébrale objectivable par l'encéphalographie gazeuse. Des *séquelles neurologiques* s'associent souvent à ces états déficitaires : déficit moteur, syndrome cérébelleux, troubles vestibulaires, aphasie, épilepsie à crises généralisées ou partielles.

Le diagnostic avec un hématome sous-dural chronique (p. 310) ou avec une hydrocéphalie communicante post-traumatique (p. 309) est parfois difficile et requiert au moindre doute des examens complémentaires (investigations neuro-radiologiques, explorations isotopiques).

Dans la majorité des cas il s'agit d'*un état déficitaire* dont la sémieologie se précise au fur et à mesure que les éléments confusionnels de la période post-traumatique s'estompent. Plus rarement le déficit ne se constitue que progressivement dans les suites proches d'un trauma crânien et se marque alors par la baisse du rendement professionnel et le ralentissement intellectuel.

Ces états déficitaires se caractérisent par la bradypsychie, la tendance à la persévération idéo-verbale, l'apathie, l'indifférence, les troubles d'attention et de mémoire. L'amnésie de fixation est particulièrement nette gênant l'activité quotidienne : oubli ou distorsion du passé récent, oubli des consignes, nécessité pour le patient de noter ce qu'il a fait ou ce qu'il doit faire. Les troubles du caractère sont habituels : irritabilité, colères explosives, modification de la personnalité dont les traits antérieurs s'exagèrent.

L'évolution est variable : on peut observer, surtout chez un sujet jeune, une récupération quasi-totale ; plus souvent le déficit se fixe entraînant un déclassement professionnel ou une invalidité définitive. Incapable d'acquisitions nouvelles, sans souplesse adaptative, le patient limite son existence à des activités routinières de niveau concret. L'alcoolisme surajouté est un élément très péjoratif du pronostic. L'évolution progressive vers un état démentiel véritable est plus rare. On l'observe surtout après 50 ans. Les troubles mnésiques s'accentuent ; des erreurs de jugement, des conduites aberrantes et parfois délictueuses apparaissent. La régression démentielle est en général moins globale et moins profonde que dans les démences dégénératives. Des bouffées confusionnelles, des états délirants durables s'observent parfois au cours de ces évolutions déficitaires.

■ ***Après des comas post-traumatiques prolongés*** pendant plusieurs mois, on observe parfois des états décrits par les neuro-chirurgiens comme « états grabataires arelationnels » correspondant à de véritables comas chroniques où ne persiste qu'une vie végétative ou des « états de vie réduite » nécessitant le placement en milieu hospitalier spécialisé par suite de la gravité des séquelles motrices et psychiques.

LE SYNDROME SUBJECTIF DES TRAUMATISÉS DU CRANE

■ ***Des troubles fonctionnels,*** en particulier céphalées et vertiges, s'observent à titre transitoire lors de la convalescence de la plupart des traumatismes crâniens. Dans une proportion importante de cas, ces troubles fonctionnels ont une ampleur et une durée beaucoup plus importantes, réalisant un ensemble syndromique fait de plaintes subjectives dont il faut souligner le caractère stéréotypé d'un patient à l'autre :

- **céphalées** localisées au point d'impact ou diffuses avec sensation de tête lourde, cotonneuse ; permanentes ou passagères, elles sont exagérées par les efforts, les bruits, les mouvements de la tête. Elles ont parfois un caractère pulsatile ou une allure pseudomigraineuse. Des douleurs à point de départ cervical peuvent s'y associer.
- vertiges ou plutôt **sensations vertigineuses** souvent déclenchés par les changements de position, les mouvements brusques de la tête : éblouissements, impression de chute imminente, parfois impression de déséquilibre, d'étourdissement ; *troubles neuro-végétatifs* fréquents : crises sudorales, bouffées de chaleur.
- **intolérance aux bruits, aux lumières scintillantes, à l'alcool.**
- **fatigabilité physique et intellectuelle :** par manque de concentration, « fatigue visuelle » ou désintérêt, le patient renonce à lire, à regarder la télévision. Sa dysmnésie l'oblige à tout noter ; il évite les sorties, les conversations. L'asthénie sexuelle est habituelle.
- **troubles du caractère et baisse du contrôle émotionnel :** le patient en a conscience et se plaint de son émotivité, de son irritabilité qui le rend parfois « invivable » pour ses proches.
- **troubles du sommeil :** difficultés d'endormissement ; sommeil agité, peu réparateur ; parfois tendance à la somnolence diurne. Chez certains patients, il existe **un élément dépressif** évident : tristesse, sentiment d'incapacité et de dévalorisation, idées d'incurabilité, désintérêt global et apragmatisme. Ces troubles thymiques réagissent bien à un traitement anti-dépresseur.

■ ***L'interprétation du syndrome subjectif post-commotionnel*** fait intervenir deux ordres de facteurs :

- **un trouble organique :** microlésions hémorragiques, perturbations de l'hydraulique encéphalique, commotion labyrinthique. Les résultats de l'expérimentation sur l'animal ainsi que les quelques études neuropathologiques faites chez l'homme (décès dû à un traumatisme viscéral associé à une commotion cérébrale mineure) indiquent l'existence de micro-lésions au niveau du tronc cérébral. Il n'y a cependant pas de parallélisme entre la gravité apparente du traumatisme et l'intensité des troubles fonctionnels post-commotionnels. Un syndrome subjectif peut s'observer après un trauma crânien bénin sans perte de conscience. Les examens paracliniques E.E.G., examen cochléovestibulaire, électronystagmographie, peuvent montrer des anomalies dont l'interprétation est souvent difficile. L'examen psychométrique permet d'objectiver les difficultés d'attention et de mémoire.
- **la réaction au traumatisme** et à ses implications affectives et sociales chez une personnalité plus ou moins modifiée sur le plan biopsychologique par la commotion cérébrale (labilité émotionnelle, instabilité neuro-végé-

tative). On peut remarquer que l'ensemble syndromique post-commotionnel est particulier aux traumatisés du crâne et ne s'observe pas après une autre localisation traumatique.

■ Dans la ***pérennisation de ce syndrome subjectif,*** qui chez certains sujets va durer des années avec succession de reprises puis d'arrêts de travail, interviennent la fragilité de la personnalité antérieure, les conditions d'existence défavorables, l'attitude inadéquate de l'entourage, l'indemnisation espérée. Les syndromes les plus graves s'observent chez les sujets frustes ou médiocrement doués, sans qualification professionnelle ou mal adaptés à leur travail, vivant dans des conditions matérielles précaires. La prise en charge de ces malades est difficile : le médecin souvent méfiant devant des troubles imprécis d'allure sinistrosique a du mal à garder une attitude objective et cohérente envers un patient qui, se sentant incompris, a tendance à majorer ses troubles avec l'espoir conscient ou inconscient d'obtenir une réparation financière au préjudice subi. Bien souvent les troubles ne s'améliorent qu'à la fin d'une procédure d'indemnisation ou qu'après la fixation du taux d'I.P.P. Les barrières linguistiques et culturelles compliquent singulièrement le dialogue thérapeutique lorsqu'il s'agit de patients immigrés avec peu de possibilités de verbalisation.

Le traitement de ces syndromes subjectifs est avant tout préventif et commence dès les jours qui suivent l'accident : attitude rassurante et compréhensive du médecin, continuité dans la prise en charge, reprise progressive de l'activité, convalescence de quelques semaines à plusieurs mois selon la gravité du traumatisme, parfois au début reprise de travail dans des conditions aménagées. Une chimiothérapie agissant sur l'insomnie, l'anxiété ou les éléments dépressifs est un adjuvant nécessaire et médiatise la relation thérapeutique.

LES ÉTATS NÉVROTIQUES POST-TRAUMATIQUES

On peut voir se développer après un traumatisme crânien, souvent mineur, une véritable névrose post-traumatique (v. p. 117).

BIBLIOGRAPHIE

HILLBOM (E.). — After-effects of brain injuries. *Acta Psy. et Neurol. Scand.*, suppl. *142*. Ejnar Munksgaard, Copenhagen 1960.

LEY (J.). — Les névroses post-traumatiques : approche clinique et pathogénique. Rapport présenté au *congrès de psychiatrie et neurologie de langue française*. Bruxelles, 1969. Masson édit.

MARIN (A.) et COTTE (L.). — L'expertise des névroses post-traumatiques. Rapport présenté au *Congrès de psychiatrie et neurologie de langue française*. Bruxelles, 1969. Masson édit.

28

MANIFESTATIONS PSYCHIATRIQUES EN PATHOLOGIE GÉNÉRALE

I. – LES ENCÉPHALOPATHIES MÉTABOLIQUES

ENCÉPHALOPATHIES RESPIRATOIRES

Le diagnostic est facile lorsque l'encéphalopathie survient au cours d'une insuffisance respiratoire manifeste, le plus souvent liée à une broncho-pneumopathie chronique avec emphysème. Il est plus difficile lorsque la décompensation est brutale, favorisée par une surinfection bronchique ou une thérapeutique intempestive (sédatifs, diurétiques).

Les troubles psychiques sont au premier plan : irritabilité, tendance à l'euphorie et à la logorrhée, agitation nocturne, troubles de la vigilance allant de l'obnubilation à un état confuso-onirique parfois confondu avec un delirium tremens. Il s'y associe souvent un flapping tremor et des myoclonies multifocales, parfois des troubles visuels, des signes neurologiques en foyer, des crises d'épilepsie, quelquefois même des signes d'hypertension intra-crânienne (formes pseudotumorales avec céphalées, somnolence, œdème papillaire). Le pronostic de cette encéphalopathie hypoxique et hypercapnique est en général favorable lors de la première poussée. Le traitement d'urgence entraîne une amélioration parfois très rapide des troubles de la conscience parallèlement à la diminution de la Pa CO_2 et à l'élévation du taux de saturation de l'hémoglobine. Le pronostic à long terme est beaucoup plus décevant : 50 % de décès dans les trois ans.

DIABÈTE

Les complications neuropsychiques fréquemment observées sont de mécanismes variés :

- des **troubles de conscience** précurseurs d'un coma : *coma acido-cétosique* du diabète sévère insuffisamment traité ; *coma hyperosmolaire* non cétosique avec grande hyperglycémie du diabétique âgé en général non traité. Surtout *coma hypoglycémique* (par surdosage ou erreur diététique) du diabète traité par insuline ou par hypoglycémiants ; l'ingestion d'alcool ou de certains médicaments (anti-coagulants, bêta-bloquants, IMAO, neuroleptiques, salicylés) favorise la survenue des accidents hypoglycémiques.

- **des accidents encéphaliques** d'origine vasculaire (hypertension, athérosclérose).

HYPOGLYCÉMIES

Le glucose est le substrat énergétique fondamental du tissu nerveux. La carence en glucose, quelle qu'en soit la cause, détermine l'apparition de signes de souffrance cérébrale dont la survenue et le caractère n'ont cependant pas un parallélisme étroit avec le taux de la glycémie. Outre le coma hypoglycémique (sueurs profuses, hypothermie, Babinski bilatéral, parfois accès de décérébration) qui s'observe avec un taux glycémique généralement inférieur à 0,50 g/l et qui impose un traitement d'urgence par resucrage intraveineux, on peut observer : des crises d'épilepsie généralisée ou focalisée, des accès narcoleptiques, des signes déficitaires en foyer, des états crépusculaires avec désordres du comportement, fugues, agitation incohérente. Parfois il existe seulement des troubles mineurs (symptômes adrénergiques) : fatigabilité, nervosité et surtout malaises anxieux avec sueurs, palpitations et vertiges dont l'horaire peut être évocateur.

Si l'étiologie hypoglycémique des troubles est facilement repérée chez un diabétique traité, le caractère polymorphe, paroxystique et réversible des troubles neuropsychiques de l'hypoglycémie spontanée (adénome langheransien, insuffisance surrénale ou hypophysaire, etc.) explique que l'étiologie puisse rester longtemps méconnue ; on prend à tort les accidents hypoglycémiques pour des lipothymies névrotiques, des accidents hystériques, une intoxication alcoolique aiguë, une comitialité essentielle. L'hypoglycémie peut entraîner des lésions cérébrales irréversibles ; une évolution démentielle est possible.

ENCÉPHALOPATHIES PANCRÉATIQUES

Au cours d'une pancréatite aiguë on peut voir apparaître des troubles psychiques : agitation anxieuse, obnubilation, parfois état onirique qui risque d'être confondu avec un delirium tremens lorsqu'il y a des antécédents d'alcoolisme. Des signes d'atteinte extrapyramidale peuvent s'y associer ainsi que des crises tétaniques dues à l'hypocalcémie. Les mécanismes en cause dans l'encéphalopathie pancréatique sont encore mal connus.

ENCÉPHALOPATHIES HÉPATIQUES

Des troubles neuro-psychiques peuvent s'observer au cours des affections hépatiques aiguës (hépatites virales ou toxiques) et chroniques (cirrhoses).

■ A leur ***origine*** on invoque divers mécanismes physiopathologiques qui peuvent s'associer :

- la défaillance de la fonction hépatique entraînant un déficit en certains métabolites nécessaires à l'activité cérébrale.
- le passage dans la circulation générale de substances d'origine intestinale toxiques pour le cerveau, avant tout l'ammoniac mais peut-être aussi des neuromédiateurs anormaux.

Le défaut de détoxication hépatique résulte de l'existence de shunts porto-caves ou de l'insuffisance cellulaire hépatique.

■ ***L'encéphalopathie hépatique associe :*** *des troubles de la conscience* d'intensité variable : apathie, obnubilation, état confusionnel simple ou onirique pouvant évoluer vers un état de stupeur et un coma calme ou très agité ; *des signes neurologiques :* un asterixis (flapping tremor) précoce et intense, parfois des troubles du tonus d'allure extra-pyramidale, des crises convulsives ; *des perturbations électroencéphalographiques* constantes sous forme d'anomalies lentes non spécifiques ou de figures plus évocatrices : rythme delta monomorphe, angulaire, trapézoïdal, ondes triphasiques ; *une élévation habituelle de l'ammoniémie ;* une alcalose respiratoire.

■ Les troubles neuropsychiques font partie du tableau clinique de ***l'ictère grave*** qu'ils peuvent parfois inaugurer. La survenue du coma indique généralement une évolution fatale.

Au cours des cirrhoses (alcoolique, post-hépatitique, bilharzienne) l'encéphalopathie peut être l'accident terminal mais bien souvent il s'agit d'un épisode encéphalopathique transitoire volontiers récidivant. Des causes variées en favorisent la survenue : hémorragies digestives, régimes riches en protides, constipation, prise de médicaments sédatifs (barbituriques, tranquillisants, morphine) ou de certains diurétiques, infections intercurrentes. La création d'une anastomose porto-cave chirurgicale pour la prévention d'hémorragies digestives est suivie d'accès d'encéphalopathie dans une proportion importante de cas. Les mesures thérapeutiques (restriction protidique, traitement de la constipation et de l'infection intestinale) sont d'une efficacité inconstante. Parfois l'encéphalopathie évolue de façon chronique entraînant *un affaiblissement intellectuel* avec des signes neurologiques (rigidité, mouvements anormaux). L'examen anatomique montre des lésions histologiques proches de celles de la maladie de Wilson (voir p. 163).

ENCÉPHALOPATHIES DES INSUFFISANTS RÉNAUX

On peut observer, au cours de l'insuffisance rénale, des troubles de la conscience d'intensité variable, allant de l'obtusion à la confusion agitée et au coma vigil. Il s'y associe des signes neurologiques : asterixis, myoclonies multifocales, parfois des crises convulsives. La pathogénie des troubles neuropsychiques est complexe. Plus souvent que l'hyperazotémie dont le chiffre n'est pas directement correlé avec la profondeur des troubles de conscience, les perturbations métaboliques constatées fréquemment dans la grande insuffisance rénale peuvent jouer un rôle dans la production des symptômes : acidose (hyperpnée), hyponatrémie, hypocalcémie. Un coma hypoosmolaire peut s'observer après une hémodialyse ayant abaissé rapidement l'hyperazotémie. La prise de médicaments, antibiotiques ou psychotropes, peut entraîner chez un urémique un état de mal épileptique, un état confusionnel.

L'encéphalopathie urémique est à différencier de l'encéphalopathie hypertensive ; le terrain est le même mais les céphalées, les signes oculaires et cérébraux, la poussée tensionnelle, sont assez évocateurs de cette dernière.

PORPHYRIES

■ ***La porphyrie aiguë intermittente*** est une maladie familiale à hérédité dominante ; elle se manifeste plus souvent chez la femme.

Son **évolution** se fait par poussées qui surviennent à la fin de l'adolescence ou à l'âge adulte, généralement déclenchées par la prise de médicaments (barbituriques, quinine, sulfamides, phénylbutazone, etc.) ou de contraceptifs oraux ou à l'occasion d'un épisode infectieux, d'une anesthésie.

Les crises débutent par : *un syndrome abdominal aigu* fait de douleurs violentes, vomissements et constipation auxquels viennent s'ajouter *des troubles psychiques* variables et polymorphes (*insomnie,* crises de larmes, agitation anxieuse, manifestations d'allure névropathique ou tableau franchement confusionnel avec désorientation et onirisme) ainsi qu'*une atteinte neurologique* parfois parcellaire, souvent extensoprogressive, réalisant une neuropathie de type périphérique flasque avec aréflexie et amyotrophie rapide, s'accompagnant de douleurs violentes ou de simples paresthésies, sans troubles sensitifs objectifs. La poussée dure quelques jours ou quelques semaines pendant lesquels le pronostic vital est réservé en raison du risque d'atteinte respiratoire et d'accidents bulbaires. Les paralysies régressent lentement.

– **Le diagnostic** est orienté par cette triade clinique et par *l'émission d'urines rouges* ou d'urines claires noircissant à la lumière ; il est confirmé par la mise en évidence des stigmates biologiques de l'affection : présence en quantité notable dans les urines d'Uroporphyrine III et de porphobilinogène ; il est parfois nécessaire de répéter cet examen, l'excrétion des porphyrines et de leurs précurseurs étant variable d'un jour à l'autre.

Il existe des poussées où les signes neurologiques sont absents ou tardifs ; on risque de méconnaître l'étiologie de formes purement psychiques, bouffées oniroïdes récidivantes ou états dépressifs et anxieux d'allure hypocondriaque. Etant donné la variabilité et l'atypicité des symptômes, les malades sont souvent pris pour des hystériques ou des névropathes d'autant que certains porphyriques présentent de façon permanente des désordres du caractère, une instabilité émotionnelle et thymique.

– Il n'y a **pas de thérapeutique spécifique.** Dans le traitement des troubles psychiques aigus on se limitera à des médications reconnues comme anodines chez les porphyriques (chlorpromazine, bromure, chloral) et à la correction de troubles hydroélectriques parfois sévères. Rappelons que certains psychotropes sont formellement à proscrire : les barbituriques, le méprobamate, les hydantoines, l'*Atarax,* le *Doridène,* le *Depamide.*

■ ***La porphyrie variégata*** et ***la coproporphyrie héréditaire*** peuvent donner lieu à des crises abdominales et neuropsychiques analogues à celles de la porphyrie aiguë intermittente.

MALADIE DE WILSON

C'est *une dégénérescence hépato-lenticulaire* provoquée par un trouble du métabolisme du cuivre d'origine génétique (transmission autosomale récessive).

■ Les ***signes cliniques*** apparaissent généralement entre 15 et 30 ans :

– **syndrome neurologique** fait de dyskinésie, de dystonie et d'akinésie, entraînant des difficultés motrices croissantes : tremblements s'exagérant dans le maintien de l'attitude, écriture tremblée, perturbations de la marche, dysarthrie, postures anormales, spasmes oppositionnistes entravant les mouvements volontaires et donnant au visage un aspect grimaçant lors de la parole ; **atteinte hépatique constante** à type de *cirrhose,* cliniquement manifeste surtout chez les sujets jeunes (forme abdominale de l'enfant) ou latente, dépistée par la ponction biopsie du foie ; **anneau vert cornéen de Kayser-Fleischer,** pathognomonique de la maladie. **Les troubles psychiques** sont souvent précoces : baisse du rendement scolaire, troubles caractériels ou pseudo-névrotiques, modifications de l'humeur, régression affective et intellectuelle, parfois épisodes délirants. En l'absence de traitement l'évolution se faisait vers la mort en 5 à 10 ans dans un état démentiel, parfois plus rapidement (ictère grave, hémorragies).

■ ***Le traitement*** par les agents chélateurs, essentiellement la D. pénicillamine, vise à obtenir la mobilisation du cuivre tissulaire et son élimination urinaire. Le traitement poursuivi indéfiniment, en se basant sur la surveillance de la cuprurie, a transformé le pronostic de la maladie, amenant une amélioration remarquable et durable des signes neuro-psychiques. Un traitement institué précocément, à la phase préclinique, semble pouvoir empêcher l'apparition de la maladie d'où la nécessité de dépister et traiter, dans la fratrie d'un Wilsonien, ceux qui sont homozygotes pour la tare. Cette détection préclinique se fait, comme le diagnostic biochimique de la maladie de Wilson, par les dosages de la cuprémie et de la céruloplasmine dont les taux sont abaissés, de la cuprurie qui est élevée, enfin par le dosage du cuivre hépatique.

II. – LES ENCÉPHALOPATHIES PAR AVITAMINOSES

CARENCE EN VITAMINE B1

Syndrome de Wernicke-Korsakoff (v. p. 158 et 159).

CARENCE EN VITAMINE B12 ; LE SYNDROME NEURO-PSYCHO-ANÉMIQUE

■ Les manifestations neuropsychiques de la ***maladie de Biermer*** sont, de même que l'anémie, sous la dépendance de la carence en vitamine B12 résultant d'une absorption défectueuse par déficit en facteur intrinsèque. Environ 15 % des Biermériens présentent des troubles psychiques manifestes : *état dépressif, épisodes confusionnels,* plus rarement affaiblissement intellectuel avec troubles mnésiques prévalents. Ces troubles mentaux sont presque toujours accompagnés de signes neurologiques caractéristiques d'une *dégénérescence combinée de la moelle :* syndrome cordonal postérieur (paresthésies, troubles de la sensibilité profonde, ataxie) associé à un syndrome pyramidal. L'E.E.G. est fréquemment perturbé. L'association aux signes neuropsychiques d'une glossite, d'une anémie macrocytaire normochrome, d'une mégaloblastose, confirme le diagnostic. Le syndrome hématologique n'est cependant pas constant ; il est parfois plus tardif que le syndrome neuropsychique ; il peut avoir été décapité par un traitement de vitamine B12 pratiqué sans diagnostic précis et à doses insuffisantes pour prévenir les complications. D'où l'intérêt du test de Schilling, (évaluation par mesure de la radioactivité urinaire de l'absorption intestinale de la vitamine B 12 marquée, seule puis associée au facteur intrinsèque, qui permet d'établir s'il existe un défaut d'absorption et si ce défaut est en rapport avec la carence intrinsèque).

Le traitement des troubles neuropsychiques nécessite l'administration par voie parentérale de vitamine B12 à des doses très élevées : 1000 γ par jour pendant plusieurs semaines, puis chaque semaine pendant deux mois, puis une fois par mois en cure d'entretien à poursuivre indéfiniment.

■ ***Des avitaminoses B12 d'autre origine*** peuvent donner lieu à des troubles neuropsychiques. Les unes sont dues à des carences d'apport ; on les observe chez des sujets soumis pendant des années à un régime végétarien strict ; le dosage de la vitamine B12 sérique montre un taux très abaissé. Les autres dépendent d'un défaut d'absorption et peuvent être observées chez des gastrectomisés, des patients porteurs de lésions de l'intestin grêle, au cours de l'anémie botriocéphalique.

AVITAMINOSE P P ; LA PELLAGRE

L'avitaminose n'apparaît que si le régime est carencé à la fois en tryptophane et en niacine. On l'observe souvent dans les pays pauvres où l'alimentation consiste essentiellement en maïs ; en France elle est exceptionnelle.

■ Le ***tableau clinique*** associe : 1) des *troubles digestifs :* anorexie, glossite, diarrhée, douleurs abdominales ; 2) des *troubles cutanés :* érythème des parties découvertes, peau épaisse et craquelée ; 3) des *troubles neuro-musculaires :* myalgies, acroparesthésies à type de brûlures, atteintes neurologiques ; 4) des *troubles psychiques :* asthénie, hyperémotivité, irritabilité, insomnie. En l'absence de traitement, les troubles s'aggravent ; un état confusionnel, une mélancolie anxieuse et délirante, sont les aspects habituels de la « folie pellagreuse ».

■ ***Le traitement*** par 500 mg d'acide nicotinique injectable quotidien est très efficace sur tous les symptômes. L'évolution spontanée est irrégulière, des rémissions spontanées sont possibles, mais dans certains cas l'encéphalopathie s'aggrave vers un état de stupeur avec hypertonie et coma terminal.

On a décrit chez l'alcoolique chronique des encéphalopathies pellagreuses curables par l'amide nicotinique.

VITAMINOTHÉRAPIE EN PSYCHIATRIE

En dehors des avitaminoses caractérisées, le traitement vitaminique des troubles psychiques n'a ni justification, ni résultats. La « mégavitaminothérapie » à base de vitamine PP préconisée par Hoffer et Osmond dans la schizophrénie n'a pas donné les améliorations escomptées. La vitamine C n'est pas le traitement de la dépression asthénique. Il existe cependant des états où une polyvitaminothérapie s'impose : *état carentiel* du vieillard malnutri, édenté, parfois à l'origine d'états confusionnels ou confuso-dépressifs. *Etat carentiel de l'alcoolique chronique,* justifiant une polyvitaminothérapie en particulier lors d'épisodes confusionnels aigus ; on sait en effet qu'un syndrome de Wernicke peut apparaître au décours d'un delirium tremens, l'excitation psychomotrice pouvant augmenter le désordre métabolique et révéler brusquement une carence latente.

III. – LES TROUBLES PSYCHIQUES DES ENDOCRINOPATHIES

THYROÏDE

LES HYPOTHYROIDIES

L'insuffisance thyroïdienne acquise de l'adulte, plus fréquente chez la femme, s'accompagne toujours d'apathie, de bradypsychie, d'indifférence auxquelles s'ajoutent parfois une irritabilité, une instabilité émotionnelle. Peu spécifique en lui-même, ce *ralentissement du psychisme et de l'activité* devient évocateur lorsque s'y associent des signes souvent frustes de myxœdème : peau sèche et infiltrée, teint cireux, dépilation, frilosité, raucité de la voix, paresthésies, incitant à rechercher un allongement du réflexogramme achilléen (résultats supérieurs à 360 ms), un abaissement du métabolisme de base (significatif au-delà de - 20 %), une hypercholestérolémie. L'exploration statique et dynamique de la fonction thyroïdienne confirmera le diagnostic et précisera la nature primitive ou secondaire de l'insuffisance thyroïdienne : détermination du taux de T4, index T4-T3, dosage de la T S H, scintigraphie.

Le diagnostic d'hypothyroïdie peut être longtemps méconnu car le tableau clinique se constitue lentement et le malade, du fait de son apathie, consulte tardivement. On y pensera systématiquement devant des troubles apparaissant chez un sujet thyroïdectomisé ou traité antérieurement par radio-isotopes pour hyperthyroïdie.

Les psychoses myxœdémateuses sont rares et s'observent seulement lorsque l'hypothyroïdie a été longtemps méconnue. Il s'agit avant tout de troubles de la conscience avec onirisme, parfois d'un état dépressif, d'idées de persécution. Le traitement hormonal, commencé à doses faibles pour éviter une aggravation temporaire des troubles, améliore l'état psychique en quelques semaines dans les 3/4 des cas. Un myxœdème trop tardivement traité peut évoluer vers un état démentiel irréversible. Dans la cure d'états d'agitation chez un hypothyroïdien, on évitera l'utilisation de neuroleptiques ou barbituriques mal supportés par ces sujets fragiles et pouvant entraîner un coma hypothermique dont on connaît la gravité.

On n'observe plus actuellement le tableau **d'idiotie myxœdémateuse avec nanisme** décrit par Bourneville. Cependant, si le traitement hormonal permet aux enfants atteints de myxœdème un développement somatique correct, le développement psychique est inconstamment influencé. Des résultats satisfaisants ne s'observent que dans 1/3 des cas ; 50 % des sujets resteront au niveau de la débilité mentale ; l'arriération profonde n'est pas rare.

LES HYPERTHYROIDIES

■ ***La maladie de Basedow,*** thyrotoxicose liée classiquement au dérèglement diencéphalo-hypophysaire et de pathogénie encore discutée (mécanisme auto-immun), en est la variété la plus fréquente. Des facteurs émotionnels (deuil, stress psychiques) sont souvent invoqués à son origine ou considérés comme responsables de la décompensation d'un dysfonctionnement préexistant. Le « Schreck-Basedow » s'installant rapidement après un traumatisme psychique intense est d'observation rarissime.

- **L'état mental des basedowiens** se caractérise par l'irritabilité, les sautes d'humeur, l'anxiété. Spontanément les malades se plaignent de « nervosité », de palpitations, de fatigue, d'essouflements. Ces signes fonctionnels de même que le tremblement et la tachycardie ne diffèrent guère des désordres émotionnels observés chez les anxieux et les névrotiques. Plus caractéristiques de l'hyperthyroïdie sont : l'amaigrissement malgré la polyphagie, la thermophobie, les crises sudorales, la soif excessive. La constatation d'un goître diffus, homogène et vasculaire, la présence de signes oculaires imposent le diagnostic que confirme le bilan biologique : réflexogramme achilléen (résultats inférieurs à 280 ms), dosage de T_3 et T_4, scintigraphie. Le métabolisme de base est un examen peu fidèle dont les résultats sont parfois élevés, en dehors de toute hyperthyroïdie, chez un sujet anxieux ou agité. Aucun patient ne doit être considéré et traité comme hyperthyroïdien sur la seule existence de signes fonctionnels de dystonie neuro-végétative (syndrome para-basedowien) en l'absence de confirmation clinique et biologique.

■ ***Les crises thyroïdiennes*** sont parfois spontanées, plus souvent déclenchées par une cause patente : intervention chirurgicale (la thyroïdectomie était autrefois une cause fréquente), infection intercurrente, choc émotionnel, modification ou interruption du traitement. Elles s'observent surtout chez la femme après 50 ans, porteuse d'une thyrotoxicose récente et sévère. Les signes prémonitoires en sont : l'asthénie musculaire, l'exagération du tremblement et de la tachycardie, la fièvre, la soif, la diarrhée. L'atteinte musculaire est constante, confinant à la paralysie, presque toujours associée à une *confusion mentale* où alternent la torpeur et l'agitation. Le pronostic, encore sévère s'il existe une cardiothyréose, dépend de la précocité du diagnostic et du traitement ; le risque d'erreur diagnostique est grand dans les formes adynamiques et stuporeuses.

■ ***Les thyrotoxicoses factices*** s'observent chez certaines personnalités pathologiques qui, pour maigrir, absorbent clandestinement et à hautes doses des produits hormonaux thyroïdiens. Le tableau réalisé est celui d'une thyrotoxicose périphérique pure, sans goître ni signes oculaires avec mise au repos fonctionnel du corps thyroïde ; la fixation d'iode est effondrée contrastant avec un iode hormonal élevé. Le diagnostic est confirmé par l'isolement strict de la patiente, la cessation de l'intoxication permettant la reprise de la fonction thyroïdienne et la disparition des signes de thyrotoxicose.

SURRÉNALES

LA MALADIE D'ADDISON

Elle répond à une carence primitive et globale en hormones cortico-surrénales due à une destruction progressive de la quasi-totalité des deux glandes (tuberculose des capsules surrénales ou « rétraction corticale »). Un symptôme domine le tableau clinique, *l'asthénie* qu'accompagnent céphalées, dorsalgies, insomnie, lipothymies ; l'amaigrissement, l'anorexie, l'hypotension et surtout la pigmentation bronzée orientent le diagnostic que confirment le bilan humoral et les dosages hormonaux. La fatigabilité physique et psychique de l'addisonnien non traité s'accompagne fréquemment d'irritabilité, d'anxiété, d'oppositionnisme, plus rarement d'euphorie. Des états psychotiques durables, mélancoliques ou paranoïdes, curables par l'hormonothérapie, ont été signalés.

L'INSUFFISANCE SURRÉNALE AIGUË

Elle s'accompagne de troubles de conscience : adynamie, confusion, coma, parfois de convulsions. En l'absence de données étiologiques, le diagnostic est parfois méconnu ; l'effondrement tensionnel, les troubles digestifs aigus, l'aréflexie tendineuse, parfois un œdème papillaire peuvent orienter le diagnostic que confirme le bilan biologique : hypoglycémie, hyponatrémie, hyperkaliémie, imposant une thérapeutique d'extrême urgence.

LES HYPERCORTICISMES MÉTABOLIQUES

Le syndrome de Cushing, que l'on observe surtout chez la femme, témoigne de l'hypercortisolisme. Il associe : une répartition anormale de la graisse qui envahit le tronc et le cou avec faciès lunaire et érythrosique, une amyotrophie rhizomélique, une ostéoporose affectant les côtes et le rachis, des vergetures pourpres, une aménorrhée, parfois un diabète, une hypertension artérielle ; les signes de virilisme sont discrets.

L'étiologie doit être précisée par des explorations stéroïdiennes dynamiques et un bilan radiologique approfondi. Une tumeur du cortex surrénal (carcinome ou adénome) est retrouvée dans 25 % des cas. Dans les autres cas, il existe une hyperplasie bilatérale des surrénales secondaire à une sollicitation corticotrope permanente qui peut relever de trois processus différents : maladie de Cushing par dérèglement des centres hypothalamiques inducteurs de la sécrétion d'A.C.T.H. (70 % des cas, évolution assez lente), maladie de Cushing avec tumeur extériorisée de l'hypophyse (5 % des cas), maladie de Cushing paranéoplasique.

Quelle que soit l'étiologie, *les troubles psychiques sont fréquents :* modifications du caractère et symptomatologie dépressive le plus souvent ; parfois un état maniaque, une mélancolie délirante. Ces troubles régressent au moins partiellement sous l'influence du traitement lui-même fonction de l'étiologie.

LES HYPERCORTICISMES ANDROGÉNIQUES

L'hypersécrétion d'androgènes par le cortex surrénal entraîne un syndrome de virilisation qui, lorsqu'il survient après la puberté, n'a d'expression clinique que dans le sexe féminin : symptômes de déféminisation (spanioménorrhée ou aménorrhée, stérilité), masculinisation des récepteurs sexuels (virilisme pilaire, hypertrophie du clitoris et des grandes lèvres, modification de la voix). La personnalité se modifie, tant dans son allure physique que dans son caractère : les intérêts et les attitudes changent, devenant franchement virils.

On observe exceptionnellement chez l'adulte des tumeurs masculinisantes (surrénale, ovaire) ou des hyperandrogénies liées à un trouble enzymatique (hyperplasie congénitale des surrénales) ; il est par contre fréquent de rencontrer chez les malades mentales des hyperandrogénies acquises d'origine centrale, hypothalamo-hypophysaires ; les signes cliniques et biologiques y restent modérés : virilisme pilaire, spanioménorrhée, acné, auxquels s'ajoute souvent une obésité. L'augmentation discrète des 17 O.S. avec élévation modérée du rapport $\frac{\text{DHA}}{\text{17 OS}}$ et épreuve de freinage positive en constitue le stigmate biologique. Les anomalies stéroïdiennes varient beaucoup en fonction des fluctuations de l'état psychique des patientes.

HYPOPHYSE

L'INSUFFISANCE ANTÉHYPOPHYSAIRE GLOBALE

Ses causes les plus fréquentes sont la nécrose hypophysaire du post-partum (syndrome de Sheelan) et les lésions sellaires ou supra-sellaires. Elle peut évoluer pendant des années entraînant des troubles psychiques sévères en relation, comme les troubles somatiques, avec l'atteinte pluriglandulaire (thyroïde, surrénales, gonades) : asthénie globale, indifférence, incurie, bouffées d'anxiété et d'agitation, parfois un épisode confusionnel voire un état délirant chronique. L'anorexie mentale a parfois été confondue avec la « cachexie hypophysaire ». Bien que l'aménorrhée soit un symptôme commun aux deux affections, tout les distingue par ailleurs : âge, conditions de survenue, comportement (apathie dans le Sheehan, hyperactivité chez l'anorexique) ; l'amaigrissement n'est ni précoce ni même habituel dans l'hypopituitarisme (v. chap. 14).

LES SYMPTOMES DE DYSRÉGULATION DE LA FONCTION SOMATOTROPE

Le gigantisme et le nanisme hypophysaires ne s'accompagnent pas de graves perturbations psychiques, mais l'anomalie morphologique n'est pas sans entraîner des difficultés d'adaptation et des troubles réactionnels.

L'ACROMÉGALIE

Les troubles psychiques y sont plus marqués ; après une phase inconstante et transitoire d'hyperactivité, s'installent souvent une apathie, une instabilité, des troubles de l'humeur et du caractère, parfois un état dépressif pouvant conduire au suicide.

L'HYPERCORTICISME D'ORIGINE HYPOTHALAMO-HYPOPHYSAIRE

réalise la maladie de Cushing en relation avec une tumeur hypophysaire décelable (adénome chromophobe ou basophile) ou plus souvent sous la dépendance d'une hypertonie centrale purement fonctionnelle. Le dérèglement du fonctionnement hypothalamo-hypophysaire est responsable d'une sécrétion anarchique d'ACTH entraînant une hyperplasie bilatérale des surrénales. Les troubles psychiques sont comparables à ceux observés dans les hypercorticismes des syndromes de Cushing primitivement surrénaliens (p. 339).

LE DIABÈTE INSIPIDE

Lorsqu'il est d'origine tumorale ou encéphalique, il peut s'accompagner de troubles psychiques en rapport avec la nature et l'étendue des lésions. Le diabète insipide idiopathique est souvent difficile à distinguer de *la potomanie* (exagération du besoin de boire), observée chez certains psychopathes ou maniaco-dépressifs. On pensera à la potomanie lorsque le syndrome polydipsique-polyurique est intermittent, lorsque manque la polydipsie nocturne. Mais une potomanie durable peut susciter un diabète insipide fonctionnel ; un comportement potomaniaque d'entraînement peut se greffer sur un diabète insipide organique. Dans les cas difficiles, le diagnostic requiert une épreuve de déconditionnement en milieu hospitalier : emploi initial d'extraits post-hypophysaires et substitution progressive de placebos.

PARATHYROIDES

LES HYPOPARATHYROÏDIES

Il s'agit d'affections rares, tantôt idiopathiques pouvant alors débuter dans l'enfance et s'accompagner de retard intellectuel, tantôt secondaires à une thyroïdectomie avec un délai d'apparition des troubles qui varie de quelques jours à plusieurs années. Le tableau clinique associe des manifestations paroxystiques, dont la plus typique est la *crise tétènique aiguë*, et des troubles chroniques : modifications de la peau et des phanères, cataracte, atteintes osseuses. *Les troubles neuro-psychiques* sont fréquents, peu systématisables : anxiété passagère ou permanente, troubles de l'humeur, épisodes confusionnels, crises épileptiformes. Ils sont remarquablement influencés par le traitement vitamino-calcique.

Le diagnostic repose sur : la constatation des signes d'hyperexcitabilité neuro-musculaire (signes de Chvostek et de Trousseau) ; sur les constatations électromyographiques (potentiels répétitifs) ; sur le syndrome biologique : hypocalcémie franche, hyperphophorémie, hypophosphacalciurie. L'électroencéphalogramme est généralement perturbé : dysrythmies lentes sur lesquelles se greffent parfois des anomalies paroxystiques, hypersensibilité à l'hyperpnée. Par suite de l'atypicité de crises tétaniques qui prennent une allure comitiale, certains malades ont pu être considérés comme épileptiques et traités comme tels, l'erreur de diagnostic pouvant se perenniser en l'absence d'enquête biologique car les médicaments anti-épileptiques contrôlent dans une certaine mesure les manifestations tétaniques paroxystiques.

LES HYPERPARATHYROÏDIES

La sémeiologie de l'hyperparathyroïdisme primaire comporte dans un quart des cas des troubles psychiques. Il s'agit rarement de troubles aigus d'allure confusionnelle ou confuso-délirante, regressant totalement après l'intervention chirurgicale. Le plus souvent il s'agit de syndromes polymorphes où dominent la dépression, les troubles du caractère et l'asthénie ; ils sont le plus souvent associés aux autres symptômes : anorexie, troubles digestifs, soif, atteinte osseuse, atteinte rénale, troubles neurologiques et musculaires ; ils peuvent parfois les précéder de plusieurs années. Il n'y a pas de parallèlisme étroit entre le taux de calcémie et l'importance des troubles psychiques, mais dans les formes confusionnelles la calcémie est souvent supérieure à 150 mg/l.

SYNDROMES ENDOCRINIENS PARANÉOPLASIQUES

Parmi les syndromes endocriniens, cliniques et biologiques, liés à une sécrétion hormonale néoplasique ectopique, trois peuvent entraîner des troubles psychiques majeurs, parfois révélateurs de l'affection :

■ ***Le syndrome de Cushing*** lié à une tumeur viscérale (bronchique, thymique, pancréatique) sécrétant une substance ACTH-like. Les troubles psychiques sont souvent précoces, s'associant aux signes d'hypercorticisme, parfois à un diabète, une mélanodermie.

■ ***Les hypercalcémies paranéoplasiques*** observées dans certaines tumeurs du poumon et du rein (sécrétion de parathormone). Le tableau clinique est analogue à celui d'une hyperparathyroïdie (polyuro-polydipsie, adynamie, vomissements) avec troubles neuropsychiques au premier plan : confusion mentale, agitation délirante, coma. La calcémie peut atteindre des chiffres très élevés. Ce tableau ne diffère pas de celui observé au cours des affections néoplasiques hypercalcémiantes avec atteinte du squelette (myélome multiple, hémopathies, réticuloses malignes).

■ ***Le syndrome de Schwartz-Bartter*** ou syndrome de sécrétion inappropriée d'hormone antidiurétique observé au cours des cancers bronchopulmonaires à petites cellules. Le tableau clinique se limite à des troubles digestifs (anorexie, vomissements) et à des signes neuropsychiques liés à l'intoxication par l'eau : irritabilité, oppositionnisme, obnubilation, convulsions. L'association d'une hyponatrémie de dilution et d'une hypernatriurie évoque le diagnostic que confirme la clearance de l'eau libre constamment négative, traduisant l'antidiurèse.

IV. – LES PROCESSUS MALINS

La cancéreux pose rarement des problèmes psychiatriques caractérisés. Les localisations cérébrales de la maladie (métastases) ou les syndromes paranéoplasiques ne se révèlent qu'exceptionnellement par des troubles psychiques isolés. La dépression prémonitoire d'un cancer est rare sauf peut-être dans certains cancers profonds (pancréas). Ce que l'on observe surtout ce sont des états dépressifs pouvant survenir à n'importe quel moment de l'évolution et assez souvent aggravés par la douleur. Nous ne pouvons développer ici les problèmes psychologiques que pose le cancéreux (cf. les études de E. Raimbault, de G. Ferrey, ainsi que des œuvres littéraires comme *« La mort d'Ivan Illytch », « Le pavillon des cancéreux »*).

LES MÉTASTASES CÉRÉBRALES

Le tableau clinique est celui d'un processus expansif associant de façon variable des signes de localisation et des signes d'hypertension intra-crânienne. Les signes psychiques sont d'allure confusionnelle ou déficitaire : apathie, dysmnésie, bradypsychie, obnubilation, associées parfois à des troubles de l'humeur à tonalité dépressive ou expansive. Les cancers primitifs les plus souvent en cause sont ceux des *bronches,* du sein, du rein ; les cancers thyroïdiens et prostatiques, les mélanomes, donnent assez fréquemment des métastases cérébrales.

Lorsque le cancer primitif est connu, le diagnostic est facilement évoqué et confirmé (E.E.G., gamma-encéphalographie, artériographie). Assez souvent les métastases cérébrales sont révélatrices d'un cancer primitif qu'il faut rechercher par des investigations cliniques et paracliniques systématiques ; dans un certain nombre de cas, le point d'origine des métastases ne peut être précisé.

LES SYNDROMES PARANÉOPLASIQUES A EXPRESSION PSYCHIQUE

Il s'agit de manifestations assez rares, de nature non métastatique, dont la survenue est liée à l'existence d'un processus malin : cancer, sarcome, hémopathie. Leur pathogénie est très variable.

■ ***Les encéphalopathies paranéoplasiques :*** ses lésions associent en proportion variable des aspects dégénératifs et des phénomènes inflammatoires. Des troubles psychiques confuso-démentiels peuvent accompagner l'évolution de *l'atrophie cérébelleuse subaiguë* et de *l'encéphalomyélite* type Henson. Dans *l'encéphalite limbique* dont l'origine est presque toujours un cancer bronchique à petites cellules, on observe d'abord une amnésie des faits récents de type korsakowien et des crises d'épilepsie ; la mort survient en quelques mois dans un tableau confuso-démentiel.

■ ***La leuco-encéphalopathie multifocale progressive,*** individualisée par Aström ; elle s'observe surtout au cours des affections malignes des tissus hematopoiétiques et lymphoïdes (maladie de Hodgkin, leucémie lymphoïde, lymphosarcome, myélome multiple) ; quelques cas ont été signalés au cours de la tuberculose chronique, de la sarcoïdose de Besnier-Boeck ou après greffe rénale. Une détérioration intellectuelle rapide accompagne les signes neurologiques : hémianopsie, agnosie visuelle, épilepsie, atteinte pyramidale. L'évolution ne dépasse pas quelques mois. Il semble s'agir d'une maladie virale dont la survenue est rendue possible par le trouble immunologique occasionné par la maladie en cours (virus du groupe Papova).

■ ***Les encéphalopathies métaboliques*** sont de pathogénie très variée : *syndromes endocriniens paranéoplasiques* (v. p. 342) ; grandes *hypercalcémies* observées au cours du myélome multiple ou des métastases osseuses et entraînant des troubles de la vigilance parfois très profonds ; *carence vitaminique B1* au cours de l'évolution de cancers digestifs donnant lieu à une encéphalopathie carentielle de type Wernicke-Korsakoff ; *hyper-viscosité sanguine* pouvant entraîner des troubles de la vigilance, un état léthargique, un « coma paraprotéinique », au cours des grandes dysglobulinémies (maladie de Waldenström, maladie de Kahler) ; les plasmaphérèses entraîneraient une amélioration remarquable de ces troubles.

V. – LES HÉMOPATHIES

LES HÉMOPATHIES MALIGNES

Des troubles neuro-psychiques peuvent survenir (en particulier dans la leucémie aiguë) à l'occasion d'une *infiltration* méningée ou parenchymateuse beaucoup plus fréquente qu'une formation tumorale intracérébrale. On peut observer des *syndromes paranéoplasiques* à expression psychique d'origine métabolique (hypercalcémie du myélome multiple, hyperviscosité sanguine des grandes dysglobulinémies) ou virale (leuco-encéphalite multifocale progressive au cours d'une maladie de Hodgkin ou d'une leucémie lymphoïde). Les *thérapeutiques* sont parfois en cause : psychoses cortisoniques, états confusionnels dus à la Vincristine, à la L-asparaginase, au Méthotrexate intra-rachidien.

Il n'est pas possible de codifier l'attitude à adopter face à la situation dramatique que réalise, chez un patient généralement jeune, l'éclosion d'une hémopathie maligne où une survie prolongée n'est possible qu'au prix de traitements très astreignants. Qu'il s'agisse des problèmes du patient et/ou de sa famille ou qu'il s'agisse des problèmes de l'équipe soignante, une intervention psychologique est souvent utile, consistant moins en interprétations qu'en action de soutien fondée sur la disponibilité et l'écoute.

LA MALADIE DE BIERMER

Des troubles psychiques variés, dépression, dysmnésie, état confuso-démentiel, s'observent parfois au cours de l'anémie pernicieuse : syndrome neuro-psycho-anémique (v. p. 334).

LA MALADIE DE VAQUEZ

L'évolution de ce syndrome myéloprolifératif chronique (polyglobulie primitive) s'accompagne fréquemment de manifestations neuro-psychiques polymorphes : céphalées, asthénie, vertiges, dysmnésie, somnolence diurne, difficultés de concentration. Plus caractéristiques sont les brefs épisodes confusionnels de quelques heures ou quelques jours, qui ont tendance à récidiver. Les troubles psychiques semblent en rapport avec l'hyperviscosité sanguine et peuvent être améliorés rapidement par des saignées abondantes.

VI – LES COLLAGÉNOSES

Le lupus erythémateux disséminé s'accompagne de troubles psychiques dans 10 à 20 % des cas. Il s'agit le plus souvent d'un état confusionnel ou confuso-onirique, parfois d'un tableau d'allure déficitaire. Il est plus rare d'observer des troubles thymiques isolés, dépressifs ou expansifs, parfois même un tableau schizophrénique. Les troubles psychiques sont habituellement transitoires (quelques jours à quelques mois) mais peuvent récidiver au cours de l'évolution de la maladie lupique.

Les troubles psychiques sont généralement la conséquence de localisations cérébrales du L.E.D. (vascularite inflammatoire, micro-ramollissements dans les hémisphères) et peuvent être contemporains d'une poussée évolutive de la maladie. Le traitement par les corticoïdes est indiqué (reprise du traitement ou augmentation des doses). Chez un malade déjà sous corticoïdes on peut être amené à discuter l'hypothèse d'une psychose cortisonique ce qui amènerait à réduire les doses et à adjoindre une chimiothérapie psychotrope.

VII. – LES COMPLICATIONS PSYCHIATRIQUES DES INTERVENTIONS CHIRURGICALES

Les accidents précoces

Les accidents précoces se manifestent sous forme de confusion mentale agitée avec onirisme apparaissant dans les deux semaines qui suivent l'intervention chez des sujets qui, dans les 2/3 des cas, sont sans antécédents psychiatriques. La bouffée délirante réactionnelle est rare et le plus souvent ces troubles psychiques révèlent une complication (hémorragie, anoxie, choc infectieux, suppuration profonde) ou témoignent d'un désordre métabolique, d'un surdosage médicamenteux. De l'étiologie dépendra la conduite thérapeutique ; des médicaments comme le *Dogmatil ou l'Haldol* seront utilisés pour calmer l'agitation onirique. D'autres éventualités sont également à envisager : l'une fréquente, l'accident de sevrage chez un alcoolique ; l'autre exceptionnelle mais pouvant être très grave, un accident neuro-psychique déclenché par les anesthésiques ou les barbituriques chez un porphyrique méconnu.

La chirurgie cardiaque est celle qui entraîne le plus de complications psychiques : confusion onirique, dépression anxieuse, idées délirantes, dont la durée varie de quelques jours à plusieurs semaines. Observées surtout dans la chirurgie des cardiopathies acquises, dans la chirurgie mitrale, ces complications augmentent de fréquence avec l'âge, la gravité de la défaillance cardiaque, la durée de la circulation extra-corporelle. Des perturbations neurologiques transitoires sont souvent associées.

Les accidents tardifs

Les accidents tardifs, s'installant progressivement dans les mois qui suivent une intervention, sont en général d'ordre *dépressif*. On observe après des interventions mutilantes (mammectomie, iléostomie) des réactions légitimes de souffrance psychique sans qu'il s'agisse habituellement de dépressions durables et invalidantes. Celles-ci se développent surtout chez des patients à l'équilibre psychique précaire pour lesquels l'intervention chirurgicale est l'occasion d'une décompensation. Souvent la demande d'intervention dissimulait d'importantes difficultés d'ordre névrotique ou dépressif : *gastrectomie* chez des sujets passifs, désinsérés socialement, éthyliques ; *hystérectomie* chez des hystériques, des border-line. Les attitudes de *revendication délirante* observés après intervention sont le fait de paranoïaques hypocondriaques qui rendent le chirurgien responsable de leurs troubles (algies, impuissance).

VIII – LES PATHOMIMIES

« Le pathomime réalise sur son propre corps, par des moyens fort divers, les symptômes dont il est porteur » (Corraze). Outre la manipulation du thermomètre, il peut s'agir 1) **de lésions cutanées** provoquées par frottements ou brûlures, à type d'excoriations ou d'éléments ulcéro-nécrotiques dont l'origine artificielle, soupçonnée sur la topographie, la découpe bizarre, l'évolution déconcertante, est confirmée par les résultats de la biopsie et la guérison sous pansement occlusif. 2) **d'abcès** par injections de produits septiques ou caustiques. 3) **d'hémorragies** provoquées par ponctions veineuses, ingestion d'épingles ou de verre pilé, entraînant une anémie hypochrome sévère et récidivante dont l'étiologie reste mystérieuse malgré les examens complémentaires auxquels le malade se prête avec complaisance (syndrome de Lasthenie de Ferjol). 4) **d'ingestion de médicaments :** anticoagulants, extraits thyroïdiens. 5) **de tableaux d'urgence abdominale** pouvant amener à une intervention exploratrice. 6) **de manifestations neurologiques :** crises, tableau méningé, état léthargique pseudo-comateux.

■ ***La pathomimie*** s'observe surtout chez la femme. C'est une véritable fabulation en actes qui ne correspond pas à une structure psycho-pathologique unique. Si l'immaturité affective et le masochisme sont constants, on constate selon les cas des traits hystériques, des aspects pervers, des signes d'instabilité et de déséquilibre, parfois un véritable délire. La médiocrité intellectuelle est fréquente. D'autres conduites auto-destructrices peuvent s'inscrire dans l'évolution de la pathomimie (recherche d'une intervention mutilante) ou s'y associer : alcoolisme, toxicomanie, suicide.

Ce qui caractérise le pathomime, c'est le choix du champ médical comme terrain pour exprimer ses conflits (agressivité, dépendance), sa relation ambivalente et sado-masochiste aux médecins (séduction, mystification, ressentiment, fuite dès que la supercherie est découverte), sa biographie témoignant d'un intérêt constant pour la médecine, les médicaments, les hôpitaux vécus comme cadre protecteur, d'authentiques maladies pouvant au départ favoriser ces attitudes. On a remarqué que beaucoup de pathomimes vivaient dans des milieux médicaux, du fait de leur origine familiale ou par suite d'un choix professionnel (infirmière, laborantine).

■ ***Le syndrome de Munchausen*** (Asher, 1951) regroupe certaines formes caricaturales de chirurgicomanie observées chez des patients des deux sexes, souvent mythomanes (fausse identité, biographie valorisante, antécédents médicaux tronqués), menant une existence marginale et instable, parfois délinquants ou toxicophiles. Se faisant admettre pour des tableaux cliniques requérant des interventions en urgence (laparotomies en particulier) ils disparaissent au bout de quelques jours poursuivant d'hôpitaux en hôpitaux un incroyable périple et finissant par obtenir des examens variés, des opiacés, des réinterventions. Certains malades totalisent plus d'une dizaine d'opérations.

BIBLIOGRAPHIE

Bleuler (M.). — *Endokrinologische psychiatrie.* Thieme. Stuttgart. 1954.

Boudin (G.) et Pepin (B.). — *Dégénérescence hépato-lenticulaire.* Masson édit. 1959.

Ferrey (G.) et Aimez (P.). — *Troubles psychiques au cours des processus malins.* E.M.C. 37675 A 10. 1973.

Gajdos (A.) et Gajdos-Török (M.). — *Porphyrines et porphyries.* Biochimie et clinique. Masson édit. 1969.

Granville-Grossman (K.). — *Recent advances in clinical psychiatry.* J.-A. Churchill. Londres. 1971.

Menninger (K.). — *Man against himself.* Harcourt, Brace World. New York.

Plum (F.) et Posner (J.-B.). — *Diagnostic de la stupeur et des comas.* Masson édit. 1973.

Raimbault (E.). — *La délivrance.* Mercure de France. 1976.

Schneider (P.-B.). — *Psychologie médicale.* Payot.

29

LES TROUBLES PSYCHIQUES DE LA PUERPÉRALITÉ

« Ultime étape de la maturation psychosexuelle de la femme ». (Benedek), la maternité n'est pas seulement un processus biologique, c'est aussi une crise psychologique durant laquelle sont actualisés et remis en question les problèmes du développement affectif et sexuel : résurgence de fantasmes œdipiens et prégénitaux (en particulier oraux), réactivation de conflits infantiles et spécialement ceux de la femme avec sa propre mère, vécu régressif de repli narcissique où la fusion symbiotique mère-enfant de la grossesse se poursuit par-delà l'accouchement pendant le maternage du nourrisson auquel sa mère s'identifie avant de le laisser progressivement s'autonomiser.

Les manifestations psychopathologiques qui peuvent apparaître au cours de la puerpéralité sont à interpréter, pour chaque femme, en fonction de son histoire personnelle, des particularités de sa vie affective, de son statut socioculturel, et surtout de son attitude vis-à-vis de la maternité. C'est dans ce contexte que l'on saisit l'impact de tel ou tel facteur situationnel (grossesse illégitime ou non désirée, attitude inadéquate du conjoint ou de l'entourage parental, conditions socio-économiques défavorables).

Les mesures législatives prises en France ces dernières années, en matière de contraception et d'interruption volontaire de grossesse, vont certainement réduire la fréquence de certains facteurs pathogènes ; il est encore trop tôt pour en apprécier les répercussions sur l'incidence des psychoses puerpérales. Actuellement la fréquence des psychoses puerpérales est d'environ 1,5 pour mille accouchements. Elle surviennent dans les 3/4 des cas dans les premières semaines du post-partum.

LA GROSSESSE

■ Des ***troubles caractériels mineurs*** et des ***symptômes névrotiques*** sont assez fréquents surtout au cours des premiers mois : angoisses à expression somatique, vertiges, spasmes, oppression, palpitations, cauchemars, ruminations anxieuses dont les thèmes habituels sont la peur de mourir au cours de l'accouchement, la peur d'avoir un enfant anormal, la crainte d'être « une mauvaise mère ». Parfois émergent des symptômes phobiques (dégoûts) ou obsessionnels ; outre les envies caractéristiques des femmes enceintes, envies qui peuvent devenir compulsives ou exceptionnellement aberrantes (pica), il faut noter la fréquence des craintes superstitieuses, des tabous, des rituels de propreté. Dans ces manifestations névrotiques banales, le rôle favorisant de l'entourage familial et culturel semble indéniable.

■ ***Des manifestations hystériques*** sont parfois au premier plan ; il est rare d'observer de grandes crises ou une négation de la grossesse sauf chez des femmes très frustes. Ce que l'on voit surtout c'est l'asthénie, les plaintes somatiques, les comportements régressifs et infantiles d'exigence affective liés à l'exagération du narcissisme hystérique.

■ ***Les symptômes psychosomatiques de la sphère digestive,*** presque habituels au cours de la grossesse (hypersalivation, nausées, boulimie), prennent parfois un caractère excessif ou ostentatoire. Les *vomissements incoercibles,* dont la signification affective de rejet de la grossesse est parfois évidente, peuvent nécessiter l'isolement et une chimiothérapie sédative.

■ ***Les épisodes psychotiques*** sont rares au cours de la grossesse (10 % de la totalité des psychoses puerpérales). Une dépression mélancolique survenant dans les premiers mois s'améliore généralement avec la fin de la gestation ; une dépression qui s'installe en fin de grossesse se poursuit souvent dans la période post-puerpérale. Au cours des premiers mois de grossesse il vaut mieux s'abstenir de chimiothérapies antidépressives et de tranquillisants. La sismothérapie est bien supportée par la femme enceinte et ne comporte aucun risque pour l'enfant.

■ ***Certains accidents neuro-psychiques,*** très rares, posent des problèmes diagnostiques et thérapeutiques particuliers : la *psychopolynévrite gravidique* de la primipare jeune, dénutrie par des vomissements incoercibles, réalisant un syndrome de Korsakoff curable par vitaminothérapie ; *la chorée gravidique,* parfois récidive d'une chorée de l'enfance, pouvant s'accompagner de troubles de l'humeur et dans les cas graves d'un état confusionnel ; *l'éclampsie* où les céphalées, l'irritabilité, l'obnubilation, annoncent un accident majeur que la surveillance attentive des femmes enceintes rend aujourd'hui exceptionnel.

Bien que les troubles névrotiques et psychosomatiques mineurs soient fréquents au cours de la gestation, le remaniement psychobiologique de la grossesse entraîne parfois la disparition de troubles antérieurs ; certaines névrotiques supportent paradoxalement très bien leur grossesse, celle-ci pouvant être l'occasion d'une réelle maturation psychologique et d'une meilleure intégration au groupe social ; pour d'autres les difficultés reparaîtront lors du maternage et se traduiront par des distorsions dans l'établissement des premiers liens affectifs avec l'enfant. Chez les schizophrènes, on observe souvent pendant la grossesse une rémission temporaire qui peut être suivie d'une décompensation aiguë lors du post-partum.

LE POST-PARTUM

Les psychoses précoces du post-partum

Elles ont une **allure clinique et évolutive** bien particulière. Elles débutent brusquement du 5e au 25e jour, parfois annoncées par des ruminations anxieuses, des cauchemars avec agitation nocturne. Le tableau habituel est celui d'une bouffée confuso-délirante à symptomatologie polymorphe et labile. Le trouble de conscience est tantôt évident avec désorientation, hébétude ou stupeur, tantôt moins profond la malade apparaîssant comme égarée, perplexe, avec des illusions perceptives, des fausses reconnaissances. L'humeur est généralement triste, à tonalité anxieuse mais les moments dépressifs peuvent alterner rapidement avec des phases d'excitation euphorique et des conduites ludiques. Dans ses thèmes, le délire peut comporter la négation de la maternité voire du mariage, le sentiment de non-appartenance ou de non-existence de l'enfant qui coexiste parfois avec la crainte ambivalente de sa mort ou la conviction persécutive qu'il a été changé ou substitué.

Etant donné l'agitation et le risque de conduites suicidaires ou infanticides, l'hospitalisation en milieu spécialisé s'impose ; une chimiothérapie neuroleptique, au besoin une sismothérapie amèneront la rétrocession des troubles mais les rechutes à court terme sont fréquentes ayant l'allure d'états mixtes, d'accès mélancoliques, de psychoses schizophréniques, l'évolution fluctuante pouvant se poursuivre pendant 3 à 5 mois avant la guérison stable que l'on observe dans les 4/5 des cas. En cas de grossesse ultérieure, une récidive survient dans moins de 20 % des cas.

Avant de porter le diagnostic de psychose du post-partum, il faut s'assurer qu'il ne s'agit pas d'une thrombophlébite cérébrale qui donnè aussi des troubles de conscience mais avec céphalées, crises comitiales, signes neurologiques en foyer.

- La psychose précoce du post-partum se présente comme une **psychose aiguë réactionnelle** à la maternité et aux bouleversements bioendocriniens et psychologiques qu'elle entraîne. Parfois favorisée par des complications obstétricales ou néonatales (dystocies et mortalités néonatales seraient deux fois plus fréquentes que dans les accouchements sans troubles psychiatriques aigus), elle implique surtout une vulnérabilité de la patiente qui est souvent une primipare âgée :
  - *vulnérabilité de terrain* qu'attestent parfois des antécédents psychiatriques familiaux (maniaco-dépressifs ou schizophréniques), un épisode psychotique aigu antérieur à la puerpéralité (10 % des cas environ), des anomalies de la personnalité à vrai dire peu spécifiques (personnalités immatures, dysharmoniques, border-line) ;
  - *vulnérabilité particulière à l'évènement « maternité »* du fait de conflits profonds entravant l'instauration des liens affectifs normaux de la mère avec son nourrisson ; c'est pourquoi le traitement biologique indispensable dans toute psychose puerpérale doit s'intégrer dans une psychothérapie axée sur la relation mère-enfant et visant à aider la malade à assumer sa fonction maternelle. Dans cette perspective certains auteurs conseillent la reprise de contacts précoces entre l'enfant et sa mère, la participation de celle-ci aux soins du maternage ; un tel projet thérapeutique ne peut se réaliser que sous la surveillance rigoureuse et sécurisante d'un personnel soignant formé à la relation thérapeutique.
- Depuis une vingtaine d'années on a attiré l'attention sur des manifestations psychologiques bien connues des accoucheurs et des sages-femmes, **« le syndrome du 3e jour ».** On sait la fréquence de cet état transitoire fait d'anxiété relative au nouveau-né, de dépression mineure avec pleurs et sentiment d'insuffisance, parfois d'agressivité envers le conjoint ou la famille. Ce « post-partum blue » s'observerait chez la moitié des jeunes accouchées, témoignant de la réaction bio-psychologique à l'accouchement ; le plus souvent d'intensité discrète, il est parfois plus intense avec troubles du sommeil et dysmnésie comme dans la phase prodromique de la psychose puerpérale.

Les états dépressifs du post-partum

- Il peut s'agir **d'états mélancoliques** s'installant dans les mois qui suivent l'accouchement ; la thématique est centrée sur l'enfant (conviction absolue d'être une mère incapable ou indigne, conviction que l'enfant va mourir ou qu'il est mort). Dans ces états, accessibles aux thérapeutiques antidépressives, il ne faut pas sous-estimer le risque suicidaire (suicide collectif).
- Plus souvent il s'agit **d'états dépressifs névrotiques,** caractérisés par l'as-

thénie, les malaises physiques, le sentiment d'incapacité, l'anxiété ; ces états généralement d'évolution traînante, sont surtout le fait de personnalités hystériques.

BIBLIOGRAPHIE

Deutsch (H.). — *La psychologie des femmes.* P.U.F.

Hamilton (J.-A.). — *Post-partum psychiatric problems.* Mosby Edit. St-Louis. 1962.

Rancurel (G.) et Marmie (D.). — Psychoses puerpérales. E.M.C. 37 660 A 10. 1975.

30

LES TROUBLES PSYCHIQUES DES PERSONNES AGÉES

Le vieillissement biologique et psychologique favorise la survenue de troubles psychiques qui, chez les personnes âgées, atteignent une grande fréquence. Les enquêtes épidémiologiques indiquent, pour la population de plus de 65 ans, un taux global de prévalence des troubles mentaux de l'ordre de 25 % dont un tiers d'atteintes profondes (démences séniles et artérioscléreuses 4 à 5 % ; états mélancoliques 1 % ; états délirants chroniques 1 à 2 %) et deux tiers de troubles modérés ou mineurs (affaiblissement non démentiel ; névroses dépressives ou caractérielles).

En psychopathologie de la sénescence il faut se garder de perspectives réductrices qui aboutissent forcément à un pessimisme thérapeutique. La détérioration démentielle n'explique pas toutes les atteintes psychiques sévères ; il y a aussi des états mélancoliques ou confusionnels entièrement réversibles. De même la sociogenèse n'est pas seule en cause dans les perturbations affectives du vieillard. Il est certain que l'isolement, la dévalorisation, les difficultés économiques, concourent à sa désadaptation mais il faut également prendre en compte sa personnalité prémorbide qui peut le rendre particulièrement vulnérable aux frustrations inhérentes au vieillissement. *Plus qu'à l'âge adulte, la pathologie psychiatrique est, chez le vieillard, étroitement intriquée à la pathologie somatique.* Des maladies physiques plus ou moins invalidantes, des infirmités sensorielles (surdité, cécité) interviennent souvent dans la genèse de troubles affectifs et de délires tardifs. Seule une approche multidimensionnelle permet la compréhension des décompensations psychiques de la sénilité et la réalisation d'un projet thérapeutique cohérent et souvent efficace.

I. – LES ÉTATS CONFUSIONNELS

- Ils sont fréquents, d'installation rapide, généralement accompagnés d'onirisme et de turbulence nocture.
- **Leur cause est souvent évidente :** accident vasculaire cérébral, défaillance cardiaque, insuffisance respiratoire, pyrexies, déshydratation, suites opératoires notamment en chirurgie oculaire ou urinaire.
- Parfois **la cause est moins patente,** à rechercher systématiquement : pneumonie torpide, infarctus du myocarde, précoma diabétique, troubles nutritionnels et avitaminoses, tumeur cérébrale, myxœdème, etc. Un **surdosage médicamenteux** est fréquemment à l'origine de troubles de la vigilance pouvant aller jusqu'à l'état confuso-onirique (tranquillisants, barbituriques, antidépresseurs, antiparkinsoniens, diurétiques, digitaline, etc.).
- **Le pronostic vital** est fonction de la cause et des possibilités de traitement étiologique. Il faut chez le vieillard veiller particulièrement à la correction des troubles hydro-électrolytiques et à la prévention des complications.
- Un **traitement symptomatique** est parfois indiqué pour calmer l'agitation ou lorsque l'état confusionnel se prolonge : *Dogmatil* I M, 200 mg ; *Largactil,* 100 mg ; *Haldol,* 2 à 5 mg. La récupération intellectuelle est bonne, mis à part les cas où l'état confusionnel inaugure une démence ou en jalonne l'évolution.

Des *états confusionnels psychogènes* s'observent souvent chez le grand vieillard à l'occasion d'un choc émotionnel (perte d'un proche) ou même lors d'un simple changement de milieu bouleversant les repères et les habitudes (déménagement, hospitalisation).

II. – LES ÉTATS DÉMENTIELS ET LES ÉTATS DÉFICITAIRES

Les démences séniles et les démences artérioscléreuses sont envisagées au chapitre 24.

Il existe des démences vasculaires indiscutables (antécédents d'ictus, déficits neurologiques caractéristiques) mais dans la majorité des cas de détérioration pathologique du vieillard il est difficile de préciser le rôle de l'atteinte vasculaire dans la physiopathologie des troubles. Chez le sujet âgé il n'y a pas de corrélation étroite entre l'importance de la détérioration et l'état du réseau circulatoire cérébral. Le trouble primitif semble souvent d'origine métabolique (trouble enzymatique).

Des médications comme les alcaloïdes de l'ergot de seigle ou les alcaloïdes de Vinca Minor peuvent agir sur certains symptômes de la cérébro-sclérose débutante. Ils sont sans action sur les démences dégénératives (démences séniles et préséniles).

III. – LES ÉTATS DÉPRESSIFS

Ils risquent d'être méconnus :

- parce que leur sémeiologie est souvent atypique. Deux erreurs sont à éviter : prendre une inhibition mélancolique pour une détérioration démentielle ; méconnaître une dépression camouflée par des plaintes somatiques exclusives.
- parce qu'un état dépressif réactionnel complique fréquemment une maladie physique et que l'on sous-estime la composante psychologique du tableau clinique.
- parce que l'on a tendance à négliger la dysphorie d'un vieillard. On trouve presque normal qu'il s'ennuie, qu'il se sente inutile et dévalorisé ; on passe peu de temps à l'écouter et on se résigne vite à ne rien pouvoir faire, attitude d'autant plus dommageable que ces états dépressifs sont très accessibles à la thérapeutique.

■ ***La psychose maniaco-dépressive*** commence exceptionnellement après 65 ans mais les maniaco-dépressifs, unipolaires ou bipolaires, peuvent continuer à présenter des accès au cours de leur vieillesse. Les accès maniaques sont rares, souvent atypiques (manie confuse, manie quérulente, état mixte). Sans être aussi fréquents qu'en période climatérique (45-60 ans), les crises mélancoliques sont d'observation courante ; leur symptomatologie est variable :

- **formes sévères :** mélancolies confuses, mélancolies figées ou stuporeuses, mélancolies délirantes et agitées, qui risquent d'être prises pour des états démentiels. Aux thèmes de culpabilité et de ruine s'associent parfois des idées de persécution, des thèmes hypocondriaques, des idées de négation d'organes (syndrome de Cotard).
- **formes atténuées** où la sémiologie est dominée par le ralentissement, l'ennui, l'inactivité, les troubles du sommeil.
- **formes masquées par des troubles somatiques,** essentiellement des troubles digestifs (gastralgies, constipation, anorexie), des troubles du sommeil et des algies (nuqualgies, glossodynies, cystalgies).

La chimiothérapie par les antidépresseurs tricycliques est le traitement habituel de ces états mélancoliques. Dans les formes sévères et lorsque les antidépresseurs sont contre-indiqués (glaucome, hypertrophie prostatique, coronarite) ou mal tolérés (hypotension, iléus paralytique, obnubilation confusionnelle), on peut recourir à la sismothérapie souvent mieux supportée chez le vieillard qu'une chimiothérapie à fortes doses. Le Lithium est parfois indiqué comme prophylaxie chez un maniaco-dépressif à crises fréquentes ; l'âge avancé n'est pas en soi un obstacle mais il faut s'assurer de l'absence de contre-indications (rénales, cardiaques, neurologiques) et être prudent dans la posologie à contrôler régulièrement par le dosage de la lithiémie.

■ ***Les états dépressifs psychogènes*** sont de beaucoup les plus fréquents : crises existentielles ou dépressions réactionnelles survenant au décours d'un événement pénible (deuil, séparation, maladie physique) dont l'impact affectif se trouve majoré par l'affaiblissement du potentiel intellectuel et biologique et, éventuellement, par des conditions de vie défectueuses.

Ces états dépressifs se manifestent par la fatigue, le découragement, le pessimisme, les plaintes somatiques diffuses ou centrées sur la sphère digestive. La peur de l'abandon et le sentiment d'insécurité déterminent des *conduites régressives* où se mêlent l'angoisse et l'agressivité. Plus ou moins consciemment, les symptômes sont utilisés pour mobiliser l'entourage mais par contrecoup ils peuvent conditionner des réactions d'exaspération et de rejet chez les proches. En agissant sur ses symptômes par une chimiothérapie antidépressive et anxiolytique, en l'aidant par une psychothérapie supportive axée sur ses problèmes actuels, on peut favoriser chez le patient de nouveaux investissements affectifs et lui permettre un réajustement moins régressif des relations avec son entourage. Il faut agir aussi au niveau des proches pour dédramatiser une situation devenue conflictuelle ou rompre un cercle vicieux de surprotection infantilisante.

■ ***Les états dépressifs accompagnant une atteinte cérébrale organique***

Une chimiothérapie antidépressive à dosees modérées (*Tofranil 10, Noveril, Quitaxon)* peut améliorer l'humeur dépressive chez un vasculaire cérébral. Le *Tofranil* est très utilisé chez les parkinsoniens ; il peut être associé à la L. dopa.

IV. – LES ÉTATS NÉVROTIQUES ET RÉACTIONNELS

■ Les stress physiques et psychiques de la sénescence sont fréquemment à l'origine ***d'angoisse*** et de ***désadaptation.***

Outre **les états dépressifs psychogènes,** la souffrance psychique du vieillard peut s'exprimer par :

– **des préoccupations hypocondriaques ;** l'inquiétude se polarise sur le fonctionnement du corps (digestion, exonération, miction), qui devient le centre exclusif d'intérêt.

- **des troubles du caractère :** irritabilité, autoritarisme, défiance, récriminations.
- **des comportements d'évitement** sous-tendus par des sentiments d'insécurité secondaires à « un accident de santé » ; des allégations de fatigue, de douleurs, de difficultés de la marche peuvent dissimuler des craintes que ne justifient pas ou ne justifient plus l'état somatique (peur de tomber, d'avoir un malaise).
- **des comportements de démission,** de laisser-aller incurique. Dans les situations de stress (changement de milieu, hospitalisation), on peut observer des états régressifs aigus pseudo-démentiels avec adynamie, inertie, désorientation. En milieu familial on voit plutôt des conduites de dépendance captative ou d'opposition (clinophilie, refus de manger seul, mutisme, incontinence). Une bonne relation thérapeutique permettant une invigoration compréhensive amène la disparition de ces états qui, laissés à eux-mêmes, se fixent dans une chronicisation irréversible.

■ ***Les névroses structurées de l'âge adulte*** ont plutôt tendance à s'atténuer avec l'âge. Aux phénomènes obsessionnels ou aux symptômes de conversion hystérique peuvent faire place des troubles caractériels et hypocondriaques.

V. – LES ÉTATS DÉLIRANTS CHRONIQUES D'APPARITION TARDIVE

Le début est progressif, difficile à situer dans le temps : tristesse, méfiance, irritabilité ; peu à peu les plaintes se précisent, variables d'un jour à l'autre selon l'état émotionnel du patient, presque toujours une femme. Le délire est pauvre, plus ou moins systématisé ; son contenu intéresse la famille proche, les voisins. Les thèmes de préjudice sont fréquents : « on lui fait des ennuis, on s'introduit chez elle, on déplace ses affaires, on salit ses vêtements ». Parfois le thème de jalousie est au premier plan ; le conjoint est en butte à des accusations absurdes de par les partenaires supposées. Aux interprétations délirantes se joint, dans les 3/4 des cas, une séméiologie hallucinatoire à dominante auditive (voix injurieuses et accusatrices), plus rarement polysensorielle. On observe parfois des délires plus riches où les thèmes hypocondriaques, mystiques, persécutoires, les idées de négation peuvent prendre une allure fantastique.

Ces délires dont la situation nosologique est discutée (schizophrénie tardive, P.H.C., paraphrénie tardive) apparaissent dans la moitié des cas chez des sujets dont la personnalité prémorbide présentait des traits schizoïdes ou paranoïaques.

Par suite de leurs particularités psychologiques ou des avatars de leur existence, beaucoup de ces délirants tardifs sont socialement des *isolés*. Dans 1/4 des cas *une infirmité sensorielle* contribue à l'isolement pathogène ; la surdité est beaucoup plus souvent en cause que la cécité.

Le pronostic de ces délires tardifs a été amélioré par les neuroleptiques : *Largactil, Melleril, Haldol,* dont la cure doit être régulièrement poursuivie. Dans certains cas, le simple changement de milieu et la rupture de l'isolement suffisent à entraîner une amélioration durable.

L'affaiblissement intellectuel n'est pas habituel dans ces délires tardifs qu'il ne faut pas confondre avec les délires parfois observés au début d'une démence sénile ou vasculaire.

VI. – LE SUICIDE DU VIEILLARD

Sa fréquence est bien connue. Qu'il s'agisse de réactions impulsives, de démission tragique ou de gestes soigneusement prémédités, le caractère radical des moyens utilisés (noyade, pendaison, armes à feu) atteste de l'authenticité du désir de mort et entraîne une prédominance très nette du suicide réussi sur la tentative inachevée. En France, 30 % des morts par suicide ont plus de 60 ans. La mortalité par suicide pour 100 000 habitants passe, pour le sexe masculin, de 38,3 pour le groupe d'âge 45-54 ans à 56,3 pour les 65-74 ans et 80,5 pour les 75-84 ans (année 1972).

Un grand nombre de ces suicides surviennent dans un contexte dépressif, mélancolies séniles et plus souvent encore dépressions psychogènes dont les causes sont assez évidentes : solitude (proportion élevée de veufs, de divorcés), affections physiques invalidantes ou douloureuses, infirmités sensorielles, difficultés économiques.

La prévention de ces suicides passe par le dépistage et le traitement des états dépressifs de la sénilité. Ceci implique le développement de structures médico-sociales (assistance à domicile), la formation du généraliste à l'écoute des problèmes psychologiques du vieillard et la mise en œuvre de méthodes thérapeutiques (chimiothérapiques et psychothérapiques) dont l'efficacité est parfois remarquable.

BIBLIOGRAPHIE

GERSHON (S.) and RASKIN (A.). — *Genesis and treatment of psychologic disorders in the elderly.* Raven Press, New York, 1975.

HOWELLS (J.-G.). — *Modern perspectives in the psychiatry of old age.* Churchill Livingstone Edit., 1975.

MULLER (C.). — *Manuel de géronto-psychiatrie.* Masson Edit., 1969.

POST (F.). — *Persistent persecutory states of the elderly.* Pergamon Press, Oxford, 1966.

WHITEHEAD (M.-B.). — *Psychiatric disorders in old age ; a handbook for the clinical team.* Harvey Miller and Medcalf Edit., 1974.

Gerontopsychiatrie. — O.M.S. 1972. rapport technique n° 507.

31

LES TROUBLES MENTAUX INDUITS PAR LES MÉDICAMENTS

Certains médicaments peuvent occasionner des troubles psychiques plus ou moins sévères à l'origine desquels interviennent la posologie trop élevée ou la susceptibilité particulière du patient : les sujets âgés, ceux qui présentent une atteinte hépatique ou rénale, ceux qui ont des antécédents psychiatriques, sont les plus exposés.

Des troubles neuropsychiques mineurs

Céphalées ou sensation de tête vide, vertiges, dysmnésie, somnolence diurne, sont d'observation courante au cours de certaines chimiothérapies : anti-histaminiques, anticonvulsivants, tranquillisants, antirhumatismaux, antihypertenseurs. Ces troubles généralement bénins s'améliorent avec l'adaptation de la posologie mais invitent à la prudence en début de cure (conduite automobile, travaux sur machines).

- **L'effet nocebo ;** les troubles psychiques mineurs qui peuvent être signalés au début de n'importe quelle cure médicamenteuse et entraîner son arrêt ne sont pas toujours dus à l'activité pharmacologique du produit incriminé. Il faut tenir compte de la réaction psychologique du patient et l'on sait que la prise d'un placebo peut engendrer somnolence ou insomnie, maux de tête, nervosité. L'attitude négative du malade vis-à-vis du traitement ou du thérapeute peut s'exprimer de cette manière mais le médecin doit également s'interroger sur sa façon de prescrire qui n'est pas sans refléter sa propre attitude envers le médicament prescrit et envers le malade à qui il est prescrit.

Les troubles psychiatriques majeurs

Ils sont de 3 types et s'observent isolés ou associés.

- **Les troubles de la conscience** tels que l'obnubilation, la désorientation, la torpeur et l'état confusionnel avec ou sans onirisme, disparaissent généralement lors de la diminution ou la suspension de la thérapeutique.
- **Les troubles de l'humeur :** excitation euphorique ou agressive, état hypomaniaque franc, syndrome dépressif pouvant aller de la dysphorie anxieuse à l'état mélancolique, voire au raptus suicidaire. Ils peuvent régresser à l'arrêt du traitement mais ils sont susceptibles d'évoluer pour leur propre compte, nécessitant alors le même traitement qu'un accès spontané.
- **Les états délirants** à type de crise de dépersonnalisation, épisodes oniroïdes, bouffées hallucinatoires ou confuso-délirantes.

Il n'existe en général pas de spécificité. Un même produit peut entraîner des troubles psychiques variés en fonction du terrain, de la posologie... La survenue de troubles psychiques avec un produit donné ne se renouvelle pas forcément lors d'une cure ultérieure chez un même sujet.

LES MÉDICATIONS LE PLUS SOUVENT A L'ORIGINE DES TROUBLES PSYCHIQUES

Ce sont :

■ ***Les corticoïdes.*** La sensation d'euphorie et de bien-être, la réduction du temps de sommeil sont des manifestations banales après quelques semaines d'un traitement corticoïde.

Il est plus rare d'observer des troubles graves de l'humeur, allant de la dépression à l'excitation maniaque, souvent associés à des épisodes confusionnels et des productions délirantes. La fréquence de ces accidents a considérablement diminué grâce à l'utilisation de nouveaux produits de synthèse et à la surveillance accrue des patients soumis à des cures de longue durée et à posologie élevée. Plutôt qu'un arrêt brutal des corticoïdes, il convient de réduire la posologie et d'associer un psychotrope.

Souvent il est difficile de distinguer une psychose corticoïde de troubles psychiques symptomatiques de l'affection en cours (L.E.D., sclérose en plaques, hémopathie maligne).

■ ***Les chimiothérapies antituberculeuses :*** Isoniazide (*Rimifon*), Ethionamide (*Trecator*), Protionamide (*Trevintix*) et surtout l'Isoxazolidinone (*Cycloserine*) s'accompagnent fréquemment de troubles psychiques mineurs : vertiges, dysmnésie, irritabilité, troubles du sommeil ; le *Rimifon* a de plus un effet euphorisant.

A n'importe quel moment de la cure, mais surtout avec des posologies élevées, on peut observer des crises convulsives, des épisodes dépressifs, des psychoses toxiques confuso-délirantes ou confuso-maniaques. Si l'action préventive ou curative de la Pyridoxine vis-à-vis des neuropathies périphériques et des crises convulsives est établie, elle apparaît moins évidente vis-à-vis des troubles psychiques. Cependant, on a décrit avec l'Isoniazide et l'Ethionamide des psychoses d'allure pellagreuse curables par vitaminothérapie (B6 et PP).

■ ***Les antihypertenseurs*** donnent avant tout des *accidents d'ordre dépressifs.*

- **Les alcaloïdes du Rauwolfia,** essentiellement la Réserpine et ses dérivés : les différentes enquêtes retrouvent la survenue de symptômes dépressifs au cours de ces traitements chez 20 % des patients. Si dans les trois quarts des cas la dépression reste mineure à type d'asthénie et d'inhibition et cède à l'arrêt du traitement, dans un quart des cas la dépression est profonde, mélancoliforme, nécessitant des soins psychiatriques. Le risque de suicide y est élevé.

  Ces dépressions surviennent surtout lors de traitements prolongés (pic au 5e mois) et lorsque la dose dépasse 0,5 mg/24 heures. *Quand un sujet a des antécédents dépressifs, le risque d'accès dépressif sous reserpiniques dépasse 50 %.*

  Des états dépressifs parfois sévères peuvent survenir avec la Guanéthidine *(Ismeline),* la Clonidine *(Catapressan)* et surtout l'Alphaméthyldopa *(Aldomet).* Ils imposent l'arrêt du traitement. La Mécamylamine *(Inversine)* à doses élevées peut donner un tableau proche du délirium tremens.

■ ***La Digitaline :*** chez un patient sous digitaliques, l'apparition de signes neuro-psychiques doit faire évoquer l'hypothèse d'un surdosage : céphalées, algies, troubles du sommeil, visions colorées peuvent précéder ou accompagner des troubles digestifs et des perturbations du rythme cardiaque. Apathie, troubles de la vigilance, délire hallucinatoire peuvent également être les premiers signes d'une intoxication. Ces accidents surviennent surtout lors d'une atteinte rénale associée ou lors d'une déplétion potassique importante.

■ ***Les anticholinergiques et les antiparkinsoniens :*** les psychoses atropiniques d'origine iatrogène, observées après utilisation de collyre (surtout chez l'enfant et en pays tropicaux) et lors de traitements de l'infarctus du myocarde avec des doses élevées, sont exceptionnelles : agitation incohérente, délire hallucinatoire surtout zoopsique, confusion mentale avec ataxie.

- **Les antiparkinsoniens anticholinergiques :** Trihexyphénidyle (*Artane*), Procyclidine (*Kemadrine*), Bipéridine (*Akinophyl*), Benzatropine (*Cogentine*) peuvent entraîner les mêmes troubles que l'intoxication atropinique. C'est surtout le fait des parkinsoniens âgés ou athéroscléreux recevant des doses élevées, ce qui doit inciter à la prudence lors de l'installation du traitement. Ces troubles sont rapidement réversibles avec la réduction des doses.

L'utilisation en milieu psychiatrique de ces antiparkinsoniens comme correcteurs du syndrome neuroleptique risque parfois de faire apparaître des accidents toxiques qui sont méconnus car rapportés à tort à l'affection psychique en cours. Dans ces conditions, une posologie modérée s'impose particulièrement chez les sujets âgés, d'autant plus que les phénothiazines ajoutent leurs effets anticholinergiques à ceux des antiparkinsoniens.

- **L'Amantadine** (*Mantadix, Trivaline*) peut entraîner insomnie, subexcitation, état confusionnel nécessitant l'arrêt du traitement.
- **La L. Dopa** est à l'origine chez environ 20 % des parkinsoniens traités de complications psychiatriques : bouffées anxieuses, agitation, manifestations confusionnelles ou délirantes, extériorisation d'un état dépressif, plus rarement d'une hypomanie. Le plus souvent, ces troubles apparaissent après plusieurs mois de traitement, avec une fréquence accrue chez les patients détériorés ou ceux qui ont des antécédents psychiatriques. Ils disparaissent généralement à la réduction des doses. La symptomatologie dépressive peut justifier l'adjonction d'une chimiothérapie imipraminique.

  La L. Dopa est formellement contre-indiquée chez les schizophrènes dont elle aggrave les troubles psychiatriques sans corriger, bien au contraire, le syndrome neuroleptique.

  Les associations d'un inhibiteur de la dopadécarboxylase et de levodopa (*Sinemet, Modopar*) permettent de diminuer la posologie utile de levodopa.

Cependant, des troubles psychiatriques se retrouvent avec la même fréquence. Les contre-indications psychiatriques sont les mêmes que pour la L. Dopa.

■ ***Les antirhumatismaux :*** Chloroquine (*Nivaquine, Quinercyl*), Phénylbutazone et surtout Indométacine (*Indocid*) sont souvent à l'origine de manifestations psychiques mineures : céphalées, insomnie, vertiges, sensation de tête vide. Les psychoses confusionnelles ou délirantes sont exceptionnelles. On a signalé avec l'Idrocilamide (*Brolitène*) des troubles psychiques à type d'anxiété, d'hypomanie, de confusion.

■ ***Les antimiototiques.*** Les alcaloïdes de la Pervenche en particulier la Vincristine (*Oncovin*), l'Asparaginase (*Kidrolase*) peuvent être à l'origine d'états dépressifs ou confusionnels.

■ ***Le Niridazole*** (*Ambilhar*) est fréquemment à l'origine de céphalées, insomnies, vertiges, surtout dans les premiers jours du traitement ; chez les malades présentant une atteinte hépatique, des crises convulsives et des états confuso-délirants ne sont pas rares. Le *Gardenal* et le *Valium* ont une action préventive certaine.

■ ***Le Maléate de Perhexiline*** *(Pexid)* utilisé dans la maladie coronarienne peut entraîner des sensations ébrieuses, une anxiété, voire des manifestations psychiatriques majeures que l'on attribue à l'hypoglycémie entraînée par ce produit.

■ A cet égard, il est nécessaire de rappeler que tous les ***hypoglycémiants*** peuvent être à l'origine de troubles psychiques. Des céphalées, des étourdissements, des troubles des fonctions intellectuelles, des manifestations dysphoriques doivent faire doser la glycémie.

■ ***Les contraceptifs oraux :*** ont été fréquemment rendus responsables de manifestations psychiques mineures : irritabilité, troubles dépressifs. Les composés comportant des doses importantes de progestatifs associés à des doses faibles d'œstrogènes sont plus particulièrement incriminés. Dans la genèse de ces troubles, il convient de faire la part de la non-acceptation inconsciente de « la pilule » par la femme.

■ ***Le sous-nitrate de Bismuth.*** Depuis 1974 on a observé de nombreux cas d'encéphalopathies myocloniques chez des sujets absorbant régulièrement du sous-nitrate de Bismuth. La phase prodromique est souvent marquée par des troubles du comportement et de l'humeur. Progressivement s'installe un syndrome confusionnel avec myoclonies, troubles du langage et astasie-abasie. Les dosages du bismuth sanguin et urinaire montrent des chiffres élevés. L'arrêt de la chimiothérapie amène la rétrocession des troubles.

LES MÉDICATIONS PSYCHOTROPES

Elles peuvent être à l'origine de troubles psychiques :

■ ***Les antidépresseurs tricycliques :*** Tous les antidépresseurs dont le chef de file est l'Imipramine (*Tofranil*) peuvent entraîner un état confusionnel ou confuso-onirique. Cette complication s'observe dans 3 % des cas traités, spécialement chez les sujets âgés, chez les artérioscléreux, les insuffisants rénaux. L'association à des tranquillisants comme le *Valium* favorise leur survenue.

Le virage maniaque de l'humeur s'observe dans 3 à 4 % des cures chimiothérapiques antidépressives. Bien entendu cette inversion de l'humeur s'observe préférentiellement chez un sujet présentant des antécédents de crise maniaque, personnels ou familiaux. Il est prudent de tenir compte de cette éventualité lorsqu'on entreprend une cure antidépressive surtout en ambulatoire.

■ ***Les neuroleptiques majeurs et les neuroleptiques-retard*** paraissent jouer un rôle dans la genèse d'états dépressifs survenant au cours de l'évolution de schizophrénies et de délires chroniques. L'utilisation au long cours de neuroleptiques, même à faibles doses, en médecine psychosomatique ne paraît pas dépourvue d'inconvénients ; ils semblent favoriser la survenue d'inhibition et de dysphorie. L'emploi de tranquillisants, du type des benzodiazépines, apparaît dans ces cas bien préférable.

■ ***Le Dipropylacétamide*** (*Depamide*) potentialise l'action des psychotropes et augmente leurs effets secondaires. L'adjonction de *Depamide* à un traitement antiépileptique, antidépresseur ou tranquillisant devra toujours être lentement progressive, surtout chez le sujet âgé, sous peine de voir survenir des troubles de la vigilance pouvant aller jusqu'à la confusion mentale.

■ ***Les anti-épileptiques*** (V. p. 317).

BIBLIOGRAPHIE

HEUSGHEM (C.) et LECHAT (P.). — *Les effets indésirables des médicaments.* 1 vol. Masson 1973.

SHADER (R.-I.). — *Psychiatric complications of medical drugs.* 1 vol. Raven Press New York. 1972.

SHADER (R.-I.). — *Psychotropic drug side effects. Clinical and theoretical perspectives.* 1 vol. The Williams and Wilkins Company. Baltimore. 1970.

32

THÉRAPEUTIQUE

LES TRAITEMENTS BIOLOGIQUES

I. – LES TRAITEMENTS CHIMIOTHÉRAPIQUES

Les traitements chimiothérapiques ont pris une place importante dans la thérapeutique psychiatrique : ils sont responsables pour une grande part d'un profond bouleversement dans les modes de prise en charge des malades mentaux. La possibilité de modifier rapidement des symptômes autrefois peu accessibles aux thérapeutiques, tels les états d'agitation, les états catatoniques, les grands accès dépressifs, les processus délirants, a entraîné une modification des conditions d'hospitalisation des malades en période aiguë et permis de nouveaux modes d'assistance des malades atteints de psychoses chroniques (réinsertion plus rapide dans le milieu familial et socio-professionnel, diminution des temps d'hospitalisation au profit de prises en charge plus souples dans des hôpitaux de jour, foyers de nuit, ateliers protégés, dans le cadre de la psychiatrie de secteur). Les traitements chimiothérapiques, en atténuant l'aspect souvent dramatique et impressionnant des symptômes psychiatriques aigus, contribuent également à modifier les relations des malades mentaux et de leur entourage : cette atténuation des attitudes de rejet concerne aussi le personnel soignant, conscient de disposer en toutes circonstances et particulièrement devant un épisode aigu de moyens d'assistance rapides et efficaces.

Les méthodes chimiothérapiques s'intègrent dans un mode de prise en charge pluridimensionnel : loin de s'opposer aux méthodes psychothérapiques et aux thérapeutiques institutionnelles, elles doivent souvent y être associées pour en favoriser le meilleur développement.

Classification des médicaments psychotropes

La classification la plus généralement admise est la classification clinique proposée par J. Delay et P. Deniker en 1957. Elle distingue trois grands types de psychotropes, selon leur mode général d'action sur le psychisme.
- les psycholeptiques qui abaissent le tonus psychique ;
- les psychoanaleptiques qui élèvent le tonus psychique ;
- les psychodysleptiques qui perturbent l'activité mentale (v. chap. 16 Toxicomanies).

Au sein de chaque groupe, Delay et Deniker distinguent des sous-groupes selon que l'action pharmacodynamique s'exerce préférentiellement sur la fonction vigile ou sur la régulation de l'humeur.

Classification des psychotropes de Delay et Deniker

A) PSYCHOLEPTIQUES
- agissant sur la *vigilance* (ou « nooleptiques »)
  1) Hypnotiques
- agissant sur l'*humeur* (ou « thymoleptiques »)
  2) Neuroleptiques
  3) Tranquillisants

B) PSYCHOANALEPTIQUES
- stimulants de la *vigilance* (ou « nooanaleptiques »)
- stimulants de l'*humeur* (ou « thymoanaleptiques ») ou antidépresseurs.

C) PSYCHODYSLEPTIQUES
- hallucinogènes ou onirogènes.

LES NEUROLEPTIQUES

Les neuroleptiques sont les premiers agents thérapeutiques qui aient permis le traitement pharmacologique des psychoses. On dispose en France à l'heure actuelle d'une trentaine de neuroleptiques dont les points d'impact sur les symptômes-cibles sont divers ; ceci permet une assez grande modulation des cures de neuroleptiques en fonction des aspects sémeiologiques et évolutifs des psychoses. L'introduction plus récente de formes « retard » de ces médicaments a particulièrement favorisé l'assouplissement des modes de prise en charge des psychotiques chroniques, en facilitant les cures ambulatoires et la réinsertion socio-professionnelle et familiale de ces patients.

Rappel historique

L'ère du traitement chimiothérapique des psychoses débute en 1952 avec l'introduction de la Chlorpromazine (*Largactil*). Synthétisée en France en 1950 par F. Charpentier, elle fut d'abord utilisée par Laborit comme constituant avec le *Phénergan* et le *Dolosal* d'un « cocktail lytique » destiné à l'hibernation artificielle. Son premier emploi en clinique psychiatrique (1952) permit à Delay et Deniker de proposer à son sujet le terme de « neuroleptique ». L'intérêt se porta peu après sur la Réserpine, alcaloïde de Rauwolfia Serpentina, dont on précisa en clinique les propriétés analogues (travaux de Weber, Kline, Delay).

Définition. Caractéristiques.

■ Tous les médicaments neuroleptiques ont en commun des caractéristiques générales reposant sur ***5 critères cliniques et expérimentaux*** (Delay et Deniker) :

- création d'un état spécial d'indifférence psychomotrice ;
- action réductrice des états d'excitation, d'agitation, des états maniaques ;
- réduction des troubles psychotiques aigus et chroniques ;
- production d'effets neurologiques extrapyramidaux et végétatifs ;
- action sous-corticale dominante.

■ ***L'activité des neuroleptiques*** se définit ainsi essentiellement :

- par des propriétés thérapeutiques dites « antipsychotiques » : réduction des symptômes des psychoses ;
- par leur aptitude spécifique à produire des symptômes neurologiques de type extrapyramidal.

Classification chimique

Initialement représentée par trois prototypes – la Chlorpromazine, la Réserpine et l'Halopéridol – la famille des neuroleptiques s'est enrichie d'un grand nombre de substances dont on peut proposer la classification chimique suivante :

■ ***Les dérivés de la Phénothiazine***

Il existe trois familles de neuroleptiques phénothiaziniques :

Les phénothiazines à chaîne latérale linéaire ou aliphatique qui comptent la chlorpromazine (*Largactil*), la Lévomépromazine (*Nozinan*), l'Acepromazine (*Plegicil*) et un dérivé fluoré, la Triflupromazine (*Psyquil*).

Les phénothiazines à chaîne latérale pipérazinée sont représentées par la Thiopropérazine (*Majeptil*), la Prochlorpérazine (*Témentil*), la Perphénazine (*Trilifan*) et des dérivés fluorés, la Trifluopérazine (*Terfluzine*), la Fluphénazine (*Moditen*), l'Oxaflumazine (*Oxaflumine*).

Les phénothiazines à chaîne latérale pipéridinée sont la Thioridazine (*Melleril*), la Propériciazine (*Neuleptil*), la Périmétazine (*Leptryl*), la Pipotiazine (*Piportil*).

■ ***Proches chimiquement des phénothiazines se situent :***

- Les dérivés du **Thioxanthène** : le Chlorprothixène (*Taractan*) et le Flupentixol (*Emergil, Fluanxol*).
- le groupe des **Dibenzothiazépines** actuellement représenté par la Clotiapine (*Etumine*).

■ ***Le groupe des Butyrophénones*** dont le chef de file est l'Halopéridol *(Haldol)* comporte également le Triflupéridol *(Tripéridol),* la Pipampérone *(Dipipéron),* la Fluanisone *(Sédalande),* le Dropéridol *(Droleptan),* le Benpéridol (*Frénactil*) et un composé apparenté, le Pimozide (*Orap et Opiran).*

■ ***Le groupe des Benzamides*** est actuellement représenté par le Sulpiride *(Dogmatil)* et le Sultopride (*Barnetil*).

■ ***Les alcaloïdes du Rauwolfia,*** représentés par la Réserpine *(Serpasil)* dont l'intérêt en clinique psychiatrique est surtout historique : son abandon tient au pourcentage élevé d'effets secondaires observés avec ce produit dont l'efficacité est en outre plutôt inférieure à celle des autres neuroleptiques.

Effets thérapeutiques généraux

L'action des neuroleptiques n'est probablement pas spécifique : il s'agit d'une activité suspensive, réductrice, s'adressant à des symptômes, à des comportements plus qu'à des entités nosologiques. On peut décrire le profil d'action d'un neuroleptique selon trois dimensions principales :

■ ***Action sédative :*** elle s'exerce principalement sur l'agitation anxieuse, l'excitation psychomotrice, les troubles du sommeil. Particulièrement nette vis-à-vis de l'expansivité maniaque qu'elle réduit en quelques jours, cette action sédative déborde largement le cadre des psychoses aiguës et chroniques : elle s'exerce vis-à-vis de tous les épisodes psychiatriques comportant une anxiété importante associée à une agitation psychomotrice. Elle peut induire, lors du traitement prolongé des psychoses chroniques, un état de neutralité émotionnelle avec perte de l'initiative et diminution de l'activité motrice dont il n'est pas toujours aisé de différencier la part proprement iatrogène et celle qui revient aux symptômes de la maladie.

■ ***Action anti-psychotique :*** il s'agit des modifications induites par les neuroleptiques sur un aspect particulier des processus psychotiques, les idées délirantes et les hallucinations.

L'action anti-psychotique est particulièrement nette vis-à-vis des hallucinations ; cet effet s'adresse en premier lieu à la productivité hallucinatoire, alors que les convictions délirantes sont plus tardivement entamées.

L'activité délirante de type interprétatif est moins sensible à l'action des neuleptiques : la cure neuroleptique atténue cependant de façon notable l'expansivité et la tonalité passionnelle souvent associées à ce type de délire. L'activité délirante de type imaginatif est la plus réfractaire aux chimiothérapies neuroleptiques.

■ ***Action désinhibitrice ou psychostimulante :*** on décrit sous ce terme l'activité des neuroleptiques vis-à-vis des symptômes déficitaires de la schizophrénie : certains neuroleptiques, appelés « incisifs » ou « désinhibiteurs » agissent ainsi plus spécialement sur la passivité, l'inertie, la neutralité émotionnelle (athymhormie), la perte d'initiative (apragmatisme), le repli autistique liés au processus schizophrénique. Cet effet thérapeutique s'obtient généralement lors d'un traitement prolongé ; il est lié le plus souvent à une amélioration globale du processus psychotique qui permet, en restaurant la communication du patient avec l'entourage, une réapparition des désirs, des projets, la reprise d'un contact plus ou moins riche avec le réel.

Effets secondaires. Incidents et accidents.

Les neuroleptiques induisent avec fréquence de nombreux effets latéraux de gravité inégale. Certains, très rares mais graves, pourront imposer l'interruption immédiate du traitement. D'autres, habituels, sont gênants mais sans réelle gravité ; ils nécessitent l'adjonction de traitements dits « correcteurs » destinés à les prévenir ou à les atténuer.

■ ***Les effets latéraux neurologiques.***

Les troubles observés sont de plusieurs types :

a) **des manifestations aiguës :** il s'agit de dyskinésies, mouvements involontaires de survenue brutale, paroxystique, souvent impressionnants pour l'entourage et angoissants pour le patient. Les accès dyskinétiques les plus fréquents sont : *des crises oculogyres* avec plafonnement incoercible du regard, des mouvements de *distorsion* ou de *protraction de la langue* gênant l'élocution, des accès de *trismus* ou d'ouverture de la bouche, un *torticolis spasmodique,* un *blépharospasme,* parfois des contractures ou des spasmes de la *musculature axiale.* Ces crises dyskinétiques durent quelques heures et sont spontanément résolutives. Elles n'en réalisent pas moins des tableaux spectaculaires qui sont souvent à l'origine d'appels urgents du médecin. Ils doivent être reconnus et rapportés à leur cause. Ces dyskinésies aiguës s'observent le plus souvent avec les neuroleptiques incisifs ; elles apparaissent dans les premiers jours du traitement avec des doses souvent minimes. Elles nécessitent la prescription en urgence d'un antiparkinsonien par voie intra-musculaire (*Ponalide, Lepticur*) dont l'efficacité est rapide.

Certaines spécialités utilisées comme tranquillisants sont en fait des neuroleptiques susceptibles d'induire des accidents de cet ordre (*Dogmatil, Moditen, Vesadol, Sédalium, Emergil, Mutanxion, Torécan*).

b) **le syndrome d'imprégnation neuroleptique :** il s'agit d'un tableau fréquent, de type parkinsonien, responsable de la présentation caractéristique d'un certain nombre de patients. Il peut apparaître précocement, dès les premiers jours du traitement ; son intensité est extrêmement variable, inégale selon les sujets et selon le neuroleptique utilisé.

Il comporte : *un tremblement* d'intensité variable, surtout net aux extrémités, gênant l'exécution des gestes fins (micrographie) ; *une akinésie,* parfois évidente dès l'observation du malade, comportant une rareté du clignement, une inexpressivité de la mimique, un ralentissement gestuel global ; *une hypertonie,* mise en évidence par la recherche d'une « roue dentée » et d'un blocage du poignet ; parfois *des manifestations hyperkinétiques :* impatiences motrices, dandinements, akathisie (impossibilité de rester assis ou couché), tasikinésie (besoin impérieux de mouvement).

Ce syndrome d'imprégnation neuroleptique présent à des degrés divers peut nécessiter l'adjonction au traitement neuroleptique d'un correcteur antiparkinsonien prescrit par voie orale ; son efficacité est parfois incomplète.

c) **les accidents neurologiques tardifs :** ils surviennent au cours de traitements neuroleptiques prolongés (sujet traités plusieurs années et en général à fortes doses). Il s'agit essentiellement de dyskinésies de la région bucco-faciale (« rabbit-syndrom » rappelant chez certains malades les mouvements péribuccaux du rongeur), de la musculature axiale ou des membres inférieurs. Ces symptômes, surtout observés chez la femme âgée, ne sont pas améliorés par les anti-parkinsoniens et peuvent persister longtemps après l'interruption des neuroleptiques.

■ *Les syndromes neuro-végétatifs.*

Les incidents les plus fréquents, surtout provoqués par les neuroleptiques de type sédatif, sont liés à *l'hypotension orthostatique.* On peut y remédier par un ajustement précis des posologies et par la prescription d'analeptiques cardio-vasculaires correcteurs de l'hypotension. La tachycardie sinusale, aux alentours de 90-100, est fréquente avec les phénothiazines.

■ ***Les effets psychiques.***

On regroupe sous ce terme :

- **la création possible d'un syndrome d'indifférence psychomotrice :** ce « syndrome de passivité » s'intrique chez les schizophrènes au repli autistique lié au processus dissociatif.
- **une somnolence diurne,** plus nette avec les neuroleptiques sédatifs, surtout gênante lors des cures ambulatoires. On peut y remédier en administrant les posologies maxima le soir.
- **des états dépressifs** qui peuvent survenir au cours d'un traitement neuroleptique. Leur pathogénie est discutée : il faut sans doute incriminer l'effet proprement dépresseur de certains neuroleptiques (la Réserpine avant tout, mais aussi la plupart des neuroleptiques incisifs) tout comme le remaniement psychodynamique profond lié en particulier à la disparition du délire sous l'influence du traitement.

■ ***Les effets endocriniens et métaboliques.***

On observe fréquemment *une prise de poids,* parfois très importante. *L'aménorrhée* est également de constatation habituelle. On peut observer *une galactorrhée,* surtout avec la Thioridazine *(Melleril)* et le Sulpiride *(Dogmatil).* Les perturbations du désir et de la puissance sexuelle sont fréquentes : frigidité, baisse de la libido, impuissance. L'effet pharmacologique des neuroleptiques vient ici s'ajouter aux profondes perturbations de la vie sexuelle inhérentes aux processus psychotiques. Ces effets endocriniens, souvent à l'origine d'abandons du traitement, ne doivent pas être négligés.

■ ***Les troubles cutanés.***

L'incident le plus habituel est la photosensibilisation ou *lucite* de type allergique survenant lors d'une exposition prolongée au soleil chez les patients traités par les Phénothiazines. Des manifestations cutanées rares, à type de coloration mauve des téguments (purple-people) ont été observées au cours de traitements prolongés par de très fortes doses de Chlorpromazine. Ce syndrome peut être associé à des opacifications de la chambre antérieure de l'œil (cornée et cristallin).

■ ***Les accidents rares dont certains sont graves et imposent l'arrêt du traitement.***

Il s'agit :

- **du syndrome malin des neuroleptiques,** accident exceptionnel qui s'observe avec les neuroleptiques puissants, surtout utilisés par voie parentérale, principalement en début de traitement chez des sujets fragiles : pâleur, hyperthermie progressive, adynamie, troubles respiratoires en sont les symptômes principaux. Il faut y penser devant toute fièvre inexpliquée ; le risque d'évolution rapidement fatale impose l'arrêt du traitement et la mise en route d'une réanimation.

- **d'agranulocytoses** parfois foudroyantes. Elles sont rarissimes, alors que des modifications de la formule sanguine (leucopénie ou hyperleucocytose) sont plus souvent mises en évidence.
- **d'ictères** de type cholostatique observés au cours de traitements par la Chlorpromazine.
- **d'accidents phléboemboliques,** provoqués par certaines phénothiazines.
- **de crises convulsives** parfois observées avec de fortes doses de neuroleptiques.

Modalités générales d'administration

Il est difficile d'établir un schéma standard d'une cure neuroleptique. Les modalités diffèrent en effet selon qu'il s'agit :

- du traitement d'urgence d'un état psychotique aigu,
- du traitement prolongé d'une psychose chronique et tout spécialement d'une schizophrénie. On peut tenter d'en dégager cependant quelques grands principes :

■ ***Le choix du neuroleptique.***

Il est fonction essentiellement des symptômes-cibles prévalents et donc de la relative spécificité d'action du neuroleptique sur tel ou tel ordre de symptômes. On dispose ainsi :

- **de neuroleptiques sédatifs** aux effets végétatifs marqués. Leurs pôles d'action préférentiels sont l'anxiété psychotique, la perplexité délirante, les phénomènes de dépersonnalisation, les troubles du sommeil, l'agitation. Les plus sédatifs sont le *Nozinan,* le *Tercian,* l'*Etumine ;* le *Neuleptil* est surtout utilisé comme réducteur de l'agressivité, le *Théralène* comme inducteur du sommeil.

- certains neuroleptiques sédatifs à action rapide et de durée assez brève sont utilisés surtout par voie parentérale pour obtenir la sédation d'épisodes d'excitation aiguë. Il s'agit de deux Butyrophénones, le *Droleptan* et le *Sédalande.*

- **de neuroleptiques à effets mixtes,** sédatifs et incisifs à la fois, le *Largactil,* le *Psyquil,* le *Piportil.*

TABLEAU I. **Neuroleptiques à durée d'action prolongée (N.A.P.)**

NOM	NOM CHIMIQUE	PRÉSENTATION	POSOLOGIE	INTERVALLE ENTRE 2 PRISES DURÉE D'ACTION
Moditen-Retard	Œnanthate de Fluphénazine	– Ampoules de 1 ml : 25 mg – Ampoules de 4 ml : 100 mg VOIE I.M.	25 à 150 mg	15 jours
Modécate	Decanoate de Fluphénazine	– Ampoules de 1 ml : 25 mg – Flacon de 5 ml : 125 mg voie I.M.	25 à 150 mg	21 à 30 jours
Piportil M2	Ester undécylénique de Pipotiazine	– Ampoules de 1 ml : 25 mg – Ampoules de 4 ml : 100 mg voie I.M.	25 à 200 mg	15 jours
Piportil L4	Ester palmitique de Pipotazine	– Ampoules de 1 ml : 25 mg – Ampoules de 4 ml : 100 mg voie I.M.	25 à 200 mg	30 jours
Fluanxol-Retard	Décanoate de Flupentixol	– Ampoules de 1 ml : 20 mg – Ampoules de 4 ml : 80 mg voie I.M.	20 à 120 mg	15 jours
Semap	Penfluridol	– Comprimés à 20 mg	10 à 100 mg	8 jours

- **de neuroleptiques « incisifs »** dont les effets antipsychotiques sont très marqués, ce qui n'exclut pas une certaine polyvalence de leur action. Ils induisent plus d'effets latéraux neurologiques que les neuroleptiques sédatifs. Certains ont un effet plus anti-hallucinatoire (*Haldol*). D'autres plus « désinhibiteurs » s'adressent de façon globale au vécu délirant et aux symptômes déficitaires de la schizophrénie. On peut citer parmi les plus incisifs, le *Majeptil*, le *Moditen*, la *Terfluzine*, le *Tripéridol.*

- **de neuroleptiques à durée d'action prolongée** (N.A.P.) dont l'apparition a grandement facilité la cure au long cours des psychoses chroniques. Ils sont administrés en solution huileuse par voie intra-musculaire, une hydrolyse lente libérant régulièrement le neuroleptique dans l'organisme. Leur intérêt réside : – dans la sécurité quant à la prise du médicament et la prévention de rechutes éventuelles par abandons du traitement ; – dans la réduction des doses totales administrées ; – dans le caractère moins contraignant pour le patient que la prise quotidienne de neuroleptiques *per os.*
  Ce nouveau mode de traitement introduit le risque d'une certaine automatisation qui doit être évitée par la poursuite d'une prise en charge vigilante à intervalles rapprochés.
  On dispose, à l'heure actuelle, de cinq « neuroleptiques retard » administrés par voie intramusculaire et d'un neuroleptique retard administré par voie orale (*Sémap*) (v. tableau I).

■ *Conduite de la cure neuroleptique.*

- **le traitement d'un épisode aigu** (bouffée délirante, confusion mentale, accès maniaque, moment évolutif aigu d'une schizophrénie ou d'un délire chronique) est généralement pratiqué en milieu hospitalier : les modalités de prescription en sont facilitées, les posologies pouvant être d'emblée à leur niveau le plus efficace. On préfère en début de traitement la voie intramusculaire, plus rapidement active et souvent mieux tolérée par des patients délirants et hostiles à la prise orale d'un médicament. La répartition des injections ou des prises en deux ou trois fois dans la journée permet un étalement favorable à l'action thérapeutique. Les posologies sont très variables selon le neuroleptique utilisé, la susceptibilité du patient, les habitudes de prescription du médecin.

Certains associent d'emblée deux neuroleptiques, l'un sédatif, l'autre incisif. La prescription simultanée de plus de deux neuroleptiques n'est jamais ou très rarement justifiée. Il est nécessaire de surveiller quotidiennement pouls et tension artérielle : la constatation d'une hypotension orthostatique invite, lorsqu'elle est gênante pour le patient ou importante numériquement, à recommander l'alitement après les injections ; il peut être utile de prescrire des correcteurs (*Heptamyl, Di-hydro-ergotamine, Néosynéphrine*). On prescrit habituellement des antiparkinsoniens avec les neuroleptiques incisifs : on peut utiliser le Trihexyphénidyle (*Artane* 5 à 15 mg/24 heures), l'Orphénadrine (*Disipal,* 1 à 2 comprimés à 50 mg/24 h) la Benzatropine (*Cogentine,* 1 à 2 mg 3 fois par jour), le Bipéridène (*Akinophyl* 2 à 4 comprimés par jour). On dispose actuellement de deux antiparkinsoniens retard (*Akineton Retard, Parkinane Retard*). Le *Lepticur* aurait une action antidyskinétique particulièrement nette. Le passage de la forme injectable à la forme orale du neuroleptique est progressivement réalisé lorsque la symptomatologie est suffisamment contrôlée.

La durée du traitement d'attaque d'un épisode aigu est difficile à schématiser : on peut estimer cependant que, si l'amélioration se manifeste souvent dans la première quinzaine du traitement et parfois très vite, on ne peut juger de la qualité du résultat qu'après deux ou trois mois d'un traitement continu. Il n'est pas souhaitable en règle générale de substituer un neuroleptique à un autre avant d'avoir pu en évaluer l'efficacité sur une période suffisamment longue.

- **le traitement d'entretien :** la durée du traitement d'entretien par les neuroleptiques est variable selon les cas : il peut être progressivement diminué puis interrompu après quelques mois lors du traitement des psychoses délirantes aiguës ; il sera poursuivi plusieurs années, voire indéfiniment, lors du traitement des schizophrénies et des psychoses délirantes chroniques. Il faut souligner dans ce cas l'intérêt d'intégrer la chimiothérapie dans une relation psychothérapique de bonne qualité. La cure neuroleptique prolongée d'une psychose ne se conçoit en effet que dans le cadre d'une prise en charge globale du patient ; ceci implique, outre le maintien d'une relation de soutien, voire d'une psychothérapie plus structurée, la prise en compte permanente de tous les éléments du contexte familial et socio-professionnel.

  Le traitement d'entretien consistera, soit dans la poursuite d'une chimiothérapie *per os* comportant le ou les neuroleptiques utilisés en phase aiguë et dont les posologies auront été progressivement diminuées, soit dans le passage à la forme retard du neuroleptique utilisé en phase aiguë. La surveillance continue du traitement impose, entre autres :

- de tenir compte des effets latéraux neurologiques, souvent gênants pour le patient, surtout à la période où s'amorce le retour dans la vie familiale et la résocialisation. Le traitement associé par les antiparkinsoniens doit être parfois poursuivi ; un réajustement des posologies du neuroleptique peut être souhaitable.
- l'attention portée aux prises de poids excessives qui peuvent nécessiter la prescription de mesures diététiques.
- le dépistage d'états dépressifs peu thématisés fréquents à ce stade de l'évolution, associant bradypsychie, troubles de la concentration, lassitude et comportant de réels risques de passage à l'acte suicidaire. Ils devront être corrigés par des mesures chimiothérapiques (antidépresseurs) et psychothé-

rapiques appropriées. La dose d'entretien idéale d'un neuroleptique est celle qui permet la continuité de la prescription donc une réduction efficace des symptômes psychotiques pour un minimum d'effets latéraux gênants.

LES TRANQUILLISANTS

On désigne sous ce terme un vaste groupe de produits, hétérogènes sur le plan biochimique et pharmacologique, dont le trait commun est une action nettement réductrice sur les symptômes psychiques et physiques de l'anxiété. Les tranquillisants se différencient, dans la classification de Delay et Deniker, des autres psycholeptiques également pourvus d'effets sédatifs :

- des neuroleptiques par leur absence d'action antipsychotique et d'effets latéraux neurologiques de type extrapyramidal ;
- des hypnotiques par leur absence d'action directe sur le sommeil.

La généralisation de leur emploi qui déborde largement le cadre de la psychiatrie a pu susciter certaines réserves : ils ont en psychiatrie des indications précises mais ne peuvent constituer l'unique réponse à la demande d'un malade, quelle que soit l'anxiété avec laquelle elle s'exprime. Ils peuvent par contre favoriser l'instauration d'une relation médecin-malade de qualité psychothérapique.

Classification des tranquillisants

Il existe plusieurs familles chimiques de tranquillisants, très différentes les unes des autres. Deux groupes principaux :

■ ***Les carbamates,*** dont le principal représentant est le Méprobamate *(Equanil, Procalmadiol),* très utilisé sous forme injectable dans les délires confuso-oniriques des alcooliques et aussi le méthyl-pentyl-carbamate *(Statran),* le carbamate de méthyl-pentynol *(N-Oblivon),* le Butésamide *(Modéril).*

■ ***Les Benzodiazépines*** dont l'importance pratique et numérique ne cesse de croître. Il s'agit d'un groupe assez homogène de médicaments maniables et peu toxiques dont le chef de file est le Diazépam *(Valium),* utilisé à la fois pour ses propriétés anxiolytiques, anticonvulsivantes et myorelaxantes.
(v. tableau II).

D'autres groupes de moindre importance, parmi lesquels :

■ ***les dérivés pipérazinés :*** Hydroxyzine *(Atarax),* Diphécloxazine *(Olympax).*

■ ***Le groupe des alcools,*** surtout représenté par le Fenpentadiol *(Trédum).*

■ ***divers autres tranquillisants*** isolés sur le plan chimique dont : la Benzoctamine *(Tacitine),* le Valnoctamide *(Nirvanil),* la Trimétozine *(Opalène).*

TABLEAU II. **Les Benzodiazépines**

NOM	N. CHIMIQUE	PRÉSENTATIONS	POSOLOGIES EN PSYCHIATRIE
Librium	Chlordiazépoxide	Comp. à 5 mg Comp. à 10 mg	10 à 50 mg/24 heures
Valium	Diazépam	Comp. 2 – 5 – 10 mg Gouttes à 1 % (3 gt = 1 mg) Sirop 2 mg/cuiller café Suppo. 10 mg Ampoules inj. (i.m. – i.v.) à 10 mg	5 à 40 mg/24 heures
Tranxène	Clorazépam	Comp. 5 – 10 – 50 mg Amp. inj. à 20 – 50 mg	10 à 150 mg/24 heures
Seresta	Oxazépam	Comp. 10 mg – 50 mg	20 à 400 mg/24 heures
Nobrium	Médazépam	Comp. 5 - 10 mg	5 à 30 mg/24 heures
Temesta	Lorazépam	Comp. 1 – 2,5 mg	3 à 15 mg/24 heures
Urbanyl	Clobazam	Comp. 10 mg	10 à 60 mg/24 heures

Effets thérapeutiques et indications

L'effet thérapeutique principal des tranquillisants est leur action sur l'anxiété sous toutes ses formes. Ils agissent en effet sur les manifestations psychiques et somatiques de l'anxiété névrotique ou réactionnelle. Ils ont également un effet inducteur du sommeil dans les insomnies liées à l'angoisse. Certains tranquillisants sont utilisés comme hypnotiques soit seuls comme le Nitrazépam (*Mogadon*), soit en association à d'autres inducteurs du sommeil (Méprobamate dans la *Mépronizine* et le *Noctadiol* ; Clorazépam dans le *Noctran*). Leur activité s'exerce également dans le domaine neurovégétatif et viscéral soit par diminution de la tension émotionnelle soit par un effet myorelaxant (notamment avec le Diazépam). Le champ de leurs indications est extrêmement vaste :

■ ***En médecine générale,*** ils ont de multiples indications tant en cardiologie qu'en gastro-entérologie et en rhumatologie.

■ ***En psychiatrie :*** les tranquillisants ont essentiellement deux types d'indications :

1° **L'anxiété névrotique sous toutes ses formes :**

- *crise aiguë d'angoisse* où la prescription de tranquillisants par voie intramusculaire qu'il s'agisse de l'*Equanil* (ampoule de 400 mg), du *Valium* (10 mg), du *Tranxène* (20 ou 50 mg), entraîne une sédation rapide et atténue une dramatisation néfaste.
- *manifestations d'anxiété plus permanentes* chez des sujets présentant une névrose, une personnalité névrotique ou des troubles caractériels exacerbés par une situation de conflit.

Les tranquillisants ne doivent pas être utilisés seuls dans le traitement des psychoses : ils réduisent incomplètement l'anxiété psychotique mais peuvent être associés aux neuroleptiques dont ils permettent parfois de diminuer les doses.

Leur prescription est fréquente dans le traitement des états dépressifs : associés aux antidépresseurs, ils atténuent l'effet anxiogène des plus puissants d'entre eux, favorisent la restauration du sommeil, contribuent à diminuer les risques de passage à l'acte au moment de la levée de l'inhibition chez les déprimés mélancoliques. *Ils ne doivent en aucun cas être prescrits seuls chez les déprimés* : le risque serait, en atténuant superficiellement l'anxiété liée à la dépression, de masquer le noyau dépressif sur lequel ils sont sans action.

2° **Les épisodes confuso-oniriques de l'alcoolisme chronique :**

Le delirium tremens et les délires alcooliques subaigus sont une indication majeure de l'emploi des tranquillisants. On utilise surtout l'*Equanil* 400 mg intra-musculaire (2 à 10 ampoules par 24 heures), le *Valium* et le *Tranxène* injectables. Sous forme orale, les tranquillisants sont très utiles au cours des cures de désintoxication et lors des premiers mois du sevrage.

Conduite d'un traitement par les tranquillisants

Il s'agit de médicaments assez faciles à manier du fait de la modicité de leurs effets secondaires. Il convient toutefois de s'assurer de la susceptibilité individuelle du patient vis-à-vis du médicament utilisé. La seule contre-indication absolue est la myasthénie. Il est préférable de commencer un traitement par des doses assez faibles en augmentant progressivement les posologies par paliers jusqu'à la dose thérapeutique. Celle-ci, variable selon les sujets et selon les produits utilisés, est difficile à schématiser. La voie orale est la voie d'administration habituelle. La voie intra-musculaire est surtout utilisée en milieu hospitalier, dans le traitement des crises d'angoisse aiguës et des syndromes confuso-oniriques de l'alcoolisme.

La surveillance du traitement tient compte de deux sortes d'écueils :

■ ***Les troubles de la vigilance :*** plus qu'une asthénie, souvent transitoire, c'est l'apparition d'une somnolence qui peut être gênante surtout en début de traitement et avec certaines benzodiazépines assez sédatives *(Valium, Témesta* en particulier). Elle pose surtout un problème au cours des traitements ambulatoires chez les sujets qui poursuivent une activité professionnelle. Il est souhaitable de prévenir les malades de la survenue possible de ce type d'effets, de leur conseiller d'éviter la conduite automobile surtout au début du traitement. Il faut être prudent dans la prescription de tranquillisants chez des sujets qui effectuent un travail sur machines. Les malades doivent aussi être avertis de la potentialisation des effets sédatifs des tranquillisants par l'alcool, donc de la nécessité d'éviter la prise de boissons alcoolisées pendant le traitement. On peut atténuer une somnolence diurne gênante en prescrivant la majeure partie de la dose quotidienne le soir.

■ ***Les risques de toxicomanies*** vraies sont minimes avec les tranquillisants ce qui constitue un de leurs avantages par rapport aux barbituriques qui peuvent être responsables d'intoxications chroniques sévères. Il convient toutefois de différencier :

- **les carbamates** (*Méprobamate, Equanil*) dont l'usage immodéré peut entraîner une pharmaco-dépendance avec syndrome d'abstinence et accidents aigus à type de crises convulsives ou de myoclonies lors du sevrage.
- **les benzodiazépines** qui n'entraînent ni dépendance physique ni assuétude. On peut cependant observer chez certains sujets des abus par habitude, voire des autoprescriptions de tranquillisants vis-à-vis desquels se développe une appétence élective.

LES ANTIDÉPRESSEURS

Médicaments de l'humeur dépressive, les antidépresseurs ont pris une importance de plus en plus grande dans la thérapeutique psychiatrique depuis 1957, date de l'emploi des premiers d'entre eux, l'Imipramine par Kuhn et l'Iproniazide par Kline.

Classification des antidépresseurs

Si tous les antidépresseurs ont une analogie d'action, leur emploi et leurs effets secondaires varient selon leur origine chimique.

■ ***Les dérivés tricycliques*** (v. tableau III) :

Ils possèdent en commun un noyau tricyclique iminodibenzyle ; leur structure chimique est assez voisine de celle des phénothiazines. Il est à signaler, sur le plan pharmacologique, qu'ils exercent une action de type parasympatholytique à l'origine d'effets secondaires de type « atropinique ». Leur effet thérapeutique principal est un redressement de l'humeur dépressive qui peut aller jusqu'à une véritable inversion de l'humeur chez des sujets présentant une psychose maniaco-dépressive. Il faut signaler également le risque de réactivation de certaines productions délirantes ou hallucinatoires des schizophrènes chroniques.

Leurs points d'impact chez les déprimés concernent essentiellement :

- l'humeur dépressive sur laquelle ils agissent après un délai d'environ 10 jours ;
- l'inhibition, l'asthénie psychique et le ralentissement psychomoteur ;
- les symptômes somatiques, plaintes hypocondriaques ou algies diverses, associés aux dépressions ou les résumant (équivalents dépressifs).

On peut établir des distinctions entre les dérivés tricycliques selon leurs effets stimulants ou sédatifs et éventuellement anxiolytiques.

- **Les Imipraminiques,** antidépresseurs stimulants et peu sédatifs, nécessitent l'adjonction de médications destinées à atténuer l'anxiété qu'ils peuvent libérer ou accentuer. Outre l'Imipramine (*Tofranil*), ils comprennent la Clomipramine (*Anafranil*) et la Désipramine (*Pertofran*) ; la Triméprimine (*Surmontil*) est nettement sédative.
- **L'Amitriptyline** fait partie du groupe des Dibenzo-cycloheptadiènes. Il s'agit d'un antidépresseur dont l'effet sédatif est marqué, l'action anxiolytique nette, les effets sur l'inhibition peut-être moins puissants que ceux de l'Imipramine. Elle trouve son indication de choix dans les syndromes

TABLEAU III. – **Antidépresseurs tricycliques**

	NOM COMMERCIAL	NOM CHIMIQUE	PRÉSENTATIONS	POSOLOGIES QUOTIDIENNES MOYENNES
– IMIPRAMINIQUES	*Tofranil*	Imipramine	Comp. à 10 et 25 mg Amp. de 2 ml : 25 mg - (I.M.)	– Traitement d'attaque : 150 à 200 mg – Entretien : 25 à 75 mg
	Anafranil	Clomipramine	Comp. à 10 et 25 mg Amp. de 2 ml : 25 mg (I.M. ou I.V. perfusions)	– Trait. d'attaque : 150 à 200 mg (per-os, I.M. ou perfusions) – Entretien : 25 à 75 mg
	Pertofran	Désipramine	Comp. à 25 mg Amp. de 2 ml : 25 mg (I.M.)	– Trait. d'attaque : 150 à 200 mg – Entretien : 25 à 75 mg
	Surmontil	Triméprimine	Comp. à 25 et 100 mg Amp. de 25 mg (I.M.) Gouttes à 4 % (1 gt : 1 mg)	– Trait. d'attaque : 150 à 300 mg – Entretien : 50 à 100 mg
– DIBENZOCYCLO-HEPTADIENES	*Laroxyl*	Amitriptyline	Comp. à 25 et 50 mg Amp. 50 mg I.V. ou I.M. Gouttes à 4 % (1 gt : 1 mg)	– Trait. d'attaque : 150 à 250 mg – Entretien : 25 à 100 mg
	Elavil	Amitriptyline	Comp. à 10 et 25 mg	– Trait. d'attaque : 150 à 250 mg – Entretien : 25 à 100 mg
	Concordine	Protriptyline	Comp. à 10 mg	20 à 60 mg par jour
– AUTRES DÉRIVÉS	*Noveril* *Ecatril*	Dibenzépine	Comp. à 80 mg Comp. à 240 mg	240 mg 240 à 480 mg
	Quitaxon *Sinequan*	Doxépine	Comp. à 5, 10, 25, 50 mg Amp. de 25 mg Comp. à 10, 25, 50 mg Amp. de 50 mg	100 à 400 mg 100 à 300 mg

dépressifs à forte composante anxieuse. Outre l'Amitriptyline (*Laroxyl* ou *Elavil*) ce groupe comporte la Nortriptyline (*Psychostyl*) dont l'action antidépressive est plus modeste et la Protriptyline (*Concordine*) plus stimulante que sédative.

- **D'autres tricycliques** ont une action thérapeutique mixte anxiolytique et anti-dépressive : Dibenzépine (*Novéril, Ecatril*), Doxépine (*Sinéquan, Quitaxon*).
- **Un antidépresseur tétracyclique,** la Maprotiline (*Ludiomil*) possède des propriétés pharmacologiques et thérapeutiques voisines de l'amitriptyline.

■ ***Les inhibiteurs de la mono-amino-oxydase (IMAO) :***

Leur action s'exerce à un niveau enzymatique ; ils inhibent l'action de la mono-amine oxydase sur le catabolisme des amines biogènes, Adrénaline et Sérotonine, contribuant ainsi à élever leur taux dans l'organisme. Ils sont, contrairement à certains tricycliques, dépourvus d'effets sédatifs initiaux. Ils ont une action nette sur l'humeur mais la gravité de certains de leurs effets secondaires, leurs incompatibilités d'association nombreuses, la lenteur de leur élimination (10 à 15 jours), donc les difficultés de leur maniement, les ont relégués au second plan dans le traitement chimiothérapique des dépressions. Il s'agit parmi les *hydrazines* de l'Iproniazide (*Marsilid*), de la Nialamide *(Niamide),* de l'Iproclozide *(Sursum),* de l'Isocarboxazide *(Marplan),* du Benmoxine *(Neuralex),* parmi les *non hydraziniques* de la Tranylcipromine (*Tylciprine*).

Ils conservent des indications dans les dépressions névrotiques ; ils ont un effet stimulant chez le psychasthénique.

Modalités de la cure

■ ***Avec les dérivés tricycliques :***

Le schéma thérapeutique diffère sensiblement selon la gravité de l'état dépressif. Pour une dépression grave, le type en étant l'accès mélancolique, le schéma est le suivant : l'hospitalisation est indiquée pour le traitement d'attaque ; elle permet, après un bilan clinique complet, la mise en route rapide d'une chimiothérapie à doses élevées et la surveillance qui s'impose. Cette surveillance s'exerce tant au niveau des symptômes (anxiété, redressement voire virage de l'humeur, risque suicidaire au moment de la levée de l'inhibition) qu'au niveau des effets secondaires (prise régulière du pouls et de la tension artérielle).

On peut utiliser d'emblée *la voie parentérale par perfusions intra-veineuses :* la Clomipramine *(Anafranil)* par exemple, à raison d'une ampoule de 25 mg le premier jour dans une perfusion de 250 ml de sérum physiologique ou glucosé isotonique, à passer en 2 ou 3 heures dans la matinée, la dose maximum étant atteinte en 4 à 6 jours, à raison de 3 à 4 ampoules quotidiennes (75 à

100 mg), en fonction de la tolérance du sujet. L'amélioration apparaît en général au bout de 8 à 10 jours de traitement, l'administration intra-veineuse du produit étant poursuivie pendant 15 à 20 jours. Le relai est pris ensuite par la voie orale, à une dose légèrement supérieure à la dose administrée en perfusion (150 à 200 mg).

Les injections intra-musculaires peuvent être préférées. On prescrit par exemple 1 à 2 ampoules à 25 mg de *Tofranil*, d'*Anafranil* ou de *Laroxyl* le premier jour. Les doses sont progressivement augmentées en fonction de la tolérance du sujet jusqu'à 4 à 6 ampoules (100 à 150 mg par 24 heures). Après 15 jours et souvent plus précocément, par substitution progressive, le relai est pris par la forme orale.

La voie orale peut être choisie d'emblée : les posologies seront alors augmentées de façon progressive jusqu'à une dose maxima de 150 à 200 mg du produit choisi ; les prises sont réparties en trois fois dans la journée, la dernière prise étant donnée vers 16 heures pour éviter d'accentuer l'insomnie (exception faite pour le *Laroxyl*, le *Surmontil* et le *Ludiomil* qui peuvent être prescrits le soir).

Pour un état dépressif d'intensité moyenne, *la cure ambulatoire* est possible : il est prudent de commencer alors, après le bilan clinique, par des doses réduites, très progressivement augmentées selon la tolérance du patient jusqu'aux posologies habituelles (100 à 200 mg). On utilisera de préférence en ambulatoire des antidépresseurs bien tolérés, aux effets secondaires modérés.

Quelle que soit la voie d'administration, le délai d'action de la chimiothérapie antidépressive est de 8 à 10 jours et parfois davantage. Le recours aux formes parentérales, s'il permet une sécurisation plus importante des patients et médiatise souvent une relation thérapeutique de réassurance, ne semble pas raccourcir ce délai.

La durée du traitement, liée bien sûr à l'évolution de la symptomatologie, n'est jamais inférieure à 2 mois pour une dépression grave. Il est souvent poursuivi plus longtemps, les posologies étant réduites de manière progressive. Les premiers éléments symptomatiques d'une rechute (troubles de l'humeur, perturbations du sommeil, amaigrissement...) doivent faire augmenter les doses.

- **Surveillance du traitement et correction des effets secondaires** : *l'insomnie* et *la réactivation de l'anxiété* liées au moins autant à la dépression elle-même qu'aux effets propres des tricycliques, nécessitent en général l'adjonction soit de tranquillisants, soit de neuroleptiques sédatifs type *Nozinan* ou *Melleril*.
  On peut voir survenir des troubles neurologiques, *tremblement* fin des extrémités gênant l'exécution des gestes précis et perturbant l'écriture, parfois une *dysarthrie* ; ils sont difficiles à corriger, sinon par un ajustement des posologies et la prescription d'*Atrium*. L'action anticholinergique est responsable d'une sensation de *bouche sèche*, traitée plus ou moins efficacement par les cholérétiques (*Sulfarlem*) ; *d'accès sudoraux* ; d'une *gêne*

de l'accommodation perturbant la vision ; d'une *dysurie ;* d'une *constipation* qui peut être prévenue par l'administration de mucilages voire de lavements doux pour éviter la survenue d'iléus paralytiques.

La surveillance bi-quotidienne de la tension artérielle dépistera une éventuelle hypotension orthostatique, souvent révélée par la survenue de lipothymies au lever. On peut conseiller au patient l'alitement après la prise du médicament, la prudence dans le passage de la position couchée à la position debout, et adjoindre au traitement des vasopresseurs (*Heptamyl, Néosynéphrine*) ou un vaso-régulateur (*dihydroergotamine*).

D'autres effets secondaires plus rares sont à connaître :

- Troubles du rythme cardiaque, qui rendent souhaitable la pratique systématique d'un électrocardiogramme afin de dépister d'éventuelles anomalies de la conduction, contre-indications du traitement.
- Altérations de l'électro-encéphalogramme, voire crises comitiales (grande prudence dans les doses chez les sujets ayant des antécédents comitiaux).
- Episodes confusionnels surtout fréquents chez les sujets âgés, aux antécédents vasculaires, et lorsque le tricyclique est de type sédatif ou associé à des tranquillisants.
- **contre-indications absolues :** glaucome à angle fermé, adénome prostatique, coronarite.

■ *Avec les IMAO :*

Ils ne sont pratiquement utilisés que sous forme orale. La gravité de certains effets secondaires, leurs nombreuses incompatibilités médicamenteuses, en font des substances d'un maniement délicat. En France ils sont actuellement peu utilisés.

Le traitement d'attaque d'un état dépressif sévère sera effectué de préférence en milieu hospitalier. La posologie maximum est atteinte par paliers progressifs en 4 à 6 jours, maintenue pendant au moins 4 semaines, puis diminuée par paliers jusqu'à une dose d'entretien égale à environ la moitié de la dose d'attaque (à titre d'exemple, la dose quotidienne habituelle pour l'Iproniazide – *Marsilid* – est de 100 à 150 mg, la Nialamide – *Niamide* – de 200 à 300 mg, l'Isocarboxazide – *Marplan* – 30 à 50 mg). Les contre-indications des IMAO dépendent essentiellement de l'état général du patient : après un bilan clinique et para-clinique, on éliminera les sujets âgés ayant présenté des accidents vasculaires cérébraux et les sujets présentant une atteinte hépatique (risque d'hépatite toxique). La surveillance du traitement concerne principalement la tension artérielle dont la prise bi-quotidienne est indispensable. Deux types d'accidents sont à redouter :

- *une hypotension orthostatique,* fréquente, qui peut être corrigée par un aménagement des modalités de prescription (alitement après les prises) ou une réduction transitoire des doses. *L'emploi de médications vaso-pressives est formellement proscrit ;*

- *des crises d'hypertension paroxystique* qui peuvent survenir de manière imprévisible ou à l'occasion d'une association médicamenteuse malencontreuse. Leur symptomatologie, liée à la poussée tensionnelle parfois très importante, associe des céphalées intenses d'apparition brutale à des sueurs, une raideur de la nuque, une photophobie, des nausées ou vomissements. L'évolution peut être fatale. Le traitement d'urgence consiste en l'administration I.M. de *Largactil* 25 à 50 mg, avec arrêt immédiat de l'IMAO.
- **Les associations médicamenteuses formellement contre-indiquées** sont :
- tous les vasopresseurs (sympathomimétiques),
- les amphétamines et les amphétamines like (anorexigènes),
- les antidépresseurs tricycliques,
- les morphiniques naturels et surtout de synthèse *(dolosal),*
- les anesthésiques et les barbituriques.

La prudence est recommandée d'autre part du fait de potentialisation dans l'association des IMAO aux phénothiazines, aux hypotenseurs, aux antiparkinsoniens. Il est nécessaire d'*informer* le patient de risques inhérents à l'absorption d'aliments contenant de la tyramine qui augmente le taux des catécholamines. On prescrit un régime alimentaire excluant formellement les fromages fermentés, les bananes et toutes boissons alcoolisées.

La lenteur d'élimination des IMAO exige le respect d'un délai de trois semaines après leur interruption avant la reprise de toute chimiothérapie antidépressive par les tricycliques. Par contre, on peut prescrire des IMAO 48 h après arrêt de tricycliques.

LE LITHIUM

L'utilisation des sels de Lithium s'est très largement répandue en psychiatrie depuis quelques années. Leur emploi a profondément modifié le profil évolutif des psychoses maniaco-dépressives ; leur rôle préventif vis-à-vis de la récurrence des accès maniaques ou dépressifs est démontré de manière indiscutable. La possibilité de doser avec précision le taux de Lithium sanguin (lithiémie), donc d'éviter par une surveillance régulière de redoutables accidents de surdosage, est à l'origine de la généralisation de l'emploi des sels de Lithium.

Effets thérapeutiques et indications (1)

La psychose maniaco-dépressive représente l'indication principale des sels de Lithium. Ils ont deux types d'effets thérapeutiques vis-à-vis de cette maladie :

■ ***Une action curative sur les accès :*** elle est nette vis-à-vis des accès maniaques. Les sels de Lithium entraînent une normalisation de l'humeur

(1) Voir aussi pp. 217, 224, 229.

expansive qui ne s'observe que lorsque le taux utile de la lithiémie est atteint, habituellement à partir du 8e ou 10e jour de traitement. Dans la plupart des cas, du fait du délai d'apparition de cette action anti-maniaque, le traitement par le Lithium d'un accès maniaque sera associé au traitement par les neuroleptiques dont l'action sédative intervient beaucoup plus vite. L'efficacité curative du Lithium vis-à-vis des accès dépressifs mélancoliques reste controversée ; les sels de Lithium utilisés seuls ne sauraient se substituer aux antidépresseurs classiques. Certains cependant préconisent chez les bipolaires l'utilisation concomitante des antidépresseurs et du Lithium dans le but de prévenir une éventuelle inversion brutale de l'humeur ou l'apparition ultérieure d'un accès maniaque.

■ ***Une action préventive des rechutes :*** elle représente actuellement l'indication principale des sels de Lithium. Un recul de plus de dix ans, depuis les travaux initiaux de Hartigan, de Baastrup, de Schou, permet d'affirmer l'activité préventive indéniable du Lithium sur les accès maniaques et dépressifs dans le cadre de la psychose maniaco-dépressive. Les meilleures indications du Lithium sont les formes évolutives dites « bipolaires » de cette affection, dans lesquelles alternent les états dépressifs et les états d'excitation. Dans les formes « monopolaires », la mise au Lithium se justifie vis-à-vis des formes comportant la répétition d'accès dépressifs rapprochés.

■ ***D'autres indications*** sont plus controversées. Il semble cependant qu'il puisse y avoir un intérêt à prescrire les sels de Lithium dans certaines schizophrénies (psychoses cycloïdes – formes schizo-affectives) au cours desquelles apparaissent des variations cycliques de l'humeur. Le Lithium permettrait d'atténuer les manifestations cliniques proprement thymiques sans agir directement sur les productions délirantes ou hallucinatoires. C'est dire que, dans ces cas, le traitement par le Lithium est associé à la chimiothérapie habituelle.

Conduite d'un traitement par les sels de Lithium

La conduite du traitement par les sels de Lithium est bien codifiée. Il s'agit, au prix d'une grande rigueur dans son utilisation, d'une thérapeutique d'un maniement aisé.

■ ***Modalités de prescription :*** les sels de Lithium sont administrés per-os, leur posologie étant progressivement croissante jusqu'à l'obtention d'une lithiémie efficace comprise *entre 0,70 et 1 mEq/litre.* On débute en pratique à 500 mg de carbonate de Lithium (comprimés à 250 mg commercialisés sous le nom de *Téralithe*) ou 10 ml de Gluconate de Lithium (*Neurolithium*) en pratiquant deux dosages sanguins par semaine. On augmente progressivement les doses réparties en 2 ou 3 prises quotidiennes jusqu'à l'obtention d'une lithiémie efficace. Lorsque l'équilibre est atteint, en deux ou trois semaines généralement, la concentration sanguine du Lithium est contrôlée de façon mensuelle. La lithiémie sera bien sûr contrôlée en cas de rechute d'accès ou de signes cliniques évoquant un surdosage.

■ ***Le bilan préalable :*** il comporte essentiellement :

1 – **Un contrôle biologique de la fonction rénale :** le Lithium n'est pas néphrotoxique mais un déficit, même modéré, de la fonction rénale peut entraîner l'apparition d'une surcharge en lithium. Le bilan comprendra la recherche d'une albuminurie, celle d'une infection latente (étude du culot urinaire, du débit hématies-leucocytes minute), le dosage de l'azotémie et de la créatinémie.

2 – **Un bilan ionique** par un ionogramme sanguin initial, la constatation d'une hyponatrémie interdisant la prescription des sels de Lithium (risque de réabsorption tubulaire excessive du Lithium en cas de déficit sodé).

3 – **Un bilan cardiovasculaire et ECG :** la constatation de troubles du rythme, d'une hypertension artérielle, d'une insuffisance cardiaque ou coronarienne invite à la prudence. Il est recommandé d'éviter les régimes désodés au cours d'un traitement par les sels de Lithium : un tel régime tend à abaisser la clearance du Lithium et donc à favoriser les accidents de surdosage.

4 – **Un bilan thyroïdien** (P.B.I, réflexogramme achilléen) ; un dysfonctionnement thyroïdien contre-indique le Lithium.

5 – **Un bilan neurologique avec EEG,** la présence de lésions cérébrales organiques favorisant la survenue possible de syndromes confusionnels.

6 – **Un bilan gynécologique** éventuel, afin de s'assurer de l'absence de grossesse en cours. L'évolution d'une grossesse contre-indique en effet la pour suite du Lithium dont l'action tératogène est probable.

■ ***Effets secondaires et prévention des accidents de surdosage :***
On peut distinguer deux types principaux d'effets secondaires avec les sels de Lithium :

a) les uns sont **plus gênants que vraiment dangereux.** Ils s'atténuent en général progressivement mais certains peuvent persister sous traitement. Il s'agit d'effets réversibles qui disparaissent quand on interrompt le traitement.

Parmi les principaux : un *tremblement* fin des extrémités, rarement accompagné d'une dysarthrie, qui n'est pas corrigé par les antiparkinsoniens mais peut s'atténuer sous *Atrium* ou béta-bloquants ou disparaître malgré la poursuite du traitement ; des *troubles digestifs,* à type de *nausées,* de *douleurs abdominales,* de *selles molles ;* une sensation de *faiblesse musculaire* avec impression de lourdeur des membres ; une *soif* avec *polydipsie* et *polyurie* qui peuvent être très importantes ; une *prise de poids* plus nette chez la femme : on observe le développement de *goître,* généralement euthyroïdien, dans 3 % des cas.

b) d'autres effets sont des **« symptômes d'alarme »** qui doivent faire suspecter un surdosage et imposent une vérification de la lithiémie. Ces intoxications surviennent de façon aiguë après ingestion massive dans un but suicidaire. Elles peuvent également s'observer dans tous les cas où l'élimination urinaire du lithium se trouve diminuée : maladie rénale, affection fébrile, régime désodé, prise prolongée de diurétiques. Ces « symptômes d'alarme » sont : un état nauséeux important, des vomissements, une diarrhée, la recrudescence du tremblement, une lassitude avec somnolence, des vertiges, une dysarthrie. L'apparition d'un ou plusieurs de ces symptômes nécessite un contrôle immédiat de la lithiémie.

Le tableau de l'intoxication confirmée comporte, outre les signes précités, un trouble de la conscience pouvant aller jusqu'au *Coma,* avec hypertonie et hyperreflectivité ostéotendineuse. On peut observer des crises convulsives, des *fasciculations* et des mouvements d'extension des bras et des jambes avec respiration stertoreuse. L'arrêt immédiat du lithium s'impose, ainsi qu'un contrôle du métabolisme hydroélectrolytique et parfois une assistance respiratoire, une hémodialyse.

■ ***La durée du traitement :***

Lorsque les sels de Lithium sont prescrits dans un but prophylactique, le traitement doit être poursuivi en principe indéfiniment avec contrôles lithiémiques réguliers.

II. – LES THÉRAPEUTIQUES DE CHOC

Apparues en psychiatrie en 1917 avec la malariathérapie, méthode de choc par la fièvre palustre destinée au traitement de la paralysie générale, elles ont connu un développement considérable avec deux méthodes principales : les chocs insuliniques et les électrochocs.

L'apparition des traitements chimiques, sans les faire disparaître, en a considérablement limité les indications.

A. – LES CHOCS INSULINIQUES : LA CURE DE SAKEL

Cette méthode, mise au point par Sakel en 1932, a connu une très large diffusion dans le monde entier avant l'ère des neuroleptiques. Son indication principale était la schizophrénie d'évolution récente chez un sujet jeune. Elle consiste à provoquer chez le patient une série de comas hypoglycémiques au moyen d'injections sous-cutanées d'Insuline.

Les implications techniques et psychologiques de cette méthode exigent une infra-structure spécialisée ainsi qu'une équipe soignante entraînée à la pratique et à la surveillance du traitement.

■ ***La cure*** se pratique de la façon suivante : au cours d'une première *phase de progression des doses,* on injecte au patient une dose quotidienne croissante d'Insuline ordinaire par voie sous-cutanée, la dose de départ étant de 10 à 20 unités ; cette phase peut durer une à deux semaines, jusqu'à l'obtention du premier coma insulinique (qui survient en général quand la glycémie se situe autour de 0,30 gr/litre). Elle est suivie de la *phase de chocs hypoglycémiques,* durant laquelle les comas sont reproduits quotidiennement, sauf 1 à 2 jours de pause par semaine. Le coma dure environ une heure ; il est interrompu par le *resucrage,* injection par voie intra-veineuse d'une solution hypertonique de sérum glucosé. La cure comporte généralement 20 à 50 comas. La surveillance doit être rigoureuse tout au long du traitement, les risques principaux étant la survenue de comas prolongés ou d'accidents cardio-respiratoires (collapsus, asphyxie, œdème aigu du poumon).

La période du réveil doit faire l'objet d'une attention toute particulière : le « maternage » du patient, sa réalimentation, le dépistage d'une éventuelle hypoglycémie secondaire sont autant de points essentiels. C'est aussi au moment du réveil, période d'euphorie ou d'angoisse avec comportements de caractère infantile et quête affective intense, que s'impose une attitude psychothérapique adaptée au caractère régressif du comportement du malade.

La cure de Sakel a représenté pendant vingt ans le seul traitement de la schizophrénie dont elle améliorait parfois le pronostic à long terme. Elle n'est plus guère pratiquée, compte tenu de ses dangers et des difficultés pratiques que soulève sa réalisation.

■ ***La technique des « chocs humides ».*** Cette méthode, inspirée de la cure de Sakel, a pour but d'obtenir, par l'injection de doses progressivement croissantes d'Insuline ordinaire, une phase prémonitoire du coma avec sueurs profuses et assoupissement léger : le patient, dès qu'il a tendance à s'endormir est réveillé et invité à boire une boisson sucrée. Cette technique a été préconisée dans le traitement des états anxieux.

B. – L'ÉLECTROCHOC (SISMOTHÉRAPIE)

L'Electrochoc a été mis au point en 1938 par Cerletti et Bini.

Il s'agissait à l'origine d'un perfectionnement de la technique des chocs au Cardiazol. Le but était le même : produire artificiellement une crise d'épilepsie. La nouveauté consistait à utiliser le courant électrique comme agent convulsivant. Plusieurs hypothèses ont été émises concernant le mécanisme d'action de l'électrochoc. On admet en général la possibilité d'une action conjuguée du phénomène convulsif (par ses répercussions biochimiques au niveau des cellules cérébrales) et de facteurs psychogènes où l'expérience régressive du coma et du réveil joue un rôle important.

Cette méthode fit très vite la preuve de son efficacité, non tant sur les schizophrénies que sur les états dépressifs mélancoliques restés jusque là au delà de toute ressource thérapeutique. Malgré des critiques très vives, liées surtout au caractère empirique et apparemment agressif de cette méthode, elle a représenté très longtemps, avec l'insulinothérapie, la méthode de base du traitement des psychoses aiguës et chroniques. L'avènement des neuroleptiques et surtout des antidépresseurs a restreint le champ d'application des électrochocs sans les supplanter : la sismothérapie conserve des indications précises et non superposables à celles des chimiothérapies.

Technique et conduite du traitement

L'électrochoc est pratiqué actuellement sous anesthésie générale (injection intra-veineuse d'un barbiturique à action rapide) et après curarisation. L'avantage de cette technique est d'alléger l'angoisse du malade et de prévenir les complications mécaniques (fractures) qui constituaient un des risques de ce traitement.

Le passage durant environ 1/2 seconde d'un courant de 200 V, d'une intensité de 50 à 250 mA, induit une crise d'épilepsie généralisée dont les manifestations tonico-cloniques sont presque totalement supprimées par le curare. L'électrochoc doit être pratiqué en présence d'un médecin-anesthésiste, disposant d'un matériel d'assistance respiratoire avec oxygénothérapie (du fait des risques d'apnée après curarisation). La présence du psychiatre est également nécessaire surtout au moment du réveil, période souvent féconde mais aussi angoissante où le malade bénéficiera d'un soutien psychologique attentif.

La cure d'électrochocs comporte habituellement de 6 à 8 séances, parfois davantage, à raison d'une séance tous les deux jours. Le rythme d'application et le nombre de chocs varient en fonction du syndrome clinique et des réactions au traitement. L'électrochoc, pratiqué sous anesthésie et curare, ne comporte que des risques minimes si l'on en a respecté les *contre-indications :* les principales sont la myasthénie qui interdit la curarisation, et surtout les affections cardio-vasculaires (anévrisme de l'aorte, insuffisance coronarienne, insuffisance cardiaque sévère, maladies emboligènes et particulièrement les phlébites récentes). Les antidépresseurs de type IMAO qui contre-indiquent l'emploi des anesthésiques ne peuvent pas être associés à une cure d'électrochocs. La grossesse et l'épilepsie ne sont pas des contre-indications.

■ ***Les accidents*** sont rares : la survenue d'une obnubilation post-critique de courte durée est habituelle ; des troubles confusionnels importants et persistants invitent à espacer ou à interrompre les séances. Les *troubles mnésiques* sont habituels au cours de la cure. Ils sont généralement transitoires, et se limitent après un certain temps à une amnésie lacunaire portant sur la période de la cure. Les risques de mortalité par électrochocs sont inférieurs à ceux des neuroleptiques et des antidépresseurs. Selon Hurwitz, qui a rassemblé en 1974 les travaux parus à ce sujet, les complications mortelles de l'électrochoc oscillent entre une fréquence de 4 pour 100 000 à 5 pour 10 000.

Indications

L'inocuité et l'efficacité rapide des électrochocs vis-à-vis de certains symptômes leur conservent des indications sur lesquelles l'accord est quasi-unanime.

■ ***Les états dépressifs de type mélancolique :*** si l'on préfère généralement utiliser les antidépresseurs, la pratique des électrochocs peut se justifier :

- **chez le sujet âgé :** la sismothérapie fait courir moins de risques au sujet âgé que les antidépresseurs majeurs parfois dangereux.
- **dans les dépressions mélancoliques sévères** où l'intensité de la souffrance morale, l'importance du délire de culpabilité, les risques de réalisation suicidaire exigent une action urgente que l'électrochoc réalise mieux que la chimiothérapie.
- **lors d'un échec du traitement** chimiothérapique ou de contrindication.

■ ***Parmi d'autres indications,*** on peut retenir :

- **les psychoses délirantes aiguës,** autrefois traitées par l'électrochoc, mais aujourd'hui le plus souvent jugulées par la chimiothérapie.
- **la schizophrénie,** surtout dans le cadre de poussées évolutives avec troubles majeurs du comportement, angoisse extrême et dissociation manifeste, résistant aux neuroleptiques ; la pratique de quelques séances d'électrochocs peut permettre le passage d'un cap difficile.
- **les états maniaques,** aujourd'hui très accessibles aux neuroleptiques et au Lithium, ne représentent plus qu'une indication exceptionnelle des électrochocs.

BIBLIOGRAPHIE

CLARK (W.-G.) and DEL GIUDICE (J.). — *Principles of psychopharmacology.* Academic Press. New York and London. 1970.

DENIKER (P.). — La psychopharmacologie. « Que sais-je? ». N° 1216. P.U.F.

FINK (M.), SEYMOUR (K.), MAC GAUGH (J.) and WILLIAMS (T.-A.). — *Psychobiology of convulsive therapy.* V.-H. Winston and Son. Washington. 1974.

GREENBLATT (D.-J.) and SHADER (R.-I.). — *Benzodiazepines in clinical practice.* Raven Press. New York. 1974.

JOHNSON (F.-N.). — *Lithium research and therapy.* Academic Press. London. 1975.

KALINOWSKI (L.-B.) and HIPPIUS (H.). — *Pharmacological convulsive and other somatic treatments in psychiatry.* Grune and Stratton. New York and London. 1969.

SHADER (R.-I.) and DIMASCIO (A.). — *Psychotropic drug side effects. Clinical and theorical perspectives.* The Williams and Wilkins Company. Baltimore. 1970.

SUTTER (J.). — *Psychopharmacologie.* Librairies techniques. Paris. 1971.

33

LES TRAITEMENTS PSYCHOLOGIQUES : TECHNIQUES PSYCHOTHÉRAPIQUES

L'approche psychothérapique constitue un aspect fondamental du traitement des maladies mentales : elle donne à la démarche thérapeutique en psychiatrie sa spécificité. La possibilité de recourir simultanément à des modes d'assistance complémentaires, biologiques, psychologiques, sociologiques permet l'abord thérapeutique des maladies mentales dans toutes les dimensions où elles s'expriment.

On entend généralement par *psychothérapie* une méthode de traitement agissant sans intervention biologique sur le psychisme : « Est psychothérapique toute *démarche méthodique* visant à modifier de façon durable la relation de l'organisme à son milieu en agissant sur le médiateur de cette relation : le psychisme » (Sivadon).

On reconnaît souvent au « traitement moral », préconisé par Pinel, d'avoir été la première tentative d'approche compréhensive de la pathologie mentale. Le véritable essor des études psychothérapiques commence dans la deuxième moitié du XIXe siècle, avec l'intérêt scientifique suscité par *l'hypnose :* les travaux de Charcot et de Bernheim en France, de Breuer en Autriche, consacrés à la *suggestion sous hypnose,* sont à l'origine des premières réflexions théoriques sur la vie psychique inconsciente. Le développement considérable des psychothérapies depuis le début du siècle est essentiellement lié à l'influence des grands théoriciens de l'Inconscient : Pierre Janet en France, et surtout Freud et ses disciples ont créé ou inspiré de très nombreuses techniques psychothérapiques ; elles ont comme caractéristique d'utiliser pour guérir ou améliorer les maladies mentales la *relation* établie entre le malade et le médecin. Cette relation ne se borne pas à la communication verbale. Elle peut comprendre aussi les attitudes d'assistance, de soutien, de réassurance qui font partie de l'acte médical. L'utilisation concertée et méthodique, en dehors de tout empirisme, de la *relation médecin-malade* dans le but d'une meilleure compréhension des phénomènes psychopathologiques et de leur amélioration est à la base de méthodes psychothérapiques diverses, des plus complexes (psychanalyse) aux moins élaborées (psychothérapies de soutien).

D'autres courants de pensée plus récemment développés, surtout dans les pays Anglo-Saxons, s'inspirent des théories behaviouristes et de la neurophysiologie pavlovienne : plus que sur la relation interpersonnelle, ces techniques se fondent sur l'utilisation de la relation de l'organisme à son milieu en vue d'un apprentissage thérapeutique (thérapies comportementales).

Il existe à l'heure actuelle un nombre très important de méthodes psychothérapiques d'importance théorique et pratique très inégale selon les pays et les cultures ; elles ont en commun une méthode fondée sur des bases théoriques, une intention thérapeutique précise et la nécessité d'une formation personnelle du thérapeute à la technique utilisée. Elles se différencient par leurs objectifs, des plus ponctuels (disparition d'un symptôme) aux plus ambitieux (remaniement en profondeur des structures psychologiques), par leurs moyens, par leurs conditions d'application.

On peut les classer en :

■ ***techniques individuelles :*** certaines, fondées sur les théories psychanalytiques, comportent essentiellement l'utilisation *d'échanges verbaux* et de la relation médecin-malade : il s'agit de la cure psychanalytique Freudienne, des techniques élaborées par des psychanalystes d'autres Ecoles, des psychothérapies d'inspiration psychanalytique, de l'hypnose et ses dérivés, des psychothérapies de soutien. D'autres psychothérapies s'adressent en premier lieu au *vécu corporel :* psychothérapies de relaxation. D'autres enfin se fondent sur les *interrelations entre le sujet et le milieu :* thérapies comportementales.

■ ***techniques collectives*** qui comportent essentiellement : les psychothérapies de groupe, le psychodrame, les psychothérapies familiales, les thérapies institutionnelles et les sociothérapies.

LES PSYCHOTHÉRAPIES INDIVIDUELLES

A. – LA PSYCHANALYSE FREUDIENNE : LA CURE-TYPE

La portée de la réflexion psychanalytique s'étend bien au-delà du champ de la psychiatrie. Les théories de Freud, élaborées et remaniées au long d'un itinéraire intellectuel qui couvre près d'un demi-siècle, ont été développées et parfois profondément bouleversées par les continuateurs de l'œuvre Freudienne. Elles font aujourd'hui encore l'objet de controverses conceptuelles illustrées par les différents courants de la pensée psychanalytique post-freudienne (Reich, Mélanie Klein, J. Lacan, par exemple).

Sans prétendre rendre compte ici de théories d'une extrême richesse conceptuelle, il paraît nécessaire de rappeler succinctement les notions de base qui président au déroulement d'une cure psychanalytique (cure-type).

Bases théoriques

La cure psychanalytique se propose la mise à jour progressive de la dynamique psychologique inconsciente du patient. L'élaboration de cette méthode a suivi les grandes étapes de l'itinéraire personnel de Freud. En utilisant avec Breuer l'hypnose chez les hystériques, il constate que les malades arrivent par associations à évoquer des expériences traumatiques jusque là *inconscientes.* Il rend ces traumatismes *refoulés* responsables des symptômes hystériques. Plus tard il élabore la *théorie des pulsions* qui accorde une large place à la pulsion sexuelle. Cette pulsion, qui emprunte son énergie à la *libido,* se développe chez l'enfant en parcourant plusieurs stades jusqu'à la génitalité adulte. Elle se centre successivement sur les zones érogènes orale, anale, puis phallique. L'enfant entre alors dans la période *Œdipienne* où le garçon prend un intérêt possessif pour la mère, entre en rivalité avec le père dont il craint la punition sous forme de castration. La fille, enviant le pénis masculin, se détourne de la mère pour aller vers le père et le séduire. Garçon et fille renonceront normalement aux parents comme objets sexuels au terme de cette évolution. Cette maturation peut être entravée, amenant la libido à se *fixer* trop fortement sur l'une ou l'autre zone du développement psychosexuel prégénital, empêchant l'accession à une génitalité adulte. Freud élabore plus tard la théorie *topique* des trois instances du psychisme : le *Ça,* pôle pulsionnel de la personnalité, dont les contenus sont inconscients, le *sur-Moi,* instance punitive interdictrice, le *Moi,* instance médiatrice, où s'élaborent les défenses liées aux conflits entre les pulsions et les exigences du Sur-Moi et de la réalité (v. chap. 3).

Les symptômes névrotiques sont, pour les psychanalystes, l'expression symbolique dans la vie consciente, sous forme de compromis plus ou moins efficaces et adaptés, de conflits entre les forces de répression des désirs et celles qui tendent à les faire accéder au niveau conscient. La conception énergétique et dynamique des forces qui régissent la vie psychique conduit à supposer qu'une quantité importante d'énergie est affectée au maintien de cet équilibre précaire et à la lutte contre l'angoisse au détriment d'une maturation psychosexuelle normale. La cure psychanalytique a pour objet, tout en renforçant le Moi du sujet dans sa relation avec le thérapeute, de permettre, en ramenant au niveau conscient ce qui est refoulé, la libération d'une énergie de répression utile à la maturation affective.

Méthode

La cure se fonde essentiellement sur le *Transfert :* il s'agit de la projection sur la personne du psychanalyste, dans les conditions particulières de la cure, de sentiments irrationnels généralement liés à des situations de conflits infantiles avec les parents. Ce transfert est l'élément moteur du traitement : au cours d'une psychanalyse, le patient est conduit à reproduire, dans sa relation avec l'analyste, des situations anciennes de conflit et de frustration de l'enfance. On appelle « névrose de transfert » cette transposition des expériences. Elle concerne au premier chef les relations avec les parents, les frustrations précoces, l'éducation sphinctérienne, les conflits à propos de la sexualité et de la problématique œdipienne. L'apparition et le développement du transfert se heurtent, en raison de l'anxiété qu'il éveille, à l'accentuation des mécanismes de défense habituels du sujet et à la survenue de *résistances* destinées à entraver le cours des associations (banalisation du discours, silence, absence aux séances). *L'analyse de ces résistances,* dont le sens est *interprété* aux différentes phases de la cure, représente un temps essentiel de la mise à jour des conflits de base du patient. C'est l'expérience de cette relation transférentielle, sans cesse réfléchie par le psychanalyste, qui permet en fin de compte au sujet d'appréhender dans une situation vécue son mode de relation à autrui. La *résolution* de cette névrose de transfert constitue la phase terminale du traitement : prise d'autonomie par rapport au psychanalyste, assouplissement des interdits parentaux, maturation de l'affectivité stoppée dans son évolution.

Modalités pratiques de la cure

Le déroulement d'une cure psychanalytique nécessite un protocole assez strict pour le meilleur développement du transfert.

La *« règle fondamentale »,* établie par Freud, exige du patient qu'il exprime sans réserves pendant la séance idées et sensations selon le jeu des *associations libres.* Les autres prescriptions techniques ont pour but de favoriser l'application de cette règle : position allongée du patient (« le divan ») ; thérapeute invisible, adoptant une attitude de neutralité, évitant conseils et jugements ; séances de durée et fréquence fixes (trois quart d'heure trois à quatre fois par semaine) ; refus de la part de l'analyste d'établir des relations personnelles avec le malade en dehors de la cure.

L'attitude du psychanalyste : la relation thérapeutique engage l'analyste. Le terme de *contre-transfert* désigne l'ensemble des émotions ou affects induits chez le psychanalyste par le transfert du patient. Le thérapeute doit pouvoir en permanence exercer un contrôle sur ses propres réactions afin d'éviter des attitudes contre-transférentielles nuisibles au déroulement de la cure. La formation que procure une psychanalyse personnelle *(psychanalyse didactique)* permet à l'analyste de situer ses propres mouvements affectifs et d'éviter qu'ils n'interfèrent avec ceux du malade. La cure progresse en partie grâce aux *interprétations* fournies par l'analyste : elles portent sur *le matériel* psychologique apporté par le patient (idées, images, rêves, souvenirs, fantasmes, lapsus, acting-out) dont elles tentent d'éclairer le contenu latent et sur *les expériences vécues* au cours de la relation de transfert.

Indications

La psychanalyse est un traitement long (deux à cinq ans), généralement coûteux, de réalisation pratique difficile, qui nécessite un véritable engagement personnel de la part du patient. Les indications doivent en être soigneusement pesées au terme d'une évaluation clinique approfondie.

Elle s'adresse avant tout aux *névroses,* les meilleures indications dans ce registre étant la névrose d'angoisse, les névroses phobiques, les troubles névrotiques de la sexualité, la névrose d'échec, les névroses obsessionnelles chez l'adulte jeune. D'autres indications, théoriquement justifiées, ne sont envisagées qu'en dernier recours et après avoir éliminé une psychose sous-jacente : névrose obsessionnelle grave et ancienne, névroses de caractère. L'hystérie de conversion est peu accessible à la psychanalyse. Les troubles psychosomatiques, les conduites toxicomaniaques, les perversions sexuelles, les états schizophréniques ne sont en principe pas des indications d'une psychanalyse classique.

Dans le choix d'un tel traitement, entrent également en jeu des facteurs tenant à la *personnalité du malade :* sujet de moins de cinquante ans, au Moi suffisamment fort et structuré, ayant des possibilités d'auto-observation, de fantasmatisation et d'expression verbale.

B. – LES PSYCHOTHÉRAPIES D'INSPIRATION PSYCHANALYTIQUE (P.I.P.)

La rigueur de la Cure-type en fait une thérapeutique d'exception. La psychanalyse est par contre la référence théorique de méthodes plus simples, plus orientées sur les nécessités de l'efficacité immédiate. Ces cures aménagées, pratiquées par un psychanalyste, sont généralement plus courtes que la Cure-Type : les séances sont plus espacées, patient et thérapeute sont assis face à face. Ces techniques cherchent, en contrôlant et en *limitant le transfert,* à centrer les échanges sur le matériel psychique le plus significatif. Elles permettent aussi de limiter la régression chez les malades au Moi trop faible ou trop rigide. *Leurs indications* sont plus larges que celles de la cure psychanalytique : elles s'étendent à tous les états névrotiques, à certaines maladies psychosomatiques, aux « états-limites ».

Les psychothérapies analytiques des schizophrénies, si elles restent peu pratiquées, ont fait l'objet de nombreuses études théoriques : elles nécessitent d'être conduites par un psychothérapeute très expérimenté, capable d'adapter ses réponses aux diverses modalités évolutives du *transfert* des psychotiques. Elles requièrent en général des attitudes plus souples, plus gratifiantes, plus actives et centrées sur le réel qu'au cours d'une psychanalyse.

C. – AUTRES TECHNIQUES ANALYTIQUES

■ ***La psychothérapie de Jung :*** elle se propose, essentiellement par l'analyse du rêve et de ses messages, d'explorer *l'inconscient individuel et collectif* dont chacun porte les empreintes sous forme *d'archétypes symboliques.* Il s'agit d'une thérapie active limitant si possible le développement du transfert et dont le but est une transformation de la personnalité du sujet, amené progressivement à assimiler les différents archétypes.

■ ***La psychothérapie d'Adler :*** elle s'adresse surtout aux névroses et aux déviances sociales et tient grand compte de l'environnement social du sujet. Elle vise, dans un dialogue en face à face, à explorer le style de vie du malade, en s'attachant à l'étude des *sentiments d'infériorité* qui entravent son épanouissement. Cette psychothérapie cherche de façon pédagogique et pragmatique à « rééduquer » le comportement du patient en l'harmonisant avec les impératifs de la vie sociale.

■ ***Les techniques psychothérapiques de l'école culturaliste.*** Représentée essentiellement par Karen Horney et Harry Sullivan, l'école culturaliste s'est attachée au développement de la psychologie du Moi dans une perspective sociologique : *la structure du caractère,* conditionnant la relation à autrui, serait le produit d'une interaction de l'environnement avec des facteurs constitutionnels. Le processus névrotique naîtrait des conflits entre les contraintes de l'environnement et les tendances naturelles. Les techniques psychothérapiques assez directives sont destinées à faire comprendre au malade les tendances contradictoires qu'il subit et à l'aider à résoudre ses conflits.

Plus éloignées des méthodes et des théories psychanalytiques, d'autres techniques méritent d'être citées, malgré leur peu de développement en France :

■ ***Les méthodes de « Counseling » thérapeutique (psychothérapie de Carl Rogers) :*** Rogers, tout en admettant certaines des hypothèses de la psychanalyse, refuse de considérer le transfert comme l'élément essentiel d'une psychothérapie. Le but de sa technique est de favoriser la libre expression des émotions et des sentiments du patient et leur prise de conscience à l'état naissant. Le thérapeute, dans une attitude de compréhension et de valorisation, doit reformuler en les éclairant les sentiments du patient, afin de favoriser une acceptation objective de soi et de la réalité, et d'aider le sujet en difficulté à formuler un choix lucide. Les indications principales de ces psychothérapies sont les décompensations réactionnelles à une expérience traumatisante chez des personnalités au Moi assez fort. Une anxiété trop importante entraîne un blocage de l'expression émotionnelle et risque d'entraver le déroulement de la cure.

■ ***L'analyse existentielle*** (Daseinsanalyse) dont le promoteur est le psychiatre suisse Binswanger, s'inspire de la philosophie phénoménologiste. L'intérêt théorique de cette méthode dépasse très largement sa diffusion pratique. Elle fait porter son effort sur l'exploration des « modalités existentielles » du sujet, sa place dans le monde, sa conception de la vie, sa perception du temps et de l'espace. Il s'agit en quelque sorte d'une tentative de *pénétration philosophique* des problèmes de l'existence.

D. – L'HYPNOSE ET LES TECHNIQUES VOISINES

Les travaux concernant l'hypnose ont eu une très grande importance dans l'histoire des psychothérapies : très en vogue à la fin du XIXe siècle, l'hypnose a servi de base aux premières expériences psychothérapiques de Freud (étude des phénomènes de *catharsis* et d'abréaction sous hypnose des souvenirs traumatisants). P. Janet trouva également dans l'hypnose une voie d'exploration clinique et de traitement des états hystériques. L'utilisation thérapeutique de l'hypnose est actuellement peu développée en France mais semble plus répandue aux U.S.A. et en U.R.S.S.

■ ***La thérapie par l'hypnose (ou hypnothérapie)*** consiste à provoquer chez le patient, en s'aidant de *procédés d'induction,* un état particulier ou « transe hypnotique » : cet état, qui n'est pas un sommeil, comporte une altération de l'attention au réel, une suggestibilité accrue, une levée des inhibitions avec facilitation de l'évocation des souvenirs et des capacités de produire des fantasmes. L'obtention d'un tel état est facilitée par des conditions matérielles particulières (sujet allongé, occlusion des paupières, présence prévalente de la voix du thérapeute) et sans doute par des dispositions individuelles chez certains sujets.

L'hypnose peut être utilisée selon deux modalités principales :

- **la suggestion** sous hypnose a pour but d'obtenir, au cours de la transe hypnotique, la réduction de certains symptômes névrotiques tels que les phénomènes de conversion hystérique : paralysies, contractions, aphonies, etc. La disparition ponctuelle du symptôme laisse persister un risque important de récidive.

- **l'hypno-analyse** associe la pratique de l'hypnose aux techniques des psychothérapies en profondeur. L'effet cathartique de l'hypnose, permettant l'expression de souvenirs traumatisants, donnerait ici matière à un abord privilégié de la dynamique psychologique des patients. Outre l'hystérie de conversion qui en est l'indication classique, pourraient bénéficier de psychothérapies par l'hypnose : les névroses traumatiques, certaines affections psychosomatiques.

■ ***Aux frontières de l'hypnose,*** se situent d'autres techniques assez différentes dans leurs modalités pratiques :

- **Les narco-analyses :** elles consistent à injecter au sujet, en intraveineuse lente, quelques cm^3 d'un barbiturique (subnarcose barbiturique), éventuellement associé à une amphétamine (subnarcose amphétaminée) ; le but est d'obtenir, avant le sommeil, une baisse de la vigilance avec facilitation de la détente psychique, libération des capacités d'association et de reviviscence mnésique. Cette technique peut être utilisée :
  - dans un *but diagnostique* : valeur d'exploration, par levée des inhibitions et des réticences, dans certains états névrotiques.
  - *à titre thérapeutique :* essentiellement dans les *névroses émotionnelles récentes* (névroses de guerre, névrose traumatique), dans certains états anxieux, dans les troubles de la sexualité chez les névrosés, dans le traitement des inhibitions phobiques.
- **Le rêve éveillé dirigé** (R.E.D.). Cette technique psychothérapique, mise au point par R. Desoille, associe la suggestion de type hypnotique, la relaxation, et l'interprétation symbolique des rêves en fonction des théories de Freud et de Jung. Le thérapeute suggère au patient un rêve induit et orienté par un thème ou une image de départ ; il interprète au cours de la séance la création psychique du patient et intervient pour l'aider à affronter et à vaincre des situations imaginaires angoissantes.

E. – LES PSYCHOTHÉRAPIES DE SOUTIEN

Elles représentent certainement les plus couramment pratiquées et les moins élaborées sur le plan théorique des psychothérapies verbales.

Elles peuvent être utilisées seules, constituant le traitement essentiel ou le seul praticable ; elles peuvent être préalables à une psychothérapie plus profonde chez un sujet trop fragile ou initialement peu motivé.

■ ***Leur objectif*** est de rétablir rapidement l'équilibre psychologique du patient et d'obtenir la plus grande amélioration symptomatique possible. Elles ne cherchent pas à transformer la personnalité du malade mais à renforcer ses défenses et à améliorer son adaptation au milieu extérieur. La technique s'adapte au malade mais varie également selon la personnalité et la formation du thérapeute. Elle fait appel à plusieurs types d'attitudes, les plus habituelles étant :

- une certaine **directivité,** le thérapeute pouvant être conduit à intervenir dans la vie du malade, à agir sur son milieu familial et professionnel, à faire prendre en charge tout ou partie de sa famille, à favoriser son insertion dans des milieux de soins ou de prise en charge partielle. L'écueil d'un tel interventionnisme peut être d'entretenir chez des sujets immatures et fragiles une relation de dépendance vis-à-vis d'un médecin autoritaire et tout puissant.
- la **suggestion** qui, si elle est utilisée seule, n'est que temporairement efficace.
- **la persuasion,** attitude combinant chez le médecin un essai d'analyse et d'évaluation objective de la situation : en fait elle sous-entend presque toujours une implication personnelle importante du thérapeute, qui oppose à l'attitude du malade une conduite rationnelle émanant de son propre système de valeurs.
- **la réassurance** enfin, attitude courante et spontanée, où le médecin compréhensif et vigilant use de toute son autorité pour dissiper les craintes du patient. Utile pour dédramatiser une situation de crise, elle n'est guère efficace à long terme.

■ ***Les psychothérapies de soutien s'adressent principalement :***

- **aux états réactionnels,** chez des sujets habituellement bien adaptés ;
- **aux états névrotiques anxieux** chez des malades au Moi fragile, incapables d'assumer sans risque de décompensation une intervention plus en profondeur.
- **aux patients immatures,** dépressifs chroniques ou psychasthéniques, qu'une psychothérapie invigorante et rassurante peut aider à assumer l'existence quotidienne ;
- **aux schizophrènes** ou **aux délirants chroniques** qui, bénéficiant d'un traitement chimiothérapique prolongé, doivent être pris en charge dans le cadre d'une thérapie de soutien attentive à leurs problèmes affectifs, aux différentes étapes de leur réinsertion socio-professionnelle et familiale.

Certaines techniques ne sont pas centrées sur les échanges verbaux. Deux sont à mentionner :

F. – LES TECHNIQUES DE RELAXATION

Elles utilisent, pour le traitement d'états variés, la pratique systématique du relâchement musculaire complet ou relaxation. Elles constituent un mode privilégié d'abord corporel des troubles psychologiques. Ces techniques se fondent sur le rôle du tonus musculaire dans la vie relationnelle : l'hypertonie excessive ou permanente, liée à la peur, à l'anxiété ou à l'agressivité contenue, tient une grande place dans la sémeiologie des névroses. Il existe plus généralement une relation entre hypertonicité, hyperactivité motrice et déséquilibre affectif, donc des possibilités de modifier la vie relationnelle en l'abordant sous l'angle des sensations corporelles et de l'image du corps. Les méthodes les plus connues sont celles de Schultz et de Jacobson.

■ ***La méthode de Schultz*** ou ***« training autogène »*** consiste en l'apprentissage d'un état d'hypnose volontaire (auto-hypnose). Le sujet est entraîné à modifier volontairement son tonus musculaire, à prendre conscience de cénesthésies choisies (pesanteur, chaleur), à maîtriser des rythmes végétatifs (respiration, battements de cœur, etc.).

■ ***La méthode de Jacobson,*** au cours d'exercices analogues, attire l'attention du sujet sur des sensations contrastées de tension et de détente musculaire. Le but est d'obtenir une relative maîtrise de ses propres manifestations toniques.

D'autres techniques mettent l'accent sur la relation transférentielle propre à la relaxation et sur les possibilités de pratiquer cette méthode dans une perspective psychanalytique (Ajuriaguerra – Lemaire).

Les indications diffèrent selon les auteurs et les méthodes utilisées. Les plus fréquemment admises regroupent *les troubles psycho-moteurs* comme les tics, les bégaiements, les « crampes professionnelles », *les états anxieux* à expression somatique (céphalées, lombalgies), certaines *maladies psychosomatiques, les états névrotiques* exception faite des névroses obsessionnelles et des hystéries de conversion.

G. – LES THÉRAPIES COMPORTEMENTALES (behaviour therapy)

« Il s'agit de méthodes de traitement qui, prenant appui sur les principes du conditionnement et de l'apprentissage, ont pour objectif de modifier les comportements inadaptés de l'individu : les habitudes inadaptées sont affaiblies, tandis que des habitudes adaptées sont mises en place et renforcées » (Rognant). Les thérapies comportementales sont directement issues du behaviorisme de Watson et, de façon moins directe, de la physiologie réflexologique de Pavlov. Selon les comportementalistes le comportement névrotique, comme d'autres comportements inadaptés (conduites perverses et antisociales par exemple), doit être considéré comme une *réponse inadaptée et apprise.* C'est l'inadaptation qui donne au comportement son caractère pathologique. Ces symptômes, une fois acquis, persistent s'ils sont *renforcés.* Au contraire, en l'absence de renforcement, les comportements pathologiques peuvent être amenés à disparaître. Ces *processus d'extinction* expliqueraient, selon Eysenck, les cas de rémission spontanée observés dans un grand nombre de névroses.

Le but des thérapies comportementales est de « déconditionner » le sujet, en provoquant l'extinction du comportement pathologique acquis et son remplacement *par un comportement plus adapté.* Ces techniques thérapeutiques sont actuellement en plein essor, surtout dans les pays Anglo-Saxons ; elles sont généralement classées selon les principes théoriques auxquelles elles se réfèrent. On peut distinguer avec Rognant :

■ ***Les thérapies par inhibition réciproque :*** Elles sont fondées sur un principe énoncé par Wolpe, selon lequel certaines réponses sont incompatibles et s'inhibent mutuellement. L'angoisse ou la peur, par exemple, sont incompatibles avec la détente musculaire. L'obtention d'une relaxation complète pourra ainsi entraîner le sujet à supporter des stimuli anxiogènes de plus en plus importants. Cette technique de « désensibilisation » progressive peut utiliser des réponses antagonistes de l'anxiété autres que la détente musculaire : les réponses sexuelles et les réponses d'affirmation de soi.

Les meilleures indications en sont les névroses, et surtout les *symptômes névrotiques isolés :* les *phobies,* d'autant plus facilement curables qu'elles sont localisées, certains comportements compulsifs de type obsessionnel fortement chargés d'anxiété, les troubles sexuels à composante anxieuse, les manifestations neurovégétatives liées à l'angoisse.

■ ***Les thérapies par provocation d'anxiété violente :*** Ces techniques, dont les principes théoriques sont mal définis, (dites par implosion, immersion, ou exposition prolongée) ont en commun de soumettre le patient à l'action du stimulus pathogène assez longtemps pour que la réponse anxieuse disparaisse.

■ ***Les thérapies par inhibition conditionnée :*** « Elles se réclament d'un fait expérimental, en apparence paradoxal, selon lequel la répétition d'une habitude, dans certaines conditions, peut conduire à sa propre extinction et non à son renforcement ». Cette méthode, appelée *pratique négative,* a été utilisée essentiellement dans le traitement des tics, du bégaiement, de certains grattages compulsifs.

■ ***Les thérapies par aversion :*** « Elles cherchent à installer l'inhibition d'une réponse indésirable déclenchée par un stimulus donné grâce à la présentation simultanée d'un autre stimulus (choc électrique par exemple) qui provoque une forte réponse d'évitement ».

Les techniques d'aversion sont très nombreuses et varient selon le stimulus désagréable utilisé : les plus connues concernent le traitement de l'alcoolisme, par association d'un émétisant (apomorphine) à l'absorption de boissons alcoolisées. Le Disulfiram (*Espéral*) agit de la même manière en provoquant des malaises lorsque le sujet absorbe de l'alcool.

D'autres techniques utilisent des *stimulations électriques* pour le traitement d'états très variés (crampes de l'écrivain, kleptomanie, perversions sexuelles).

■ ***Les thérapies par conditionnement opérant :*** Elle se fondent sur une loi, énoncée par Thorndike, selon laquelle le sujet tend à reproduire les comportements qui se sont antérieurement révélés favorables. On peut ainsi, par des *renforcements positifs* ou *négatifs,* susciter une réponse absente ou supprimer une réponse indésirable. Cette technique peut être appliquée aux symptômes hystériques de conversion, aux troubles des conduites alimentaires, à l'énurésie, etc. Des techniques du même ordre ont pu être utilisées chez des schizophrènes ou des oligophrènes « chronicisés » en institution dans le but de leur donner une plus grande autonomie vis-à-vis de l'environnement.

LES PSYCHOTHÉRAPIES COLLECTIVES

Le développement d'institutions de soins psychiatriques très diversifiées a suscité de multiples réflexions théoriques relatives aux possibilités d'utiliser les phénomènes de groupe dans un but psychothérapique.

A. – LES PSYCHOTHÉRAPIES DE GROUPE

Il s'agit d'un vaste ensemble de techniques utilisant comme principal agent thérapeutique un groupe constitué de malades et d'un ou plusieurs thérapeutes. Le principe est analogue à celui des techniques individuelles : le psychothérapeute cherche à saisir et à mobiliser les conflits personnels de chacun à mesure qu'ils s'expriment à travers la dynamique du groupe.

Parmi des techniques très diverses, on peut individualiser :

■ ***La psychanalyse de groupe :*** le groupe thérapeutique est constitué de plusieurs patients et d'un psychanalyste. Celui-ci favorise, par une attitude de neutralité et de réserve, la régression du groupe et l'expression libre des sentiments et des fantasmes de chaque participant. Il centre son attention et ses interprétations sur les mouvements dynamiques du groupe dans son ensemble (*transfert du groupe*) et sur les relations entre les participants. Les indications, variables selon les auteurs, peuvent s'étendre des névroses aux psychoses.

■ ***Autres psychothérapies de groupe :*** Certaines s'inspirent des théories psychanalytiques mais comportent un protocole plus souple. Elles peuvent adopter pour propos la résolution d'un *conflit focal* du groupe ou s'orienter plus directement sur l'*urgence* et le *soutien* d'un sujet en état de crise réactionnelle.

■ ***Le psychodrame :*** Cette méthode, élaborée par Moreno, se fonde sur une représentation dramatique de la réalité, sous forme d'une scène improvisée par le patient sur un thème choisi par lui. Un tel mode d'expression permettrait au sujet de retrouver une spontanéité habituellement réprimée et d'éclairer, à travers *le jeu des rôles*, des aspects mal connus de sa personnalité.

La séance se déroule en trois phases : – une période de **« mise en train »** durant laquelle le patient comme *protagoniste* est incité par le thérapeute (ou *directeur* du jeu) à représenter une scène importante de sa vie – au cours de la seconde phase, dite du **« jeu dramatique »,** le sujet joue sur une scène et devant un groupe de spectateurs, la situation choisie. Il est assisté de partenaires, les « ego auxiliaires » qui peuvent, selon les indications du thérapeute, inverser leurs rôles avec celui du protagoniste ou jouer son rôle en même temps que lui de façon parallèle. – la troisième phase comporte la **discussion du jeu dramatique :** le protagoniste et les participants expriment ce qu'ils ont éprouvé durant le jeu. Les interprétations du thérapeute tendent à mettre en évidence la problématique du sujet et son reflet dans celle du groupe au moment présent.

Certains psychanalystes, s'éloignant notablement de Moreno, ont abordé le psychodrame sous l'angle des phénomènes de transfert (Lebovici, Diatkine, Kestemberg). Ils considèrent que le psychodrame permet de pratiquer des cures psychanalytiques chez des sujets pour lesquels la forme classique de la cure est impossible. Le psychodrame est particulièrement utilisé dans cette perspective chez l'enfant mais l'est aussi chez l'adolescent et l'adulte. L'évolution du traitement suit à grands traits la cure analytique typique. Cette technique peut se pratiquer sous la forme du *psychodrame analytique* (un seul patient traité par plusieurs thérapeutes) ou de *psychanalyse dramatique de groupe* (plusieurs thérapeutes traitent un groupe de patients).

Le psychodrame constitue un moyen privilégié d'expression de l'individu dans une situation de groupe : son utilisation peut déborder du cadre de la psychiatrie, et s'appliquer par exemple dans un but pédagogique aux relations interpersonnelles dans les entreprises (technique du « rôle playing »).

B. – LES PSYCHOTHÉRAPIES FAMILIALES

Elles sont nées d'une constatation, selon laquelle le comportement pathologique d'un individu peut être directement lié à un système d'inter-relations familiales qui le perpétuent. Toute action thérapeutique isolée sur l'individu peut devenir en ce cas facteur de déséquilibre pour la famille, et de ce fait invalidée. Les psychothérapies familiales se proposent de traiter dans un même temps les différents membres d'une famille, adultes et enfants, dans le cadre de groupes thérapeutiques centrés sur la dynamique familiale.

C. – LES THÉRAPIES INSTITUTIONNELLES ET LA SOCIOTHÉRAPIE

Le rôle thérapeutique de l'institution psychiatrique a fait l'objet de très nombreux travaux ; la réflexion porte sur les interrelations entre l'équipe soignante et les malades, sur les relations entre les soignants eux-mêmes dont les conflits éventuels altèrent la valeur thérapeutique de l'institution, sur le rôle joué par chaque soignant et chaque type d'activité dans la collectivité de soins. L'étude des thérapeutiques institutionnelles, nourrie par les réflexions psychanalytiques mais également abordée sous l'angle sociologique et politique a pour objet d'apprécier la qualité thérapeutique particulière du lieu de soins. Les premières réflexions ont porté sur le milieu asilaire : on a pu dénoncer l'entassement des malades dans des hôpitaux isolés de la cité, la rigidité excessive des règles d'une institution hiérarchisée, l'insuffisance en nombre et en qualité du personnel soignant, les « murs de l'asile » renforçant le processus d'aliénation. On a également souligné la fréquence de réponses inadéquates de l'institution aux symptômes des malades : attitudes de surprotection favorisant la régression, morcellement des équipes répondant au vécu de morcellement de certains malades, attitudes trop rigides donnant à l'institution valeur d'un Sur-Moi intolérant et culpabilisant, indifférence aggravant l'autisme des patients, etc.

Les institutions de soins psychiatriques sont à l'heure actuelle très diversifiées : hôpitaux, hôpitaux de jour, foyers de nuit, clubs thérapeutiques, ateliers protégés. La valeur thérapeutique de chacune d'entre elles repose en fait sur l'harmonie entre les soignants, la prise en commun des décisions sans pour cela dénaturer le rôle de chaque membre de l'équipe, la référence à des règles souples et explicites plus proches de la structure d'un « Moi » que de celle d'un « Sur-Moi », la circulation de l'information, la tenue de réunions d'équipes. L'objectif des thérapeutiques institutionnelles n'est pas de réaliser un consensus utopique débarrassé de toutes les oppositions mais de permettre la libre expression des conflits et leur insertion dans la dynamique institutionnelle.

Par *sociothérapie,* on entend toutes les formes d'activités de groupe organisées pour les malades dans un but thérapeutique d'occupation, de réadaptation au travail, d'amélioration ou de restauration des communications interpersonnelles. Il peut s'agir d'*ergothérapie* (traitement par le travail), d'activités culturelles, d'exercices physiques, ou encore de *clubs thérapeutiques* de discussion.

BIBLIOGRAPHIE

ANZIEU (D.). — *Le groupe et l'inconscient.* Dunod. Bordas. 1975.

BASQUIN (M.), DUBUISSON (P.), SAMUEL-LAJEUNESSE (B.) et TESTEMALE-MONOD (G.). — *Le Psychodrame, une approche psychanalytique.* Dunod. Paris. 1972.

BERGIN (A.-E.) and GARFIELD (S.-L.). — *Handbook of psychotherapy and behavior change.* John Wiley and Sons. Inc. New York. 1971.

BINSWANGER (L.). — *Introduction à l'analyse existentielle.* Les Editions de Minuit. Paris. 1971.

BLEANDONU (G.) et DESPINOY (M.). — *Hôpitaux de jour et psychiatrie dans la communauté.* Payot. 1974.

CHAIGNEAU (H.), CHANOIT (P.) et GARRABE (J.). — Les thérapies institutionnelles. Rapport au *Congrès de Psychiatrie et de Neurologie de Langue Française.* LXIXe Session. Caen. 5-10 juillet 1971. Masson édit.

CHERTOK (L.). — *L'hypnose.* Petite bibliothèque Payot.

ELLENBERGER (H.-F.). — *A la découverte de l'Inconscient.* Simep Editions. Villeurbanne. 1974.

FREUD (S.). — *Introduction à la psychanalyse.* Petite bibliothèque Payot.

FREUD (S.). — *La technique psychanalytique.* P.U.F.

FREUD (S.). — *La Science des rêves.* P.U.F.

LAGACHE (D.). — *La Psychanalyse.* Collection « Que sais-je? » n° 660. P.U.F.

LAUNAY (J.), LEVINE (J.) et MAUREY (G.). — *Le rêve éveillé dirigé et l'inconscient.* Dessart-Mardaga. Bruxelles. 1975.

LEMAIRE (J.-G.). — *Les thérapies du couple.* Payot. Paris. 1971.

LEMAIRE (J.-G.). — *La relaxation.* Petite bibliothèque Payot.

MALAN (D.-H.). — *La psychothérapie brève.* Payot. 1975.

RACAMIER (P.). — *Le psychanalyste sans divan.* Payot. 1962.

Recherches. — N° *17* mars 1975. Histoire de la psychiatrie de secteur ou le secteur impossible. 49, rue Dalayrac 94120 Fontenay-sous-Bois.

ROGNANT (J.). — *Les thérapeutiques de déconditionnement dans les névroses.* Rapport au Congrès de Psychiatrie et de Neurologie de Langue Française. Milan. Septembre 1970. Masson édit.

SANDLER (J.), DARE (C.) et HOLDER (H.). — *Le Patient et le Psychanalyste.* P.U.F. 1975.

SATIR (V.). — *Thérapie du couple et de la famille.* Epi Editeurs. Paris. 1971.

SIVADON (P.). — *Traité de psychologie médicale.* Tome 2 : *la rencontre thérapeutique.* P.U.F. 1973.

34

LÉGISLATION ET ASSISTANCE

I. – MODALITÉS D'HOSPITALISATION

Actuellement, la plupart des malades mentaux sont hospitalisés en *« Service Libre »,* c'est-à-dire qu'ils sont soumis au même régime que les patients hospitalisés en Médecine ou en Chirurgie. Pour celà, le malade doit accepter son hospitalisation et celle-ci se fait sans formalités particulières. S'il n'y a pas de mesure prise parallèlement (voir la Loi sur les Incapables majeurs), il conserve intégralement sa capacité civile.

Lorsque le malade refuse l'hospitalisation, alors même qu'il paraît présenter un réel danger pour lui-même ou pour son entourage, *une procédure d'internement* devient nécessaire. Bien que cette mesure, autrefois fréquente, soit actuellement rare, il faut en connaître les modalités, savoir en poser les indications et choisir le régime le mieux adapté.

LES DEUX MODALITÉS D'INTERNEMENT

L'internement des malades mentaux est régi par les articles L 326 à L 355 du Code de la Santé Publique *(Loi du 30 juin 1838)* qui prévoient deux sortes d'internement, mettant le patient dans des conditions très différentes (entrée, séjour, sortie).

Ce sont :

A. – LE PLACEMENT VOLONTAIRE

Ce mode de placement, plus souple et plus fréquemment utilisé que le placement d'office, est régi par l'article 8 de la loi de 1838 (Article L. 333 à

L. 342 du Code de la Santé Publique). Il intéresse surtout les malades qui n'ont compromis ni l'ordre public, ni la sûreté des personnes, mais qui doivent être traités contre leur volonté.

Ce placement est dit « volontaire » car demandé volontairement par un membre de l'entourage du malade, et non par le malade lui-même. Certes, l'auto-placement (demande d'admission signée par le malade lui-même) est autorisé par la circulaire ministérielle de 1950, mais cela ne présente d'intérêt qu'en l'absence de « Service-Libre ». La nature des liens unissant le malade à la personne qui demande le placement n'est pas précisée par la loi. Cela peut être le conjoint, un membre de la famille, mais aussi un ami, un collègue de travail, un voisin, etc.

Le dossier du placement volontaire comportera :

- **Une demande d'admission** manuscrite, rédigée sur papier libre, adressée au Directeur de l'Etablissement Psychiatrique par la personne qui demande le placement. Cette demande doit préciser les nom, prénoms, âge, profession et adresse, tant du malade que de la personne qui demande le placement, et la nature des relations qui existent entre eux. La personne qui demande l'internement du malade doit présenter des pièces d'identité permettant de contrôler son état civil ; l'identité du malade est contrôlée (pièce d'identité).

- **Le certificat médical de placement :** il peut être rédigé sur papier libre, la loi du 15 mars 1963 ne mentionnant pas les certificats médicaux parmi les actes assujettis au timbre. Le certificat d'internement doit être utilisé dans les quinze jours qui suivent sa rédaction : un certificat non daté n'a donc aucune valeur.

PRÉAMBULE : on doit tout d'abord mentionner l'identité et le domicile, tant du médecin que du malade : *« Je soussigné, Docteur X..., demeurant à..., certifie avoir examiné ce jour, Monsieur Y..., tel âge, telle profession, demeurant à ..., et qu'il présente..... »*

CONTENU DU CERTIFICAT : on n'a pas à porter un diagnostic dans ce certificat, mais à décrire l'état mental du malade et sa traduction au niveau du comportement. Ce sera donc une énumération de symptômes, par exemple : « état dépressif avec idées de suicide, auto-accusation, idées de ruine ou d'incurabilité, insomnie, refus d'aliments, prostration ». On notera les troubles du comportement dont on est le témoin, les propos mêmes du malade lorsqu'ils extériorisent un délire : « Tient des propos incohérents, entend des voix qui l'injurient, répond à des ennemis invisibles. A calfeutré ses fenêtres car ses voisins lui envoient des gaz destinés à l'asphyxier. Dénonce des persécuteurs qui lui donnent des ordres à travers le plafond. Précise : on m'en veut, il existe une machination contre moi, on m'espionne ». Lorsque l'entourage signale au médecin des faits graves, que lui-même n'a pas constatés et qui sont niés par le malade, il doit les mentionner avec discernement : « Nie avoir voulu frapper sa femme, reconnaît cependant avoir eu avec elle une altercation violente, alors qu'il tenait un couteau à la main ».

Ce certificat devra se terminer par la formule légale : *« Cet état nécessite que Monsieur Y... soit placé dans un Etablissement régi par la loi du 30 juin 1838 »*. Le certificat doit être signé. La légalisation de la signature du médecin n'est pas obligatoire, mais peut être exigée lorsque celle-ci n'est pas connue du Directeur de l'Etablissement psychiatrique.

– TROIS REMARQUES IMPORTANTES

La rédaction de ce certificat étant la description des faits observés, elle implique l'obligation d'avoir effectivement examiné le patient au jour mentionné sur le certificat et ce même si le médecin connaît de longue date le malade.

L'observation du secret médical : « Le rédaction d'un certificat médical d'internement constitue l'une des dérogations légales au secret professionnel des médecins, mais il faut se garder d'outrepasser les prescriptions de la loi qui demande seulement l'attestation de l'état mental et des particularités de ce dernier ». Les antécédents psychopathiques de l'entourage doivent être mentionnés avec discrétion. On parlera d'hérédité psychopathique, de « conflit familial », sans donner plus de précisions.

Le certificat doit être établi par un médecin qui n'est ni attaché à l'établissement, ni parent ou allié, au second degré inclusivement, des chefs ou propriétaires de l'établissement, ou de la personne qui demande le placement.

B. – LE PLACEMENT D'OFFICE

Le Préfet de Police à Paris et les Préfets des Départements peuvent ordonner d'autorité le placement dans un Etablissement spécialisé de tout sujet dont « l'état d'aliénation compromettrait l'ordre public ou la sûreté des personnes ». Les ordres des Préfets seront motivés et devront énoncer les circonstances qui les auront rendus nécessaires.

En cas de danger imminent, attesté par le certificat d'un médecin ou par la notoriété publique, le Maire de la commune ou le Commissaire de Police à Paris ordonnent toutes les mesures provisoires nécessaires, à la charge d'en référer dans les 24 heures au Préfet qui statuera sans délai (Article L.344 du Code de la Santé Publique).

Le dossier du Placement d'Office comprend :

– **L'Arrêté du Préfet** ordonnant le placement ou le réquisitoire du Maire ou du Commissaire de Police qui sera ratifié ultérieurement. Cet arrêté sera motivé soit par un procès-verbal du Maire ou du Commissaire de Police, mentionnant les témoignages et les faits qui permettent d'affirmer le trouble mental et ses conséquences (perturbation de l'ordre public et *danger* pour le malade ou pour autrui), soit par un certificat médical (qui n'est donc pas obligatoire).

Lorsqu'il est établi, le **certificat médical** devra répondre aux mêmes critères que ceux qui sont exigés pour le placement volontaire. Il sera rédigé par le médecin traitant ou par un médecin requis par les autorités administratives, ou par un médecin de l'hôpital général où le malade a été conduit ou enfin par un médecin de l'Infirmerie psychiatrique près la Préfecture de Police à Paris.

La formule légale concluant à l'internement et terminant le certificat est la suivante : *« Cet état rend le malade dangereux pour l'ordre public et la sûreté des personnes et Monsieur Y... doit être placé dans un Etablissement régi par la loi du 30 juin 1838 ».*

CONTROLE DES INTERNEMENTS

La loi du 30 juin 1838 a prévu des mesures dites « de protection de la liberté individuelle », pour rendre impossible tout internement arbitraire.

1. Dans les 24 heures suivant l'internement, un certificat doit être rédigé par le médecin de l'établissement, confirmant le caractère indispensable de l'internement.

2. Un bulletin d'entrée comportant le certificat des 24 heures et la copie des documents initiaux est immédiatement envoyé au préfet.

3. Un nouveau certificat médical sera établi dans les quinze jours qui suivent l'admission du malade, qui devra lui aussi préciser s'il y a ou non nécessité de maintenir l'internement. Il sera adressé au préfet. Pour les placements d'office, un certificat sera établi tous les semestres.

4. La direction de chaque établissement régi par la loi de 1838 doit tenir à jour des registres paraphés par le maire et le Procureur, dits *« Registres de la Loi »*. Dans ces registres, est inscrit l'état-civil de chaque malade et est recopié le certificat d'internement, le certificat des 24 heures et le certificat de quinzaine. Ultérieurement, on mentionnera sur ce même registre, tout changement survenant dans l'état du malade.

5. Les établissements psychiatriques sont visités au moins tous les six mois par le Procureur de la République chargé de recueillir les réclamations des malades. Le Président du Tribunal de Grande Instance, le Juge d'Instance du ressort et le Maire de la Commune dont dépend l'Etablissement psychiatrique sont également chargés de visiter ces établissements.

6. Enfin le malade ou toute autre personne s'intéressant à lui, peut contester la légitimité de l'internement (Art. 29). Un recours doit alors être adressé au

président du tribunal et le tribunal statuera en Chambre du Conseil. La sortie du malade pourra être ordonnée s'il y a lieu et ce même contre l'avis du Préfet.

LA SORTIE DU MALADE EN PLACEMENT ADMINISTRATIF

■ Habituellement, on commence par ***une sortie d'essai*** (non prévue par la loi de 1838, mais officiellement autorisée par la circulaire ministérielle du 4 juin 1957). Pour les malades en placement volontaire, la sortie d'essai est décidée par le médecin, en accord avec la famille, le médecin en informant simplement le Préfet. Pour les malades en placement d'office, la sortie d'essai nécessite également une proposition du médecin allant dans ce sens, mais surtout un arrêté préfectoral. La durée de la sortie d'essai est variable (généralement entre un et trois mois). Pendant cette période, le malade est suivi en consultation par le Dispensaire d'Hygiène Mentale de son Secteur, et la sortie définitive est proposée lorsque la réhospitalisation ne semble pas indiquée. En cas de rechute survenue alors que le malade se trouve en « sortie d'essai », la réhospitalisation du malade se fera sans nouvelles formalités.

■ ***La sortie définitive.*** En cas de placement volontaire, la sortie se fait à la demande de la famille ou sur proposition du médecin du Service. Ce dernier rédigera un certificat à l'intention du Préfet, précisant l'état mental du malade au moment de sa sortie. Lorsqu'il s'agit d'un placement d'office, la sortie nécessite un nouvel arrêté préfectoral, établi après qu'un certificat médical émanant de l'Etablissement psychiatrique ait conclu à l'amélioration ou à la guérison du malade et proposé sa sortie. Eventuellement, le Préfet peut demander une *expertise,* avant d'autoriser la sortie du malade.

■ ***La transformation*** d'un placement d'office en placement volontaire, lorsque l'état du malade le permet, est une procédure qui facilite les sorties d'essai puis la sortie définitive.

II. – LES ÉTABLISSEMENTS PSYCHIATRIQUES SONT DE PLUSIEURS TYPES

LES CENTRES HOSPITALIERS PSYCHIATRIQUES

C'est la dénomination actuelle des anciens hôpitaux psychiatriques ou asiles qui sont depuis 1972 classés parmi les « Centres Hospitaliers Spécialisés ». Ils ont une gestion autonome et sont placés sous le contrôle du Ministère de la Santé et sous la tutelle du Préfet. Chaque département est tenu d'assurer l'hospitalisation de ses malades mentaux, soit en disposant d'un hôpital psychiatrique ou d'une section psychiatrique dans un hôpital général, soit en passant une convention avec un Hôpital psychiatrique public ou privé d'un département limitrophe. Certains services psychiatriques prennent en charge des malades posant des problèmes particuliers : par exemple, services spécialisés pour les malades mentaux dangereux et pour les criminels : Hôpitaux psychiatriques de Cadillac (Gironde), de Mondevergues (Vaucluse), de Sarreguemines (Moselle), service Henri-Collin de l'Hôpital psychiatrique de Villejuif (Val-de-Marne). Les anciennes colonies familiales sont rattachées aux Centres hospitaliers psychiatriques. Elles reçoivent des malades placés sous le régime de la loi de 1838, qui sont accueillis dans des familles nourricières. En France, il existe deux Centres de ce type, l'un à Dun-sur-Oron dans le Cher, l'autre à Ainay-le-Château dans l'Allier.

LES SERVICES DE PSYCHIATRIE DES HOPITAUX GÉNÉRAUX

Comme cela se voit couramment à l'étranger on a vu se développer en France la Psychiatrie à l'Hôpital général. Ces services sont de vocation très variable : – services de Psychiatrie d'Urgence (anciens services d'Agités) – Services d'hospitalisation libre – services sectorisés (C.H.U. ou Hôpital de deuxième catégorie). Rappelons l'importance numérique des urgences à caractère psychiatrique qui représentent un quart des urgences vues à l'hôpital général.

L'ORIENTATION DES MALADES

Elle peut se faire soit à partir de l'Hôpital général, soit à l'occasion d'une consultation au Dispensaire d'Hygiène mentale du Secteur, soit à partir d'un service comme le C.P.O.A. à Paris (Centre Psychiatrique d'orientation et d'accueil ; Hôpital Henri-Rousselle).

LES CLINIQUES ET MAISONS DE SANTÉ PRIVÉES

Il y a environ 10 000 lits d'hospitalisation privée. Les cliniques peuvent être conventionnées ou agréés par la Sécurité sociale. Ces établissements reçoivent presque exclusivement des malades en « Régime libre ». Rares sont ceux qui ont une Section fermée pour les malades en placement volontaire ou d'office. Certains Centres permettent une prise en charge institutionnelle.

LES HOPITAUX DE JOUR ET DE NUIT

Ces hospitalisations partielles offrent aux malades, pendant une durée limitée (entre quelques semaines et quelques mois), soit la possibilité de travailler normalement à l'extérieur tout en étant hospitalisés de nuit, soit une prise en charge dans la journée avec soins et ergothérapie (les malades demeurant dans leur famille le reste du temps).

LES POST-CURES

Il existe deux types d'établissements de cet ordre :

■ ***Les Foyers de Post-Cure proprement dits,*** qui assurent un milieu de transition entre l'hospitalisation et la vie indépendante. Ils sont surtout utiles pour les malades n'ayant pas de famille ou ayant un milieu familial défavorable. Ils accueillent les malades pour une durée limitée – souvent de six mois – et assurent pendant cette période hébergement et surveillance psycho-sociale, tandis que les malades sont réentraînés progressivement au travail.

■ ***Les Foyers protégés ou Foyers d'accueil*** assurent aux handicapés mentaux un cadre de vie protégé, sans limitation de temps.

LES RÉSIDENCES

Les établissements de type résidentiel pour malades chroniques reçoivent un petit nombre de malades stabilisés (délirants chroniques non-évolutifs, déments fixés, oligophrènes adultes) ne nécessitant pas de soins psychiatriques actifs.

III. – LA PRISE EN CHARGE DU MALADE MENTAL

A. – LE SECTEUR

D'après la circulaire ministérielle du 15 mars 1960, la protection de la santé mentale est organisée par secteurs géographiques : dans un territoire défini et pour une population d'environ 80 000 habitants, une seule et même *équipe soignante* disposant d'un éventail d'institutions variées se voit confier l'ensemble de la prise en charge des malades mentaux de cette région (prophylaxie, dépistage, soins, réadaptation, surveillance) sous la responsabilité d'un psychiatre, médecin-chef du secteur.

L'implantation des secteurs, dont la réalisation se poursuit, doit permettre :

1. La **disparition des attitudes de ségrégation** et de rejet qui ont trop longtemps pesé sur les malades mentaux. Le malade est pris en charge par des

institutions géographiquement proches de son domicile. Nous disons « institutions » et non « hôpitaux », car l'hospitalisation ne constituera qu'une étape – pas toujours nécessaire – dans la prise en charge du malade, laquelle sera commencée et poursuivie dans des établissements extra-hospitaliers. Dans le Secteur on ne peut ni refuser un malade, ni l'abandonner. Il n'y a plus de solution de facilité. Par contre le malade a le droit de choisir le médecin et l'institution qui lui conviennent ; le Secteur ne doit pas empêcher l'exercice privé, il n'y a pas de « monopole ».

2. **La distinction des Soins et de l'Assistance.** Certes, tout malade mental a besoin à la fois d'une prise en charge thérapeutique et d'une Aide sociale. Bien sûr, il faut concilier les deux, mais en respectant leur indépendance. On ne devrait plus voir une hospitalisation motivée par une absence de logement, des difficultés pécuniaires, le chômage ou une incapacité du malade à gérer ses biens. On doit apporter au malade une aide diversifiée, adaptée à ses besoins réels. Ceci devrait permettre aux diverses institutions de ne plus être surchargées, encombrées. Ne fonctionnant plus à saturation elles devraient être beaucoup plus efficaces.

3. La Sectorisation doit faciliter les **recherches épidémiologiques,** les études de corrélations entre paramètres sociaux et médicaux.

4. Le dépistage et les soins sont assurés dans les **Dispensaires d'Hygiène mentale** où les soins sont gratuits. L'implantation hors de l'hôpital de Dispensaires facilite le dépistage précoce et la régularité des consultations. Certains malades, dont la continuité des soins paraît indispensable, cessent cependant de se faire suivre. On essaie alors de rétablir le contact (convocations, visites à domicile). Des hospitalisations à domicile sont réalisées par certains Secteurs.

B. – LE RECLASSEMENT SOCIAL

Il pose souvent des problèmes très importants.

La loi du 24 novembre 1957 reconnaît « à toute personne dont les possibilités d'acquérir ou de conserver un emploi sont effectivement réduites, par suite d'une insuffisance ou d'une diminution de ses capacités physiques ou mentales, le droit de bénéficier d'une réadaptation professionnelle et d'emplois protégés ». Les travailleurs handicapés doivent se faire inscrire auprès des bureaux de la Main-d'œuvre qui procèderont au recensement des emplois à mi-temps et de ceux dit « légers ». Ils pourront également adresser celui qui cherche à travailler à des Centres de Distribution de Travail à domicile. Malheureusement, cette loi n'a pas encore trouvé de moyens d'application suffisants. Les Services de reclassement social substituent aux certificats d'employeurs précédents une garantie médico-socio-professionnelle. A Paris, il existe deux grands services de reclassement, l'un réservé aux assurés sociaux

(7, rue du Château-d'Eau – Paris X[e]), l'autre à la même adresse est organisé par l'Inspection du travail et de la Main-d'œuvre.

Il existe, de plus, nombre d'Organismes régis par la loi de 1901. Citons les « Centres d'Accueil », les « Foyers de Post-Cure », les « Ateliers protégés », les « Centres d'Aide par le Travail » (C.A.T.).

C. – LES ASSOCIATIONS ET LIGUES DE MALADES MENTAUX ET DE FAMILLES DE MALADES

- **La Ligue française d'Hygiène mentale** se donne pour tâche d'informer le grand public des problèmes d'hygiène mentale, d'entreprendre études et recherches sur ces mêmes sujets, de faire connaître les organismes participant aux soins et au reclassement des malades mentaux et d'informer les Pouvoirs Publics.
- **La Fédération des Sociétés « Croix-Marine »** est orientée vers la réadaptation et le reclassement des malades mentaux par le Placement familial surveillé, l'encadrement social. Elle édite une revue : « La Revue Pratique de Psychologie et de la Vie sociale et d'Hygiène mentale » (59, rue de Châteaudun – Clermont-Ferrand).
- **L'union nationale des Familles de malades mentaux, d'anciens malades et de leurs Associations** (U.N.A.F.A.M. – 8, rue de Monthyon 75009 Paris –). Elle prend la défense des intérêts moraux et matériels des malades ou anciens malades mentaux et de leurs familles.
- **Les bureaux d'aide psychologique universitaire** (B.A.P.U.) orientent les étudiants ayant des problèmes psychologiques. Ils dépendent de la Mutuelle Générale de l'Education Nationale.

IV. – LA PROTECTION DES BIENS DES MALADES MENTAUX. LÉGISLATION DE L'INCAPACITÉ CIVILE (Loi n° 68-5 du 3 janvier 1968)

La capacité civile est « l'aptitude légale d'une personne à la jouissance et à l'exercice des droits civils ». Il en résulte que l'incapacité retire à la personne qui en est frappée le pouvoir qu'elle possédait, depuis sa majorité, de pratiquer elle-même et sans limitation les actes de la vie civile : patrimoniaux (gestion des biens, testaments, etc.) ou personnels (mariage). La définition de *l'incapa-*

cité majeure, proposée par la loi, est la suivante : « Est protégé par la loi, soit à l'occasion d'un acte particulier, soit d'une manière continue, le majeur qu'une altération de ses facultés personnelles met dans l'impossibilité de pourvoir seul à ses intérêts. Peut pareillement être protégé le majeur qui, par sa prodigalité, son intempérance ou son oisiveté, s'expose à tomber dans le besoin ou compromet l'exécution de ses obligations familiales ».

La loi sur les Incapables majeurs va pouvoir s'appliquer chaque fois que les facultés mentales sont altérées par une maladie, une infirmité ou un affaiblissement dus à l'âge ou lorsqu'une altération des facultés corporelles empêche l'expression de la volonté. Ce régime de protection des biens est totalement indépendant de l'internement. Il ne concerne qu'une minorité des malades internés. Il peut s'appliquer à un malade non hospitalisé.

Sous tous les régimes de protection légale, seront particulièrement préservés le logement et les meubles de la personne intéressée. La vente des biens mobiliers et/ou immobiliers sera évitée au maximum et en tout état de cause elle ne pourra être réalisée qu'après avis favorable du Juge des Tutelles et du médecin traitant. Les trois régimes de protection des biens donnent un très grand pouvoir au médecin-traitant et au Juge des Tutelles qui peuvent facilement et rapidement décider de passer d'un régime de protection des biens à un autre, plus léger ou plus contraignant

1° **La Sauvegarde de Justice**

(Art. 491 à 491-6 du Code civil)

Le médecin traitant peut prendre la décision de demander la mise sous Sauvegarde de justice, mesure simple, souple et rapidement acquise ; il n'a pas besoin de demander l'avis de la famille et n'est pas tenu à l'en informer. Il devra adresser sa demande sur papier libre au Juge des Tutelles du Tribunal d'Instance de l'arrondissement. Sur avis conforme d'un « médecin spécialiste » la mesure de sauvegarde est octroyée. Doivent si besoin demander la mise sous sauvegarde de justice le médecin de l'établissement spécialisé, quand le malade est suivi par un tel centre, et le Juge des Tutelles lorsqu'une demande de mise sous tutelle a été faite, en attendant que la tutelle soit ouverte. La sauvegarde de justice est valable pendant deux mois à partir de la date d'inscription figurant sur le registre du Parquet. Elle est ensuite renouvelable dans les mêmes conditions pour une durée de six mois. Le nombre des renouvellements n'est pas limité, mais en fait lorsqu'il y a pérennisation des troubles, on a plutôt recours ensuite à une mise sous tutelle ou curatelle. Le régime de sauvegarde de justice est essentiellement une mesure transitoire d'urgence, protectrice et conservatoire, qui n'est pas divulguée : seuls en sont informés les autorités judiciaires, les personnes qui peuvent éventuellement demander la mise sous tutelle et dans certaines conditions les avocats, avoués, notaires et huissiers.

La personne protégée conserve ses droits civils. Si elle ne peut gérer ses affaires, un mandataire est désigné. En l'absence de mandat, les règles de la gestion d'affaires sont observées. Si elle gère elle-même ses affaires la loi fait en sorte que la personne protégée ne puisse se nuire à elle-même. En effet, outre l'action en nullité qui peut être exercée, l'intéressé peut, dans la mesure où il a été lésé, faire annuler par un jugement un acte passé pendant la période sous sauvegarde (*rescision*). Il peut demander aussi une réduction en cas d'acte excessif. L'action en rescision ou en réduction ne peut être exercée que durant cinq ans.

Ce régime de sauvegarde de justice prend fin par une nouvelle déclaration indiquant la fin de la période d'incapacité ou par la péremption de la déclaration au bout de deux ou six mois, ou enfin par la mise sous tutelle ou curatelle.

Le médecin traitant, dans le but de préserver les intérêts de son patient, doit tenir compte de l'état mental de celui-ci, de l'état du patrimoine, de la situation de famille et ne pas hésiter à demander la mise sous sauvegarde de Justice.

2° ***La Tutelle***

(Art. 492 à 507 du Code civil)

C'est un régime de protection durable et en principe totale. Elle s'adresse aux malades ayant besoin d'être représentés de manière continue et dans tous les actes de la vie civile par un Tuteur. La privation de capacité juridique est complète. L'altération des facultés mentales ou corporelles doit être constatée par un spécialiste figurant sur une liste établie par le Procureur de la République. La Tutelle est ouverte par une décision du Juge des Tutelles à la demande de l'intéressé, du conjoint, des ascendants ou descendants, des frères ou sœurs, du curateur. Cette tutelle ne pourra être opposée à des tiers que deux mois après que l'on en ait porté mention sur l'acte de naissance. Le Tuteur sera soit le conjoint, soit une autre personne, voire une personne morale (Association) nommément désignée. S'il s'agit d'une personne autre que le conjoint, elle pourra demander et obtenir au bout de cinq ans son remplacement.

Il existe différentes sortes de régimes de Tutelle : *la Tutelle complète :* elle est organisée de la même manière que la tutelle des mineurs (conseil de famille et tuteur) ; *l'Administration légale :* un parent proche ou le conjoint est autorisé à administrer les biens de l'intéressé sous contrôle judiciaire ; *la Gérance de Tutelle :* cette formule intéresse les malades hospitalisés, sans famille, c'est alors un préposé de l'établissement qui a des pouvoirs d'administrateur, d'ailleurs limités à la durée de l'hospitalisation ; à la sortie de nouvelles modalités de protection devront être arrêtées par le Juge ; *le régime de Capacité partielle :* il s'agit d'une dérogation émanant du Juge et diminuant la portée de la tutelle.

Les actes effectués par le malade sous tutelle sont nuls de droit.

Les actes antérieurs sont annulables si la cause qui a déterminé la tutelle existait notoirement déjà lorsqu'ils ont été accomplis.

Lorsqu'un majeur sous tutelle souhaite se marier, il lui faut un avis favorable de son médecin traitant et le consentement de ses père et mère ou l'accord du Conseil de famille. Le majeur sous tutelle perd ses droits civiques et politiques, il ne peut rédiger de testament ; les donations qu'il fait avec accord du Conseil de famille seront au bénéfice du conjoint ou de ses descendants. La tutelle cesse avec les causes qui l'ont déterminée par une procédure identique.

3° ***La Curatelle***

(Art. 508 à 514 du Code Civil)

C'est une mesure de protection moins complète que la Tutelle. Elle s'adresse au majeur qui a besoin de conseils, de contrôle mais qui est capable d'agir lui-même. Il peut administrer ses biens, gérer son patrimoine, mais doit obtenir l'accord de son Curateur pour tous les actes de « disposition » (vente, emprunt). Le conjoint est curateur, sauf s'il est séparé du malade ou lorsque le juge estime que l'on ne peut lui confier la curatelle. Tous autres curateurs sont désignés par le juge. L'acte de disposition, fait sans l'assistance du Curateur est annulable. L'incapacité de la personne protégée peut être atténuée par décision du juge, sur avis du médecin. Le malade peut faire son testament mais pour une donation il devra être assisté de son Curateur. Pour se marier, il lui faut l'accord de son Curateur ou celui du Juge des Tutelles. Il peut voter.

V. – LA LOI SUR LES ALCOOLIQUES DANGEREUX

La loi du 15 avril 1954, tout en prévoyant l'obligation légale du diagnostic médical et biologique de l'ivresse lors de la constatation de crimes, de délits ou d'un accident de la circulation, a pris des mesures rigoureuses concernant le traitement des alcooliques dangereux pour autrui.

Tout alcoolique dangereux pour autrui peut être placé sous la surveillance de l'Autorité Sanitaire (Art. 355-1 du Code de la Santé Publique) à laquelle il est signalé soit par l'Autorité judiciaire à l'occasion de poursuites, soit par le rapport d'une Assistante Sociale, soit par le certificat d'un médecin des organismes d'Hygiène mentale, des Hôpitaux, des Etablissements psychiatriques. Ce certificat doit être adressé directement à la Direction de l'Action Sanitaire et Sociale du Département (D.A.S.S.). Il doit décrire les symptômes constatés, préciser les raisons qui font suspecter l'existence d'un danger, essayer de prévoir le caractère imminent ou non de ce danger. Lorsque le malade est hospitalisé au moment de son signalement à l'Autorité sanitaire, cette dernière devra être prévenue de sa sortie.

L'autorité sanitaire demandera une enquête complémentaire portant sur la vie familiale et socio-professionnelle du sujet. Un examen médical sera demandé. Ce dernier doit être effectué par un médecin ayant accepté de pratiquer ce type d'examen et dont le nom figure sur une liste établie par le Directeur Départemental de la Santé et agréée par le Préfet. Le médecin fixe un rendez-vous auquel l'intéressé doit se rendre sous peine d'encourir amende ou emprisonnement. Après avoir examiné l'intéressé de manière approfondie, le médecin est tenu d'établir un rapport qu'il communiquera à l'Autorité sanitaire dans les huit jours. S'il y a urgence, le malade pouvant constituer un danger dans l'immédiat, le médecin déposera ses conclusions dans les 48 heures et comme précédemment son rapport complet dans les huit jours.

Décision est prise alors, soit de confier le malade au Dispensaire d'Hygiène Mentale de son secteur, ou à l'une des formations sanitaires relevant d'organismes publics ou privés, secondés par les Sociétés anti-alcooliques reconnues d'utilité publique, soit de le faire comparaître devant le Tribunal Civil sur requête d'une Commission médicale. Le Tribunal pourra demander son placement dans *un Centre de rééducation spécialisé,* pour une durée de six mois renouvelables. Il devra être suivi obligatoirement pendant une année par le Dispensaire d'Hygiène mentale de son secteur.

Lorsqu'un alcoolique dangereux est reconnu atteint de troubles mentaux susceptibles de motiver son placement dans un Centre Psychiatrique, il lui est fait application des dispositions habituelles à ce placement.

Lorsqu'au moment du jugement le malade se trouve interné ou emprisonné, son placement au Centre de Rééducation spécialisé sera effectif dès sa sortie de l'hôpital psychiatrique ou de l'établissement pénitentiaire.

Cependant, il faut signaler que les Centres spécialisés sont encore en nombre très insuffisant : cela limite de manière importante la prise en charge des alcooliques dangereux.

VI. – LÉGISLATION CONCERNANT LA TOXICOMANIE

A. – LOI DU 31 DÉCEMBRE 1970

Elle est relative aux mesures sanitaires de lutte contre la toxicomanie et à la répression du trafic et usage illicite de substances vénéneuses. « Toute personne usant de façon illicite de substances ou plantes classées comme stupéfiants est placée sous la surveillance de l'Autorité sanitaire ». La législation a privilégié l'abord thérapeutique du toxicomane, réservant aux récidivistes et aux trafiquants les sanctions pénales (Art. L 626 à L 630).

a) Personnes signalées par le Procureur de la République

(Art. L 355-15 à L 355-17)

Le Procureur de la République informe l'Autorité sanitaire de sa décision d'imposer à une personne ayant fait un usage illicite de stupéfiants une cure de désintoxication ou de la placer sous surveillance médicale. Un examen médical est alors demandé par l'Autorité sanitaire, ainsi qu'une enquête sur la vie familiale et socio-professionnelle de l'intéressé. Si cet examen conclut à l'intoxication, l'intéressé devra suivre une cure de désintoxication dans un établissement agréé. Dès son entrée, la date de début des soins, la durée probable de ces derniers et le nom de l'établissement prenant la personne en charge devront être communiqués à l'Autorité sanitaire qui contrôlera la façon dont se déroule le traitement et en informera régulièrement le Parquet. Si le traitement est interrompu, le Directeur de l'établissement ou le médecin responsable du traitement en avertit immédiatement l'Autorité sanitaire qui prévient à son tour le Parquet.

Lorsque l'examen médical ne conclut pas à la nécessité d'une cure de désintoxication, la personne devra rester sous surveillance médicale (médecin agréé auprès d'un Dispensaire d'Hygiène mentale ou établissement agréé). Là encore l'Autorité sanitaire sera prévenue de la date du début de la surveillance, de sa durée probable et en informera le Parquet. Toute interruption dans la surveillance sera signalée à l'Autorité sanitaire qui préviendra le Parquet.

b) Personnes signalées par les Services médicaux et sociaux

(Art. L 355-18 à L 355-20)

Le traitement et la surveillance se déroulent de la même façon, en se limitant à l'Autorité sanitaire qui n'a pas lieu d'en référer au Parquet.

c) Personnes se présentant spontanément aux Services de Prévention ou de Cure

Elles sont traitées sans être soumises aux contrôles déjà mentionnés et si elles le souhaitent elles peuvent bénéficier de l'anonymat ou obtenir après traitement un certificat indiquant date, durée et objet du traitement.

B. – DÉCRET N° 71 690 DU 19 AOUT 1971

Ce décret fixe les conditions dans lesquelles les personnes ayant fait un usage illicite de stupéfiants et inculpées d'infraction à l'article L 628 du Code de la Santé Publique peuvent être astreintes à subir une cure de désintoxication et les modalités de cette cure : hospitalisation continue ou partielle, cure ambulatoire sous surveillance d'un médecin agréé, modalités de surveillance du toxicomane par l'Autorité judiciaire. Il existe une liste des établissements spécialisés et des médecins agréés pour la cure de désintoxication des toxicomanes inculpés.

BIBLIOGRAPHIE

GUILBERT (F.). — *Liberté individuelle et hospitalisation des malades mentaux.* Librairies Techniques. Paris. 1974.

NICOLAS (P.) et BARRETEAU (C.). — *Les incapables majeurs.* Masson et Cie Edit. 1971.

INDEX ALPHABÉTIQUE DES MATIÈRES

D

E

MASSON Éditeur
120, bd St-Germain, 75280 Paris Cedex 06
Dépôt légal initial : avril 1977
Dépôt légal : février 1991

Achevé d'imprimer
par MAURY-IMPRIMEUR S.A., 45330 Malesherbes
N° d'imprimeur : A91/33372 P
Dépôt légal : février 1991